谨以此书献给我的导师——陈平原、夏晓虹教授

公园 北京
文化生产与文学想象
(1860—1937)

Park Beijing

林峥 ◎ 著

Cultural Production and Literary Imagination

北京大学出版社
PEKING UNIVERSITY PRESS

图书在版编目（CIP）数据

公园北京：文化生产与文学想象：1860—1937 / 林峥著. —北京：北京大学出版社，2022.10
　（都市想象与文化记忆丛书）
　ISBN 978-7-301-33428-7

Ⅰ.①公⋯　Ⅱ.①林⋯　Ⅲ.①城市公园–文化研究–北京–1860—1937　Ⅳ.①K928.73

中国版本图书馆CIP数据核字（2022）第185423号

书　　　名	公园北京：文化生产与文学想象（1860—1937） GONGYUAN BEIJING: WENHUA SHENGCHAN YU WENXUE XIANGXIANG（1860—1937）
著作责任者	林　峥 著
责任编辑	延城城
标准书号	ISBN 978-7-301-33428-7
出版发行	北京大学出版社
地　　　址	北京市海淀区成府路205号　100871
网　　　址	http://www.pup.cn　　新浪微博：@北京大学出版社
电子信箱	pkuwsz@126.com
电　　　话	邮购部 010-62752015　发行部 010-62750672　编辑部 010-62752025
印　刷　者	大厂回族自治县彩虹印刷有限公司
经　销　者	新华书店
	730毫米×1020毫米　16开本　25.5印张　306千字 2022年10月第1版　2022年10月第1次印刷
定　　　价	79.00元

未经许可，不得以任何方式复制或抄袭本书之部分或全部内容。
版权所有，侵权必究
举报电话：010-62752024　电子信箱：fd@pup.pku.edu.cn
图书如有印装质量问题，请与出版部联系，电话：010-62756370

总序

"都市想象与文化记忆丛书"

陈平原

美国学者 Richard Lehan 在其所著《文学中的城市》(*The City in Literature*, University of California Press, 1998)中,将"文学想象"作为"城市演进"利弊得失之"编年史"来阅读;在他看来,城市建设和文学文本之间,有着不可分割的联系。"因而,阅读城市也就成了另一种方式的文本阅读。这种阅读还关系到理智的以及文化的历史:它既丰富了城市本身,也丰富了城市被文学想象所描述的方式。"(第289页)在某种程度上,我们所极力理解并欣然接受的"北京""上海"或"西安",同样也是城市历史与文学想象的混合物。

讨论都市人口增长的曲线,或者供水及排污系统的设计,非我辈所长与所愿;我们的兴趣是,在拥挤的人群中漫步,观察这座城市及其所代表的意识形态,在平淡的日常生活中保留想象与质疑的权利。偶尔有空,则品鉴历史,收藏记忆,发掘传统,体验精神,甚至做梦、写诗。关注的不是区域文化,而是都市生活;不是纯粹的史地或经济,而是城与人的关系。虽有文明史建构或文学史叙述的野心,但更希望像波德莱尔观察巴黎、狄更斯描写伦敦那样,理解北京、上海、西安等都市的七情六欲、喜怒哀乐。如此兼及"历史"与"文学",当然是我辈学人的学科背景决定的。

公园北京
文化生产与文学想象（1860—1937）

谈论"都市想象与文化记忆",必须兼及建筑、历史、世相、风物、作家、作品等,在政治史、文化史与文学史的多重视野中展开论述。若汉唐长安、汉魏洛阳、六朝金陵、北宋开封、南宋临安、明清的苏州与扬州、晚清的广州与上海、近现代的天津与香港及台北,以及八百年古都北京,还有抗战中的重庆与昆明等,都值得研究者认真关注。如此"关注",自然不会局限于传统的"风物记载"与"掌故之学",对城市形态、历史、精神的把握,需要跨学科的视野以及坚实的学术训练;因此,希望综合学者的严谨、文人的温情以及旅行者好奇的目光,关注、体贴、描述、发掘自己感兴趣的"这一个"城市。

关于都市的论述,完全可以、而且必须有多种角度与方法。就像所有的回忆,永远是不完整的,既可能无限接近目标,也可能渐行渐远——正是在这遗忘（误解）与记忆（再创造）的巨大张力中,人类精神得以不断向前延伸。总有忘不掉的,也总有记不起的,"为了忘却的记念",使得我们不断谈论这座城市、这段历史。在这个意义上,记忆不仅仅是工具,也不仅仅是过程,它本身也可以成为舞台,甚至构成一种创造历史的力量。

既然我们对于城市的"记忆",可能凭借文字、图像、声音,乃至各种实物形态,今人之谈论"都市想象",尽可八仙过海各显神通。无言的建筑、遥远的记忆、严谨的实录、夸饰的漫画、怪诞的传说、歧义的诠释……所有这些,都值得我们珍惜,并努力去寻幽探微深入辨析。相对于诗人的感伤、客子的怀旧或者斗士的抗争,学院派对于曾流光溢彩的"都市生活"的描述与阐释,细针密缝,冷静而客观,或许不太热闹,也不太好看,但却是我们进入历史乃至畅想未来的重要通道,必须给予足够的理解与欣赏。

本丛书充分尊重研究者的眼光、趣味与学术个性,可以是正宗的"城市研究",也可以是"文学中的城市";可以兼及古今,也可以比

总序
"都市想象与文化记忆丛书"

较中外;可以专注某一城市,也可以城城联姻或城乡对峙;可以阐释建筑与景观,也可以讨论舆论环境或文学生产;可以侧重史学,也可以偏于艺术或文化。一句话,只要是对于"都市"的精彩解读,不讲家法,无论流派,我们全都"虚位以待"。

2008年7月22日于香港中文大学客舍

《公园北京》小引

陈平原

林峥博士的《公园北京：文化生产与文学想象（1860—1937）》，乃根据2015年在北大完成的博士论文《公园北京：现代性的空间投射（1860—1937）》修订而成，作为指导教师，我有义务稍作推介。

当初林峥君毕业找工作，我给她写推荐信，是这么开头的："作为'全北大'，负笈燕园十一载，林峥同学有多次外出访学的机会，包括在台湾清华大学一学期（2007），在英国剑桥大学两个月（2011），以及在美国哈佛大学一年（2012）。如此驰骋东西，兼及中外，乃最为理想的求学经历。能有如此机遇，既基于北京大学的学术地位，也与林峥本人的聪颖与勤奋密切相关。从本科生到博士生，林峥几乎每年都获得了学校颁发的各种奖学金（2006—2007获得国家奖学金）。"作为中文系学生，在读期间能在英国爱丁堡大学、德国柏林洪堡大学、美国哈佛大学等主办的国际会议上用英文发表专业论文，这点殊为不易。

为林峥的博士论文撰写导师评语，我提及：论文以"公园"来讨论"城市"，兼及政治史、社会史、文化史、文学史等多重维度，视野开阔，气魄宏大。尤为难得的是，作者在空间与时间、政治与文学、古代与现代的转化与驰骋中，显得既自信，又有度，节奏控制得很不错。而选择万牲园、中央公园、城南游艺园、北海公园、陶然亭等五个个案,分别对应传统士绅、新文化人、普通市民、新青年、政治团体的生活及表现,这并非最初的设想,而是在写作中逐步酝酿成型的。现在看来,此设计可操作性强,五章各自表达,而又相互趋避,可谓"匠心独运"。第五章谈论"陶然亭畔的风景",处理"革命与恋爱"时游刃有余,谈及"新式政治与革命的滥觞"则显得有些力不从心。此后虽努力修补,但因天性、阅历及才学,政治史这条线始终显得薄弱,这也是书名副题从"现代性的空间投射"改为"文化生产与文学想象"的缘故。

在全球化的背景下,考察"公园"作为一个新兴的西方文明装置,如何进入晚清及民国北京,在这个过程中又如何实现了传统与现代、本土文化与外来文明的对接与转化,此乃本书论述的中心。走出纯粹的文学研究,兼及城与人、文与史、图与文、物质空间与文化实践,揭示"公园"在近现代北京的文化生产与文学想象中所发挥的独特作用,这方面,林峥博士做了很多尝试,也取得了不俗的成绩。我只在她起步阶段略有指引,主要还靠她自己上下求索以及转益多师。

作为导师,从 2008 年的本科毕业论文《林海音的北京记忆与书写》起步,我与林峥君开始了关于北京长达十五年的对话。其中最为关键的,是确定以北京公园为研究对象。如此跨学科的论题,对于曾经的文学青年(林峥中学时热心写作,还出版过长篇小说),是一个巨大挑战。在我看来,此题目值得认真开掘,有很大的生长空间,但当下对话者少,关注度低,较难收获掌声,必须有长期奋斗的精神准备。说清楚利弊得失,然后告诉学生,若选此题,我可以陪她走最初几步。

恰好此前不久,我得到朋友赠送的收录众多史料及朱启钤等人文章的《中央公园二十五周年纪念册》(中央公园事务所,1939 年),

正在酝酿一篇大文章《来今雨轩的过客》，史料、思路及感觉都比较现成，可以送给她练练手，试试能不能借公园这一特殊空间，上下勾连，纵横驰骋，兼及城市史、建筑史、文化史、文学史等领域，做出一篇不一样的博士论文。

这题目听起来很有趣，可要真正经营好，却委实不容易。论文答辩时，老师们给予很高评价（获评"北京大学优秀博士论文"），但也提出不少批评与建议。于是，一贯要强的林峥博士，一边努力教好书，一边认真修订博士论文，终于在第二次赴哈佛长期访学的前夕，将改定的书稿送交北大出版社，算是不负众多师友的殷切期望。

以《公园北京》为起点，林峥博士的城市研究（课程、讲座及著述）正不断拓展，且已初步显示其别具一格的风采。假以时日，其成果必能收获越来越多的掌声。

2022年10月5日于京西圆明园花园

目　录

绪　论　公园作为一种方法　　　　　　　　　　　　　　　1
　　一、从"花园"到"公园"　　　　　　　　　　　　　　1
　　二、北京公园：文明性与文化性的对接　　　　　　　　10
　　三、公园北京：另一种现代性的隐喻　　　　　　　　　24
　　四、文学空间的生产　　　　　　　　　　　　　　　　30

第一章　北京公园的先声
　　　　——新旧过渡时代的士大夫与万牲园　　　　　　　39
　　一、"导民善法"万牲园：晚清士大夫的海外见闻　　　40
　　二、建造万牲园：启蒙理念的体现　　　　　　　　　　48
　　三、公共空间的兴起与休闲模式的养成　　　　　　　　69
　　四、癸丑修禊：传统与现代的张力　　　　　　　　　　79

第二章　来今雨轩的过客
　　　　——京派文学的公共领域与生产机制　　　　　　　92
　　一、文化茶座与知识分子共同体　　　　　　　　　　　94
　　二、《大公报》与"小公园"　　　　　　　　　　　110
　　三、茶座与圆桌　　　　　　　　　　　　　　　　　128

第三章 到北海去
——新青年的美育乌托邦 137
一、北海公园：现代美育空间的崛起 137
二、"到北海去"：新青年与新文学的相互建构 152
三、北海的乌托邦意象 168

第四章 游艺园、社会新闻与通俗小说
——城南市民消费文化 189
一、城南市民文化与娱乐空间的兴起 191
二、社会新闻、通俗文学与娱乐空间的同构性 202
三、娱乐空间与文化趣味的分野 214

第五章 陶然亭风景的流变
——招魂、革命与恋爱 231
一、乙丑江亭修禊：文人雅集的招魂与裂变 232
二、小团体，大联合：新式政党与革命的滥觞 251
三、高石之墓：革命与恋爱的张力 266

结语 公园的政治隐喻 283
一、复兴北平的"世界公园" 283
二、城市空间的沦陷与反抗 294
三、新中国的公园蓝图 307

目录

附录一 "世界人"的乡愁
　　——论康有为海外游记中的公园书写　　326
　　一、乡人、国人与世界人　　327
　　二、公园：从好奇到乡愁的对象　　332
　　三、世界主义的乡愁　　344

附录二 公园：民国西方旅行者的北京想象　　349
　　一、北京地图与公园意象　　350
　　二、帝国主义的怀旧　　359
　　三、怀旧的现代性　　373

后　记　　375

绪论

公园作为一种方法

一、从"花园"到"公园"

公园在今天是每一个中国人习以为常的城市公共空间，但一个多世纪前，它却是全新的舶来品。公园是19世纪中期西方为因应工业革命带来的城市问题而创造的产物。在现代城市规划的脉络中，公园始终作为一种挥之不去的乌托邦理想，召唤着一代又一代的城市设计者们。正如白幡洋三郎在讨论日本近代公园史的著作中所言："公园并不仅仅是一个装置，它是都市的一种应有的姿态，是实现都市理想的一种制度，更是一种思想的体现。"① 公园是现代都市之心，对于公园的构想，体现了对于城市的理解和想象。

本书将在全球化的背景下，考察公园作为一个新兴的西方文明装置，如何进入近代北京，在这个过程中又如何实现了传统与现代、本土文化与西方文明的对接与转化，从而诠释了有别于西方范式的另一种现代性。以公园为视角，管中窥豹，呈现晚清至民国北京政治、社会、历史、文化、文学诸方面纷繁复杂的变革。

"公园"一词在中国虽古已有之，但当时指称的是官家园林，与西方public park的概念完全不同，也并非常用词汇。据陈植《都市

---

① 白幡洋三郎：《近代都市公园史：欧化的源流》，李伟、南诚译，北京：新星出版社，2014年，第4页。

与公园论》考证,"公园"之名始见于李延寿《北史》"表减公园之地以给无业贫人",此"公园"专指官家园林。中国拥有悠久的园林传统,分为官家园林和私人园林两条脉络:"公园行政,陶唐之世,已设专吏,虞人即司苑囿山泽者也。至文王之囿,方七十里,与民同之;实为我国设置公园之嚆矢,距今盖四千余年矣。递及后世,历代帝王公卿文人雅士,虽间尝爱尚自然,建置园林,然类皆个人独乐,例不公开。"① 唐宋以来,伴随士大夫阶层地位的提升,园林文化大盛,成为士大夫彰显文化特权和审美品位的方式。园林不仅提供了士大夫雅集交游的场所,有些私人园林甚至对外开放,只需向看管园林的园丁支付若干"茶汤钱"即可入内游览。② 此外,还有一些皇家园林有限地开放为公共娱乐空间,供士庶游宴,如唐代的曲江及北宋的金明池、琼林苑等。③ 这些园林游憩的传统,为清末民初的国人接受公园,奠定了情感和文化的基础,然而它们都还不具备现代公园最本质的特征。现代意义的"公园"概念,实际上来自日语借词"公園"(Kōen),对于晚清国人而言,"公园"不仅是一个新鲜的舶来词,更重要的是,传统中国不存在"公园"这个词所指涉的社会现象。

追溯"公园"在西方语境中的源流,肇始于19世纪中期。工业革命的发展导致欧美城市急遽扩张恶化,沦为"梦魇之城",现代都市规划应运而生,其中最标志性的,即19世纪的"公园运动"(The Parks Movement)——受卫生学理念影响,开辟公园绿地,作为"都市之肺",从物质和精神双重层面净化都市及其居民的身心。欧洲首开风气之先,1844年,英国利物浦建成世界第一个城市公园——

---

① 陈植:《都市与公园论》,上海:商务印书馆,1930年,第1页;更早可见于北齐魏收《魏书·拓跋澄》"表减公园之地,以给无业贫口"。

② 参见 Craig Clunas, *Fruitful Sites: Garden Culture in Ming Dynasty China*, Durham: Duke University Press, 1996。

③ 参见张清宏:《唐代的曲江游宴》,《华夏文化》1998年第2期。

绪论
公园作为一种方法

伯肯海德公园（Birkenhead Park），1845 年，伦敦开放维多利亚公园（Victoria Park）。在德国，早在 18 世纪末，希尔施菲尔德（Hirschfeld）即提出"民众园"（Volksgarten）的概念，19 世纪上半叶由伦内（Peter Joseph Lenné）、迈耶（Gustav Meyer）等人落实为柏林等地的都市公园。在法国，塞纳区行政长官奥斯曼（Haussmann）广设公园绿地空间，如布洛涅森林公园（Bois de Boulogne，图 0-1）、温森斯公园（Bois de Vincennes）、卢森堡公园（Jardins de Luxembourg）、蒙索公园（Parc Montsoris）和肖蒙高地公园（Parc des Buttes-Chaumont）等，并以林荫大道连接市区内外的公园，甚至设想建造一条壮观的环城绿化带（Green Belt）。在美国，"公园之父"奥姆斯特德（Frederick Law Olmsted）设计了纽约、波士顿、华盛顿、加州等地的公园系统。在他看来，公园的意义超越城市景观，是社会、政治、文化、道德改革的利器，可以控制犯罪，为都市底层人民提供健康的宣泄和高尚的影响，1863 年落成的纽约中央公园（Central Park，图 0-2）即其公园

图 0-1　巴黎布洛涅森林公园

理念的集大成者。1898年，英人霍华德（Howard）提出"花园城市"（Garden City）的概念，他设想的都市以花园为核心，呈多重环形分布，自内而外分别是公共建筑如市政厅、音乐厅、剧场、图书馆、博物馆、美术馆、医院等；大型公园带；玻璃拱廊街"水晶宫"；由公园、学校及其操场和花园、教堂构成的大道；在最外沿的工厂、仓库、市场之外，还有一条恢宏的环城绿化带。尽管霍华德的"花园城市"从未真正实现，其理念却深远地影响了欧美大都市的改造，特别是他对于公园绿地近乎偏执的追求。①

这些欧美的公园具有一些明显的共性。首先，它们都是在现代民族国家的背景下，由中上层资产阶级主导，通过都市自治体推行创立的。精英阶层认为，现代都市及其相应的现代市民需要切合他们理想的公园，甚至在相对后起的国家，如德国、美国等，还存在一种向典范学习的追赶之心。如白幡洋三郎就谈道："公园在德国，与其说是为了满足都市民众的要求，不如说是一种支配阶级所希望存在的都市装置。在这种愿望之中，有与英国比较所产生的落后意识、欠缺感和自卑感。"② 美国也是如此，从欧洲归来的绅士阶层意识到本国公共空间的匮乏，为新兴的民主共和国不及君主制国家而感到羞愧，从而促成了纽约中央公园的诞生。③

---

① 以上关于欧美城市规划与公园史的梳理，参见 Richard T. LeGates & Frederic Stout, *The City Reader*, London and New York: Routledge, 1996；白幡洋三郎：《近代都市公园史：欧化的源流》，李伟、南诚译；大卫·哈维：《巴黎城记：现代性之都的诞生》，黄煜文译，桂林：广西师范大学出版社，2010年；Frederick Law Olmsted, *Civilizing American Cities: A Selection of Frederick Law Olmsted's Writings on City Landscapes*, Cambridge: The MIT Press, 1979；Roy Rosenzweig & Elizabeth Blackmar, *The Park and the People: A History of Central Park*, Ithaca & London: Cornell University Press, 1992；Ebenezer, *Garden Cities of Tomorrow*, London: Swan Sonnenschein & Co., Ltd., 1902；等等。

② 白幡洋三郎：《近代都市公园史：欧化的源流》，李伟、南诚译，第8页。

③ Roy Rosenzweig & Elizabeth Blackmar, *The Park and the People: A History of Central Park*, p.23.

绪论
公园作为一种方法

图0-2 纽约中央公园林荫大道

其次,这些中上层阶级开创公园的使命在于启蒙、教化民众,通过公园向青年及下层阶级灌输自身的文化理想和价值取向,如公民意识、社会道德、爱国情感等,因此在设计过程中有意识地忽视或重塑下层阶级的需求。一些流行的娱乐被排斥于园门之外,如饮酒、赌博、斗鸡、拳击等底层人民喜闻乐见的娱乐形式,就被视为"放荡的娱乐"加以抵制;而博物馆、植物园、动物园、水族馆、气象馆、音乐厅、体育馆等则作为"健康"的文化设施被引进。这种取舍体现了公园倡导者对于现代娱乐的理解及其阶级偏见。公园还设立一系列规范,禁止吐痰、饮酒、喧哗、奔跑等举动,约束公众在公共空间的行为,"良好的秩序,良好的道德"是他们对公园的期许。公园背后隐藏了阶级和文化的霸权,公园的初衷虽是为大众而设,但其最初的消费和服务主体实际上是都市的精英阶层。公园是后者开展公共社交和建立社会网络的场所,也是其炫耀自身权力和财富、展示所属城市乃

5

至国家文化的舞台。① 上述特质在公园被引进中国时，也因应中国的语境有一定延续。

由上可知，中国古代虽存在"公园"的说法，但此"公"非彼"公"。传统中国语境中对"公"的理解意为公正、公事，如《说文解字·公部》"背厶（私）为公"，段玉裁注引《韩非子·五蠹》释为"自环者谓之私，背私者谓之公"②；又如《诗·召南·采蘩》"夙夜在公"，郑玄笺"云公事也，早夜在事"，即为公家办事③，因此以"公园"指称官家园林。而西方的公园之所谓"公"（public），是与 private（此"私"亦非彼"私"，是在私有制基础上产生的概念，指私人、私有）相对的，为西方现代资本主义文明的产物，与公共空间、公共财产的观念有关。正如陈植所云，中国虽有源远流长的园林传统和文化，然而无论是官家园林还是私人园林，"类皆个人独乐，例不公开"。即便有少数私人或皇家园林有限地对外开放，但都与现代公园为民众而设的性质截然不同，更毋论"公园"背后所蕴含的更广大的现代国家与现代都市文明的视野。

而正是在西方都市规划发展勃兴的 19 世纪下半叶，自 60 年代起，中国、日本等东亚国家的使节团出访欧美，他们被繁盛的都会文明所吸引，尤为留意新兴的公园，在海外游记中予以介绍。最初，中国和日本旅行者都以自身的文化传统去对接西方的公园，中国士大夫称之为"园林""花园""园（苑）囿"；日本使节团译为"花屋"或"游园"。自 70 年代起，日本涉外的官府公文及海外见闻录中开始采用"公园"的用法，并于 1870—1880 年间固定下来。④ 1879 年，王韬旅日的《扶桑游记》中已沿用"公园"的名称，如"上野公园""芝公园""浅

---

① 参见 Galen Granz, *The Politics of Park Design: A History of Urban Parks in America*, Cambridge: The MIT Press, 1989。
② 许慎：《说文解字》，上海：上海古籍出版社，1988 年，第 49 页下。
③ 郑玄注：《毛诗》卷一，上海：上海古籍出版社，2003 年，第 7 页。
④ 参见白幡洋三郎：《近代都市公园史：欧化的源流》，李伟、南诚译，第 181—192 页。

绪论
公园作为一种方法

草公园"等,将"公园"的名词引进中国,此后国人的论述逐渐统一。

晚清士大夫对于公园的认知,经历了一个过程。公园对于早期晚清旅行者的意义,还停留在异域情调的花园层面,如自诩"中土西来第一人"的斌椿在其《乘槎笔记》中把公园、植物园、动物园一律统称为"花园",并强调其间的鸟兽花木及建筑之"奇",尚未区分"公园"与"花园"的差异,以及领会"公园"之为"公"的现代意义。① 随着对于公园的接触和理解加深,一些士大夫如黎庶昌、李圭、王韬等人逐渐认识到公园是西方现代市政建设的重要成果,强调它由"公家"创建的性质,以及供市民"散步舒气"和游憩的功能。② 而到了康有为、梁启超,对于公园的思考和表述更臻于成熟,公园不再只是旅游观光的景点,而是与如何建设现代都市、造就现代文明息息相关。

康、梁从物质和精神的双重层面去把握公园的本质,提炼出"卫生"和"道德"两个关键词,奠定了此后国人对于公园的论述。梁启超指出:"论市政者,皆言太繁盛之市,若无相当之公园,则于卫生上于道德上皆有大害,吾至纽约而信。一日不到公园,则精神昏浊,理想污下。"③ 康有为也多次肯定公园对于市民的"卫生"意义,并很欣赏公园所体现的公共文化。梁启超曾在《新大陆游记》中指出,西人注意劳逸结合,实行八小时工作制、星期日休息,因此"有一种方新之气";中国人则终岁操作,因此精神不振、效率低下,从而感叹"中国人所以不能有高尚之目的者,亦无休息实施其咎",将休闲的问

---

① 斌椿:《乘槎笔记》,钟叔河编:《走向世界丛书》,长沙:岳麓书社,1985年。近代日本的使节团也有同样的情况,1862年赴欧洲的使节团成员们对公园的特征没有过多的描述,唯对于公园中富于异域风情的植物园和动物园记述得很详细。参见白幡洋三郎:《近代都市公园史:欧化的源流》,李伟、南诚译,第179—187页。

② 参见黎庶昌《西洋杂志》,李圭《环游地球新录》,以及王韬《漫游随录》,钟叔河编:《走向世界丛书》,长沙:岳麓书社,2008年,第473、241、82页。

③ 梁启超:《新大陆游记》,《新民丛报》临时增刊,1904年,第54页。

题上升到国民素质的高度。①休闲遂成为一个与现代性挂钩的概念，在西方观念的影响下，中国一些传统的娱乐方式，在清末民初逐渐被归于"不正当""不卫生"的，需要摒弃；而公园则被作为它们的反面得到标举。②同时，公共空间的行为规范和礼节，是一种需要养成的文明。传统中国缺乏公共空间和相应的公德观念，梁启超曾痛心疾首地列举"中国人性质不及西人者多端"，不满中国人在公共场合的素养。③落实到公园的层面，便形成种种有形和无形的规范。基于这样的考虑，在康、梁等晚清启蒙者的眼中，公园关系着更深层的"新民"的问题，象征了一种现代的生活方式和都会文明。如康有为在罗马植物园和丹麦百戏园游览时，都谈到这种在公共空间游赏的休闲文化是"欧土之通俗"，表示推许④；在罗马"拜西诃"公园（Villa Borghese gardens），他偶遇一诗人雕像的揭幕仪式，深为意人"免冠行礼者甚众，以数万计"的素质触动，作诗称赞"万众免冠旌旗绕，诗人立像恭敬多"⑤。

更重要的是，康、梁对于公园的兴趣，背后有一个城市规划的整体视野。梁启超感叹纽约的中央公园地处市中心，占地面积惊人，"若改为市场，所售地价，可三四倍于中国政府之岁收入。以中国之

---

① 梁启超：《新大陆游记》，第192页。
② 如1914年京都市政公所《市政通告》发布《社稷坛公园预备之过去与未来》，呼吁要摒弃"吃喝嫖赌"的传统娱乐，倡设公园作为改良社会的休闲方式："所以各国通例，每七天要休息一天，为休息的定期；每一市村，大小必有一两处公园，为休息的定所。以此来活泼精神，操练身体。我们中国人，从前不得这个诀窍，把藏休息游四个字，丢在一边……现在星期休息，中国已然通行，但是通都大邑，没有个正当的游玩地处，因而闹得多数男子，都趋于吃喝嫖赌的道儿上去……所以打算改良社会，当从不良的病根本上改起，设立公园，便是改良不良社会的一种好法子。"《市政通告》1914年第1期至第23期合订本，"论说"第2页。
③ 梁启超：《新大陆游记》，第192—195页。
④ 康有为：《意大利游记》，康有为撰，姜义华、张荣华编校：《康有为全集》第七集，北京：中国人民大学出版社，2007年，第364页；《丹墨游记》，《康有为全集》第七集，第470页。
⑤ 康有为：《意大利游记》，第384页。

绪论
公园作为一种方法

眼观之，必曰弃金钱于无用之地，可惜可惜"。① 康有为通常将公园与街道、建筑、绿化等其他市政要素结合起来，加以综合考察，甚至受巴黎和里斯本的林荫大道启发，作出"合大道公园为一"的设想。② 在康有为看来，现代市政的最终目标是将都市建造成公园般优美的空间。将城市比作公园，是康、梁等人对一个城市最高的褒奖，如梁启超把华盛顿誉为"新大陆上一最闲雅之大公园"③，康有为甚至将瑞士、瑞典等风景如画的国家也比作大公园，赞叹"瑞士非国也，欧洲之大公园也；非惟欧洲之大公园也，实全地球之绝胜乐土也"④，这种修辞后来亦为国人所钟爱。

1900 年前后，中国的报刊开始向国人引介"公园"概念，即延续了康、梁的思路，强调其对于公民在"卫生"与"道德"两方面的作用。如 1905 年《大公报》发表《中国京城宜创造公园说》："公园者，可以骋怀娱目，联合社会之同群，呼吸新鲜之空气。入其中者，即油然生爱国之心，显然获卫生之益。"⑤ 同时，1906 年，"五大臣"中的端方、戴鸿慈出洋考察归来，上折奏陈欧美"导民善法"，倡设图书馆、博物院、万牲园和公园，以期"民智日开，民生日遂"⑥，官方正式将公园问题作为清末新政的一部分，提上了议事日程。

---

① 梁启超：《新大陆游记》，第 54 页。
② 康有为：《法兰西游记》，《康有为全集》第八集，第 143 页；《葡萄牙游记》，《康有为全集》第八集，第 307 页。
③ 梁启超：《新大陆游记》，第 83 页。
④ 《瑞士游记》，《康有为全集》第八集，第 323 页；又如"向谓瑞士、瑞典可作大公园，观挪威都城亦然"，《挪威游记》，《康有为全集》第七集，第 474 页。康有为特别钟爱瑞典首都斯德哥尔摩，称许其"城市山林，不可方物，可谓大地幽胜之第一者矣"，是他心目中"冠绝万国，独步无偶"的都会之冠，《瑞典游记》，《康有为全集》第七集，第 475—476 页。
⑤ 《中国京城宜创造公园说》，《大公报》第 1098 号，1905 年 7 月 21 日。
⑥ 《出洋考察政治大臣今法部尚书戴两江总督端会奏各国导民善法请次第举办折》，《东方杂志》第 4 卷第 1 期，1907 年 3 月。值得注意的是，在近代中国，这四者密不可分，图书馆、博物院、万牲园都被涵盖在公园的脉络之下，多附设于公园之中。

至 1914 年，民国政府为开放中央公园发布通告，区分公园与"中国旧日的花园"的差异，指出传统园林"本属于一种奢侈的建筑品，可以看作是不急之务"，要么是皇家禁苑，要么是士绅私有，"若是普通人连衣食都顾不上，岂能还讲究什么盖花园子？"而公园恰恰着意于"普通人"，"使有了公园之后，市民的精神，日见活泼；市民的身体，日见健康"。因此，"公园之对于都市，决非花园之对于私人可比，简直说罢，是市民衣食住之外，一件不可缺的要素"。① 从晚清以花园对应公园，到民初明确公园与花园的区别，由君到民，由私到公，国人对于公园的认知，及此已有了质的飞跃。

二、北京公园：文明性与文化性的对接

公园进入近代中国之后，以上海和北京的公园为代表，基本可分为两种类型。前者是殖民者在租界区兴建的西式公园，后者则由中国政府将传统名胜改造开放。②

1868 年，英美租界工部局在上海出资建造 Public Garden，当时译为"公家花园"，后俗称外滩公园，这是近代中国首个真正意义上的公园（图 0-3）。此后工部局又在上海租界区陆续修建了新公园、昆山公园、虹口公园、法国公园、汇山公园、兆丰公园等十五座公园，除了新公园之外，早期都将华人排斥在外，特别是外滩公园，曾因"华人与狗不得入内"的公案而在国人心中恶名昭彰③；唯一允许华人

---

① 《社稷坛公园预备之过去与未来》，《市政通告》1914 年第 1 期至第 23 期合订本，"论说"第 2 页。
② 本章中的"近代"，指的是中国近代史的分期，即 1840—1949 年。
③ 实际上根据学者的考证，外滩公园从未公开挂牌出示"华人与狗不得入内"的禁令，只是早期在公园游览规则中禁止西人佣仆之外的华人入内，但形成一种强烈的集体记忆，造成了如此深远的影响，可见当年的禁令对于国人民族情感和自尊心的伤害。

绪论
公园作为一种方法

进入的新公园也由于管理不善，沦为底层阶级的聚点，稍有体面的华人不屑一顾。直到1928年，外滩、虹口、兆丰三公园才对华人开放，但在国人的情绪上还是有一定的隔膜，如沈从文就曾嘲讽上海的公园"全是小洋团团的天下"①。在沪的文化人也鲜有逛公园的习惯，即便其中有些人在京时是公园的常客，如胡适、鲁迅等。此外，殖民者还在天津、青岛、大连、哈尔滨、沈阳、汉口等地建有多处公园，由于这些公园早期都不向华人开放，因此并不介入国人的日常生活，起到的示范作用也有限。不过，作为一种空间的殖民主义，租界公园刺激了国人的民族自尊心，他们更加迫切地意识到建设本国公园的需求。②

清末民初，中国官方着手开辟本土公园，以北京为典型。1906年，端方、戴鸿慈建言效法西方"导民善法"，此后什刹海、香厂、厂甸、景山都曾被纳入公园选址的考虑范围。③1907年，清政府在三贝子花园的基础上建成万牲园，时论皆视其为北京公园的起点。1910年，《大公报》发表丁义华《公共花园论》，提出先农坛、地坛、日月坛等，"已经粗具公园的体格，只要稍加修改，即可作为公共花园"。④

---

① 沈从文:《海上通讯》,《沈从文全集》第11卷, 太原: 北岳文艺出版社, 2002年, 第88页。

② 除租界公园外，晚清时期，一些私园对外开放，于某种程度上弥补了国人对于公共游览空间的缺憾，同样以上海为代表。自19世纪80年代至辛亥革命前后，一些著名的私家花园免费或略收费用对社会公众开放，如张园、徐园、愚园、西园等。这些花园成为集花园、茶馆、饭店、书场、戏院、会堂、体育场、游乐场、展览馆、照相馆等多种功能于一体的公共场所，初步萌发了一点公园的苗头。在中国真正符合现代意义的公园产生之前，部分地承担了相应的职能。然而，随着城市发展，地价日涨，开放私园的利益不足以最大化，到了20世纪20年代大多衰落了。有学者对此评价:"城市越来越拥挤，越来越需要休闲空间。租界当局从城市居民整体需要角度，兴建了公园；老板从私人追逐利益的角度，关闭了私园。这一建一闭，说明城市公共设施只能由政府来统筹与规划。"这也正说明了私家花园即便对外开放，仍然与公园存在本质差别。参见熊月之:《近代上海公园与社会生活》,《社会科学》2013年第5期。

③ 《北京公园成立》(一),《顺天时报》第1902号, 1908年6月21日。

④ 丁义华:《公共花园论》,《大公报》第2826号, 1910年6月9日。

图 0-3 民国外滩公园

可见在北京公园诞生之初,即奠定了一个思路,不是另起炉灶新建西式的公园,而是充分利用帝都丰富的名胜古迹。但此时清政府已日薄西山,无暇他顾。

民国政府取代清室后,成立京都市政公所,这是中国首个城市规划与市政建设的部门。正如京都市政公所主编《市政通告》所言,近代北京欠缺现代的公共空间,"红尘十丈,很难找一处藏休息游的地方。平常日子只有个陶然亭,可以登临。此外就得等着各处庙会,藉以遣兴。其实那些地方全不能尽合公园性质,所以那些高雅的市民,每逢春夏天气,因城市无可游览,往往到西山一带,扩一扩胸襟,吸些新鲜空气;等而下之,也要三个一群,五个一伙,往郊外野茶馆里,吃吃茶,看看野景,聊以自娱。此等情形,实在因为城里头没有适当公园,才逼出来的"。① 为了重构现代首都,京都市政公所遂发起一系列"公园开放运动",延续了利用帝都胜迹的思路。1914 年 5 月,

---

① 《市公园之增设》,《市政通告》1914 年第 1 期至第 23 期合订本,"论说"第 89 页。

绪论
公园作为一种方法

市政公所督办朱启钤向袁世凯呈文《请开京畿名胜》，提出将京畿名胜如"天坛、文庙、国子监、黄寺、雍和宫、北海、景山、颐和园、玉泉山、汤山、历代山陵等处"试择一两处先行开放，得袁世凯批准。于是京都市政公所先后将社稷坛（1914年，命名为中央公园）、先农坛（1915年，初名先农坛公园，后更名城南公园）、天坛（1918年）、太庙（1924年，命名为和平公园）、地坛（1924年，初名京兆公园，后更名市民公园）、北海（1925年）、颐和园（1928年）、景山（1928年）和中南海（1929年）开放为公园。① 其中，社稷坛、太庙、三海和景山会聚于市中心，先农坛与天坛偏居城南；地坛位于城北安定门外，而颐和园则在西城的京郊。

北京的公园脱胎自前朝胜景，其风景情致都是中式的，但内在精神又是极其现代的。近代中国的启蒙价值观与西方公园的教化功能不谋而合，迫切养成不同于"东亚病夫"的、文明健康的现代国民，因此公园的教育（包括美育、德育、智育、体育）功能被进一步凸显。北京的公园普遍设有公共图书馆、阅报室、讲演厅、陈列所、博物馆、音乐堂、格言亭等。除了教化市民的精神外，亦注重强健市民的体魄，各大公园都积极引进体育设备。如中央公园创立了相当现代化的、综合性的健身会所"行健会"，还设有台球房、地球房、网球场、高尔夫球场、儿童体育场等；先农坛公园设置了秋千圃、抛球场、蹴球场、跑马场；北海公园与京兆公园都分别为成人和儿童开设大型的公共体育场；此外，中央公园、北海和中海、南海等公园还利用先天的水域资源，开放滑冰和游船等项目。京兆公园是公园教育功能的集大成者，它由京兆尹薛笃弼主持改建，"期于公共游息之中，寓有提倡教育之意"。其前身地坛本是明清两代帝王祭祀地神的场所，薛笃

---

① 除注明更名的，其余仍沿用旧称，加"公园"二字，作为新的公园名称。

弼新建"世界园"，在地上绘制世界地图，"以石代山，以草代木，以花木辨其国土，以旗帜志其国名，如各国都会商埠铁路航路分别清晰，点缀綦详"，以期游客入园后，"世界大势，一目了然"，是对于地坛性质富有创造性的转化。[1] 园内还设有稼穑、共和、有秋三亭，以及通俗图书馆、演讲台和公共体育场。1928年国都南迁后，改称"市民公园"，更直观地表达了其养成现代市民的用心。由皇家祭坛转变为市民公园，对于地坛功能的改造和空间的重构，体现了民国的价值理念。[2]

与现代设施相应的，民国的公园还制订了一系列规则，巨细靡遗地教导公民如何得体地使用公共空间；并在园内设置厕所和警察所，从物质和制度的层面帮助游人树立文明卫生的观念，约束游人的行为；甚至去公园该穿什么衣服，既有硬性的规定（如不得袒胸赤膊），也有约定俗成的规范（如入园须衣着得体）。这些有形和无形的符码，不仅旨在规范一个有序的公共空间，更是从身体上、理念上规训"文明"的现代人。

将北京公园放在全国乃至全球的整体图景中考察，其既富代表性，又具独特性。民国时期中国政府创立的公园，大多是像北京的公园一样，利用旧有的资源，因其不需要另外辟地、费资亦少，也更投合国人的文化心理。而从公园创设的理念到设施、功能等，又与西方的范本在内质上有很多共性。上海租界的西式公园虽照搬形制，却是

---

[1] 薛笃弼：《京兆公园记实》，1925年，手稿藏于北大图书馆。
[2] 民国对于公园教化功能的执念，导致人们将那些不符合启蒙精英标准的娱乐，譬如饮酒、赌博、狎妓、鸦片、戏曲、杂耍等，一律排斥于园门之外，即使其中不乏符合商业利益或民众喜好的。这也造成了和欧美公园相似的问题，即公园开放的初衷虽为市民而设，然而其消费和趣味还是窄化了市民的范围，以中层以上的官僚、绅商和知识分子为主体，下层百姓很少有条件和兴趣涉足公园。如以"市民公园"自命的京兆公园，是北京公园中唯一不设门票的，但其展现了强烈的教化意味，忽视民众的喜好，很快因入不敷出、驻军劫掠而衰败。

绪论
公园作为一种方法

服务于殖民者的,与为公民而设的西方公园有本质区别,反而不如中式风格的北京公园得其真义。从这两层意义看,北京的公园都更具有普遍性,更能代表中国公园的文化特质。

但与此同时,又没有任何一个国家、城市的公园,像民国北京的公园这样与所属城市乃至国家的历史、政治、社会、文化休戚相关。

故宫、天坛、北海、景山、颐和园等,这些公园由于其所负载的景观意象和历史文化,在中外游客的心中,就是北京的象征。民国时期的中外

图0-4 南海溜冰场花样滑冰的女孩(1941年)

作家常将整个北京视为一个大公园,如谢冰莹《北平之恋》所言:"故都的风景太美了!不但颐和园、景山、太庙、中南海、北海、中山公园、故宫博物院、天坛、地坛……这些历史上的古迹名胜又伟大又壮观,使每个游客心胸开朗,流连忘返;而且整个的北平市,就像一所大公园,遍地有树,处处有花;每一家院子里,不论贫的富的,总栽得有几棵树,几盆花。"① 又如裴丽珠(Juliet Breton)的形容:"在夏天,当所有的树木——几乎每个小四合院都有一两株——都郁郁葱葱,北京给人的印象不是一座城市,而是一个大公园,居中的是天坛的蓝穹

---

① 谢冰莹:《北平之恋》,姜德明编:《北京乎——现代作家笔下的北京(1919—1949)》,北京:生活·读书·新知三联书店,1992年,第755—756页。

公园北京
文化生产与文学想象（1860—1937）

顶，它就像绿叶丛中一朵优雅的宝石花。"①这种公园与都市的镜像关系，是其他城市所难以比肩的。

值得注意的是，京畿众多的名胜中，京都市政公所选择的都是清朝遗留的皇室园林坛庙。大卫·哈维曾在《巴黎城记：现代性之都的诞生》中指出："景观，包括城市本身，乃是都市生活的基本要素，其中蕴含的政治面向长久以来一直在正当性与社会控制的建构上扮演着重要角色。"②在前朝的皇室空间上缔造新政权的纪念碑，本身就是对于民国权力的一种表达。北京公园的特殊身份，决定了它与政治有密切的关系。

以中央公园为例，社稷坛的开放是变革内城区域的关键环节，体现了民国政府打破封建帝制空间秩序的意图。公园草创之初，朱启钤为节省费用，利用内务总长兼市政公所督办的职权之便，将改造正阳门时拆除千步廊的废料用于修建中央公园，一时"谤书四出，继以弹章"，批评"废古制侵官物有之，好土木恣娱乐者有之"，"甚至为风水之说，耸动道路听闻"③，不同言论的背后是政治立场的冲突。对于公园空间的使用，则反映了不同政治势力及观念之间的较量。宣统复辟前后，中央公园成为双方势力争夺的所在，复辟时，辫子军在中央公园行乐，讨逆后，民国政府亦在此开追悼会。孙中山逝世之后，以汪精卫为首的国民党则力排段祺瑞政府的反对，在中央公园停灵十日，举行公祭仪式。正如鲁道夫·瓦格纳指出，国民党有意识地将孙中山的灵柩置于中央公园这一"象征性的国家的精神中心"，使孙中山得以成为真正意义上的国魂，而北洋政府同样意识到这一点，因此

---

① Juliet Bredon, *Peking: A Historical and Intimate Description of Its Chief Places of Interest*, Shanghai: Kelly & Walsh, 1922, p. 29.
② 大卫·哈维：《巴黎城记：现代性之都的诞生》，黄煜文译，第210页。
③ 朱启钤：《中央公园一息斋记》，中央公园委员会编：《中央公园二十五周年纪念册》，北平：中央公园事务所，1939年，第133页。

绪论
公园作为一种方法

极力反对。① 对于公园作为象征符号和具体空间的争夺背后，体现了民国价值观与帝制观念、军阀势力等多方力量的角力。

北海公园的开放同样很典型。自1913年清室将三海移交民国政府，袁世凯设总统府于中南海，拱卫军进驻北海。此后1916年由许世英首倡，历任内务总长、市政督办皆竭力促成北海的开放。但由于其作为历代皇家御苑的特殊地位，加上民国初年时势动荡，导致动议五次、历时十年，屡因政局更迭、驻军阻挠而作罢，直至1925年北海才正式对外开放。正如《中央公园二十五周年纪念册》评价中央公园："此公共游憩之地，本超然于政治之外，而与国事相为消长如此。"② 皇家禁苑向现代公园的转变过程，见证了政权兴替、时代变迁，公园的历史即北京历史的投影。

清末民初的北京，由封建帝都向现代首都转变。在这新旧裂变的大时代，现代国家、现代都市、现代文化、现代文学酝酿乃至发生；与之相应地，新兴的政治党派、市民阶层、知识分子共同体和学生群

图0-5 孙中山先生去世一周年纪念会，中央公园之前门（上图）与礼堂（下图）（《东方杂志》1926年第23卷第5期）

---

① Rudolf G. Wagner, "Ritual, Architecture, Politics, and Publicity during the Republic Enshrining Sun Yat-sen", *Chinese Architecture and the Beaux-Arts*, University of Hawai'i Press, 2011, pp. 223-278.

② 中央公园委员会编：《中央公园二十五周年纪念册》，第3页。

公园北京
文化生产与文学想象（1860—1937）

体逐渐成形，时代精神与社会风气亦随之转变，这一切都投射于新兴的公园空间之中。本书采取个案研究的方式，选择若干最有代表性的空间，即万牲园、中央公园、北海公园、城南游艺园与陶然亭，既包括清末民初政府正式建造、开放的公园，也涵盖具有公园性质的公共游览空间，以点带面，辐射晚清至民国北京的现代性转型。这五个对象，恰好一一对应传统士绅、新文化人、新青年、普通市民、政治团体这五种人群的生活及表现，同时也分别反映了公园所承担的启蒙、文化、文学、娱乐、政治等功能。

万牲园作为北京第一座现代公园，体现了过渡时期的士大夫在启蒙理念与怀旧情绪之间的撕扯。他们既是晚清新政引进万牲园的先行者，又在民国后对于万牲园抱有一种复杂的情愫，万牲园凸显了北京公园所特有的这种新/旧两面的含混与张力。

中央公园的开放反映了民国北京文化中心由外城向内城的迁移，也见证了"五四"以来新式文化精英的生成。他们要求公共交往的场域，以便在现代都市空间中构建自身的文化生产、权力网络和社会影响。公园茶座由此应运而生，作为核心的文化空间，与其他公共领域如客厅和报刊一起，分工合作，共同酝酿了京派文学。

北海公园很好地诠释了蔡元培的美育理念，成为以"新青年"为主导的空间。1925年开放的北海与20世纪20年代后以新青年为主体的新文学，存在相互建构的关系。一方面，北海赋予了文学青年构思、创作、批评文学的灵感与空间；另一方面，这些青年的文学实践也造就了北海乌托邦的意象。

城南游艺园折射了民国北京城南士绅文化的衰落和市民文化的崛起。城南的娱乐空间作为面向市民阶层、投合小市民审美趣味的消费品，与社会新闻、通俗文学具有同构性。高度发达的城南娱乐场每日生成新鲜的话题，提供社会新闻的素材，并通过通俗作家的二次创作

绪论
公园作为一种方法

升华，嵌入20世纪20年代北京的都市景观和消费机制。

作为宣南士乡的象征，陶然亭在民国的角色转换呼应了北京城市格局的转变，其文化的功能退隐了，政治的面向却有所凸显，遗老对旧时代的凭吊和革命者对新时代的憧憬在此相映成趣。陶然亭孕育了新的政治团体乃至政党，以及革命者的爱情传奇，从而奠定了它在共和国时期作为革命纪念基地的新面目。

上述个案在时间和空间层面都存在紧密的逻辑联系，彼此构成了一个有机的整体。北京城市结构为品字形，分为内城与外城（亦称南城），清代实行满汉分治，汉人士大夫尽居外城，外城遂形成宣南（宣武门以南，大体即原宣武区范围）文化，成为清代北京的文化中心。万牲园介于内外城的边界，由晚清士大夫主导，作为北京公园的起点，在很多层面奠定了民国北京公园的面貌。民国初年，北京城市空间重组，文化中心由外城迁往内城。皇城一带的封闭格局被打破，崛起为新文化的中心，公园、图书馆、博物馆、高等学府林立，中央公园和北海公园就是其中的代表，也是皇家园林坛庙改造开放的典型。中央公园孕育了中国现代知识分子，北海公园则与下一代际的青年关系更为密切。与此同时，随着士大夫、新文化人、青年学生迁居内城，宣南士乡转化为市井城南，陶然亭与城南游艺园的盛衰分别折射了士绅文化的沦落和平民文化的崛起。城南娱乐空间的兴起，大背景是京都市政公所在城南兴建模范新市区，这与其打破内城封闭格局的规划是一体的。城南游艺园体现了北京公园罕见的平民化的一面，反映了尚未被现代公园理论驯化的公共游览空间的状态。而陶然亭折射了北京传统的休闲空间如何应对新式公园的挑战，并开辟出自我的生存空间。这些个案同时也从历时的角度呈现了晚清以降公园的开放过程，以及北京在政治、社会、文化、城市结构诸方面的变迁。从万牲园发端，看晚清是如何进入现代的；以陶然亭收束，谈传统又是怎样

公园北京
文化生产与文学想象（1860—1937）

嵌入现代的。

从前文的梳理可知，"公园"是一个日语借词，也就是说，它是既有的古代汉语与舶来的现代概念的碰撞。①从字面上，"公园"二字古已有之，但是当近代国人从日语的中介将它作为 public park 的对应概念重新引进中国时，它就被赋予了全新的含义。北京的公园正是对其最好的诠释。中国本身有着源远流长的园林传统，北京的皇家园林是中式园林美学的集大成者，兼具北方园林的大气和南方园林的婉约。当近代北京的语境与西方公园的概念对接时，不是照搬西式，而是以中式园林为基础改建开放，在风格、形制上与西方的公园有很大差异。这些清朝遗留的园林坛庙在帝国时期曾各司其职，所处的地理位置不同、职能分工不同、建筑风格和园林情致也各异，这种传承又很好地与公园的现代功能和美学结合在一起，形成了各自的特色。为了说明以北京为代表的近代中国公园的独特性，可以在全球化的视野下，引入同时期的日本公园为参照。

在近代东亚的脉络之中，最有代表性的两个国家即中国和日本，且二者出于同一文化源流。两国同于19世纪60年代派遣使者出访欧美，去探究欧美强大的根源，他们都为西方繁华的都市文明所震撼，并在此与公园相遇。两国使者海外见闻录中的"公园"，各自成为本国公园意象的雏形。1873年，日本的太政官出示布告，开放金龙山浅草寺、三缘山增上寺等五处"古来之胜区，名人之旧迹"为公园，即日后被称为东京府"五公园"的浅草公园、芝公园、上野公园、深川公园和飞鸟山公园，它们是日本最早的公园。可见，日本初期的思路与中国较为相似，都是利用旧有的名胜资源进行改造。然而，亟亟于欧化的日本并不满足于此，欧美范式的公园才是当政者的最高目标，

---

① 日人在明治初年利用古汉语词去翻译西方的新概念，从而使一些词产生了近代新义并反向传入汉语。

绪论
公园作为一种方法

1903年建成的日比谷公园，堪称近代日本公园的典范之作。在设计日比谷公园的过程中，传统日式园林的风格被否定，东京府五公园作为反面教材受到批判："观本市之公园，其数虽多，大抵以旧寺社境内充之……其名虽为公园，其实不过庭园耳"，在公园中建造日式茶室的提议也遭到反对。这些都与中国公园的情况形成鲜明的对照。据白幡洋三郎分析，近代日本对于洋式公园的渴望，归根结底，是以城市的欧化这种看得见的形式，来满足对近代化的憧憬。① 实际上，日式的传统造园艺术有着非常独特的园艺造诣和文化内涵，然而在当时日本的政界、文化界精英看来，以旧寺社为基础改造的公园，"其名虽为公园，其实不过庭园耳"。若以同时期的日人之眼观之，则近代北京的公园皆亦不过是名不符实的园林。其实，孙福熙也曾记述一位从法国凡尔赛国立园艺学校毕业、在上海法国工部局任园艺师的朋友李君，以西方现代园艺美学的眼光，对于以万牲园为主的北京各大公园作出批评：

> 北京的公园，因为都是旧有的改成，不是依一定规划新建的，所以都不能适如其分。例如，中央公园的柏树是难得的，然而太密些，使人不能看到远景。北海则树太少，一望空空的。又各处的建筑物都是固有的，其中多不适合于庭园的布置，先农坛是最显著的。这是利用旧地的无可奈何之处。②

在李君看来，万牲园算是其中差强人意的了，但也难免诸多不足之处，认为"中国要有好的公园总应该从新开辟"。从现代西方公园的

---

① 参见白幡洋三郎：《近代都市公园史：欧化的源流》，李伟、南诚译，第202—277页。
② 孙福熙：《欢迎一位园艺学家来北京》，孙福熙：《北京乎》，上海：开明书店，1931年，第164—165页。

视角观之，北京公园在许多方面确实都不合乎对于"现代"公园的想象。然而，这也正是北京公园的特点所在。

北京的公园对于传统与现代、本土与西方的关系有一种非常独特的表达。在外观上，它是古色古香的皇家苑囿，但在内部，它引入了图书馆、博物馆、体育场、音乐堂、照相馆等一系列最现代的设施，并孕育着现代思想、现代文化、新的社会阶层和生活方式；而传统的精髓，又早已水乳交融地化入其中，造就每一个公园独特的面目。北海公园附设的国立北平图书馆（今国家图书馆古籍馆）是一个具体的例子，其虽"外部完全是中国宫殿式的，而内部则完全是西方式的，在1930年代初，它的内部设备，比之于大洋彼岸的美国国会图书馆毫不逊色"[1]，有如"旧瓶装新酒"，将传统与现代融合在一起（图0-6）。又如20世纪30年代北平市长袁良主持《北平市游览区建设计划》，其中一项拟将中南海打造为面向中外游客的"东方园林饭店"。市政府看重中南海亭台楼榭、园林湖山的构造"无不各具浓厚伟大之东方色调"；与此同时，为满足欧美大都会游客的需求，预备在内部添置"跳舞厅大餐厅及各种娱乐休息设备"，并"将全园房屋修葺油饰一新，增设一切卫生设备，各处俱连以自动电话，以补房舍分散呼应不灵之弊"，现代设施一应俱全。[2] 这也是另外一种意义上的"旧瓶装新酒"。整个北平市游览区的思路，就是面向预期的西方游客，突出北平的东方色彩和传统资源，以整理、保护文物古迹为中心，旨在将北平建成国际化的"世界公园"。由于其对话对象是现代西方，因

---

[1] 据邓云乡回忆，图书馆卫生间铺着绿色六角瓷砖，安有单向可视的玻璃，"一色都是美国货，比北京饭店的还讲究"；大楼入口是两层玻璃转门，衣帽间"十分讲究"，都是进口柳安木的护墙板、光灿耀眼的铜号牌、铜衣钩；大厅内设有自动沙滤水饮水池，"一按开关水从中心小孔喷射出来，这是美国玩艺，北京当时只有这里有"。邓云乡：《国立图书馆》，《文化古城旧事》，北京：中华书局，1995年，第171页。

[2] 《北平市游览区建设计划》，北平：北平市政府，1934年，第19—20页。

绪论
公园作为一种方法

图 0-6　国立北平图书馆大门（1933 年）

此这种对于传统的复原又非纯粹的复古，而是一种"被发明的传统"，背后是现代的意识和眼光，传统遂找到了一种和谐地寄生于现代的方式。

白幡洋三郎曾提出公园究竟是一种"文明性装置"还是"文化性装置"：

> 如果说通过取得技术知识，可以移植、推行到其他社会的制度或装置被称为"文明"的话，那么，在西洋产生的公园，已经扩展到了整个世界，在这一点上，公园可以称为"文明性装置"。如果把很难向其他社会推行的，某个社会独特的、固有的东西称为"文化"的话，那么，公园移植到其他社会时遇到巨大困难或失败，也可以称作"文化性装置"了。①

---

① 白幡洋三郎：《近代都市公园史：欧化的源流》，李伟、南诚译，第 4—5 页。

在这个意义上,他将近代日本公园视为一种都市文明装置。借用白幡洋三郎的定义,反观北京的公园,它并非可以放之四海、简单移植的"文明性装置",而是植根于中国的文化脉络中,不断与本民族传统在对话的"文化性装置"。其深层是一种文化性对文明性的包容和转化,依托中国本土的资源,对于"公园"所象征的西方现代文明进行有条件的吸收和重新诠释,把外来的文明性转接到固有的文化性之上,从而实现了西方／现代文明与本土／传统文化的对接。

三、公园北京:另一种现代性的隐喻

选择一个最能体现城市精神的空间,以小见大,呈现一座城市、一个时代的面目,起源于本雅明对于巴黎拱廊街的研究。在其若干纲领性的论文尤其是未完成的巨著《拱廊研究计划》中,本雅明试图以拱廊街这种独特的都市景观,结构起浩瀚的材料,编撰一部"魔法百科全书",以表达他对巴黎这座城市乃至整个19世纪现代性的理解和批判。[①]本雅明的方法开启了一系列城市空间的研究,如沙龙与中世纪的巴黎,咖啡馆与19世纪末的维也纳,舞厅、咖啡馆、跑马场与民国的上海,茶馆与近代的成都,等等。

在北京的空间中,胡同、四合院、天安门、大院是此前受关注较多的意象。胡同和四合院向来被视为民国"老北京"文化的象征[②];

---

① 参见 Walter Benjamin, *The Arcades Project*, Cambridge: Harvard University Press, 2002,及本雅明:《巴黎,19世纪的首都》,刘北成译,上海:上海人民出版社,2006年。

② 参见赵园:《北京:城与人》,北京:北京大学出版社,2002年。

绪论
公园作为一种方法

天安门与大院则是当代北京重要的政治文化空间①。赵园《北京：城与人》即将胡同、四合院所代表的平民文化视为老舍作品以及新时期"京味"小说的灵魂。但我认为，民国北京除了胡同和四合院所代表的市井、平民的一面，还有一个更为重要的面相——它是现代中国政治和文化的中心。在政治上，北京折射了近代中国政权复杂的更迭；在文化上，它既是"五四"新文化运动的发源地，迁都之后又作为"文化城"，始终是万方辐辏的文化中心。北京的这层面相，是胡同和四合院所无法涵盖的，而公园恰可以反映。公园是民国北京重要的公共空间，集政治空间、文化空间、社会空间、情感空间、娱乐空间、商业空间为一体，能充分地折射时代精神，以它为核心，又可以串联起其他的空间和场域，如客厅沙龙、大学校园、出版机构、报刊、社团等。公园对于传统与现代的诠释，更是近代北京城市精神的反映。从这个角度而言，如果说天安门是最能象征当代北京的城市意象，那么公园对于民国北京有着同样重要的意义，恰如拱廊街之于19世纪的巴黎。因此，本书关注"公园北京"，揭示一个不同于"胡同北京""大院北京"的面相。

正如民国时期裴丽珠的游记《北京》一书中对于北京的观察，"北京的魅力在于……奇妙的新旧并存。北京的历史是中国历史的缩影。这座城市，就像这个国度一样，具有吸纳新事物并消化它们的能力"②，近代北京，并非刻板印象中"乡土中国"的象征，而是有着更生机勃勃的一面。

---

① 天安门的研究，参见 Wu Hung, *Remaking Beijing: Tiananmen Square and the Creation of a Political Space*, Chicago: The University of Chicago Press, 2005 及洪长泰：《地标：北京的空间政治》，香港：牛津大学出版社，2011 年。大院的研究，参见丛治辰：《现代性与社会主义城市建构——1949 年后文学中的北京想象》，北京大学中文系 2013 年博士论文。

② Juliet Bredon, *Peking: A Historical and Intimate Description of Its Chief Places of Interest*, Shanghai: Kelly & Walsh, 1922, p.1.

公园北京
文化生产与文学想象（1860—1937）

北京是一个背负有八百年历史的帝都，因此它不像上海一类新起的城市可以轻装上阵。在由封建帝制向现代国家的转化中，作为首都的北京在方方面面都经历着裂变的阵痛，传统亦不可能完全与现代切割，而是以另一种面目重现于现代经验中。这个挣扎与裂变的姿态，以及传统与现代犬牙交错的纠葛，因其内在的含混性和紧张感而特别迷人。北京的特殊魅力就在于它的五方杂处、新旧交融，林语堂在《迷人的北平》中曾谈道："北平是宏伟的。北平是大度的。它容纳古时和近代，但不曾改变它自己的面目。"① 在趋向现代的过程中，它并非直接由传统向现代蜕变，而是如朱丽叶所言，具备一种"吸纳新事物并消化它们的能力"。董玥曾以"回收"（recycling）的概念诠释北京的这种特性，借拾荒者和天桥的意象，探讨北京如何将过去的碎片（包括物质和精神双重层面）回收利用，从而变废为宝、创造出新的价值。②

而在我看来，公园可以作为近代北京的隐喻。北京市民对于公园的态度，与西方旅行者形成强烈对比，在后者眼中，皇家禁地向公众开放，有损其神圣性和神秘感。尤其是在园内风景名胜处设置茶座、餐厅，本是民国北京公园最大的特点，也是最受民众欢迎的创举，却遭到西人激烈的批评或嘲讽，认为实用性的现代设施破坏了园林本来的美感。③ 民国人和西方人对于以公园为代表的历史遗产的不同理解，体现了对于北京的两种想象方式：是将其看作活的城市，还是死的帝都？面对前朝的皇家园林坛庙，近代北京不是仅仅视其为过去的遗迹，像西方旅行者所期待的那样，设为博物馆，原原本本地保存起

---

① 林语堂：《迷人的北平》，姜德明编：《北京乎——现代作家笔下的北京（1919—1949）》，第 508 页。

② Madeleine Yue Dong, *Republican Beijing: The City and Its Histories*, University of California Press, 2003.

③ 详见本书附录二的分析。

绪论
公园作为一种方法

来,而是将它们改造、开辟为公园,向公众开放,让历史重新融入日常生活之中,以创造性的占有和使用方式,赋予纪念物以新的意义与活力。近代北京对于传统的态度,是一种公园式的,而非博物馆式的表达。时至今日,如何想象一个"老北京",又如何建设一个"新北京",如何在重建"新北京"的同时不破坏"老北京"的风韵,始终是人们切身关注的问题。近代北京的公园改造,提供了很好的思路,不是将"老北京"客体化、博物馆化,而是将其纳入"新北京"的日常;过去与现在不是一刀两断,而是过去生长在现在之上,获得新的生命。实际上,当代北京的魅力依然表现于这种以旧纳新、以新化旧的包容力和创造力中,那些最具创意的、时髦的文化、商业空间,往往基于富有北京历史底蕴和文化特色的传统街区和建筑,自洽地达成"老北京"的现代转身。

从公园入手,意在城市。选择北京公园作为讨论对象,更深层的关怀是对于中国城市研究方法的思考。城市研究在西方滥觞并发展成熟,其范式以西方发达城市为中心,通常围绕如伦敦、巴黎、柏林、维也纳、纽约等欧美大都市,探讨都市与现代性经验。因此,当城市研究与中国语境接轨时,最初学界多以西方现代性审视中国的城市文化,上海遂首当其冲,因其最符合对于城市与现代性的想象,李欧梵的代表著作《上海摩登》中的"摩登"

图 0-7　中海西岸迎春园湖滨茶座(1940 年)

（modern），指的就是西方定义的现代性。而北京则由于不符合这种对于现代性的理解，一度受到冷落。现代性是一个纷繁复杂的概念，若依据卡林内斯库（Calinescu）的定义，现代性分为启蒙现代性和审美现代性，简言之，前者是物质文明的现代性，是科学技术、工业革命和资本主义带来的经济社会变化的产物；后者则是文化美学的现代性，是伴随前者的发展而促生的对于前者的反思和批判。① 但由于近代中国城市化进程的不平衡，第一种现代性尚未充分发展，更何谈第二种现代性，除了上海外，很难找到契合的城市和文本，实际上，即使上海也并非只有西式的"摩登"一面。随着研究的进一步深入，学者们逐渐意识到，西方现代性不能完全涵盖与解释中国的城市经验，生硬套用可能会造成理论和对象之间的缝隙。这也是近年来学者们提倡北京研究的出发点，认为北京在由传统进入现代过程中的抵抗、挣扎和追随、突破，对于中国的城市更具有代表性，因此提出"北京作为方法"，以期突破上海范式，反思西方现代性。②

本书对于北京公园的研究，背后也包含这样的问题意识，借此去探究一种更切合中国自身语境的现代性。北京是中国的缩影，而公园则是北京的缩影。如果说近代东京和北京的公园各自代表了两国对于现代化的渴望，那么近代东京／日本的方式是选择与传统一刀两断，照搬西式的现代；北京／中国则是将现代巧妙地纳入既有传统之中，促成传统的现代性转化。同时，本书认为，不应过度强调北京（传统、东方）—上海（现代、西方）模式的对峙和割裂，固化二

---

① 卡林内斯库：《现代性的五副面孔：现代主义、先锋派、颓废、媚俗主义、后现代主义》，顾爱彬、李瑞华译，南京：译林出版社，2015年。

② 参见陈平原、王德威编：《北京：都市想像与文化记忆》，北京：北京大学出版社，2005年；Madeleine Yue Dong, *Republican Beijing: The City and Its Histories*；季剑青：《重写旧京：民国北京书写中的历史与记忆》，北京：生活·读书·新知三联书店，2017年。

绪论
公园作为一种方法

者的刻板印象,中国城市的现状并非简单的二元对立,而是错综复杂的,北京并非想象中那样"传统""乡土",上海也不只有"现代""西化"的一面。近代上海除了租界区的西式公园,还存在向公众开放的私园,后者与北京的公园有一定相似性,又具有上海中西合璧的特质,是清末民初上海市民尤其是文化名流公开社交、集会的重要公共空间。有研究者指出,这种选择颇能说明清末民初在沪文人的文化心理——"他们虽居闹市,耳闻目濡并切身体验着一座'西化'大都市的崛起,但在他们心灵深处和生活习性上,则仍保留着一脉传统文化情韵",名士名园遂构成近代上海公共生活的一道风景。① 以公园为视角,会发现北京与上海也是一种相得益彰、互为镜像的关系。本书不是将上海作为言说的对立面,而是希望通过对于公园的探讨,提炼出一种对于近代中国城市问题具有普适性的理论框架。

近代中国徘徊于传统与现代之间,新旧并存,因此,在都市化、现代化的过程中,现代如何与传统对话,如何处理本土文化与外来文明的关系,是至为关键的议题。北京公园所呈现出的文化性对于文明性的对接与转化,提示了一种丰富的现代性。它既包含启蒙现代性的层面,又体现了审美现代性对于前者的质疑和纠偏。本雅明曾在《历史哲学论纲》中描绘"历史的天使":

> 他的脸朝着过去。在我们认为是一连串事件的地方,他看到的是一场单一的灾难。这场灾难堆积着尸骸,将它们抛弃在他的面前。天使想停下来唤醒死者,把破碎的世界修补完整。可是从天堂吹来了一阵风暴,它猛烈地吹击着天使的翅膀,以至他再

---

① 叶中强:《上海社会与文人生活(1843—1945)》,上海:上海辞书出版社,2010年,第274页。

公园北京
文化生产与文学想象（1860—1937）

也无法把它们收拢。这风暴无可抗拒地把天使刮向他背对着的未来，而他面前的残垣断壁却越堆越高直逼天际。这场风暴就是我们所称的进步。①

博伊姆在《怀旧的未来》一书中，借此意象阐释对于现代抱反思和批判态度的怀旧（nostalgia），认为这是现代性的一种表现。② "历史的天使"面朝过去，无可奈何地被进步的飓风推向未来；而北京的公园则是以面朝过去的方式积极地迎向未来，去质疑线性进化的现代性。这种对于过去与未来、传统与现代、怀旧与创新的全新诠释，拓展了现代性的内涵。"公园北京"作为另一种现代性（an alternative modernity）的隐喻，不仅对于中国的城市具有代表性，它甚至可以被置于一些同样不那么"现代"甚至欠发达，与传统有着千丝万缕的联系却也因此富有更多层次和可能的城市谱系中，如莫斯科、圣彼得堡、东柏林，也许还有其他东欧、东南亚和拉丁美洲的城市，同它们一道，构成对于既有范式（特别是西欧中心）的冲击和张力。

四、文学空间的生产

本书对于公园的讨论基本涵盖三个层次。首先，是作为物质空间的公园，包括公园的建筑、景观、设施、规范等，及其背后所体现的文化理念。其次，是作为文化实践空间的公园，考察不同政治、文化、阶层背景的人群如何占据和使用公园。最后，是被表现的公园空

---

① 汉娜·阿伦特编：《启迪》，张旭东、王斑译，北京：生活·读书·新知三联书店，2008年，第270页。

② Svetlana Boym, *The Future of Nostalgia*, New York: Basic Books, 2001, pp. 19-32.

绪论
公园作为一种方法

间，如文字、图像、声音等，以文学表现为主。①从而将公园空间置于跨领域的网络中，揭示其在城市史、文化史、文学史等领域的意义。以北京公园为例，借此打开对于空间的理解，试验一种跨文化的方法。

对于空间的理解，一般限于第一个层次，即实体的物质空间。本书尝试开启空间的多重维度，揭示与文化、文学相关的空间所蕴含的丰富内涵，提出"文学空间的生产"概念。"文学空间的生产"既包括动态的文学生产过程（the production of literary space），亦包括作为产物的文学空间（the product of literary space）。

社会学家米歇尔·德·塞托曾在《日常生活实践》一书中区分"场所"（place）和"空间"（space）的概念，认为空间与人的主观实践有关，"空间是被实践了的场所"（Space is a practiced place）。他举例说明，城市如同可读写的文本，漫游者通过行走，重写都市文本——"导致城市的一些部分消失了，一些则强化了，城市被扭曲，被打碎，被从凝固的秩序中释放出来"——从而创造出一种与地理学定义不同的空间，一个流动的、"隐喻的城市"。②我认为，空间因人的实践而生成意义，不仅限于行人的漫步，也包括人的文化行为——对于空间的占据和使用、对于空间的感受和记忆乃至对于空间的预言和想象。具体到本书所讨论的对象，作为地理空间的公园，会因应不同人群的文化

---

① 本书对于空间的理论思考，一定程度上受列斐伏尔启发，他从政治经济学的角度，将"空间的生产"（The Production of Space）分为三个层次：spatial practice, representations of space, representational space，参见 Henri Lefebvre, *The Production of Space*, Hoboken: Blackwell Publishing, 1991。同时，理查德·利罕在《文学中的城市》一书中，提出其著作的环状结构是对于城市本身环状结构的反映，最里面的一环追述城市的历史，中间一环考察各种文学和城市运动，最外一环涉及城市被表现（represented）的方式，参见理查德·利罕：《文学中的城市：知识与文化的历史》，吴子枫译，上海：上海人民出版社，2009年。

② Michel de Certeau, *The Practice of Everyday Life*, California: University of California Press, 1984, pp. 91-110.

公园北京
文化生产与文学想象（1860—1937）

实践与文学表现，而被赋予新的内涵。

正如福柯在《空间、知识、权力——福柯访谈录》中指出的，空间是一切公共生活形式和权力运作的基础①，空间对于重新审视文学的议题同样富有意义。文学研究的对象通常是文本，本书以公园为示范，引入空间的视角，旨在让平面的文本空间变得立体起来，还原其中的生产、运作机制。比如中央公园一章，通过钩沉沈从文、萧乾作为《大公报》文学副刊的主编，如何利用实体与象征的空间发现和培育青年作家，以推行京派的文学理念、实现新文学的再生产，指出中央公园的茶座与《大公报》的副刊不仅具有同构性，也在现实中互通有无。缘于京派知识分子的文化实践，中央公园的茶座就不止于一个单纯的物理空间，而是与《大公报》副刊的编撰相辅相成，变成了一个文学生产的空间，一个具有权力关系与运作机制的文学场域(literary field)。同理，北海公园一章，以一组文学旨趣相近且私交甚密的文学青年沈从文、蹇先艾、朱湘、刘梦苇为例，再现他们在北海的文学活动特别是对于新格律诗的探索，进而折射以北海为代表的美育空间，与以"新青年"为主体的"新文学"之间存在相互建构的关系。引入空间的维度之后，"新文学"不再是一个静态的结果，而是一个始终处于动态的生产过程，公园空间的视角即呈现了这种文学场域中的权力关系，以及新文学的生产与再生产机制。

如此，以公园空间为枢纽，本书揭示了都市空间——文化空间——文本空间的同构性，打通文本内外，沟通内部研究与外部研究。新文化人和新青年的文学实践使得中央公园、北海公园从物质层面的都市空间升华为文化空间，并进而与《大公报》"小公园"及"文

---

① 米歇尔·福柯、保罗·雷比诺对谈，陈志梧译：《空间、知识、权力——福柯访谈录》，包亚明主编：《后现代性与地理学的政治》，上海：上海教育出版社，2001年，第13—14页。

绪论
公园作为一种方法

艺"、《晨报》"诗镌"等隐喻层面的副刊空间在形式和内容上俱达成一致。同理，城南游艺园一章，以张恨水同时在《世界晚报》编辑"社会新闻"版和连载《春明外史》为例，探讨不同性质的娱乐空间与不同性质的文学形式、报章形式如何一一对应。公园与新文学是一体的，同隶属于新文化的价值体系，公园空间与新文学的报纸副刊也相得益彰；而游艺场则与通俗文学乃至报刊的社会新闻栏目共享一定的素材资源与文化趣味，皆为面向中产市民阶层的消费品。如此，有形的城市空间与无形的文学空间之间，构成了一种换喻的关系，并呼应了阶层与文化的分野。

作为文学表现的空间，不等同于地理学或规划学意义上的空间，而是文学生产的产物。建筑学家凯文·林奇曾提出"城市意象"（The Image of the City）的概念，认为不能将城市仅仅视作自身存在的事物，而应该将其理解为由其市民感受到的城市，"意象"是观察者与所处环境双向作用的结果。因此，城市居民绘制的认知地图，与实际情况存在差距，有些空间被压缩，有些空间则被凸显。[①]这标志着城市规划师、建筑师对于城市的理解从技术层面转向更人性化的层面，关注生活于城市中的主体对于城市的感受和记忆。文学研究者博伊姆在《怀旧的未来》一书中，更指出对于一个城市的怀旧对象可以是"这个城市从未实现的想象中的过去，然而这样的过去能够影响它的未来"[②]；在另一著作中她甚至提出"纸上建筑"（paper architecture）的概念，以指称那些未能被实现的城市乌托邦蓝图，比如苏联时期的塔特林塔（Tatlin's Tower）等："它不是城市曾经存在的方式，而是它可

---

① 参见凯文·林奇：《城市意象》，方益萍、何晓军译，北京：华夏出版社，2011年。

② Svetlana Boym, *The Future of Nostalgia*, p. 82.

图 0-8 塔特林塔

能实现的方式"（图 0-8）。① 正如半个多世纪前梁思成、陈占祥为重建北京设计的"梁陈方案"，虽从未曾被采纳实现，却反复被提及、被追怀。暂且不论"梁陈方案"的是非功过②，在这个意义上，"梁陈方案"的存在，始终昭示着北京城市建设的另外一种可能性，这借由人们的追怀想象不断丰富、立体的"纸上的北京"，与我们今天生

---

① Svetlana Boym, *Architecture of Off-Modern*, New York and Princeton: The Trustees of Columbia University, p. 4. "塔特林塔"系 1919 年苏联设计师塔特林受政府委托设计的第三国际纪念塔，其造型和材质分别受到巴别塔与埃菲尔铁塔的启发，计划在彼得堡落成。该建筑集最前沿的设计理念和高科技为一身，内圈的立方体一天旋转一次，中间的圆锥体一月旋转一次，外圈的圆柱体一年旋转一次，若建成，将比纽约的帝国大厦还要高。由于种种政治、经济和技术的限制，塔特林塔最终没有实现，但却一直启发着一代又一代的建筑师创造出各种各样的艺术形式向其致敬。

② "梁陈方案"对于城市重建的保守主张，无论是在当时，还是在当下，都只是一家之言，即使搁置政治立场，从专业角度而言，也始终存在持异议的资深城市规划师和建筑师。

绪论
公园作为一种方法

存于斯的七环北京，并行不悖。这是城市另一种可能的历史，另一种可能的面目。这些理论都指向城市主体对于城市空间的主观实践和印象，会对空间本身产生作用，甚至造就新的空间。

本书延续这一思考，侧重于从文学的角度出发，由于文学的意义不止于再现（represent），而是具有建构（construct）、重构（reconstruct）乃至解构（deconstruct）的功能，因此，文学生成的"隐喻的空间"，就与客观存在的城市空间构成了某种张力。如本书以公园为个案，讨论先后于万牲园与陶然亭举行的两场修禊，遗老对于空间的表现和空间本身存在一定缝隙，由此反映了士大夫群体在新旧过渡时期彷徨无着的心境，以及他们的最终退场。民初万牲园癸丑修禊，遗老们面对帝制的崩溃和共和的建立，有意识地赋予畅观楼传统的色彩，以寄托自身的归属感，而畅观楼自身现代性的一面，又时常溢出这种表现。1925年陶然亭乙丑修禊，日渐峻急的现实政治侵蚀着遗老们自给自足的文学传统，反而使他们的书写冲破了既有的文学程式，体现出一种写实的倾向，虽意在招魂，实则却颠覆了士人雅集的传统。另外，在同一时期、同一空间，女作家石评梅及其学友圈通过祭奠与书写行为的自我建构，建立起高君宇、石评梅与陶然亭的生死渊源，将陶然亭的高石墓打造为新的文学风景，既编织进"五四"婚恋自由的话语中，又开启左翼"革命加恋爱"的先声，从而使民国时期日渐凋敝的陶然亭重新获得生机，并与曾作为士大夫雅集胜地的"江亭"意象相互呼应。如此，本书对于空间的探讨，有别于历史学的研究，而是着重呈现空间与文学之间相互作用的关系，空间召唤了文学的想象，文学反过来又重构了空间。

中国拥有悠久的城市书写传统，汉学家吴百益曾在探讨《东京梦华录》时以开封和君士坦丁堡为例，指出中国与西方纪念城市的方式不同，中国的城市是以文字记忆的，而西方的城市则是以石头记

公园北京
文化生产与文学想象（1860—1937）

忆的。①究其原因，一方面与中国建筑的材质多为木结构，本身就不易保存有关，而更根本的，在于国人自古以来对于文字的认知——"文字寿于金石"，文字比金石更具有穿透时空的力量。这就触及了文学书写对于城市的重要性。"梦华体"的开创者孟元老曾在《东京梦华录》中自剖书写城市的缘由，在于维系遗民的集体记忆，在纸上复原并保存一座逝去的城市："暗想当年，节物风流，人情和美，但成怅恨。近与亲戚会面，谈及曩昔，后生往往妄生不然。仆恐浸久，论其风俗者，失于事实，诚为可惜，谨省记编次成集，庶几开卷得睹当时之盛。"②此后遗老的城市书写基本延续了这一论述，直到20世纪40年代夏仁虎写作《旧京琐记》时依然谈道："及今所述，已为陈迹。告诸后生，或疑诳汝。暇则移录，著之简编。"③通过建构后人的集体记忆，在文本中赋予一座城市永恒的生命，这就是书写的力量。而这种书写，实际上是一种对于城市的重构。博伊姆在《怀旧的未来》中提出怀旧分为两种形式——"修复型怀旧"（restorative nostalgia）与"反思型怀旧"（reflective nostalgia）："修复型怀旧"重在"旧"，是一种对于城市修旧如旧、原封不动的复原；而"反思型怀旧"重在"怀"，有自己的怀想、发挥，不一定是对过去的如实还原，却更接近心灵的真实。④我认为，这两种怀旧的形式，恰可以对应前述西人和国人纪

---

① Pei-yi Wu, "Memories of K'ai-feng," *New Literary History*, Vol. 25, No.1, 1994. 其认为，中国以建筑方式存留的古城寥寥无几，却多见书写城市的文字记录；而西方恰与之相反，多有保存完好、历史悠久的古城，但较少见书写、记录城市的文献。无独有偶，另外两位汉学家也表达过类似的观点，牟复礼（F. M. Mote）在《苏州千年史》中谈道，"过去是由词语，而非石头构成的"；李克曼（Pierre Ryckmans）在《中国人对过去的态度》中指出中国的过去是一种"精神的存在和物质的缺失"（Spiritual presence and physical absence of the past in China）。

② 孟元老撰、邓之诚注：《东京梦华录注》，北京：中华书局，2010年，第4页。

③ 夏仁虎：《旧京琐记引》，《枝巢四述 旧京琐记》，沈阳：辽宁教育出版社，1998年，第75页。

④ Svetlana Boym, *The Future of Nostalgia*, pp. 41-55.

绪论
公园作为一种方法

念城市的不同方式,而后者也正是文学之于城市的影响所在。文本的城市,对于塑造后人的想象和记忆而言,比现实的城市更富有意义和力量。

城市,起源于"纸上的城市"(对于城市的设计和规划),复归于"纸上的城市"(对于城市的追忆和想象),所有最终留存下来的城市,最终都是纸上的城市,无论是文字、绘画还是胶片(包括摄影和电影)。而所有这些文字、图像和影像,都可以被读作文本,这就是文学研究者进入城市的入口,也是其当行本色。"纸上的城市"或"隐喻的空间"不仅有可能对现实产生影响,对后世认知城市的方式更是意味深长。在这个层面上,文学作为进入城市的方法,具有自身不可替代的意义。

而"文学"(literature)作为现代的概念,实际是近代受到西方学科分野影响的建构[①],中国自身的传统显然不囿于此。古来文史不分家,"文"的内涵也绝不仅限于诗文词曲等,更有甚者,章太炎在《文学总略》中提出:"文学者,以有文字著于竹帛,故谓之文。论其法式,谓之文学。"[②] 借镜章太炎的"大文学观",以城市为对象,有助于丰富我们对"文本"的理解,一切文字、图形、影像、建筑乃至城市本身,都可以被读作文本,由此打通都市空间—文化空间—文本空间。在空间的视野下,打破新、旧、雅、俗文学的界限,也打破文学史的线性叙事。以公园为示范,在这里,古今、中西、新旧、雅俗并存,各种人物、思潮、文体杂处其间。试图复原一座公园,必然要触及它的多重面向,相应地要求跨文化、跨领域的方法,这是由公园自身的丰富性决定的。因此,公园作为方法,又会自然而然地突破文学

[①] 相关讨论参见张丽华:《现代中国"短篇小说"的兴起:以文类形构为视角》第一章"导论:文学革命与文学形构",北京:北京大学出版社,2011年。

[②] 章太炎:《文学总略》,《国故论衡》,上海:上海古籍出版社,2003年,第49页。

的边界，促成文学研究的空间转向。

如此，公园作为进入文学研究和城市研究的方法，同时丰富了二者的研究面向。以文学研究出身，进入城市研究，旨在为城市空间带入人文的一面：凭借文学研究者特有的眼光和趣味，去阅读城市感性的肌理，兼及古与今、文与史、城与人，勾勒那个物质形态之上的"隐喻的城市"。

第一章

北京公园的先声

——新旧过渡时代的士大夫与万牲园

作为北京现代公园的滥觞，万牲园从概念的引入到设计建造再到使用和表现，都与清末民初的士大夫群体有密切的关系。作为新旧过渡时期的士大夫，他们既是传统政教伦理的最后一代承载者，又是兼具世界眼光和现代思想的第一代先行者。本章将揭示作为漂洋过海"开眼看世界"的第一批中国人，晚清士大夫是如何接受和认知新型的"万牲园"，又是如何将其引进中国的。万牲园的创立是清末新政的一部分，以贵族精英阶层如端方等为主导，其对于万牲园的想象和打造，寄托了晚清士大夫的启蒙理想。清末的士大夫群体大多对万牲园所体现的现代性持接纳、肯定乃至享受的态度，万牲园建成后，士大夫阶层养成日常在其中休闲、交游的模式。而辛亥之后，士大夫群体的地位和心态都发生了变化，面对封建帝制的崩溃和共和政权的建立，如何在这种数千年未有之大变局中自处？士大夫们复杂的内心投射于万牲园上，转而有意识地勾连其与清室及士人传统的关系。以梁启超主持的万牲园癸丑修禊为代表，原本作为现代性象征的畅观楼，在遗老的绘画和诗词中却被赋予了传统的色彩；然而，万牲园自身现代性的一面，又时常溢出这种表现。万牲园既孕育于清末民初最后一代士大夫之手，也见证了属于他们的时代的落幕，极为典型地体现了近代北京新旧交替、混杂、富有张力的面相。

公园北京
文化生产与文学想象（1860—1937）

一、"导民善法"万牲园：晚清士大夫的海外见闻

1906年10月13日，"五大臣"之中的端方、戴鸿慈奉旨出洋考察归来，上折奏陈欧美各国"导民善法"：

> 每至都会繁盛之区，必有优游休息之地，稍得闲暇，即往游观，辄忘车马之劳，足益见闻之陋。初犹以为欧美风俗所趋，未必有关政俗，继乃知其专为导民而设，无不具有深心。①

于是请次第举办，"综括言之，凡有四事"：一曰图书馆，一曰博物院，一曰万牲园，一曰公园。在"万牲园"条下具体陈述道：

> 各国又有名动物院、水族院者，多畜鸟兽鱼鳖之属，奇形诡状，并育兼收，乃至狮虎之伦，鲸鳄之族，亦复在园在沼，共见共闻，不图多识其名，且能徐驯其性。德国则置诸城市，为娱乐之区，奥国则阑入禁中，一听刍荛之往，此其足以导民者也。②

端方、戴鸿慈所谓的"万牲园"或"动物园"，即英文的zoological garden，是19世纪新兴的发明。在西方的脉络中，动物园实际上滥觞于16世纪至18世纪的欧洲。随着航海和殖民的扩张，欧洲贵族特别是皇室热衷于收藏珍奇动物，作为彰显王权与财力的方式、文明驯化自然的象征。这些兽馆通常附属于贵族花园，如凡尔赛宫的动物园，早期的动物园带有专制王权和殖民主义的印迹。到了19

---

① 《出洋考察政治大臣今法部尚书戴两江总督端会奏各国导民善法请次第举办折》，《东方杂志》第4卷第1期，1907年3月。
② 同上。

第一章
北京公园的先声

世纪，"动物花园"这个概念才出现，动物园开始被视作一个整体，而不是既定花园中的一个成分，也就是说，"动物园"强调的是空间的内容（动物），而不是空间本身。伦敦摄政公园（Regent's Park）率先兴建动物园，随之在欧洲掀起风潮。动物园热并非孤立的个案，而是伴随资本主义和工业革命的发展，作为整个欧洲市政文化革新的一部分，它与19世纪兴建剧院、博物馆、图书馆、大学、商会、交易所、公园的热潮是一体的。尤因其隶属于公园的脉络中，独立或被结合进公园的动物园，与公园一同被视为"都市之肺"，在拥挤污浊的城市中为市民提供漫步休闲的场所。19世纪后半叶，以巴黎植物园（内设动物园）为代表，动物园的受众由特权阶层渐趋大众化，开始肩负中下层阶级休闲娱乐、陶冶情操和公众教育的功能。动物园被看作"一个城市必须要提供的最有特色的文化标志"，布鲁塞尔一本写于1856年的散步指南中有这样一句话："动物花园已经彻底渗入了公众的生活习惯，一个人肯定会问自己，三年前的布鲁塞尔居民在咖啡时间和茶点时间之间能干些什么？"[①] 晚清中国的使臣就是在这样的背景下来到欧美考察政俗，因此，端方、戴鸿慈将动物园与图书馆、博物院、公园并置，视其为"导民善法"，颇得彼时西方动物园理念之精髓。当然，对于动物园这种新事物的认知，还需要经历一个过程。

中国自身辟设专门空间蓄养动物的传统其实可以追溯至周文王时期的灵囿，《诗·大雅·灵台》曰："王在灵囿，麀鹿攸伏。"毛传注："囿，所以域养禽兽也，天子百里，诸侯四十里。灵囿，言灵道行于囿也。"[②] 后泛指帝王蓄养动物的园林。但是"动物园"这样的概念

[①] 参见埃里克·巴拉泰、伊丽莎白·阿杜安·菲吉耶：《动物园的历史》，乔江涛译，北京：中信出版社，2006年，第64—80页。

[②] 《毛诗正义》卷一六之五，《十三经注疏》本，北京：中华书局影印，1980年，第525页上。

公园北京
文化生产与文学想象（1860—1937）

及其所包含的现代文明的意义，对于国人是完全陌生的。不仅如此，国人对于动物的认知，也与西人有别。中国古人对于动物较为系统的认知可以上溯到《尔雅》，但基本是出于一种博物的趣味，"多识于草木鸟兽之名"①。亦有附会于人事，或将动物与祥瑞灾异之兆联系起来，或将动物赋予人类的品格进行褒贬。表面谈的是动物，实际还是旨在人事，缺乏对于动物自身的生物学认知——当然，这即使在西方脉络中，也是近代以来的事，动物园的诞生本来就与西方博物学、分类学、生理学等学科的发展密不可分。因此，当晚清士大夫游历欧美时，动物园于他们而言是一种全新的经验，自然会产生许多有趣的碰撞。

考察自19世纪中期起至20世纪初期，半个多世纪以来晚清士大夫出访欧美的游记，在令人目眩神迷的众多发明中，动物园引起了他们普遍的兴趣。由于难以在既有的本土知识结构中找到对应物，最初对于zoological garden（动物园）的翻译也各出己意，并不统一，有生灵苑、生物苑，也有百兽园、万兽园，或万种园、万牲园、万生园等。基本上直到20世纪初戴鸿慈、载泽、康有为等人的论述，才逐渐固定下"动物园"的名称。

田晓菲在讨论魏晋和晚清游记的 *Visionary Journeys* 一书中指出，中国游记素有"好奇"（love of the strange）传统，特别留意富于异域风情的奇珍异事。②而初衷为搜罗"奇异"（exotic）生物的动物园，恰恰迎合了这种期待。③欧美动物园从世界各地网罗来的珍禽奇兽，

---

① 《论语注疏》卷一七《阳货》，《十三经注疏》本，第2525页中。
② Xiaofei Tian, *Visionary Journeys: Travel Writings from Early Medieval and Nineteenth-Century China*, Cambridge: Harvard University Asia Center, 2011, pp. 166-172.
③ 据《动物园的历史》一书的梳理，"奇异"一词首先出现在16世纪的法文文献中，形容来自遥远异域的事物；英语该词首次出现于16世纪后期，最初用来形容多少有点粗俗的外国人，从1645年开始，其含义扩展到来自其他大陆的植物或动物上。

第一章
北京公园的先声

绝大多数是这些初出国门的晚清士大夫闻所未闻的，令其耳目一新，因此，他们对于动物园最初的关注，集中于一个"奇"字。[①]如斌椿《乘槎笔记》在在强调巴黎、伦敦、荷兰等地"生灵苑"之"鸟兽之奇者，难更仆数"，"尤奇者，海中鳞介之属"，"鸟兽奇异甚多"，"异鸟怪鱼，皆目未睹而耳未闻者"，"珍禽异鸟，充斥其中"，等等。[②]志刚《初使泰西记》不惜花费笔墨，历历细数伦敦"万兽园"之"珍禽奇兽，不可胜计"。[③]张德彝《航海述奇》同样也为"奇异难以殚述"的伦敦"万种园"留足了篇幅，分门别类地描摹"兽之奇者""鸟之奇者""鱼之奇者"，以及荷兰"生灵园"所蓄"奇奇怪怪者尤多"。[④]戴鸿慈《出使九国日记》亦赞叹伦敦"动物园"的"无奇不备"和柏林"校兽园"之"所蓄珍禽奇兽以及鳞介各种甚众"。[⑤]

晚清士大夫对于动物园最直观的认识，还停留在对于异域"珍禽奇兽"的好奇和新鲜，基于此，早期旅行者最感兴趣的，就是认知和记载各式各样的生物。他们常不厌其烦地记述在动物园中观察到的动物。考察这些论述，一方面，他们最为津津乐道的是长颈鹿、斑马、袋鼠、狮子、犀牛、河马、大象、食蚁兽、鳄鱼、鲸鱼等富于异域风情的动物；而另一方面，在观察认知这些新奇的动物时，他们动用了自身的知识资源去对接。大部分旅行者在记述动物时以"虎豹犀象"统之，此语典出《孟子·滕文公下》。孟子在这一章讨论治乱与禽兽的关系，认为禽兽的出现是乱世的表征，暴君当政时，"弃田以为园

[①] 无独有偶，19世纪60年代起，出访海外的日本使节团也对公园中的动物园抱有特殊兴趣。参见白幡洋三郎：《近代都市公园史：欧化的源流》，李伟、南诚译，第182页。

[②] 斌椿：《乘槎笔记》，钟叔河编：《走向世界丛书》，长沙：岳麓书社，1985年，第108—123页。

[③] 志刚：《初使泰西记》，钟叔河编：《走向世界丛书》，第293—296页。

[④] 张德彝：《航海述奇》，钟叔河编：《走向世界丛书》，第508—510页。

[⑤] 戴鸿慈：《出使九国日记》，钟叔河编：《走向世界丛书》，第110、171页。

囿，使民不得衣食。邪说暴行又作，园囿、污池、泽沛多而禽兽至"；而有道的统治者则驱逐禽兽，天下太平，"（周公）驱虎豹犀象而远之，天下大悦"①。孟子对于园囿禽兽的理解，与西方现代的公园（动物园）观念对照，饶有意味。与之相应，当志刚历数伦敦动物园的收藏之后，笔锋一转道："虽然，博则博矣。至于四灵中，麟、凤必待圣人而出。世无圣人，虽罗尽世间之鸟兽，而不可得。"感叹即使如伦敦动物园这般博搜远采，仍然看不到上古传说"四灵"之中的麟、凤、龙，"然则所可得而见者，皆凡物也"②。而戴鸿慈谈到"来欧数月，已数见不鲜"的"鹿豹"即长颈鹿时，亦指出："其状马首、牛尾、鹿身、长颈有角，西人以为中国古所谓麟者即此，此事殊难确证。因思中国古书，称龙、麟、鸾、凤诸瑞物，皆不经见。盖缘此种久已不传，亦与欧洲上古之大鸟、大兽同例（中世以后，所称龙见凤至，皆其赝者耳）。"③志刚、戴鸿慈仍然笃信龙、麟、鸾、凤这些中国上古传说中杜撰出来的神圣鸟兽的存在，遗憾在西方现代的动物园中无缘得见，甚至归咎为"世无圣人"，在后世看来虽有些不可思议，却体现了中国士大夫在接触西方动物园之初的思维碰撞。

当然，晚清士大夫对于动物园不止于单纯的猎奇心态，而是对于西方动物园的形制和功用有一个逐渐认识的过程。他们普遍注意到动物园分类豢养的原则，以伦敦动物园为例，"或局兽于圈，笼鸟于屋，蓄鱼于池。其驯者，或放诸长林丰草间"④；"每一巨室，或圈或栏相连，以一园丁司之"⑤。张德彝的记述尤为详尽：

---

① 《孟子注疏》卷六下，《十三经注疏》本，第2714页下。
② 志刚：《初使泰西记》，钟叔河编：《走向世界丛书》，第296页。
③ 戴鸿慈：《出使九国日记》，钟叔河编：《走向世界丛书》，第171页。
④ 志刚：《初使泰西记》，钟叔河编：《走向世界丛书》，第296页。
⑤ 郭嵩焘：《伦敦与巴黎日记》，钟叔河编：《走向世界丛书》，第114页。

第一章
北京公园的先声

  外有猛兽，每种各有石屋二间，前有铁栅栏，上悬一牌云：物系何名，产自何处，因何人而携此。有园丁以铁叉插生肉、面包喂之。兽之驯者在木房内。小鸟每种一木房，前有铜网，内有水池、食盆、枯木枝。水鸟与鱼皆有大池。鸟兽有水产、旱产各异者，置于四间木房，内凿石池，外铺干草。畏寒者向阳，畏热者背阴，无不各得其所。①

  这是19世纪欧洲动物园的典型格局。整个动物园犹如一个分类准确的博物收藏室，兽笼就像陈列窗，以便游人和研究者近距离观察动物；兽笼上附有说明标识，散发着百科大全目录式的气息；而笼中野兽则如同示范模型，具有科普和教育功能。李圭即精辟地指出，伦敦动物园的功用在于"专以考究生物之理者"②。虽然这种博物收藏室的风格在20世纪受到质疑与诟病，却深刻影响了北京万牲园的形制，甚至可以说奠定了当今中国动物园的基本格局。③

  再者，由于晚清旅行者是在同一时间接受公园、植物园、动物园等诸多概念，况且西方动物园在诞生之初本身也隶属于公园的脉络，因此，晚清国人对动物园的认识往往被涵盖在公园的框架内。

  譬如自诩"中土西来第一人"的斌椿，在《乘槎笔记》中就将动物园作为"花园"之一种。上引花木、鸟兽、鳞介之奇异者就见于巴黎"官家花园"的记载。"官家花园"本是公园的意思，公园在最初进入晚清国人视野时即被称为"公家花园"；而根据斌椿的描述，此应系附设于巴黎植物园内的动物园。在伦敦时，他命随员广英"往看

---

① 张德彝：《航海述奇》，钟叔河编：《走向世界丛书》，第508页。
② 李圭：《环游地球新录》，钟叔河编：《走向世界丛书》，第288页。
③ 这种针对游客观赏功能的动物园被批评为对动物天性的一种束缚，大多数囚养的动物生理和心理上都存在不同程度的问题，寿命也始终比自然状态下短得多。20世纪，随着动物保护的意识进一步提升，动物园更加注重从动物的角度设置拟态的环境，甚至建立了野生动物园。

花园",记录广英的报告:"云鸟兽奇异甚多。狮子四,极大者二,皆虬毛。虎豹犀象之属,不可胜记。巨蟒长至二三十码,每码合中国二尺五寸,皆豢养极驯。"① 这很可能是伦敦动物园,因为英文 zoological garden 后一个单词即花园之意。斌椿不辨花园、公园、动物园、植物园的区别,因为对他而言,这些都不过是富有异域情调的花园,还不曾进一步意识到它们承担不同的功能。

然而随着认知逐步深入,晚清士大夫对于动物园的关注渐从"动物"转向"园"。查阅曾纪泽《出使英法俄国日记》,可见其在欧洲养成闲暇时赴公园、动物园游观的习惯。如在巴黎时,他常记述某月某日偕某人"游于苑囿,见狮、豹、熊、羆诸兽及各种蛇、鱼、介族"等,此"苑囿"亦即巴黎植物园;待至伦敦,更是多见其独自或携家人至"万生园"(伦敦动物园)、"海德花园"(海德公园)或"理检滋苑囿"(摄政公园)"游观极久";到柏林当日,他即"游万生园极久,足力颇乏"。② 从一个旅居异国的游客角度,公园与动物园于曾纪泽并无本质区别,都是游憩之所,况且当时许多动物园本身就附设于公园中,如巴黎植物园和摄政公园等。曾纪泽曾在日记中发表议论,认为中国人来欧洲有二事最难习惯,一曰房屋太窄,一曰物价太贵。西人因地价高昂,极其爱惜地面,"然至其建造苑囿林园,则规模务为广远,局势务求空旷。游观燕息之所,大者周十余里,小者亦周二、三里,无几微爱惜地面之心,无丝毫苟简迁就之规。与民同乐,则民不怨,暗合孟氏之遗说焉"③。体贴到西人开辟公共空间供民众游憩的用心,十分赞许。

---

① 斌椿:《乘槎笔记》,钟叔河编:《走向世界丛书》,第 112 页。
② 参见曾纪泽:《出使英法俄国日记》,钟叔河编:《走向世界丛书》,第 153、232、328、469 等页。
③ 同上书,第 162—163 页。

第一章
北京公园的先声

康有为在20世纪初游历欧洲，则直接将动物园与公园相提并论，如在《丹墨游记》中，他记述"游动物园、植物园及大公囿。动物园布置甚好，且过于伦敦，在欧洲亦为上者。余两园林木森蔚，皆有湖溪洲岛，布置佳胜，风光绮腻。近海公囿引水回环，长堤铺沙，馆楼临海，花木明漪，尤极其胜。欧人之于公囿，虽小如丹、荷、比，而广备游乐，以便都人士之卫生。于都会极贵重之地，占地动十余里，不少惜费，其布置幽雅，亦与各大国争胜焉"①。康有为明确意识到，欧洲"于都会极贵重之地"不惜占地斥资辟设公园，"以便都人士之卫生"的用意，抓住了19世纪西方兴建公园的精髓，而动物园则被放置于这一脉络中。又如《瑞典游记》中，康有为盛誉瑞典的思间慎公园（斯堪森公园，Skansen Open-air Museum，现为露天博物馆），认为即使他赞赏的"柏林动物园遍摹万国宫室，自是地球第一，然幽胜则不如此园甚矣"②。可见在康有为看来，公园与动物园是同质化的发明，因此，他对于动物园的关注也超越了前人对于珍禽奇兽的迷恋，而更多地关注风景情致，将其作为一个整体性的公园观赏。如欧美各国动物园中，他最推举柏林动物园（Tier Garden），誉为"最华妙奇诡"，特别欣赏其引入异域风情的建筑元素，以之为柏林动物园最显著的特色："其最奇丽者，畜鸟、兽各室无一同者，大搜各国之室制而兼营之。畜象处以印度庙制，五色之砖斑驳穹窿；畜蛇处以埃及庙制，大楹画人物象。其他波斯之尖塔、突厥之金顶殿、中国之黄龙亭，盖无不备。"此外康有为还留意到动物园内广设酒馆、茶社、戏院等休闲场所，并且很倾慕欧美民众养成这种于公共空间游憩的文化：

---

① 康有为:《丹墨游记》,《康有为全集》第七集，北京：中国人民大学出版社，2007年，第461页。

② 康有为:《瑞典游记》,《康有为全集》第七集，第477页。

此外酒馆、茶室、戏场皆穷妍极丽，依湖傍山，长廊交通，曲道相接。花木扶疏于径畔，凫鸭唼喋于湖溪，丘阜连绵，芦苇丰绿，沿山得径，架水成桥，芳草蔓藤，杂花生树。亦复有板屋沙地，木几不饰，摹仿古时乡落村夫饮酒状。夕时游人如蚁，树下列几，树上燃电灯，士女接裳，占座饮酒，品茗听戏，至夜十时乃散。光景至佳，可谓极乐矣。①

这与康有为一向对公园的思考是一致的，如他观察到罗马植物园中男女老少或野餐、或游戏、或垂钓，感叹"绿天幕幕，以游以嬉，盖欧洲民乐之通俗"②；在丹麦"百戏园"，他亦很享受公园中设"楼阁数十座，花木深曲，柳塘水榭、茶室、船舫临之，电灯万千，游人如蚁，百戏并陈。座落皆卖茶酒、架非，置几千百于树下"，认为"盖欧土之通俗也"③。

正是上述晚清士大夫对于西方动物园的理解与认知，深刻影响了此后北京万牲园的模式，即将动物园放置在公园的框架之内，关注其作为公共空间供给市民游息的功能，而不单纯是珍禽异兽的收藏所。这种思路在倡设、建造以及使用万牲园的过程中一以贯之。

二、建造万牲园：启蒙理念的体现

就是在这样的思路之下，端方、戴鸿慈奏请效法西人"导民善法"，设立万牲园与公园。不仅如此，端方还于出访过程中选购不少动物，为筹办万牲园奠定了基础。据1907年《大公报》记载，端方

---

① 康有为：《德国游记》，《康有为全集》第七集，第427页。
② 康有为：《意大利游记》，《康有为全集》第七集，第364页。
③ 康有为：《丹墨游记》，《康有为全集》第七集，第470页。

第一章
北京公园的先声

在外洋养兽园选购各种禽兽共计五十九笼运送回京。① 除此之外，清廷亦敕令各省上供特产的动物②，慈禧以及一些高官也向动物园赠送了自己的收藏③。由于选址于农事试验场内的万牲园尚未竣工，只得先将动物寄养于附近的广善寺。④

值得注意的是，筹建动物园与一般公园不同，购置珍稀动物尤其是跨洋海运的费用相当惊人，即使在西方，也唯有帝国的力量才能支持，而清廷以强大的财力保证了万牲园的创立。⑤ 清廷对万牲园十分重视，早在观看德国汉堡动物园的马戏团表演时，慈禧即口谕："我们也要办一个'万牲园'。"筹建过程中，慈禧和光绪帝曾召见农工商部官员问询情况，慈禧甚至亲自"拟选取各种鸟兽鳞介品类、先行豢养陈列，为动、植物院之基础"，并将自己钟爱的小猴贡献出来。⑥ 万牲园开放后，慈禧和光绪曾两次巡幸，参观万牲园的禽兽和观赏菊花，打赏园内执事人员，并御笔题写了"自在庄""豳风堂"等处的

---

① 参见《选购禽兽装运入京》，《大公报》第 1759 号，1907 年 6 月 5 日，以及《选购禽兽衍期入都》，《大公报》第 1761 号，1907 年 6 月 7 日。"内大象一只，斑马一匹，花豹二只，鹿八只，各种猿猴三十八头，大狮二只，老虎二只，袋鼠四只，羚羊一只，大猪一口，塘鹅二只，驼羊一只，野牛一匹，鸵鸟四只，仙鹤六只，天鹅十四只，美洲虎一只，大熊四只，美洲狮类大兽二只"，于 6 月 5 日运至塘沽，6 日抵京。

② 《电催各省购送动物》，《大公报》第 1788 号，1907 年 7 月 4 日。

③ 如慈禧御赐珍爱的小猴，参见《御赐动物园猴》，《顺天时报》第 1903 号，1908 年 6 月 23 日；又如内务大臣赠送八蹄马，《动学园之八蹄马》，《顺天时报》第 1909 号，1908 年 6 月 30 日。

④ 《动物园之概略》，《大公报》第 1788 号，1907 年 7 月 4 日。

⑤ 一个反证是，辛亥革命后，民国政府财力支绌，将原来的德国饲养员解聘，代以中国人，结果由于缺乏经验，导致园中许多珍稀禽兽如八蹄马、五腿牛、蓝面猴和老虎等死亡，参见张英主编：《本国新游记》，上海：商务印书馆，1923 年，第 13—14 页。又夏仁虎《万生园歌》："侧闻政府清财政，革鸟绐衣天子圣。谏院无烦羽猎书，水衡屡减虞人俸。经冬徂夏转萧条，鸷鸟垂头兽不骄。君不见大学堂中标本出，万生园里羽毛凋。"夏仁虎：《枝巢编年诗稿·觚梦稿》，民国庚申至甲戌年家刻本，第 7 页。

⑥ 转引自郑望芝：《"西方文明"随携而生的"万牲园"》，《北京园林》2001 年第 17 卷。作者系北京动物园工作人员，该文根据原北京动物园主任崔占平先生于 1956 年访问皇亲载涛的资料而作。

匾额。^①清人吴士鉴在《清宫词》中有诗《三贝子花园》叙其事："豳风堂处驻虹旐，自在庄前辟绿畴。亲御麟毫题赐额，至尊侍坐畅观楼。"^②

在清廷执政者的考虑中，开办万牲园隶属于农事试验场的脉络。1906年4月15日，商部奏请饬拨官地兴办农事试验场，"以兴农业"。农事试验场位于西直门外，是在乐善园、继园以及广善寺、惠安寺两园两寺旧址的基础上筹建的，继园又名"可园"或"三贝子花园"。^③根据《农工商部农事试验场章程》，试验场的设立是为了"研究农业中一切新旧理法，凡树艺、蚕桑、畜牧诸事"，都在考察范围内，这是与清末新政富国强兵的思路一致的。因此，"为开通风气、改良农事起见，特于场内附设博览园以便公众游览，得考察试验之成绩，发起农事之观念；并于博览园内设动物园、博物馆，借以开通智识及供学理之参考"^④。由此可见，万牲园是包含在博览园的理路中。面向公众开放的博览园内设动物园、植物园、蚕桑馆、博物馆等，对于如此布局，官方的言说处处强调其开通民智、研究学理的意义。如动物园（即万牲园）是"为研究动物之生理，扩充学术与知识起见"^⑤，植物园"专为考查各种花木种植之生理"^⑥，动植标本室（即博物馆）系"为研究动物植物矿质之生理功用，扩充学术与知识起见"^⑦，等等。并规定学堂参观博览园不收门票费用，星期日定为接待学堂之

---

① 《慈宫奖赏万牲园》，《顺天时报》第1876号，1908年5月21日；《两宫幸园赏菊》，《顺天时报》第2002号，1908年10月20日。
② 吴士鉴等：《清宫词》，北京：北京古籍出版社，1986年，第16页。
③ 关于万牲园旧址的详细考证，可参见刘珊：《万牲园史考》，《文物春秋》，2003年第3期。
④ 【清】农工商部编：《农工商部农事试验场章程》，第一章"总纲"，铅印本，1909—1911年，第1页。
⑤ 【清】农工商部编：《动物园章程》，《农工商部农事试验场章程》，第五章"博览园附设动物园博物馆"，第7页。
⑥ 【清】农工商部编：《植物园章程》，《农工商部农事试验场章程》，第9页。
⑦ 【清】农工商部编：《动植标本室章程》，《农工商部农事试验场章程》，第10页。

第一章 北京公园的先声

期,其中万字楼在此日不对外开放,专门接待学生,尤见其偏重研究教育之用心。是即《章程》中所言,"冀于游观之中,兼寓研究之意"①。因此,广义的万牲园(有时候也称万生园或三贝子花园)实际也包括博览园乃至整个农事试验场。因为时人称呼比较混乱,经常交错使用,以此,本书的讨论范围也依从广义的概念,以下统称万牲园。作为清末新政的一部分,对于万牲园的设计和建造,体现了晚清士大夫精英阶层的政教理念和启蒙价值观。

1907年7月19日,万牲园正式对外开放,南北八里,东西五里,周围二十六里,内设动物园、植物园、蚕桑馆、博物馆、各式东西洋建筑、茶馆、餐厅、照相馆等,"博大富丽,包罗万象,为北京三百年来,中华二十一省,所没有见过的"②。园门外设有售票处和寄存物件处。(图1-1)

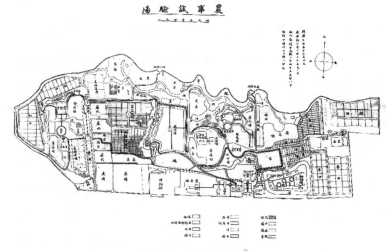

图1-1 万牲园地图③

---

① 【清】农工商部编:《游览章程》,《农工商部农事试验场章程》,第1页。
② 《京师博览园游记》(一),《顺天时报》第1909号,1908年6月30日。
③ 图1-1至图1-12皆来自拍摄于1910年的《京师博览园》相册,2020年由《洋镜头·1909,北京动物园》(广州:广东旅游出版社)重印出版,该书收集了大量万牲园珍贵的历史图片。感谢"洋镜头"丛书慷慨赐赠图像。

公园北京
文化生产与文学想象（1860—1937）

图1-2　万牲园（试验场）大门

动物园沿袭西方规制，分栏蓄养，笼外皆挂牌标识该动物的产地和习性，承担普及知识的功用。根据时人的游记，当时园中展出的动物计有美洲银狮和非洲狮、印度蟒蛇、美国鳄鱼、非洲斑马、美洲红鹿、俄国黑熊、非洲豹和印度豹、印度虎、东洋喷云虎、蒙古鹰子、德国麋鹿、袋鼠、西班牙异牛、野猫、东洋鼠、金跳鼠、五道松鼠、直隶土拨鼠、直隶黑山羊、长蜥蜴、澳洲小跳鼠、狐、南美白鼻熊、猴类、狼、獾、长鼻熊、安徽羚羊、南美驼羊、梅花鹿、澳洲犬、澳洲鸵鸟、貘、大象、八蹄马、箭猪，以及众多禽类如仙鹤、天鹅、鹦鹉、珍珠鸡等。① 待民国成立后，又略添了一些动物，如参与辛亥革命的追风马、西班牙产的绵羊、孔雀等，但更多的是由于经费支绌，管理不善，导致园中一些代表性的珍贵动物如八蹄马、五腿牛、蓝面

---

① 参见痴云：《星期农业试验场游记》，《顺天时报》第1607号，1907年7月3日，以及连载《京师博览园游记》，《顺天时报》第1909—1925号，1908年6月30日—7月18日。

第一章
北京公园的先声

图 1-3　动物园门

猴和老虎的死亡。[①] 将这份清单与清人对于西洋动物园的记录进行比对，其实算是相当丰富的收藏了，除一些珍稀动物如犀牛、河马、骆驼、长颈鹿、食蚁兽等以及水族欠缺外（后者许是因为当时国内的工艺水平较难胜任贮藏水族的玻璃水箱），其余清人游记中感兴趣的飞禽走兽基本囊括其中。

植物园是一带玻璃温室，靠东十间，靠西十间，每间分类种植本国及异国的植物，如金鸡鱼草、黄鹤花、筑羽根草、福寿海、八重雏菊、美国甜瓜、无花果、茄子、石蒲、花百合、金雀花、寒兰水仙、赤穗鸡头、香锦、天竺牡丹等；中央过道两旁，更是陈列无数美丽的花草盆栽。

清末开放时，园内即设有四处茶座，暨豳风堂、万字楼、观稼轩

[①] 参见张英主编：《本国新游记》，第13—14页。据《本国新游记》，追风马曾经参与辛亥革命在武汉、南京等地的战役，被同盟会的刘洪基寄存于此，作为纪念，"身小而有精神"。

和咖啡馆,以及一处餐厅,中西洋风格兼备,供游客休憩啜茗。豳风堂临池而筑,是五开间的冰梅窗玻璃大房,有极宽大的长廊,廊下有极大的院子,覆盖着铅版天棚,廊上是女座,院里是男座。院外沿莲花池也遍设茶座,可在此品茗观荷,风景绝佳(图1-4)。茶资每人铜子六枚,每桌铜子四十枚。万字楼因建筑呈卍字型,故亦称卍字楼,楼上男座,楼下女座。楼位于园正中,登楼则全园景致一览无余(图1-5)。满洲贵族阔普通武《万生园百咏·卍字楼》曰:"三级层轩卍字楼,园中风景已全收。西山咫尺看如画,雾鬟云鬟裹满头。"①茶资每人六枚。观稼轩又名自在庄,相传为帝后观耕之所,是乡村风味的茅草房,前盖芦棚,地方轩敞,偏东为女座,中央和偏西一带是男座。蔡东藩著《慈禧演义》中叙慈禧游万牲园,钦点于自在庄用膳,吩咐道:"这里寓乡村风味,我们且作一会乡人。一切肴馔,求洁不求丰,宜雅不宜俗,何如?"②茶资每人四枚。咖啡馆则是西式的,也叫西洋茶馆,是大九开间的新式玻璃厅,四面窗户上的玻璃共计800块,前后两面各270块,左右两面各130块(图1-6)。室内陈设都是西式桌椅,但也分男女座,南半是男座,北半是女座,以玻璃屏扇隔挡,外廊西面和南面也都沿栏安设茶座,共计可容三百余人,提供中西式茶点和酒水。每壶茶铜子八枚,若加牛奶共十枚,每碟点心十二枚。餐厅也是西式的,名燕春园番菜馆,设于来远楼。陈设皆为西洋样式,中央是大长桌,四隅是圆桌,东边有雅座两间,为预备女座。菜价分四等,头等每人两圆,二等每人一圆半,三等每人一圆,四等每人半圆,在当时是很可观的。来远楼共三层,第三层楼梯为旋转式,梯形如同盘龙柱,令时人感觉十分新奇。开窗四看,全园在目(图1-7)。

---

① 阔普通武:《万生园百咏》,铅印本,1911年,第3页。阔普通武,满洲正白旗人,曾任内阁学士、礼部左侍郎,支持戊戌变法,变法失败后遭贬官。

② 蔡东藩:《慈禧演义》,沈阳:辽沈书社,1994年,第309页。

第一章
北京公园的先声

图 1-4　豳风堂

图 1-5　万字楼

公园北京
文化生产与文学想象（1860—1937）

图 1-6 咖啡馆

图 1-7 来远楼

第一章
北京公园的先声

  这些设于万牲园内的茶座很好地将休闲的功能与风景相结合，使游客可以边品茗用膳，边观赏景致，怡情悦性，因此备受欢迎。甚至在开创之初，已有游客呼吁还要广设茶座，"如动物园中央，如松风萝月亭上，和各小亭中，以及沿路荷花池边，假山石下，大树林下应多添设条凳，旁加茶几，各处分派照料人。总要令游人到处可以休息，到处可以喝茶"[①]。因此，民国之后，牡丹亭、茅亭等亭阁果然也都添设茶座。牡丹亭亦称海棠式亭，分南北两个半廊，合成一个大圆廊。南廊中央有一玻璃方亭，北廊中央有一海棠式玻璃厅，皆可品茗休憩。两个半廊中间是花圃，遍植牡丹。茅亭是圆顶的三间茅草屋，《万生园百咏》描摹其情致："茅亭一座圆如笠，草屋三椽竹作藩。浊酒清茶好风味，恍疑身到杏花邨。"[②]并且新建了燕宾园中餐馆，与燕春园番菜馆相呼应。

  此外，园内一些代表性的景致还有松风萝月、荟芳轩、海峤瀛春、畅观楼、鬯春堂等。松风萝月是座长方形敞亭，周围双层栏杆，可以休息乘凉，同时是游船码头（图1-8）。荟芳轩是中式的一排九开间，外有栏杆，门窗都是圆式，轩东有青石桥。海峤瀛春又称东洋房，是日式风格的建筑，四面都是可以横向推拉的玻璃窗，屋内分两层，置日式几席（即榻榻米），其东侧的岛上还有东洋亭。《万生园百咏》有诗描述于"东洋阁"（即海桥瀛春）体验的异域风情："数间阁式仿东洋，入户抛鞋即上床。无帐无帘无几案，坐惟蟠膝卧身长。"[③]畅观楼是慈禧的行宫，欧式风格的红砖洋房，"高大恢弘，华丽无比"。西边为八角形二层，有西式盔顶；东边是圆柱形四层，楼

[①] 《京师博览园游记》（十六），《顺天时报》第1924号，1908年7月17日。
[②] 阔普通武：《万生园百咏》，第3页。
[③] 同上。

图 1-8　松风萝月轩

顶有露台，踞全园最高处，登此则全境在目（图 1-9）。① 当时北京罕见高楼，《万生园百咏》以夸张的笔调形容登楼眺望的感受："铺陈锦绣更辉煌，百尺楼高炫目光。试上望台瞻万象，三辰星在五云旁。"② 楼正面有白石桥，桥东西两侧有西洋水法，分别为铜狮和铜麒麟，口能喷水（图 1-10）。鬯春堂又称三卷，亦为行宫，因此一切组织都是宫廷式样，房檐上用金漆横成飘带形，红地金花一连三式，所以称作三卷。四周擎立 24 根红柱，房屋四壁全镶宽大玻璃窗，门为穿堂，画栋雕梁，金碧辉煌（图 1-11）。《万生园百咏》亦有吟咏："太湖奇石碧空嵌，树影蕉阴映葛衫。满室宸章兼御画，天家别墅亦超凡。"③

---

① 此处据《本国新游记》的记述为四层，据《北京动物园志》东边高三层。
② 阔普通武：《万生园百咏》，第 4 页。
③ 同上。

第一章
北京公园的先声

图 1-9　畅观楼

图 1-10　喷水吼

图 1-11　鬯春堂

园中设有镜真照相馆，是一座三开间的大楼，楼外有一大庭院，高搭天棚，院内龙旗与万国旗翩飞，陈设许多盆花和桌椅，亦可饮茶（图 1-12）。馆内陈设十分华美，布景和光线都很好，而且其最特别之处在于，不仅可以在室内取景，园中景色亦到处可选取，因此被时人誉为"北京第一照相胜境"。有趣的是，照相馆不允许游客自带相机入园，原因是担心"逢人窃照，致招是非"；并且园内虽然可以随意取景，唯独不许在桥梁道路旁或座落人多处取照，也不许照到其他游客。这一方面可能缘于晚清摄影尚未普及，考虑到民众会对此有所顾虑（如恐"摄人生魂"）；一方面也有隐私意识的初步自觉。照相馆还出售"博览园二十四景"供游人留念，价格不菲，颇具商业意识。①

---

① 二十四景分别为：场园正门、办公大楼、动物园、松风萝月、豳风堂、莲花池、东洋楼、万字楼、草亭、观稼轩、花洞、植物园、大桥、假山石、西洋茶馆、来远楼、西洋楼、樱花、三卷、蚕桑馆、博物馆楼房、桑林、果树、谷麦试验场。

第一章
北京公园的先声

图 1-12　镜真照相馆

整个万牲园内服务设施十分齐备,除了上述茶社、餐厅、照相馆外,亦备有肩舆、人力车和游船等,以为游人提供方便。游船分普通游船和苏氏灯船两种,其中苏式灯船仿照苏州阊门外灯式船制造,船身都是大玻璃窗,船舱内桌椅皆为西式,相当华丽气派,收费较贵。游船线路分四段:第一段由松风萝月轩起至豳风堂;第二段由豳风堂至观稼轩;第三段由观稼轩至来远楼;第四段由鬯春堂东码头至出门码头。①

从以上万牲园的布置可以看出,它绝对不是一个单一功能的动物园,而俨然为一综合性公园。除了异域风情的动物给游人带来新奇的感官刺激外,植物园的香花异草也渲染出一种花园的氛围;此外,园

---

①　上述所有关于京师博览园的材料,综合参考了《顺天时报》之连载文章《京师博览园游记》《北京公园成立》,以及《本国新游记》《北京动物园志》、邓云乡《鲁迅与北京风土》等书。

中还有意识地营造了许多引人入胜的景致,尤其是多元风格的建筑,以及引入各种休闲娱乐设施如餐厅、茶馆、咖啡厅、照相馆、车轿和游船等,遂蔚为奇观。因此,无论是创设者的初衷,还是大众舆论的反馈,都更多地是将万牲园作为北京新兴公园的代表,而非单纯的动物园来打造或者接受的。

如绪论所述,"公园"这个概念,大约与动物园同一时期即19世纪中期起一并进入晚清国人视野,最初也是见诸士大夫欧美游记的记述。1868年,英美租界工部局在上海修建外滩公园,时称"公家花园"。1900年前后,京城报刊上更多见对于"公园"的宣传,强调公园作为现代市政的核心要素,具有文明开化的功能,可以从物质和精神双重层面规范现代都市生活。这是因为公园提供休闲憩息的公共空间,市民可在其中呼吸新鲜空气、陶冶性情、增长见闻,从而在"卫生"与"道德"两个方面皆有裨益。1906年,端方、戴鸿慈奏请开办"导民善法",将公园与万牲园并举,提倡在北京率先设立图书馆、博物院、万牲园、公园,逐渐普及全国,以期"民智日开,民生日遂,共优游于文囿艺林之下,而得化民成俗之方"。

因此,万牲园的创立吸引了公众舆论强烈的关注。以《顺天时报》为例,其于1907年9月连载《记改良北京市》,称道北京市政的一系列改革,如马路普兴、幌牌文明、电灯明亮、道旁种树等。其中一项为"公家花园",举日本为例论述"公园的好处,一时也说不完",叹息北京虽号为首善之区,却不知举办,好在现在终于"已有官吏开放西直门外三贝子花园,名为万生园,植物动物,无奇不有,为北京花园的起点……然京城地大,十刹海花园,建造还没信息。九门内外,惟有这万生园一处。闲暇时前去一游览,已颇足添人活趣"[①],明显

---

① 《记改良北京市》(癸),《顺天时报》第1672号,1907年9月17日。

第一章
北京公园的先声

将万牲园视作北京"公家花园"的起点。

早在1907年7月6日,即万牲园正式开放前,该报即刊发了《论农业试验场之利益》,先论述农业试验场于富国强兵的重要性,接着指出其于栽培农作物之外,还列植花卉树木及收养各种动物,"然则此场虽以农业试验名,而实则试验农业之外,内兼有植物园与动物园也"。因此,"在昔乘兴出游时,遍观京城内外远郊,尽多荒芜尘埃,尝窃恨无一公家花园,以为玩赏之所,前已再三论之。今此农业试验场内,备花木鸟兽之数,充轫于其中,是亦公园等也。而其地之相去,又未至远甚,将见该场修筑后,所在京师士民,于西直门之外,得一大公家花园,谁不乐为游瞩哉?"[①]期待农业试验场建成后,可以作为北京的公家花园,承担游赏场所的功能。

待农事试验场开放后,1908年4月16日,《顺天时报》又登载了《推广农事试验场为公园说》,论述公园的种种好处,指出建设公园为当今中国的要务。"先是农事试验场,开创于京之西偏,复罗致珍禽奇兽,不下数十种,以为万生园,而往观者众矣,然犹形其隘也。总办袁京堂,为之整顿事务,一切大加改良,拟将推而广之,辟试验场之地,以为修筑公园之基。事不烦而成功,民不劳而咸悦,是虽新政之一端也。按诸京师首善之区,而无一公园之所,人之乐游观者,除散步芳郊之外,安往而可以玩赏乎?况夫物华天宝,充满于宇宙间,惟创建公园,以善为之培植,则乐之寻愈得矣。"呼吁以万牲园为起点,在北京创设更多的公园,更进一步推行至全国各省,从而作为促进民智、民生的重要手段:"辟农事试验场作公园地,亦固其所。然以京师之大,更宜于城内设许多公园,以供子女等各就其所近适如游行之乐,又所急务也。当道者为之提倡,绅商民为之附和,由是而日新月

---

① 《论农业试验场之利益》,《顺天时报》第1610号,1907年7月6日。

盛。公园之美制,以渐次设立,推行于各省者,其乐与天下大同治化能勿竞进乎?尚其速图之便。"①

1908年6月19日,针对新落成的京师博览园,又发表了《论开博览园事》:

> 就其场论之,不啻泰西所谓公家花园是也。夫花园之名,固人所尝言者。至语公家花园,不以为怪者鲜。何则?心目中无此景象,然则耳食其说,能勿茫然于兹乎?今而创办伊始,真如东海晓日,豁然而开爽,天下人未有不起视者。京师为首善之区,中国之文明,将由是而肇基,有志进取者,谁则安于孤陋乎?博览园之开办,试验场之推拓,慎勿谓末务云尔。闻其简章,一则曰为开通风气,增长见闻,并鼓舞国人注意农学起见,特于场内设博览园。以是知博览园之设,等于公家花园,任人游观于其中,万不可寻常视之。……其园分植物动物,有博物馆蚕桑馆,在外洋视以为常,而中国则仅见之,夫安得而忽诸?并附建宫廷及农家各式房样,东西洋各式楼房,美哉轮奂乎!谓期于耳目一新,庶几游览之中,兼寓研究之意,尤吾人所宜注意者。②

指出博览园设植物园动物园、博物馆蚕桑馆,又有宫廷及农家各式房样、东西洋各式楼房,蔚为大观,旨在于游览之中,兼寓研究之意,其结构、功能上等同于西方的公园。

1908年6月21日,更是直接以"北京公园成立"为标题,再次报道京师博览园的开放,指出"北京公园问题,已经提议多年了",之前先后有提议在什刹海、香厂、厂甸、景山创建"公家花园",但

---

① 《推广农事试验场为公园说》,《顺天时报》第1846号,1908年5月21日。
② 《论开博览园事》,《顺天时报》第1900号,1908年6月19日。

第一章
北京公园的先声

都没能付诸实践,"想不到现今西直门外,农事试验场内,居然已经组织成一处北京公园,即于五月二十日开园,不由得令人拍掌叫快欢舞起来"。①

直到民初《本国新游记》一书"农事试验场"一章,亦在结尾处指出:"余于是场,窃有不可解者。谓其为万牲园,则动物亦未充也。谓其为花园,则又杂他种性质于其间。无已,则名之曰公园,较为适当。"②此类论调屡见不鲜。可见,虽然端方、戴鸿慈上奏时将万牲园、公园分而论之,而在时人看来,则合二为一,普遍将万牲园视作翘首以盼的公园的先声,承担了公园的功能。因此,万牲园也就承载了人们对于公园的期许。

正如《顺天时报》所言,"心目中无此景象,然则耳食其说"③,无论是动物园还是公园,在晚清都是新兴的舶来品,是中国传统经验中缺失的,因此,筚路蓝缕,一切轨范都得从头建立。《论开博览园事》一文所逐条品评的"简章",即博览园《游览章程》。查宣统年间编定的《农工商部农事试验场章程》,订为一册,分章详细制定农事试验场的管理办法和规则。其中第五章"博览园附设动物园博物馆"乃专为博览园而设,以下又具体到动物科办事规则、茶园管理规则、游览章程、售票验票章程、动物园章程、植物园章程、动植标本室章程、茶园章程、照相章程、游船章程、学堂参观章程、萃卖章程等,巨细靡遗。这些规则的设立,不仅仅是在规范一个文明有序的公共空间,背后更深层的关怀,实际上是试图从身体上、观念上规训符合西方理念的"文明"的现代人。

传统中国没有公共空间的概念,更欠缺在公共场合言行举止的

---

① 《北京公园成立》(一),《顺天时报》第1902号,1908年6月21日。
② 张英主编:《本国新游记》,第13页。
③ 《论开博览园事》,《顺天时报》第1900号,1908年6月19日。

规矩和礼仪。近代中国的启蒙知识分子是在遭遇西方文明后才意识到自身的"匮乏",譬如梁启超在《新大陆游记》中就痛心疾首地历陈"中国人性质不及西人者多端",如缺乏在公共场合保持安静的公共礼仪,及不随地吐痰便溺、乱扔垃圾的社会公德,甚至连起坐言行的方式都有讲究,认为"中国人未曾会行路,未曾会说话",对于合格的现代公民的想象,具体到声调的高低、身体的姿势,在现代都会新兴的公共空间,要求得体的言行举止和健康的精神风貌。① 这些无形的规范,与有形的空间相应,旨在养成一种现代的、文明的公共文化和市民精神。作为北京公园的雏形,万牲园制定的种种章程,正投射了晚清士大夫对于现代国人应当具备的公民素质的期待,渗透了他们的启蒙理想,同时也奠定了此后民国公园的基本面目。

按照规定,万牲园开放时间,春冬季为早九点至晚四点,夏季为早七点至晚六点,秋季为早八点至晚五点,星期日及风雨天照常营业。游人须按时入览、按时出园,到时间不退场者,会被知照请出。入园票价为铜元八枚,儿童仆役减半,学堂参观免票,进门和出门都要验票,出门无票者需要翻倍补票。博物馆、动物园、植物园、畅观楼须另行购票:博物馆铜元五枚,动物园八枚,植物园四枚,畅观楼二十枚。

万牲园对男女一律开放,传统中国女性很少抛头露面出入公共场合,万牲园可谓开风气之先。但开放之初,依旧顾虑到男女授受不亲,男女客分日售票,每周一、三、五、日对男性开放,二、四、六对女性开放。这种制度在当时就遭到了舆论的反对,如《顺天时报·记改良北京市》批评道:"男女分日,为地球万国所无。或者此后男女畛域融化,禁例便可解除。"② 此条规定后来因此很快被废除,遂开启了中国官方设立的公共场所破除男女大防之先河。民国时期,

---

① 梁启超:《新大陆游记》,《新民丛报》临时增刊,第192—195页,1904年。
② 《记改良北京市》,《顺天时报》第1672号,1907年9月17日。

第一章
北京公园的先声

公园成为女性情有独钟的公共空间,即由此滥觞。不过除了男女分窗售票之外,园内的各式茶馆、咖啡馆、餐厅都分设男女座,严令"游者不得错乱",尤诫随游男客不得在女座中往来行走,否则工作人员有权阻拦;园内随处而设的座椅、游船也都明令男女不得同坐,就连游客在园内行走,"凡有女客观览处,男客不得近前拥挤,不得袒胸露背"。① 可以看出,在万牲园开办之初,管理者十分谨慎地维护着园内风气。这种男女分坐的规定虽然在民国之后取消了,但各大公园皆延续万牲园的制度,设有巡警维系风化,既给予异性自由交往的空间,又注意维护秩序,以保证公园的正当性和纯洁性,以区别于声色犬马的纵欲空间,是为民国公园的一大特色。

与之相应,是对于游客衣着、举止、风貌符合"文明"规范的要求。《游览章程》规定:"本场之博览园供人游览,原以扩充识见、舒畅气体、焕发精神,来游者自系文明之人。即各国官商士女,亦当陆续偕来。凡我国人务当各自尊重保全名誉,毋致贻笑外人。倘有袒胸露背、大声疾呼、斗殴寻事、与一切非礼之举动,查出议罚。"以下各种章程也多次重申这一条,如《茶园章程》明令,"博览园原为人增长识见、畅舒气体而设,游览者自系上等之人,在茶园中休息不得露胸袒背,歌唱拇战,大声急呼,尤不得嬉笑匪语";《游船章程》亦强调,"男客不得嬉笑匪语袒胸露背";就连《照相章程》也规定,"照相原系大雅之事,幸勿作袒露戏谑诸态以致贻笑于人"。而"风狂、酒醉、恶疾、乞丐等人,及携带猫犬鸟只者",更是直接被排斥在公园的大门外。② 在万牲园开创者的想象中,现代公园的游客应该是体面有教养的文明人,衣着整洁,举止有度,禁止一切袒胸露背、大声

---

① 【清】农工商部编:《农工商部农事试验场章程》,第五章"博览园附设动物园博物馆",第8页。

② 以上各章程参见上书,第1—2、11、17、13、3页。

公园北京
文化生产与文学想象（1860—1937）

喧哗、斗殴滋事、嬉笑匪语的非礼行径。这些到了民国时期便成为公园游览守则的定制[①]，而进公园应该穿什么样的衣服（包括怎样的举止气质，及其隐含的身份），更是逐渐成为一种共识。譬如朱光潜在《后门大街》中调侃逛北海无形的衣着规范："在北海逛的是时髦人物，个个是衣裳楚楚，油头滑面的。你头发没有梳，胡子没有光，鞋子也没有换一双干净的，'囚首垢面而谈诗书'，已是大不韪，何况逛公园？"[②] 张恨水《啼笑因缘》中的老拳师关寿峰，则自述穿着劳动阶层的蓝布大褂去中央公园的茶座而受到茶房歧视的经验。而实际上，万牲园的游览费用（包括门票，亦包括茶座、车轿、游船的消费）也限制了消费者的阶层。从万牲园起，整个民国时期，消费水平和趣味的差异决定了公园主要面向中上层阶级，而非拟想中的平民大众。

不仅如此，万牲园还赋予自身教化、引导游客习得游览礼仪的使命，这与万牲园教育公众的初衷相一致。《动物科办事规则》指出："本园原为扩充知识起见，游人入览应行指导。"[③] 无论是公园、植物园还是动物园，对于国人而言都是全然陌生的经验，这就像吃西餐或者听音乐会、参观博物馆一样，都需要习得一套西方文化既定的程式。从游览路线，到各种类型展览园、展览馆具体的游览规范，万牲园都有细致的规定。譬如为游客画定游览路线，分人行、车行两路，每逢路口，不仅有指引牌，甚至设有专人查管，引导行人按照规定的顺序行走，不可错乱拥挤，若有犯规，则加以拦阻。动物园中要求游客与圈栏保持一定距离，以防危险，并且规定不许向动物投掷食物，不许

[①] 如中央公园《公园游览规则》规定："公园系公共游息之地，不得袒胸赤臂及躺卧。"《三海游览规则》亦明令："游人不得袒胸赤背及任意躺卧。"

[②] 朱光潜：《后门大街》，姜德明编：《北京乎——现代作家笔下的北京（1919—1949）》，第525页。

[③] 【清】农工商部编：《农工商部农事试验场章程》，第五章"博览园附设动物园博物馆"，第9页。

第一章
北京公园的先声

用伞把、木棒戏弄动物,不许在园中抛掷瓦砾等物以及大声急呼歌唱(应是为了避免惊吓动物)。植物园要求游客不许抚摸闻嗅一切花木,尤其不得攀折毁践。动植标本室允许游客靠近橱窗细看,唯独不可以抚摸损伤。一切违反规范者从重议罚,并且将园内游览详细规则立表道旁,冀望"游人当念公益,共相遵守"。①

正如绪论所言,公园所谓"公"(public)的概念,是西方现代资本主义文明的产物,与中国传统"公"的含义不同。传统中国对"公"的理解是与"私"相对的,意为公正、公事;而西方语境中的"公"(public)与"私"(private)是在私有制基础上产生的概念。传统国人的观念中并无这种西方意义上的公有与私有的区分,因此不存在维护公共空间之财产和秩序的自觉意识。正如《论开博览园事》言:"夫泰西之有公家花园者,非惟悦人之私意,而公德实因之。以游乐之处,养成社会精神,能使匹夫匹妇,咸知自鼓舞,而不敢稍弛,其系于民风也深矣。国政之维系,岂曰小补之哉?"北京万牲园的设立,系由晚清士大夫主导将现代的公共空间引入中国,遂要求与之相应的在公共空间中合宜的举止规范,也就是所谓的"公德"。万牲园这些规则的设立,是近代中国百余年来培养公民道德的努力之一端,以期造就"文明"境界,正如《万生园百咏》"总束"所称赞:"中外同游尽雅驯,绝无赤臂袒衣人。沙明水净红尘远,境界文明草木新。"②

三、公共空间的兴起与休闲模式的养成

万牲园的创办是晚清京城的一大盛事,其作为新兴的游赏场所和

---

① 【清】农工商部编:《农工商部农事试验场章程》,第五章"博览园附设动物园博物馆",第2页。

② 阔普通武:《万生园百咏》,第12页。

公园北京
文化生产与文学想象（1860—1937）

公共空间，为北京市民带来了耳目一新的体验。此前，北京缺乏合乎现代公园性质的公共场域，万牲园的出现为北京市民提供了新兴的娱乐空间甚至休闲方式。史明正在《走向近代化的北京城——城市建设与社会变革》中指出："前往动物园一游成为城市居民们的举家大事。居住在全城各地的大人小孩常常前来动物园，一玩就是一整天。动物园也是许多外地游客所钟爱的场所。"①当时的北京竹枝词记录了京城民众游园的盛况："全球生产萃来繁，动物精神植物蕃。饮食舟车无不备，游人争看万生园。"注释曰："万生园农事试验场，在西直门外，罗致全球动植各物，几至靡遗。流水清澄，西山在望，舟车饮食，美备异常。逐日游人，真有车水马龙之乐。人省其词，名为'万生园'，俗呼'三贝子花园'。"②另有《农工试验场》一首："春秋佳日遇新晴，公卿士女尽出城。京中到底多蚊蚋，消夏无如卍字亭。"③

晚清的画报更是以图文并茂的形式反映了这种"公卿士女

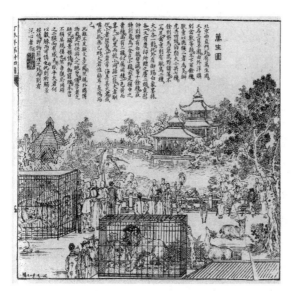

图 1-13　万生园

---

① 史明正：《走向近代化的北京城——城市建设与社会变革》，王业龙、周卫红译，北京：北京大学出版社，1995 年，第 138—139 页。

② 兰陵忧患生：《京华百二竹枝词》，杨米人等著，路工编选：《清代北京竹枝词（十三种）》，北京：北京古籍出版社，1982 年，第 128 页。

③ 吾庐孺：《京华慷慨竹枝词》，杨米人等著，路工编选：《清代北京竹枝词（十三种）》，第 145 页。

第一章
北京公园的先声

尽出城""游人争看万牲园"的情境。1907年《时事画报》刊登《万牲园》（图1-13），说明文字对该园作了较为翔实的介绍：

> 北京西直门外有万生园，又名三贝子园。由外洋购到禽兽等类，不下百余种。兽类以鹿、猴二者为多，狮、虎共四头，豹类大小共七种，余则野马、袋鼠、野猪等，不一而足。禽类则有鸵鸟二种，大小各一对。此外有御赐白象、墨猿各一。又有庆邸所赠之麋二头。袁慰帅则赠有白鹳、鹭鸶等十余种。最特别者，为一金色小猴，云是猴中之贵种。尚有二猴，似属同种，一色黄而略大，一色黑而较小，同踞一笼。大者驯服，小者桀骜，小者常侮弄其大者，或啮或抓无已时，大者惟贴耳长鸣而已。
>
> 此虽不足征文王之囿，然规模外国博物园，足以供游人之眺览，备学者之研究，触景娱情，即物穷理，未尝不稍具规模也。①

图中近景是几种代表性的兽类，有囚养的猛兽如狮子、老虎等，也有放养的鹿和猴。游客三五成群，环绕左右，津津有味地观察、品评，亦有人坐于湖边所设的园椅上休憩，其中有士大夫，有女性、儿童（甚至是怀抱的婴儿），还有洋装的外国男女。远景是长桥流水，林木翁郁，亭台楼榭，景致清幽，亭子中影影绰绰有游人品茗赏景，十分优游惬意。同年的《星期画报》也有关于万牲园的记录，如《兽欺华人》（图1-14）一则的主题虽然是追问园中的老虎为何独对德国饲养员驯顺，而对中国游客不友好，却也在客观上描绘了时人好奇而略带畏惧地观赏"中国人不常见的"猛兽如狮子、老虎时的情态。

---

① 《万生园》，《时事画报》第24期，丁未（1907）年九月。

图 1-14 兽欺华人

西直门外三贝子花园，现在改作公园，又叫做万生园。里面安放着各种猛兽，各样禽类，都是中国人不常见的动物，许各色人入内游玩，为教华人开开眼。除礼拜日期不放游人外，其余单日男子入内，双日女子入内，每人收资铜元二十枚。开办以来，游人很多。①

此前，传统国人缺乏休闲的概念，更缺乏从西方理念来看"卫生"的、"现代"的休闲方式。1904年梁启超在《新大陆游记》中感慨，西人注意劳逸结合，"每日只操作八点钟，每来复日则休息"，因此"有一种方新之气"，而中国人则终岁操作，因此精神不振、效率低下。②

---

① 《兽欺华人》，《星期画报》第39期，丁未（1907）年七月。
② 梁启超：《新大陆游记》，《新民丛报》临时增刊，1904年，第192页。

第一章
北京公园的先声

1914年京都市政公所《市政通告》为开办中央公园所撰的《社稷坛公园预备之过去与未来》指出:

> 所以各国通例,每七天要休息一天,为休息的定期;每一市村,大小必有一两处公园,为休息的定所。以此来活泼精神,操练身体。我们中国人,从前不得这个诀窍,把藏休息游四个字,丢在一边……现在星期休息,中国已然通行,但是通都大邑,没有个正当的游玩地处,因而闹得多数男子,都趋于吃喝嫖赌的道儿上去……所以打算改良社会,当从不良的病根本上改起,设立公园,便是改良不良社会的一种好法子。①

万牲园实际上开启了北京公园养成现代的生活方式和休闲理念的先机,当时的外国媒体敏锐觉察到并高度评价了这一新变。英国《泰晤士报》在报道晚清北京的市政革新时,每每以万牲园为一重要标志。② 如其1908年9月29日发表通讯《新北京》,谈到北京在20世纪初的剧变:"对于那些熟悉(19世纪)90年代北京的人来说,今天这个城市所带来的鲜明对比令人深究。在中国出现的各种现象均令人震惊……但远不及北京所呈现出来的融汇和剧变那样给人以强烈的震撼。"以下列举铁路、学校、警察、新式街道、排水沟、电灯、绿化、敞篷车与人力车、新式建筑等一系列新发明,而其中"最引人注目的是新开放的万牲园(Zoological and Botanical Garden),它体现了社会和教育改革的水准,每天男女参观者络绎不绝。这纯粹是中国人自己

---

① 《社稷坛公园预备之过去与未来》,《市政通告》1914年第1期至第23期合订本,论说第2页。

② 《泰晤士报》对于晚清北京新政的报道研究,详见窦坤《西方记者眼中的清末北京"新政"——以英国泰晤士报的报道为中心》,《北京社会科学》2008年第2期。

公园北京
文化生产与文学想象(1860—1937)

一手创办的事业,所有的市民都为之自豪。这些是过去十年来工作的成就。对于了解旧北京的人来说,这是一项令人称赞和大有希望的成就"。① 1909 年 1 月 4 日《泰晤士报》刊登《中国及其内部事务》,再次谈到"帝国的各大城市几乎都进行着市政建设,规模各异,而在北京,这变化最为显著",这些成就包括碎石铺就的路面、改良的排水设备、干净的街道、维持秩序的警察、现代公共建筑、电灯、马车与敞篷车、新式学堂、公共阅览室和报告厅、史无前例的外交事务、画报等,以及"设计精美的万牲园,即使是中国的高官也很乐意携妻儿前往参观","所有这些变化与女学的兴起和禁烟运动同样令人瞩目。中国人本来封闭自足的生活深受这些变化的影响。皇亲国戚现在乘坐西式马车或汽车,穿过石子路,到外国饭店与国际友人共进西餐"。② 1909 年 9 月 3 日,《泰晤士报》的"重访远东"系列刊发长篇报道《中国:旧北京和新北京》,特派记者比较了 1901 年和 1909 年的北京,认为除了街道、铁路、电灯、自来水、警察这些物质层面的改变之外,还有国人对于西方人和西方生活方式的接受,如中国的高官、贵妇成为外国餐厅和酒店的常客,习惯吃西餐、喝下午茶,此外,"北京人,无论男女,另一个钟爱的去处是万牲园。万牲园建造于西直门附近,品位绝佳。园中设有餐厅和茶馆,中西式兼备,宾客盈座。在中国的节日里,这里就像我国的动物园在休息日的情形一样,充满了生机,孩子们多彩的裙裾更衬得风景如画"。③ 万牲园同西餐厅、大酒店(Palace Hotel)一样,成为最时尚的生活方式的象征。

当年康有为周游海外,歆羡欧洲民众养成在公共空间游憩的文化;而万牲园除致力网罗吸引人眼球的珍禽奇兽外,更引入了丰富多

---

① "The New Peking." *The Times* [London, England], Sept.29, 1908, p. 3.
② "China and her Home Affairs." *The Times* [London, England], Jan. 4, 1909, p. 7.
③ "China: The Old Peking and the New." *The Times* [London, England], Sep. 3, 1909, p. 3.

第一章
北京公园的先声

样的娱乐设施,如茶馆、咖啡厅、中西式餐厅,乃至照相馆、车轿、游船等,从而造就了一种综合性的游赏空间,为晚清北京市民带来了全新的生活休闲模式。不过实际上,由于资费和品位的限制,万牲园的消费群体主要还是上层的统治者和文化人,尚未真正普及到广大市民阶层。如1908年《顺天时报》频频刊登的《农事试验场广告》所言,鉴于"本场开办以来,事多草创,承政界、绅界、学界、报界、商界、女界宠赐贲临,自应日求进步,以副厚望。上月二十六日,游客较重,车马塞途,游人颇为不便,本场照料未周,良用抱歉",预备新辟一片停车场,唯恐"车多人杂""呼应不灵",呼吁游客每车自备马夫二人,注意照牌停车,"若有意违背,致碍交通,于本场并无所损,惟主人之名誉攸关,未免可惜。想诸君皆上流人物,必不河汉斯言也"。① 这则广告从一个侧面反映出,当时万牲园游人络绎不绝,涵括了"政界、绅界、学界、报界、商界、女界"各上等阶层。而万牲园位于西直门外,能自备马车前来,且竟至出现车马塞途的拥挤场面,可见确以"上流人物"为主体。《燕都时事画报》甚至曾刊登《职官携妓》一图,披露当时有几位章京携妓招摇过市逛万牲园,引得往来游客侧目(图1-15),也从反面说明了万牲园在晚清时期对于官僚士大夫阶层的吸引力。②

中国的传统文人本就有在私人园林雅集交游的悠久传统,中西合璧尤其带有皇室印记的万牲园,很容易令士大夫接续园林的记忆,养成在公园交游的生活方式尤其是在公园茶座和餐厅休憩的习惯。这些休闲空间对于以士大夫为主体的晚清游客而言,魅力并不亚于动植物园中的飞禽走兽或奇花异草。如《万生园百咏·海棠式亭》即描

---

① 《农事试验场广告》,《顺天时报》第1952号,1908年8月20日。
② 《职官携妓》,《燕都时事画报》32号,宣统元年(1909年)六月初二。

摹游客在海棠式亭品茗的乐趣："亭圆式比海棠花，深下珠帘静品茶。隔着晶窗数游客，红男绿女灿云霞。"①特别是园中引进咖啡馆、西餐厅这类对于晚清国人而言耳目一新的新事物，在清末的帝都可谓开风气之先。去咖啡馆喝一杯咖啡，或者上番菜馆吃一顿西餐，在当时均属最上流的时髦。《万生园百咏》对此也尽力渲染，可从中窥见晚清士大夫对于咖啡馆、西餐厅等舶来品是如何认知和接受的。如咏"西洋茶馆"即咖啡馆云："照人粉壁白于霜，几案杯壶净

图 1-15　职官携妓

且光。一盏噶飞（《字典》无"咖啡"二字）消宿食，胜游疑到大西洋。"②"噶飞"二字以充满异域风味的新名词入诗，已觉新奇；而一杯咖啡下肚，更恍然令人有置身海外（"疑到大西洋"）之感。诗人咏设有番菜馆的"来远楼"亦表达了同样的感受："更上层楼倚碧窗，满盘番菜酒盈缸。新鲜肴馔清虚府，宴客犹疑在海邦。"③这倒不是诗人夸大其词，晚清士大夫正是通过喝咖啡、吃西餐这些带有仪式感的

---

① 阔普通武：《万生园百咏》，第 2 页。
② 同上书，第 4 页。
③ 同上书，第 4 页。

第一章
北京公园的先声

体验,以消费与领略其所代表的西方文明和异域风情。

我将以晚清的一位高官荣庆为例①,考察当时的士大夫阶层在日常生活中如何消费、使用万牲园空间,而万牲园又如何参与构造其日常休闲、交游的模式。根据荣庆日记的记录,荣庆自1907年万牲园开放伊始,至1911年居住北京期间,频繁光临万牲园,尤以五月至十月,即北京最舒适的春末初秋之间为多;但即使隆冬时节如正月等,荣庆也常不减游兴,赴万牲园逗留良久,兴尽方归。早在1907年6月30日,即万牲园正式开放前,荣庆的日记中就记录"三叔率准男观兽园"②,三叔应是较荣庆年轻一岁的叔父裕厚,二人少时相依为命,感情很深,准男是荣庆之子。直至1912年荣庆因政权更迭移居天津后,1915年回京小驻时,他依然要如同践行某种仪式一般,赴万牲园看山啜茗,感慨"风景依稀,自我不见于今三年矣"③,其对于万牲园的深情,可见一斑。

荣庆最喜欢偕家人同游万牲园,万牲园因此成为其与家人聚会、共享天伦之乐的场所;此外,他也常在万牲园约会甚至偶遇朋友。考察其游赏路线,最钟爱的是乘坐苏式灯船(有时也乘车或步行),沿途欣赏风景,先到豳风堂观荷品茗,再到鸿记吃中餐,或者到来远楼、畅观楼登楼观景、吃西餐(豳风堂、来远楼等均为游船码头)。如1909年农历六月二十五,荣庆同三婶、大姊、夫人以及儿子、侄子们到万牲园,先在接待室稍坐片刻,然后至船厅乘灯舫,"秋荷尚艳久赏,并坐灯舫,俟大姊绳侄至,放舟花中,红棠翠盖,容与莲

---

① 荣庆(1859—1917),字华卿,号实夫,蒙古正黄旗人,以科甲入仕,曾历经甲午战争、义和团运动、戊戌变法和辛亥革命,因义和团运动时协助奕劻与洋人议和而开始得到重用。后升至管学大臣、军机大臣、修定官制大臣、国史馆总裁等,辛亥革命后退隐天津。

② 谢兴尧整理:《荣庆日记——一个晚清重臣的生活实录》,西安:西北大学出版社,1986年,第117页。

③ 同上书,第258页。

77

间,至豳风堂仍赏荷。午正度桥西南行,饭于鸿记,较初次为佳。西行至大楼瞻仰,乘舟出先归"①。又如同年七月初九,在万牲园与友人聚会:"未刻至万牲园接待楼约少渔兄,三钟抱琴至,对山鼓三调。乘小拘车至大楼,登其三层,白莲颇馥,饭洋餐。李莪卿约游,同九、明允、伯起、继先、栋、梁适至,梁男再食以洋饭,分道各归。"②冬天亦可乘冰床游园,如同年十一月十七:"早侍三婶偕内同保弟为万生之游。步至船厅,乘冰床至迎晖桥上岸,因鸿记停卖,步至来远轩洋餐。登楼一眺,行经大楼度石桥,复乘冰床由西门出。木落野旷,人行镜中,备极清旷。去时先入动物园,详观奇兽,杂听鸟鸣,亦足怡情。"③此外,去可园听乐,赴卍字楼、自如庄(应为自在庄)、或海棠式亭茗话,在咖啡馆小憩,或者照相,也都是荣庆心仪的消遣。荣庆颇喜爱照相,由于镜真照相馆随处可取景,所以其不只在照相馆内留影,或于餐厅就餐前,或在园内标志性建筑如来远楼或豳风堂畔,甚或乘灯舸,"摄影人临流照之",可谓花样多端。

  由上观之,首先,万牲园已成为荣庆及其家人、友人日常生活的一部分,他们逐渐对赴万牲园游憩的休闲模式习以为常,甚至培养了吃西餐、喝咖啡、照相等西式的生活习惯。其次,对于荣庆这类士大夫而言,万牲园最具噱头的动物,并不是最富有吸引力,他们反而更欣赏其中的园林情趣。如荣庆赴万牲园的记录中,只有两次提到观动物园,其余时候都是在享受、欣赏其整体的园林景致,他尤为偏爱泛舟观荷或临池品茗的意境。再次,荣庆养成了在万牲园约会亲友就餐、品茗的习尚,作为一种联络感情或社交的手段。中国传统文人本

---

① 谢兴尧整理:《荣庆日记——一个晚清重臣的生活实录》,第152页。
② 同上书,第152页。
③ 同上书,第158页。上述文中"大楼"应系畅观楼:结合"西行至大楼瞻仰""行经大楼度石桥",据万牲园地图(图1-1),畅观楼位于园西侧,与来远楼毗邻,皆环绕荷塘,且楼正面有白石桥。

来就有在园林诗酒交游的传统,清末民初的士大夫很容易在新兴的公园空间找到共鸣。而民国时期,北京的公园茶座也如同西方的咖啡馆一样,成为文人、知识分子偏爱的新型社交空间,这一点在万牲园时期已初露端倪。荣庆的例子不是个案,而是具有一定的普遍性,反映了清末民初北京士大夫的精神文化生活。

晚清民初之际,京师士人游宴甚盛,陈衍《石遗室诗话》曾回忆:"庚戌春在都下,与赵尧生、胡瘦唐、江叔海、江逸云、曾刚甫、罗掞东、胡铁华诸人创为诗社。遇人日、花朝、寒食、上巳之类,世所号为良辰者,择一目前名胜之地,挈茶饵果饼集焉。晚则饮于寓斋若酒楼,分纸为即事诗,五七言、古近体听之。次集则必易一地,汇缴前集之诗,互相品评为笑乐。其主人轮流为之。"[①]陈衍长子陈声暨亦有《上巳日花下忆都门旧游》一诗追摹当时宴乐盛况:"都门车马厌尘土,惟有花事吾粗谙。法源丁香香雪海,崇效寺里花沉酣。天宁、花之渐减色,国香极乐犹二三。万荷苇湾与十刹,芦荻积水呈清潭。"[②]当良辰之时,择名胜之地,诗酒雅集,如法源寺、崇效寺、天宁寺、花之寺、极乐寺、陶然亭、什刹海、积水潭等,这些都是京城文人传统的消闲胜地。而万牲园的开放,不仅为这些士大夫们提供了一处全新的交游空间,更由于其与清室的渊源,而对他们富有特殊的意义。尤其是1913年的一场癸丑修禊,奠定了万牲园的典范地位。

四、癸丑修禊:传统与现代的张力

清末之际,阔普通武、荣庆等上流士绅尚能相当优游愉悦地享受万牲园带来的种种新奇体验,而辛亥之后,士大夫群体的地位和心态

---

① 陈衍:《石遗室诗话》卷十三,《庸言》第2卷第4期,1914年4月29日。
② 陈声暨:《上巳日花下忆都门旧游》,《庸言》第2卷第6期,1914年7月27日。

都迥然有别。他们曾是统治阶层的一部分，如今却连出处进退都成了问题，因此，他们对于万牲园的态度，也相应地发生了微妙的转变。士大夫们在晚清时曾经主导推动万牲园的建立，将其作为现代都市文化的象征，并热烈拥抱它所代表的这种现代性。而民国之后，万牲园与传统的联系，反而成为他们关注的焦点，他们有意识地勾连万牲园与清室乃至与士人雅集传统的渊源。然而，万牲园自身现代性的一面，又会时时溢出他们对于万牲园的表现。1913年梁启超在畅观楼主持的癸丑修禊，便极富代表性地彰显了万牲园这种新／旧两面之间的拉扯和张力。

1913年4月9日，农历三月初三，是晋永和九年兰亭修禊后第二十六个癸丑，梁启超追慕王羲之，在万牲园召集在京名士，组织了一场盛大的修禊。[①] 次日，任公给女儿的信中自述修禊盛况：

> 今年太岁在癸丑，与兰亭修禊之年同甲子，人生只能一遇耳。吾昨日在百忙中忽起逸兴，召集一时名士于万牲园续禊赋诗，到者四十余人。（有一老画师为我绘像，座尚有二十年前名伶能弹琵琶者。吾作七言长古一篇，颇得意，归国后，第一次作诗也。）老宿咸集矣。竟日游宴一涤尘襟，归国来第一乐事。园则前清三贝子花园，京津第一幽胜地也，牡丹海棠极多，顷尚未花。吾恨不得汝即日归来，挈汝同游，然行期无论若何迅速，归来总在花谢后矣。大乱在即，明年花时，不审京师更作何状，故吾望汝速一睹此盛，但今既无及矣。

两日后又作书曰：

[①] 有关万牲园癸丑修禊的研究，可参看陆胤：《民国二年的"癸丑修禊"——兼论梁启超与旧文人的离合》，《现代中文学刊》2010年第4期。

第一章
北京公园的先声

  修禊诗，录一分寄汝，共和宣布以后，吾第一次作诗也。同日作者甚多，吾此诗殆压卷矣（汝将来可补作一首）。方将尽征南中名流各为题咏，将裱成长手卷【有图两幅，一为姜颖生画。一为林琴南画。颖生（年七十余矣），当代第一画师也】。兰亭以后，此为第一佳话矣。再阅六十年，世人恐不复知有癸丑二字矣。故吾末联云云，感慨殊深也（《兰亭序》末句"后之览者亦将有感于斯文"。又云"后之视今犹今之视昔"）。①

此第二十六个癸丑，"人生只能一遇耳"；而况又逢共和宣布以后的鼎革之际，"大乱在即，明年花时，不审京师更作何状"。遗老们诗酒酬唱之际，内心是有风景不殊、嘉会难再的隐忧的。实际上，同日樊增祥在上海寓所樊园亦发起了一场修禊，与梁启超南北呼应。但梁启超所选择的万牲园，因其负载的文化隐喻与历史记忆，为这场修禊增添了更复杂的意义。易顺鼎在《癸丑三月三日修禊万生园赋呈任公》中，曾着意渲染万牲园作为当年"京津第一幽胜地"的盛状，以及时移世易之后的感慨："西直门万生园，先朝创造资游观，不知曾费几许水衡钱。中有牡丹亭、采莲船。如水之车，如龙之马，奔驰于其外；如斗之花，如凤之鸟，充牣于其间。我亦尝携壶觞，听管弦，逢初三下九，携三五二八，销三万六千。我昔尝有句云：照脸脸颊皆北地，压眉眉黛是西山。此诗未成仅断句，此游亦不复记为何年。"②万牲园被选中作为癸丑修禊的地点，不仅因为"大都数名胜，此地良为最"③，最重要的实在其由"先朝创造"并作为皇室

---

① 丁文江、赵丰田编，欧阳哲生整理：《梁任公先生年谱长编（初稿）》，北京：中华书局，2010年，第347页。
② 易顺鼎：《癸丑三月三日修禊万生园赋呈任公》，《庸言》第1卷第10期，1913年5月21日。
③ 姚华：《上巳日任公招集三贝子园分得带字二十四韵》，《庸言》第1卷第10期。

行宫的身份。且不提万牲园是清室所建,修禊所在的畅观楼更是曾经"至尊侍坐畅观楼"的慈禧行宫,到了民初,楼中陈设依旧,遍挂慈禧御笔及当时臣僚书画①,在在勾起座中人对于前朝的回忆。面对如此旧朝名园,遗老们难免不胜今昔之慨,与南渡晋人产生更深刻的共鸣。另外,梁启超选择万牲园作为这场盛事的场所,召集京中名士赋诗、名伶弹琵琶、画师绘像,事后将所有唱和诗作发表于自己主编的《庸言》,特辟专号刊出"癸丑禊集诗",并在杂志封面上列为"要目"②;且遍征南方名流题咏,加上姜筠(颖生)与林纾(琴南)的画,裱为长卷;最后还将《庸言》所录诗文及补录的追和诗辑为《癸丑修禊集》③,附上当日合影一帧、姜筠《畅观楼修禊图》一幅,以广流传。如此有意识地充分调用文字、图像、声音、传统的题图诗卷以及现代的印刷出版(包括报刊与书籍)等多元媒介,乃是冀望将万牲园修禊经典化,与兰亭雅集一样流传千古。万牲园经由这种有意识的书写和经营,也的确被赋予了更深层的意义,成为一个内蕴丰富的文化空间。以下将具体进入图像和文本,讨论万牲园如何作为文化空间,与士大夫们的创作相互生发,从而建构自我的文化意象。

姜筠《畅观楼修禊图》(图1-16),题记叙其缘起曰:"楼在京城西北万生园中,乃前朝景帝奉太后游幸地也,今为都人宴集之所矣。时值癸丑上巳,任公先生召客修禊于此,饮酒赋诗,盘桓竟日。昔兰亭致客四十一人,今虽不及,亦云盛矣。座间主人谓余曰:人生能值几癸丑,况自兹以往,世间能后知有癸丑否乎?斯集也,请君图之,

---

① 张英主编:《本国新游记》,第5页。
② 《庸言》第1卷第10期"诗录"特辟"癸丑禊集诗"专号,第14期"诗录"补刊严复《癸丑上巳任公禊集万生园分韵敬呈流觞曲水四首》,第17期补刊陈宝琛《任公仁兄召集万生园修禊以病未赴有诗征和分均得此字补赋奉正》,第2卷第1—2期"文录"刊发陈衍《京师万生园修禊诗序》。
③ 除《庸言》发表的诗文外,又补入陈衍、周宏业的两首追和诗。

第一章
北京公园的先声

以为他年纪念……"① 可见，梁启超依据修禊传统，曾嘱咐姜筠作图纪念，为畅观楼癸丑修禊留下图像资料。细观姜筠所作的这幅长卷，远远近近的松树、柳树掩映着传统中式风格的建筑、长廊、小桥流水，参与修禊的文人们三五成群，或在楼里或在亭中或在桥边树下优游雅集，近处小桥边还有一只仙鹤。这是中国传统修禊图的风格，可以文徵明表现永和癸丑兰亭修禊的《兰亭修禊图》为参照（图1-17）。然而实际上，正如前文所述，畅观楼是欧式风格的红砖洋房，其建筑风格独具特色，西边是有西式盔顶的八角形二层楼，东边是顶层有露台的圆柱形四层高楼，这样异域风情的现代建筑在晚清北京十分罕见。万牲园中本不乏各式风格的茶馆、餐厅、建筑，梁启超却偏偏选中了畅观楼，除了对其历史渊源的考虑外，也缘于他自身的审美——自1898年戊戌变法失败后，梁启超遍游亚、澳、美、欧诸大陆，形成了非常开阔的"世界人"的视野②；而他对于建筑的品位，也倾向于欧式，如其此后居于天津的寓所"饮冰室"，就是一幢风格相近的意式建筑。然而，当姜筠尝试用图像语言复原修禊的场景时，还是沿袭了传统修禊图的意境。图中居于中间位置的二层大楼应即畅观楼，但它完全是传统中式建筑的式样，尤其屋顶为典型的中式飞檐（即梁思成所谓"大屋顶"），与畅观楼原貌有极大差异。而对于松树、柳树，包括于万牲园诸多动物中仙鹤的选取，都是传统文人画中极富象征意义的符号。这种表现与实物之间的差距，也许是因为在画家看来，中式建筑的风格更契合文人修禊的主题，而与梁启超的审美异趣。但同时，这也从另一个侧面说明，畅观楼的存在，超越了传统艺

---

① 梁启超编：《癸丑修禊集》，铅印本。
② 1899年12月，梁启超在《夏威夷游记》（原题《汗漫录》）中写道："曾几何时，为十九世纪世界大风潮大势力所簸荡所冲击所驱遣，乃使我不得不为国人焉，浸假将使我不得不为世界人也。"梁启超：《饮冰室合集》第七卷，专集之二十二，北京：中华书局，1989年，第185页。

图 1-17 兰亭修禊图

术经验的范围,是中国传统文人画的绘画语汇所无法表现和涵盖的。接下来还会讨论到,畅观楼的独特性和现代性亦超出了中国传统诗词典故的范畴。

图 1-18 癸丑修禊合影[1]

---

[1] 图出自温大雅(高贞白):《梁启超万生园雅集图》,《大华》1966 年第 18 期。

第一章
北京公园的先声

当然，梁启超主持万牲园修禊，本意就是追慕兰亭雅集，因此不难理解画家借用传统修禊图的意境来表现当日情境；而诗人们在分韵赋诗时，更常附会兰亭修禊的晋人心境。此时正值易代之际，遗老们本来就与以王羲之为代表的南渡晋人心有戚戚，万牲园特殊的历史，更是容易勾起他们的黍离麦秀之思，不免发抒于诗中。如梁启超"即兹名园问银牓，已付酸泪话铜狄"①，夏寿田"兹宫昔奉御，易代若飚骋。离离花覆砌，茵榻五年冷"②等。而王式通"名园问主人，往事数亲贵。风景故依然，只见云暧靆"③，陈宝琛"园林无恙风景殊，觞咏大难主宾美"④，黄濬"长安棋局今变更，水滨风物嗟如旧。临流楼阁参差见，豁眼西山走苍岫"⑤等，则皆有晋人"风景不殊，正自有山河之异"⑥的感叹。郑沅诗云："曾侍东风玉辂尘，畅观楼下草如茵。象床宝帐无言语，输与词人作禊辰。五噫重见伯鸾来，城郭人民似可哀。罚酒成诗等闲事，几时怀抱为君开。"⑦"曾侍东风玉辂尘"，化用苏轼诗句，点明畅观楼曾为皇室行宫的身份；"象床宝帐无言语"，借用温庭筠《经五丈原》的诗句，表达易代之慨。⑧遗老们面对万牲园这样的故国名园，心态是十分复杂的：一方面，这里是可以

---

① 梁启超：《癸丑三日邀群贤修禊万生园拈兰亭序分韵得激字》，《庸言》第1卷第10期。银牓系宫殿门端所悬的辉煌华丽的匾额，铜狄是宫庙里所铸的金人，如咸阳宫有铜人十二。
② 夏寿田：《癸丑上巳修禊分韵得岭字》，《庸言》第1卷第10期。
③ 王式通：《任公招集万生园修禊分均得气字》，《庸言》第1卷第10期。
④ 陈宝琛：《任公仁兄招集万生园修禊以病未赴有诗征和分均得此字补赋奉正》，《庸言》第1卷第17期。
⑤ 黄濬：《上巳修禊赋呈任公先生分均得茂字》，《庸言》第1卷第10期。
⑥ 《世说新语·言语》记载，"过江诸人，每至美日，辄相邀新亭，藉卉饮宴。周侯中坐而叹曰：'风景不殊，正自有山河之异！'皆相视流泪。"余嘉锡笺疏本，北京：中华书局，1983年，第92页。《晋书·王导传》略同，北京：中华书局，1974年，第1747页。
⑦ 郑沅：《自万生园归车中得四绝句呈任公》，《庸言》第1卷第10期。
⑧ 温庭筠《经五丈原》咏怀诸葛亮，有"象牙宝帐无言语，从此谯周是老臣"一句，"象牙宝帐"指代五丈原祠庙中诸葛亮的神像。温庭筠著，曾益等笺注：《温飞卿诗集笺注》，上海：上海古籍出版社，1998年，第104页。

诗酒交游的上选之所，他们也颇欣赏其佳境意趣；但同时，他们又对曾经的皇家园林沦落到公众可以涉足、"输与词人作禊辰"的处境十分感慨。"五噫重见伯鸾来，城郭人民似可哀"，前半句用梁鸿《五噫诗》典，后半句用《搜神后记》丁令威"城郭如故人民非"典①，这两个典故都频见于此次癸丑禊集诗中，尤其是梁鸿的典故。《五噫诗》曰："陟彼北芒兮，噫。顾览帝京兮，噫。宫室崔嵬兮，噫。民之劬劳兮，噫。辽辽未央兮，噫。"②在感慨旧朝宫殿物是人非之外，也暗含遗老们对于清朝覆灭之因的反思和批判。

这种易代之痛对士大夫们的刺激远远超出了传统经验的范围，封建王朝为现代的共和政权所取代，这是史无前例的，正如易顺鼎诗曰："何况今日之共和，远非昔日之永和。"③发起人梁启超虽试图追摹永和的兰亭盛会，而一些与会者则敏锐地指出，万牲园所负载的复杂内涵，远比千年前的兰亭富有更深刻、更现代性的意义——前朝的皇家园林，如今开放为任人游览的公共空间。如袁励准诗中即点出："此地何如会稽胜，感怀更比永和深。"④最具代表性的是关赓麟《癸丑三月三日任公招集万牲园修禊分韵得风字》。⑤关赓麟先是同其余人一样，极力渲染万牲园修禊的盛况，并与永和盛会相比附："永和至今阅千载，盛会零落随蒿蓬。今年癸丑合前辙，又见觞咏来群公。"到此笔锋却陡然一转："我读兰亭题名记，群贤传作殊未工。"指出不需追慕古人，今人更胜古人："宁知今人乃胜古，春华雕琢天无功。"

---

① 丁令威学道后化鹤归乡，唱道："有鸟有鸟丁令威，去家千年今始归。城郭如故人民非，何不学仙冢累累！"干宝撰，李剑国辑校：《新辑搜神记》卷一，见《新辑搜神记 新辑搜神记后记》，北京：中华书局，2007年，第39页。
② 《后汉书》卷八三《梁鸿传》，北京：中华书局，1965年，第2766—2767页。
③ 易顺鼎：《癸丑三月三日修禊万生园赋呈任公》，《庸言》第1卷第10期。
④ 袁励准：《畅观楼修禊分韵得林字》，《庸言》第1卷第10期。
⑤ 关赓麟：《癸丑三月三日任公招集万生园修禊分韵得风字》，《庸言》第1卷第10期。

第一章
北京公园的先声

而这缘于修禊的地点万牲园的畅观楼："斯楼观成未十载，兴亡一姓何匆匆。琼华岛前集裙屐，昆明湖外多骄骢。前时禁苑付游骋，况乃此地非离宫。传之好事足千古，何遽不与山阴同。"诗人不仅感叹万牲园畅观楼易主，视野亦包揽北海（"琼华岛前集裙屐"）、颐和园（"昆明湖外多骄骢"），指出"前时禁苑付游骋"已成为一种普遍现象。这是传统的诗词典故所无法涵括的经验，而诗人认为，这样前所未有的现代经验足以同兰亭雅集媲美，流传千古。

确实，万牲园开启了前清皇家园林坛庙开放的先声，此后社稷坛、先农坛、天坛、太庙、地坛、北海、颐和园、景山、中海、南海等也相继被辟为现代公园向公众开放，"前时禁苑付游骋"成为民国北京的一大特色。以万牲园为代表，这些前朝禁苑逐渐取代了传统的消闲胜地，成为北京新兴的公共空间。而士大夫遗老们，也由于清朝满汉分治的格局被打破、居住和文化中心向内城迁移，逐渐遗弃了前此南城的那些古刹名寺，而养成在公园诗酒交游的习惯。除了一些盛大的雅集如己巳、上巳在稷园（即社稷坛改建的中央公园）修禊等之外，他们平日亦常流连于京城各公园，留下大量唱和之作。

如夏仁虎《枝巢九十回忆录》曾追忆宦海退隐后，与老友傅增湘、郭则沄、关颖人、张伯驹、吴廷燮、赵椿年等人诗酒流连的情状："我身既退闲，生活近流浪。六友会青云，一元供晚膳。推长中山园，日日供游赏。茶团号元老，棋局消慈善。文宴复不乏，四园盛俦党。元宵夺锦灯，词社掣斑管。敲诗亦看竹，钵击与钟撞。"[①]夏仁虎《枝巢编年诗稿》收有许多公园游冶之作，如《万生园歌》《上元夕游先农坛》《暑夕中央公园纳凉四十均》《壬申上巳修禊什刹海分韵得簇字》《暮春过公园水榭啜茗怀吴董卿沪上兼示剑秋》《戊辰上巳修禊北海分

---

① 王景山编：《国学家夏仁虎》，杭州：浙江文艺出版社，2009年，第135页。

公园北京
文化生产与文学想象（1860—1937）

韵得纵字》《己巳三月游中央公园十首用杜甫游何将军山林韵》《晚过金鳌玉蝀桥眺北海》《初夏雨霁公园有约》《中伏十日过北海避暑北岸树阴向夕乃返》等①，管中窥豹，可以反映当时遗老日常交游的状态。此外，他还曾创作小说《公园外史》，"说是仿《儒林外史》之作，叙述当时朋辈状况，灵感当然就是得自多年在公园'黄昏之游'的谈闻"（此"公园"即中央公园）②；且撰有《北海小志》，可见其对于北京公园的深情。可惜二书皆已亡佚，难窥全豹。清室的宫苑坛庙，他们前朝为官时也曾窥得一斑，而今故地重来，心情殊异。甚至由于民国与清廷微妙的血缘关系，这些曾在晚清出仕、以"遗老"姿态自处的士大夫有不少人在北洋政府时期就任高官，亲手促成了公园的开放与改建，并兼任公园董事。因此，公园于他们有着特殊的意义，他们对于公园的感情是相当复杂的。如夏仁虎《暑夕中央公园纳凉四十均》："谪居伤李白，遗事说唐玄。世运悲寒暑，流风叹变迁。未妨长乐老，误入小游仙。薄咏防多露，微词异感甄。沧桑关许事，此会但绵绵。"③以"长乐老"的身份和立场自居④，而又以白头宫女的姿态"遗事说唐玄"，感慨公园空间所反映的世事变迁，其间暧昧复杂的张力，十分耐人寻味。从万牲园到中央公园，公园既孕育于新旧交替之际的最后一代士大夫之手，也见证了属于他们时代的落幕。

万牲园的概念自19世纪中期起进入游历欧美的晚清士大夫视野，

---

① 参见夏仁虎：《枝巢编年诗稿》，民国庚申至甲戌年家刻本。夏仁虎（1874—1963），字蔚如，号啸庵、枝巢、枝巢子等，清朝中举，辛亥革命后曾任北洋政府财政部代理总长、国务院秘书长等职，北伐成功后退隐官场。
② 此系其儿媳林海音的回忆。林海音：《家住书坊边：我的京味儿回忆录》，台北：纯文学出版社，1987年，第129—130页。
③ 夏仁虎：《箧尘稿下》，《枝巢编年诗稿》，第19页。
④ 夏仁虎常以五代时期事四朝相十帝的"长乐老"冯道自喻，曾作诗为其翻案曰"十君四姓何足论，所贵当官能救民"，参见《读五代史六首·长乐老》，《枝巢编年诗稿》卷七《出塞后稿》。

第一章
北京公园的先声

从最初关注珍禽奇兽的猎奇心态,到逐渐认识到其作为新兴公共空间对于市政与市民的意义,将其放置在公园的框架之下去考察和认知。这种思路在之后倡设、建造和使用北京万牲园的过程中一以贯之。万牲园实际上是被作为公园来设计和接受的,贯彻了士大夫的政教理想和启蒙理念。

作为北京公园的先声,万牲园在很多层面奠定了民国北京公园的面貌,民国时期北京公园一些最重要的特质,在这里都已初露端倪。万牲园具有中西合璧的独特风格,一方面,它是在中式园林(乐善园与三贝子花园)的基础上创建的,其落成后的整体审美和意境都充满了东方的园林情趣,令浸淫于园林文化的晚清游客很容易在此找到共鸣;而另一方面,它又引入了大量异域风情的动物、植物以及建筑,乃至现代化的西式设施如咖啡馆、西餐厅、照相馆等,这些都给游客带来全新的现代经验和感官刺激。晚清以中上阶层士大夫为主的北京市民逐渐习惯闲暇时赴万牲园游憩,观赏动植物、乘游船、喝咖啡、吃西餐,与家人或朋友聚会,在茶座和餐厅社交。

作为晚清北京新兴的公共空间,万牲园开启了北京公园尝试养成现代的休闲理念和生活方式、以及公共文化和市民精神的努力。继万牲园之后,民国时期京都市政公所改造并开放了一系列皇家园林坛庙作为公园,逐渐取代京城传统的消闲地,为北京市民提供了新兴的游赏场所与公共空间。这种北京公园较之其他城市另起炉灶的新公园,有其特殊性。一方面,它们是最传统的帝国遗迹,而另一方面,它们又是最现代的公共场域,这种中西合璧、新旧并存的特质,以万牲园为嚆矢,是民国北京公园最大的特色。此前学界的研究,讨论北京公园时多依据民国时期的论述,以1914年开放的中央公园为第一个公园,而多忽略了万牲园的意义,是有失公允的。

第二章

来今雨轩的过客
——京派文学的公共领域与生产机制

中央公园是民国北京最重要的公共文化空间之一，创立于1914年，是民国政府首开的第一个公园。因其前身是社稷坛，具有独特的象征资本和地理优势，又富于不俗的审美品位，遂吸引了众多中上层文化精英。中央公园的茶座在当时北京的公园中首屈一指，其中最负盛名的当属"来今雨轩"。关于来今雨轩与京派文人、《大公报·文艺副刊》的关系，学界此前已多有讨论。如唐小兵在《近代中国知识分子的公共交往（1895—1949）》一书（第六章"十字街头的象牙塔：1930年代北平知识分子的交往世界"）中曾指出：

> 就1930年代的北平而言，文学公共领域的空间形式主要体现为下述几种：一、林徽因的"太太的客厅"、朱光潜的"读诗会"等私人空间扩展成的公共空间；二、以来今雨轩等公共场所为聚会地点的公共空间，主要是沈从文、萧乾等代表《大公报》文艺副刊的招宴会、茶会等形式；三、以《文学杂志》《水星》等文学性期刊凝聚的象征性公共空间。①

---

① 许纪霖等：《近代中国知识分子的公共交往（1895—1949）》，上海：上海人民出版社，2008年，第335页。

第二章
来今雨轩的过客

"来今雨轩"对于 1930 年代的北平知识分子来说，是一个非常熟悉的公共空间，其重要性一点也不亚于"太太的客厅"、"慈慧殿三号"之类的空间。……相对于前面已经分析过的文学公共空间来说，这是一个更加公共的也就更加开放的空间，在这个小小的社会空间里，周期性地凝聚着北平的知识群体，也架构起北平与天津《大公报》的桥梁。①

唐小兵的这段论述基本可以代表迄今学界的共识：一是中央公园的茶座主要承担《大公报》副刊聚会场所的功能；二是茶会的人员构成基本以京派中坚为主，即沈从文、杨振声、周作人、林徽因、萧乾等人。本章则在此基础上，将中央公园茶座空间的文化活动，与《大公报》文学副刊的编纂实践更切实地结合起来，指出公园茶座、文学副刊、客厅沙龙这几个文学公共空间彼此是互通声气的，且公园茶座的对谈与《大公报》"读者与编者""答辞"等专栏的开辟具有相互启发、相辅相成的关系。同时揭示，中央公园的茶会实际上是兼及新老作家分批进行，通常学界研究只注重京派主流的成名作家，忽略了新人群体；而后者恰是京派文学得以推广、延续自身文学主张的关键，也体现了京派人文主义的教育理念。中央公园的茶座与《大公报》的文学副刊作为文学公共领域，经历了一个从京派成名作家的俱乐部，转变为沟通京派代际的桥梁的过程。本章旨在以京派为个案，辐射中央公园与新文化知识分子共同体的关系。通过考察京派文人如何充分利用茶座和专栏空间，争取青年、培育后进，促成新文学的再生产，从而以中央公园为视角，管窥 20 世纪 20—30 年代北京的文学生态。

---

① 许纪霖等：《近代中国知识分子的公共交往（1895—1949）》，第 338 页。

公园北京
文化生产与文学想象（1860—1937）

一、文化茶座与知识分子共同体

谢兴尧曾撰《中山公园的茶座》一文，有一段论述深得时人心：

> 凡是到过北平的人，哪个不深刻的怀念中山公园的茶座呢？尤其久住北平的，差不多都以公园的茶座作他们业余的休憩之所或公共的乐园。有许多曾经周游过世界的中外朋友对我说：世界上最好的地方，是北平，北平顶好的地方是公园，公园中最舒适的是茶座。①

茶座及其特有的文化氛围是民国时期北京公园的特色，邓云乡曾如此形容："北海茶座、公园茶座、太庙茶座、中南海茶座以及来今雨轩、上林春、漪澜堂、道宁斋……都是有名茶座、大茶座，还有多少小的、无名的，但都是文人学者构思、论学、写作、闲谈的最佳场所，那样自由，那样闲散，那样宁静，那样舒畅……"②中央公园的茶座正是其中集大成者，很能体现中央公园的特点。中央公园的茶座尤为富于文化气息，正如邓云乡的回忆："那时最经常的文化生活，还是中山公园茶座，不管是东面的来今雨轩，还是西面的春明馆、长美轩、上林春、柏斯馨等等，其茶客不同于一般的茶馆，大体来说，以中上层社会的知识分子为多。"③民国北京的中上层文化人之所以对中央公园情有独钟，取决于其与众不同的地位与品位。

首先，中央公园在民国北京的公园中占据了得天独厚的地理位置

---

① 谢兴尧：《中山公园的茶座》，《宇宙风》1936 年第 19 期。此处的"公园"特指中央（山）公园。
② 邓云乡：《环境气氛》，《文化古城旧事》，第 177 页。
③ 邓云乡：《稷园旧梦·茶烟文化》，《燕京乡土记》下册，石家庄：河北教育出版社，2004 年，第 439 页。

第二章
来今雨轩的过客

与象征资源。1939年，中央公园成立二十五周年之际，创始人朱启钤曾撰《中央公园记》，指出中央公园的开放，与清末民初政权的更迭以及城市格局的嬗变息息相关：

> 民国肇兴，与天下更始。中央政府既于西苑辟新华门为敷政步令之地，两阙三殿，观光阗溢。而皇城宅中，宫墙障塞，乃开通南北长街、南北池子，为两长衢。禁御既除，熙攘弥便，遂不得不亟营公园，为都人士女游息之所。①

民国取代清朝的统治后，袁世凯政府进驻中南海，打破了清代内外城满汉分治的区隔。1914年，时任内务总长的朱启钤创立中国首个城市规划与市政建设的部门——京都市政公所，由此开启了北京城市空间现代化的进程。京都市政公所有计划地展开一系列公共工程运动，中央公园的开放既有赖其奠定基础，又是其中重要的一环。

此前，封闭的紫禁城阻隔了内城交通，东西城无法通行；南北向上，连接内外城的主要干道亦被切断；城墙和城门又进一步造成了交通的拥堵。1912—1914年，市政公所陆续开辟了新华门，拆除长安左、右门两侧城垣，打通东西长安街，开放南北长街、南北池子，拆除正阳门瓮城，于门左右各开辟门洞，皇城原本封闭的格局从此被打开。中央公园的前身，社稷坛就坐落于首都的核心区域，正如市政公所陈述的选址理由，其"地当九衢之中，近接国门，后滨御河，处内外城之中央，交通綦为便利"②。作为明清两代皇室的祭坛，社稷坛地处皇城中央，东邻天安门，西面南海，北接御河和紫禁城，南门正

---

① 朱启钤：《中央公园记》，中央公园委员会编：《中央公园二十五周年纪念册》，1939年，第131页。

② 《本园创办之经过》，中央公园委员会编：《中央公园二十五周年纪念册》，第2页。

对东西长安街之中点,与故宫仅一墙之隔。尤其民初的一系列公共工程运动,打通了内城东西向、南北向的交通,沟通了内外城的联系,而社稷坛恰好处于东西长安街与南北长街这两条内城主干道的交汇处,可谓内外城的交通枢纽,因此被市政公所选中。

早在1913年3月,时任交通总长的朱启钤,因隆裕太后丧事奉命巡视社稷坛时,即起意辟之为公园,只是当时社稷坛尚属清室所有,为皇城禁区。次年春,热河行宫古物运来北京,身为内务总长的朱启钤借机向北洋政府建议,由曾供职于清廷的他出面与清室交涉,将三大殿以南除太庙外划归政府管辖,以便在各殿阁安置古物,清室改由北面的神武门出入。成功接管紫禁城南区之后,同年秋,他正式动议将社稷坛辟为公园,得政府许可。为促成社稷坛早日开放,朱启钤动用私人关系,请步军统领江朝宗指派工兵营全营士兵前来协助清理,以惊人效率在短短十数天内完成清理庭园、辟建南门、平修道路等工程,社稷坛遂于1914年10月10日首度向公众开放。开放当日,朱启钤又凭借其内务总长职权,出动京师警察厅派遣两百多名警察维持治安①,民众争相来游曾经的皇家禁苑,"男女游园者数以万计……游人初睹宫阙之胜,祀事之隆,吊古感时,自另具一种肃穆心情"②。此后社稷坛定于每周六、日售票开放,平时仍行修葺。由于政府财政不敷拨给专款,市政公所遂向"京都市民暨旅居绅商"发起募捐,组织董事会,管理公园事务,其间民国政府高官占据了主导地位。③

---

① 1914—1928年间,北京市政管理体制由京都市政公所与京师警察厅两个机构组成,二者各有分工、彼此独立、地位平等,又都向内务部汇报工作。

② 《本园创办之经过》,中央公园委员会编:《中央公园二十五周年纪念册》,第8页。

③ 参见《中央公园开放章程》《中央公园董事会章程》,京都市政公所编纂:《京都市政汇览》,北京:京华印书局,1919年,第183—191页。《社稷坛公园预备之过去与未来》一文曾详述募捐经过:"先由内务部总次长认捐起,然后募到别的机关,内而各部院,外而警军巡察使,有多有少,集腋成裘。现在已经集到两万余元之谱。不但捐钱,而且有捐物品的(坛内路旁所放椅子,也是内务总长捐的)。"见《市政通告》1914年第1期至第23期合订本,"论说"第5页。

第二章
来今雨轩的过客

1915年1月,社稷坛正式开放为公园,成为"民国京都市内首创之公共园林"①,并被命名为"中央公园"②。

这一"中央"的意义,不仅因应其"地当九衢之中"的地理坐标,更指向象征性的政治和文化资本。"社稷"本义指称土神与谷神,在以农为本的中国古代社会,"社稷"遂指代国家。正如江朝宗《中央公园记》所云:"旧苑新公园,优游联旧雨。……昔日禁游人,今为公民主。"③帝制时期代表国家的社稷坛,而今成为民国公民可以自由出入、休闲娱乐的场所,甚至在园内即可窥见"一角静悄悄重锁的宫殿"④,其强烈的政治寓意不言而喻,被视为民国精神的体现。"中央公园"实至名归,时人简称为"公园",亦可彰显其在民国北京公园中独一无二的地位。

此外,中央公园的景观与设施决定了它的受众及相应功能。公园的整体氛围清幽静穆,主要景观为千株古柏与四季花事。公园内设有图书阅览所、卫生陈列所、监狱出品陈列处、行健会、台球房、地球房(即保龄球房)、网球场、高尔夫球场、电影院、照相馆、音乐

---

① 吴承湜:《拟中央公园记》,中山公园管理处编:《中山公园志》,北京:中国林业出版社,2001年,第135页。

② 社稷坛于1915年1月起正式开放为公园,并冠名以"中央公园",其后又几易其名。1928年北伐成功,国民政府定都南京后,将北京改为北平,中央公园也更名为"中山公园"。1937年卢沟桥事变后,日伪政权又将名称改回"中央公园"。1949年新中国成立,公园重新命名为"中山公园"。

③ 江朝宗:《题中央公园》,中央公园委员会编:《中央公园二十五周年纪念册》,第143页。江朝宗在北洋时期曾任北京步军统领,代理国务总理,在日伪时期出任北平市长,后世以汉奸论之。但不可否认的是,江朝宗对于中央公园有奠基之功——如正文所述,社稷坛在修葺之初,时任步军统领的江朝宗即派工兵营前来协助,他还是筹建公园的第一次募捐发起人之一,并在公园董事会成立之后担任评议部委员。

④ 此系"五四"女作家石评梅描写女师大同窗庐隐登上社稷坛的情景,呈现出一种仪式般的庄严感——"提着裙子昂然踏上那白玉台阶时,脸上轻浮着女王似的骄傲尊贵",接着二人将目光投向一墙之隔的故宫。作家大约自觉到其中的象征意味:新时代的女性公民对于前皇家空间的占领。石评梅:《心海——寄几个朋友的信(三)露沙》,《妇女周刊》第5号,1925年1月7日。

堂等文娱设施。其中，行健会类似于现代的健身会所，为会员制，每人缴纳年费十二元，入园免购门票。内中设有棋球室、阅报室、投壶室、沐浴室、烹茶室、网球场、射箭场等，并聘请教练，教习拳术、剑术。与民国时期相继开放的其他公园相比，一方面，中央公园的定位表现出鲜明的精英倾向。如中央公园引入的一系列体育设施，及行健会的设定，都相对小众化、贵族化，迎合精英阶层的休闲需求；而京兆公园和北海公园等公共体育场的设置，则倾向大众化、平民化，且免费向公众开放，以培养民众投身体育的兴趣。① 另一方面，中央公园不似三海、景山、颐和园等富有天然的山水或园林景致，它主要不承担观光游赏的功能，而是提供休闲聚会的场所，公园引进的设施基本服务于这一功能。正如邓云乡的定义，中央公园是一个"文化中心"："中山公园若干年来，与其说它是一个游览的公园，还不如说它是一个休息的公园，聚会的公园，喝茶吃饭的公园，或者说它是一个文化中心为好。"② 茶座是中央公园最富代表性的设施，计有来今雨轩、春明馆、长美轩、上林春、柏斯馨等数家，它们风格各异，受众也有别，总体而言以中上层文化人居多。

图 2-1　中山公园高尔夫球场比赛

---

①　如京兆公园和北海公园设有木马、平台、溜板、溜杆、秋千、爬杆、爬绳、铁杠、篮球等运动设施。

②　邓云乡：《稷园旧梦·茶烟文化》，《燕京乡土记》下册，第 438 页。

第二章
来今雨轩的过客

位于东面的茶座只有来今雨轩一家,它是中央公园乃至民国北京最标志性的茶座(图2-2)。其名化用杜甫《秋述》题句"旧雨来,今雨不来",取新知旧遇欢聚一堂之意,匾额为时任大总统的徐世昌所题,本拟作俱乐部,后改为餐馆。来今雨轩坐落于公园东南隅,是轩敞的五楹大厅,南北有窗,四周有廊,廊前有大铁罩棚,夏天大罩棚前还要搭大芦席天棚,摆户外茶座。茶座格调清幽,前方和右侧遍植牡丹,左面即故宫端门一角,四周环绕着百年古槐。

茶座的经营管理十分用心,据邓云乡回忆:"不知道公园的经理姓甚名谁,但相信一定是一个非常有管理才能的人,夏天不论生意多么忙,其清洁程度,招待周到,也是第一流的,这且不必说它。最难得的是他家的茶房把主顾们记得一清二楚,多少年不会忘。"① 如张

图2-2 来今雨轩

---

① 邓云乡:《稷园旧梦·来今雨轩》,《燕京乡土记》下册,第441页。来今雨轩先由赵升、后由王尧年承租。

图 2-3　来今雨轩整修后现状

恨水曾经是来今雨轩的老主顾，1933年他离开北京，直至抗战胜利后才归来，回京后第一次去来今雨轩，刚走到廊子上，老远就被一位熟识的老茶房看到，迎上来热情地招呼，顿有宾至如归之感，连在旁的年轻学生邓云乡也深受触动。① 来今雨轩的拿手菜有口蘑鸡，还有独创的点心如肉末烧饼、霉干菜包子等，是别处吃不到的。② 鲁迅曾邀青年作家许钦文到来今雨轩喝茶，点了一盘热气腾腾的包子，自己拿了一个，剩下的都推到许钦文面前，微笑着说："这里的包子，可以吃；我一个就够了，钦文，这些就由你包办吃完罢！"③

正是由于来今雨轩品位不俗，所以茶客的取位也最高，名流云集。邓云乡曾谈道："在二三十年代中，来今雨轩的茶客可以说是北京当年最阔气的茶客。外国人有各使馆的公使、参赞、洋行经理、博士、教授，中国人有各部总长、次长、银行行长、大学教授……大概当年北京的一等名流，很少有哪一位没在来今雨轩坐过茶座吧。来今雨轩茶资最贵，其实茶资贵还在其次，主要是他家的文化层次高，气

---

① 邓云乡：《稷园旧梦·来今雨轩》，《燕京乡土记》下册，第441页。
② 参见马芷祥著、张恨水审定：《老北京旅行指南》（《北平旅行指南》重排本），北京：燕山出版社，1997年，第261页，以及邓云乡：《稷园旧梦·来今雨轩》，《燕京乡土记》下册。
③ 钦文：《来今雨轩》，《新文学史料》第3期，1979年5月。

第二章
来今雨轩的过客

氛浓,因而一般茶客是很少插足的了。"①

公园西面,沿着中央大路两旁的老柏树下,分列有春明馆、长美轩、上林春、柏斯馨、集士林等数间茶座,谢兴尧曾绘有布局简图(图2-4)。这几家茶座的风格泾渭分明,春明馆偏于传统,长美轩、上林春新旧参半,而柏斯馨、集士林则纯粹摩登化,茶客们可以各取所需。

春明馆位于最南面,是五大间勾连朝东的屋子,卸了前窗,成为敞轩,正面墙上挂有对联,"名园别有天地,老树不知岁时",来此的茶客也如这副对联,以遗老和旧名士为主。茶馆提供火腿烧饼和清朝特色点心如"山楂红""豌豆黄"等,还特为消费者预备了象棋和围棋,茶客往往一坐就是半天或一整天,下围棋、鉴赏古董等。黄节、郭则沄、夏仁虎、傅增湘等人都是春明馆的常客,夏仁虎晚年所作长

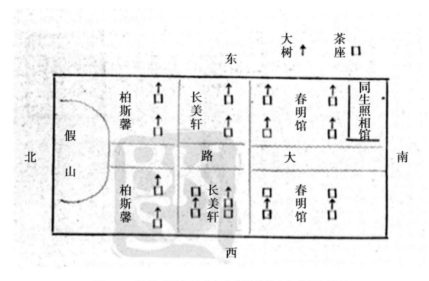

图 2-4 根据"谢兴尧《中山公园的茶座》附图"重制

---

① 邓云乡:《樱园旧梦·来今雨轩》,《燕京乡土记》下册,第442页。

诗《枝巢九十回忆录》有"推长中山园,日日任游赏。茶团号元老,棋局诮慈善"①,即追忆与老友们于春明馆中啜茗围棋、以消永日的情状。其儿媳女作家林海音亦不止一次提及:"公公自宦海退休后,读书、写作自娱,过着潇洒的文学生活。和傅增湘(沅叔)、吴廷燮(向之)、赵椿年(剑秋)、郭则沄(啸麓)、张伯驹(丛碧)等国学界前辈最为友好,酬唱往来,享尽文人的乐趣。多年来的夏日黄昏,他几乎每天和这些好友在中山公园柏树林下的春明馆茶座聚晤,谈谈天,下下棋,入夜各自返家。"②谭其骧还曾在春明馆中遇到林损,后者拉其同坐,口语都用文言,满口之乎者也,讲几句就夹上一句:"谭君以为然否?"③

中间的长美轩和上林春以中年知识分子居多。长美轩被称作"文化界的休息所",在附近政府部门任职或大学教书的知识分子下班或下课后,会来此休憩。供应的菜点除了包子、面食以外,还有"黄瓜子""黑瓜子"等,且以"火腿包子"和"马先生汤"闻名。鲁迅1924年4月8日的日记便有这样的记载:"往中央公园小步,买火腿包子卅枚而归。"④一下手即买三十枚,可想见长美轩包子的美味。"马先生汤"系北大教授马叙伦所创,据其夫子自道,这本是他自创手调的"三白汤",即以菜、笋、豆腐入味,"往在北平,日歇中山公园之长美轩,以无美汤,试开若干材物,姑令如常烹调,而肆中竟号为'马先生汤',十客九饮,其实绝非余手制之味也"⑤。"马先生汤"是否

---

① 夏仁虎:《枝巢九十回忆录》,王景山编:《国学家夏仁虎》,第135页。
② 林海音:《枝巢老人的著作和生活——〈清宫词〉编校后记》,林海音:《家住书坊边:我的京味儿回忆录》,台北:纯文学出版社,1987年,第129页。
③ 谭其骧:《代序》,邓云乡:《文化古城旧事》,石家庄:河北教育出版社,2004年,第6页。
④ 鲁迅:《日记十三》,《鲁迅全集》第15卷,北京:人民文学出版社,2005年,第507页。
⑤ 马叙伦:《石屋余渖》,陈平原、夏晓虹编:《北大旧事》,北京:北京大学出版社,2009年,第480页。

第二章
来今雨轩的过客

真的美味不得而知,而竟至于口耳相传,"十客九饮",恐怕还在于倾慕它的风雅,由此可知长美轩的文人趣味。上林春兼营中餐馆和咖啡馆,与长美轩情趣相近,其"伊府面"亦是广受中外学者好评的名馔。

最北面的柏斯馨、集士林则"十足洋化"[①],是时髦人物的大本营。其经营西餐和西式茶点,不卖茶而卖柠檬水、橘子水、"荷兰水"(即汽水)、冰淇凌、啤酒;点心也不是传统的茶食、包子、面条,而是"咖喱角""火腿面包""礼拜六"等,充满了异域风情。柏斯馨、集士林不受北京文化人的青睐,但上海来的"鸳蝴派"作家包天笑却觉得春明馆和长美轩分别是老年人和中年人固持"保守主义"的地盘,来今雨轩的茶客又以"高傲"的学人政客为多,唯有柏斯馨才是"上海来的人,以及东南各地方新来的人,无论男女,如到中央公园来"的必去之处[②],很可体现南北文人的异趣。

茶座的营业时间很长,从早晨一直到深夜,照邓云乡的说法:"你上午沏一壶茶可以吃到晚上落灯;喝到一半,又到别处去散步,或去吃饭,茶座仍给你保留。"[③] 由于茶座多知识分子,便有专门卖报纸的人在茶摊里逡巡,见到知识分子模样的人,就把一叠报纸放到他们面前,喝茶的人翻阅了报纸以后,放一个铜元在报纸上,等卖报人将报纸连铜元一起拿去。除了北京的报纸外,还有上海出版的《申报》《新闻报》和天津的《益世报》等,读者可以借此省却订阅报纸的钱。许钦文《来今雨轩》曾记载鲁迅约他在来今雨轩喝茶,许到后,鲁迅先没有说话,而是拿起摆在他面前的报纸翻阅。许钦文认为,鲁迅家里只订阅北京出版的《晨报》和一份晚报,但要多方灵通信息,他常要

---

① 谢兴尧:《中山公园的茶座》,《宇宙风》1936 年第 19 期。
② 包天笑:《铁门小住》,《钏影楼回忆录》,北京:中国大百科全书出版社,2008 年,第 600—601 页。
③ 邓云乡:《鲁迅与北京风土》,北京:文史资料出版社,1982 年,第 98 页。

公园北京
文化生产与文学想象（1860—1937）

到中央公园去喝茶，这是其中一个原因。①

谢兴尧和邓云乡都曾笑言，应该作一本"中山公园茶座人物志"或"稷园茶肆人物志"。以胡适和鲁迅为例，可管窥民国知识分子出入中央公园的日常。胡适自归国后应蔡元培之邀至北大任教，先落脚于南池子缎库胡同，1920年6月起迁至北大周边的钟鼓寺十四号。据胡适日记，1920—1924年间，其频繁出入公园，有一次因病休养，竟感叹："我有七日不到公园了。"②除了参加一些文化活动和社团集会外，胡适平常亦习惯赴公园，多是傍晚，也有中午，在此约会或邂逅友人，赴长美轩或来今雨轩吃饭、喝茶，兴起时再同去行健会打球，有时甚至夜深才归。胡适最常见的路线是在家—公园、学校—公园之间往返。缎库胡同距中央公园非常近，从钟鼓寺胡同或北大至公园也是步行可及的距离，若乘人力车则更为便捷，只需穿过北池子、南池子一路南行，再向西拐走东长安街，即可到达。考察胡适在公园中的社交动态，几乎可以勾勒一幅民国知识人的关系网络。随手列举一些胡适日记中于公园出现频率较高的人名，譬如蒋梦麟、陶孟和、任鸿隽、丁文江、王文伯、张慰慈、高一涵、钱玄同、李大钊、马寅初、吴虞、高梦旦、沈兼士、张君劢、马裕藻、马叙伦、颜任光、杨景苏、梁和钧、朱经农等。茶座的妙处在于除了预定的约会外，还可与友人不期而遇，增进了知识分子之间的接触。谢兴尧对此曾有论述："在公园里会人，似乎讲不通，但是有些人自己不愿意去会他，而事实上又非会他不可，这只好留为公园里会的人了。大家在公园无意的碰面，既免除去拜会他的麻烦，同时事情也可以办好。一举两全，这是公园茶座最大的效用。"③当然，在公园约会也不免有意外，因茶座

---

① 钦文：《来今雨轩》，《新文学史料》第3期，1979年5月。
② 胡适：《胡适全集》第29卷，合肥：安徽教育出版社，2007年，第222页。
③ 谢兴尧：《中山公园的茶座》，《宇宙风》1936年第19期。

第二章
来今雨轩的过客

人太多而失之交臂。一次胡适与李大钊约在公园见面,"公园游人多极了,守常来寻我。竟寻不着。我等到十点,才回来"①,亦从某种侧面反映了中央公园高朋满座的盛况。

鲁迅在与周作人同居于八道湾老宅时,即常与周作人或友人同赴公园饮茗,有时还顺道游赏故宫诸殿。1924年春,鲁迅因兄弟失和,迁至阜成门内西三条二十号。从1923年10月起,鲁迅除了北大之外,还兼任女师大讲师。因此,查鲁迅日记,1924—1926年间,鲁迅每周五上午在女师大讲课,下午在北大讲课,通常在课程结束之后独自去公园饮茗、用餐、阅报。如许钦文所言:"他在讲课和给学生解答问题以后,需要静静地休息一下,是个较大的原因。而且他办公的机关就在从西长安街过去,西单牌楼附近的地方,休息一下以后,还得到那里去办些公事。"② 一次课后,鲁迅约旁听的许钦文同往中央公园喝茶,从许钦文的记载,可以绘出鲁迅日常出行的路线。鲁迅从沙滩第一院出来后,乘人力车沿北池子、南池子大街南行到头,右转进入东长安街,穿过天安门,即可达中央公园。待二人走出公园时,鲁迅"坐车子向西,不知道先到机关里去办点公事,还是直接回阜内西三条的新居去"。③ 出公园门沿西长安街一路西行,到西单牌楼附近,便是教育部和女师大。再从教育部沿西单北大街向北,至西四牌楼左转,沿阜成门大街西行,就可以回到阜内西三条。因此,从北大下课后,到中央公园休息一下,去教育部办公,再回家,是一条非常顺的路线。至1926年7—8月间鲁迅离京前夕,一个多月时间,基本每天下午都从家前往公园与齐寿山合作翻译德文版《小约翰》。

从胡适、鲁迅的个案反映,中央公园的茶座提供了知识分子议

---

① 《胡适全集》第29卷,第303页。
② 钦文:《来今雨轩》,《新文学史料》第3期,1979年5月。
③ 同上。

政、论学、休憩、写作的空间。公园茶座与知识分子之间的独特渊源，某种程度上承袭了中国士大夫的园林美学传统。而公园茶座之所以会蔚然成风，究其根本原因，在于民国北京的文化特质孕育了新兴的知识分子共同体。自"五四运动"滥觞，北京成为新文化的中心，各类新式的高等学府、图书馆、出版社、报纸期刊、文艺社团如雨后春笋般涌现。尤其伴随现代教育体系和出版产业的逐步完善，一批依托于高等院校与现代传媒的新式文化精英开始生成，这种以都市为中心的职业分工与文化网络，使他们有别于依附乡土和血缘的传统士绅阶层，成为真正意义上的现代知识分子（intellectual）。①

这种情况到了20世纪30年代，随着北平丧失首都的地位、沦为"文化城"而愈为凸显。借邓云乡的描摹可以大致体会当时"文化古城"的氛围：

> 北京只剩下明、清两代五百多年的宫殿、陵墓和一大群教员、教授、文化人，以及一大群代表封建传统文化的老先生们，另外就是许多所大、中、小学，以及公园、图书馆、名胜古迹、琉璃厂的书肆、古玩铺等，这些对中外人士、全国学子，还有强大的吸引力……凡此等等，这就是"文化古城"得名的特征。②

邓云乡总结这一时期的文化古城，在历史环境、文献资料、经济条件、人情敦厚、生活程度上，都为各方面的学人准备了充足的条件，从而"在无政治势力干扰的情况下，聚集了全国有世界名望的各方面的人材，在教育和学术上无形中形成了一种风气，灯火相传，造成了

---

① 许纪霖指出，清末民初，中国出现由传统的"士绅社会"逐渐转型为现代的"知识人社会"的趋势。许纪霖等：《近代中国知识分子的公共交往（1895—1949）》，第1—30页。

② 邓云乡：《"文化古城"简说》，《文化古城旧事》，第1页。

第二章
来今雨轩的过客

深远的世界性的影响"。①钱穆也曾谈道,三十年代"北平人物荟萃",若是时局和平,"或可酝酿出一番新风气来,为此下开一新局面"。②

如此,大量经济独立、学识渊博、生活和思想皆有余裕的知识人聚集在一起,一种现代知识分子共同体逐渐成型。他们要求公共交往的场域,以便在现代都市空间中展开自身的文化生产、权力网络和社会影响。公园茶座因此应运而生,中央公园的开放恰因应了"五四"以降新式知识分子登上历史舞台的节点,同时也顺应了北京城市文化格局的变革。

此前,清朝实行满汉分治,汉人士大夫尽居外城,"士流题咏,率署宣南"③,士大夫群体选择南城名胜如陶然亭、万柳堂、崇效寺、慈仁寺、法源寺、长椿寺、报国寺、松筠庵等处诗酒交游,这些人文景观相应地承担了京师公共文化空间的功能。而民国之后,内外城的分野不再,政府各机关部门分布于内城中心区域;与此同时,现代教育蓬勃兴起,高等院校在内城遍地开花。这导致了北京的文化中心由宣南向内城迁移。上述新式知识分子大多任职于政府或高校,自然会就近栖身,如胡适、鲁迅等;甚至有些学者即使任教于清华大学、燕京大学等西郊的大学,也仍选择在内城居住。④如前所述,处于内城中心、万方辐辏的中央公园在交通上最为便利,而周边的北海及中南海则直到20世纪20年代中后期才开放,中央公园可谓占尽先机。

同时,中央公园的定位、格调都尤为契合精英阶层的趣味,又以

---

① 邓云乡:《"文化古城"简说》,《文化古城旧事》,第7页。
② 钱穆:《师友杂忆》,北京:生活·读书·新知三联书店,1998年,第181页。
③ 夏仁虎:《旧京琐记》卷八,《枝巢四述 旧京琐记》,第118页。
④ 如张孟劬及张东荪兄弟虽然在西郊的燕京大学任教,但居于东四附近的马大人胡同。钱穆当时亦住在马大人胡同,相距仅五宅之遥。张氏兄弟与钱穆、熊十力往来甚密,常在中央公园茶座聚首,熊十力好与张东荪谈哲理时事,钱穆则与张孟劬谈经史旧学,四个人各自移椅分坐两处,辩论不绝,如是以为常。钱穆:《师友杂忆》,第189页。

公园北京
文化生产与文学想象（1860—1937）

休闲聚会为首要功能，因此能在民国北京诸多公园中独占鳌头，成为"文化中心"，尤其在其他文化空间，如新月俱乐部及周作人、林徽因、朱光潜等人的客厅出现之前，承担了公共社交的主要功能。且即便在客厅沙龙盛行之后，公园茶座也有其不可替代的意义。因为室内的客厅存在某种封闭性和排他性，基本是同一个圈子甚至同一派系内部的文化人共享的，外来者需要通过一定方式的引荐才能进入这个空间；相较而言，室外的公园茶座更富开放性和包容性，虽然茶座也不免一定消费和品位的限制，但在文化人的范围内，大家都可以来，不需要预约，在此随机地偶遇、聚谈，更鼓励了知识分子之间的多元交往。公园茶座由此成为民国北京重要的公共文化空间，并与其他半公共的文化空间如新月俱乐部、闻一多的"黑屋"、周作人的"苦雨斋"、林徽因的"太太的客厅"、朱光潜的慈慧殿三号等，各有分工，相互补益。

据《胡适日记》记载，1922年6月25日，久居上海的胡敦复来京探望胡适。胡敦复"十年不到京了"，这位十里洋场来的上海名流竟然"不曾到过公园"，于是胡适与丁文江陪他去中央公园"逛了半天，夜深始散"。[①] 无独有偶，1927年"海派作家"叶灵凤北游故都，"到北京下车后在旅舍中的第一晚，就由朋友的引导去了中央公园一次"，可见也是慕中央公园之名。他们去时已是深夜十一点了，叶灵凤不顾旅途劳顿，"鼓着痛足，匆匆的在园中走了一遭"。中央公园，由于其负载的历史底蕴和人文色彩，最富代表性地体现了民国北京公园的文化特质，是北京文人交游聚会、招待来客的首选之所。当然，海派文人是否欣赏中央公园的趣味，就是另外一回事了，如叶灵凤除了第一晚"在参天的柏树下，倚了栏杆，遥望对岸那模糊中的宫墙"，

---

① 《胡适全集》第29卷，第663页。

第二章
来今雨轩的过客

觉得"倒很有趣味"外，此后白天再去，就觉得"在一望去几百张藤椅的嘈杂人声中，去夹在里面吃瓜子，去品评来往的女人，实在太乏味了"。①北京文化人钟爱的公园茶座，于海派趣味的叶灵凤却相当隔阂，相比之下，他更偏好北海公园，这大概是北海浪漫的艺术气息更符合上海作家的品位。又如包天笑不能欣赏来今雨轩、春明馆、长美轩等中央公园代表性的茶座，反而对北京文化人不屑一顾的西式咖啡厅柏斯馨情有独钟，他每次去中央公园，都是到柏斯馨，"因为在那边，总有几个熟人"，可见京沪两地文化品格的异趣。②

相应地，长期浸染于北京文化、曾是中央公园常客的知识分子，由京迁沪后，却极少光顾上海的公园。比如胡适在上海的时候，多与友人约在一品香、美丽川等酒楼吃饭。沈从文则嘲讽上海"到公园去，全是小洋囝囝的天下，白发黄毛，都很有趣味。……上海好处就是这些，也是比北京不同的"③。而鲁迅晚年在上海居住时，更是几乎从不涉足公园，代以内山书店为会见友人和读者的聚点。萧红回忆道：

> 鲁迅先生不游公园，住在上海十年，兆丰公园没有进过。虹口公园这么近也没有进过。春天一到了，我常告诉周先生，我说公园里的土松软了，公园里的风多么柔和，周先生答应选个晴好的天气，选个礼拜日，海婴休假日，好一道去，坐一乘小汽车一直开到兆丰公园，也算是短途旅行，但这只是想着而未有做到，并且把公园给下了定义，鲁迅先生说："公园的样子我知道的……一进门分做两条路，一条通左边，一条通右边，沿着路种着点柳

---

① 叶灵凤：《北游漫笔》，《叶灵凤散文》，杭州：浙江文艺出版社，2003年，第91页。
② 包天笑：《铁门小柱》，《钏影楼回忆录》，北京：中国大百科全书出版社，2008年，第600—601页。
③ 沈从文：《海上通讯》，《沈从文全集》第11卷，第88页。

树什么的,树下摆着几张长椅子,再远一点有个水池子。①

吴美华《鲁迅与公园》一文分析鲁迅晚年不去公园是出于"强烈的责任心和使命感",无心再去放松。而我认为,更深层的原因恐怕还在于北京与上海公园文化格调的差异。中央公园与民国北京文化人的精神联系,由此可见一斑。

下文将具体以来今雨轩与京派的关系为个案,揭示中央公园的茶座与《大公报》的文学副刊具有形式和内容上的同构性,并相辅相成,成为京派承上启下、培育新秀的园地,从而彰显中央公园与新文化知识分子共同体的关系。借此亦可重新审视京派成员的生态结构,以及京派文学的生产机制,即以沈从文、萧乾为代表的京派文人,如何借助实体和象征的文学空间,推行自身的文学理念,实现新文学的再生产。

二、《大公报》与"小公园"

1933年,受胡适等力荐的杨振声、沈从文接替学衡派领袖吴宓接编《大公报》文学副刊,象征新派文化人入主北方文坛的重镇。②正如沈从文在1933年9月24日致大哥沈云麓的信中所预言:"《大公报》弟编之副刊已刊出,此刊物每星期两次,皆知名之士及大教授执笔,故将来希望殊大,若能支持一年,此刊物或将大影响北方文学空气,亦意中事也。"③《大公报》文学副刊从此面目一新,而来今雨轩便成为刚从青岛回到北平的编者杨振声、沈从文宴请作者,孕育京派文学

---

① 萧红:《回忆鲁迅先生》,上海:生活书店,1946年,第12页。
② 确切地说,吴宓主编《大公报·文学副刊》至1934年1月1日停刊,沈从文、杨振声主编《大公报·文艺副刊》自1933年9月23日发刊。
③ 沈从文:《致沈云麓》,《沈从文全集》第18卷,第187页。

第二章
来今雨轩的过客

的公共空间。

自1933年初起,身在青岛的杨振声与沈从文即为筹备《文艺副刊》而频繁来京,宴请林徽因、梁思成、朱自清、郑振铎、周作人等此后京派的核心人物。1933年9月23日,《大公报·文艺副刊》正式创刊后,杨振声、沈从文更是定期在京组织聚餐会和茶会。据《周作人年谱》,1934年多有赴《大公报·文艺副刊》在丰泽园(亦有玉华台、会贤堂)聚餐会的记录,基本上每月一次,参加者有杨振声、沈从文、周作人、胡适、闻一多、林徽因、梁思成、俞平伯、朱自清、叶公超、余上沅、巴金、郑振铎、卞之琳、李健吾、梁实秋、孙大雨等人,俱为京派的中坚力量。[①] 这种聚餐会在组织形式与人员构成上,实际上是对20世纪20年代胡适、徐志摩发起的来今雨轩"聚餐会"的延续。

1923年始,胡适与徐志摩等一批具有相似教育背景与文化旨趣的友人,形成了一个较为松散的"聚餐会"组织,定期在中央公园茶座聚餐。主要参加者除胡适、徐志摩外,有林长民、梁思成、林徽因、陈西滢、凌淑华、黄子美、余上沅、徐新六、张歆海、王庚、陆小曼等,甚至包括周作人。如1923年11月17日,根据周作人日记,他应张歆海、陈西滢、徐志摩之邀,赴中央公园来今雨轩午餐,同座共18人,下午四点才散席,此应即徐志摩组织的聚餐会。[②] 12月1日,又有聚餐会的记载,共22人,每人各出一元半餐费。[③] 12月15日,再次赴中央公园聚餐,共11人。[④] 1924年1月5日,胡适日记有聚餐会的记录:"到聚餐会。是日到会的止有陈通伯、张仲述、陈博生、

[①] 参见张菊香、张铁荣等:《周作人年谱》,天津:天津人民出版社,1999年,第441—461页。

[②] 《周作人日记》中册,郑州:大象出版社,1998年,第336页。

[③] 同上书,第339页。

[④] 同上书,第340页。

郁达夫、丁巽甫、林玉堂。但我们谈的很痛快。"① 1 月 19 日，胡适与周作人的日记同时出现了聚餐会，胡适的记载简约些，"聚餐会在公园举行，我们谈到四点多钟"②；周作人的略具体一点，"午至来今雨轩赴聚餐会，共八人，又在水榭用餐，五时散"③。可证实他们参加的是同一个聚餐会，并且人数虽不多，讨论却相当热烈。

从胡适、周作人的日记可知，"聚餐会"基本上每半月一次，周末在来今雨轩午餐（上述聚会的时间均为周六，下文中 1924 年 12 月 7 日为周日），通常会延续整个下午的时间，费用由参加者均摊。来今雨轩的聚餐会成为这群志同道合的知识分子在北京的一处精神凝聚地，影响辐射甚广，甚至不在京的朋友也会收到请帖。如 1924 年 12 月 16 日，任鸿隽、陈衡哲夫妇收到请柬后（任鸿隽）致信胡适，嗔怪道："我们接到你们十二月七号聚餐的通知，都非常高兴。一面又很怪你们，明知我们不能到会，偏要拿这样好的请帖来使我们生气，这是多么大的罪恶！日后我们来京的时候，非罚你们特别请一顿不可！志摩说这是你们无聊中消遣的方法，也使我们艳羡。"④ 而徐志摩身处外地的时候，也念念不忘北京的聚餐会，如 1924 年 2 月徐志摩在家乡硖石致信胡适，表彰他维系聚餐会的贡献："听说聚餐会幸亏有你在那里维持，否则早已呜呼哀哉了——毕竟是一根'社会的柱子'！"⑤ 又如早先 1923 年 8 月 7 日，徐志摩给胡适写信，敦促胡适与陈西滢对于"聚餐会"有进一步的发展："老实说我是舍不得北京的，北京尤其是少不了这三两个的朋友，全靠大家抟和起来，兴会才能发生。我与欣海这次从日本回来，脑子里有的是计画，恨不得立刻把几

---

① 《胡适全集》第 30 卷，第 145 页。
② 同上书，第 156 页。
③ 《周作人日记》中册，第 368 页。
④ 《胡适来往书信选》上册，北京：中华书局，1979 年，第 284 页。
⑤ 同上书，第 287 页。

第二章
来今雨轩的过客

个吃饭同人聚在一处谈出一点头绪来。徽因走了我们少了一员大将，这缺可不容易补。你们近来有新灵感否？通伯应得负责任才是。"①

正如徐志摩于1926年《晨报副刊·剧刊》创刊时追溯"新月"的历史："我今天替剧刊闹场，不由的不记起三年前初办新月社时的热心。最初是'聚餐会'，从聚餐会产生'新月社'，又从新月社产生'七号'的俱乐部……"②来今雨轩的"聚餐会"酝酿了后来的新月派，而且不限派系，譬如周作人、林语堂、郁达夫后来隶属于"语丝社"，但也同为聚餐会的座上宾。

1924年10月25日，川岛为孙伏园辞《晨报》事致信胡适，谈道："这回他的出来，我想没有别的，只因两种势力不相容的缘故"，希望胡适能斡旋聘请孙伏园为北大助教，"在明天你们的聚餐会中，也许你可以遇到伏园，那末你就直接和他说，不答复我也是一样的"。③10月26日即周日，是聚餐会的固定活动时间，可见连孙伏园当时也参加聚餐会。此后徐志摩执掌《晨报副刊》，周氏兄弟创办《语丝》，"语丝"与"新月"两派交恶，渐行渐远，周作人等也不再参加徐志摩组织的活动。1925年12月21日《晨报副刊》刊登《周作人来函》，起首客气地致歉："志摩兄：虽然常在第一院楼梯下相遇，总是没有长谈的机会；我是住在西北的乡下，实在有点怕敢上你的松树胡同去，因为太远了，也有点生疏。我希望过些时可以去访你。"④这一半是客套话，一半倒是事实，周作人"有点怕敢上你的松树胡同去"，"有点生疏"的原因，除了派系的隔阂渐深之外，大概也在于"西北乡下"远离市廛的"苦雨斋"与松树胡同的"新月俱乐部"的异趣——新月

---

① 耿云志编：《胡适遗稿及秘藏书信》第三十二册，合肥：黄山书社，1994年，第24—25页。
② 徐志摩：《〈剧刊〉始业》，《晨报副刊·剧刊》第一期，1926年6月17日。
③ 《胡适来往书信选》上册，第266页。
④ 《周作人来函附复》，《晨报副刊》第1414号，1925年12月21日。

俱乐部"有舒服的沙发躺，有可口的饭菜吃，有相当的书报看"①，是资产阶级的趣味，这自然会令苦雨斋主人之流望而却步。相应地，周作人的苦雨斋，"没有丝毫朱门大宅的气息，颇富野趣，特别是夏天，地处偏僻，远离市廛，庭院寂静，高树蝉鸣，天气虽热，感觉清爽。进入室内，知堂总是递一纸扇，乃日本式的由竹丝编排，糊以棉织，轻而适用，再递苦茶一杯，消暑解渴，确是隐士清谈之所，绝非庸俗扰攘之地"②，也与英美留学归来的"新月"诸公气质格格不入。不似中央公园的茶座，能调和更多人的品位。以周氏兄弟为中心的"语丝社"同样偏好中央公园的茶座。前文谈到，周氏兄弟自身即中央公园的常客，兄弟失和前，二人常携挚友如齐寿山、孙伏园、许寿裳等赴公园饮茗。1924年底《语丝》创办后，语丝社同仁曾定期在中央公园来今雨轩聚会，经常到会的有周作人、孙伏园、钱玄同、林语堂、俞平伯、郁达夫等，鲁迅也时而出席。③ 1926年5月8日，语丝同仁为林语堂南下厦门送行，也是定于中央公园长美轩。④

除"语丝"外，"文学研究会"亦与来今雨轩渊源颇深，经常在此活动。1921年1月2日，郑振铎致信周作人："文学会开成立会，如先生可以风，务请必至，时间为一月四日，地点在中央公园来今雨轩，——请注意，不在水榭。"⑤ 1月4日，文学研究会在来今雨轩成立，到会者21人，推举蒋百里为主席（图2-5）。⑥ 文学研究会规定每隔三个月开一次常会，1921年5月13日，周作人日记就记载赴

---

① 徐志摩：《欧游漫录——第一函 给新月》，《晨报副刊》第73号，1925年4月2日。
② 谢兴尧：《闲话周作人》，陈子善编：《回忆知堂》，杭州：浙江文艺出版社，1996年，第29页。
③ 张菊香、张铁荣等：《周作人年谱》，第270页。
④ 同上书，第318页。
⑤ 同上书，第172页。
⑥ 参见《文学研究会（资料）》，《新文学史料》1979年第3期，及朱金顺：《介绍"文学研究会成立会摄影"》，《新文学史料》1980年第4期。

第二章 来今雨轩的过客

中央公园的文学会。① 其成员日常也在中央公园活动,如1922年3月4日,胡适与"努力会"同仁丁文江、王徵在来今雨轩吃

图2-5 文学研究会成立会摄影

晚饭,席间遇到耿济之、郑振铎、瞿世英等文学研究会的成员,并谈起前一日文学研究会的集会:"振铎明天回上海,谈起上海的情形。他们告诉我,昨天主席的就是许地山(落花生)。他的短篇小说很不坏。"②

萧乾晚年在追溯京派形成的背景时曾指出,以1933年为界,京派从以周作人为盟主,转向为文学研究会与新月派的产物。③细究《大公报》聚餐会的人员构成,林徽因、梁思成、周作人、胡适、余上沅、闻一多等系20世纪20年代聚餐会的成员,叶公超、梁实秋、孙大雨、卞之琳、李健吾是其后加入的不同代际的新月同仁,而朱自清、郑振铎则是文学研究会的骨干。1933年,正是沈从文回京执掌《大公报》的节点,因着《文艺副刊》的机缘,曾经渐行渐远的几脉人重又汇聚于来今雨轩,延续在来今雨轩聚餐会的传统。许多当事人对聚餐会都有回忆,如巴金在《怀念从文——代序》一文中就忆及在北京

---

① 《周作人日记》中册,第308页。
② 《胡适全集》第29卷,第529页。
③ 萧乾:《致严家炎》,傅光明编:《萧乾文集》第10卷,杭州:浙江文艺出版社,1998年,第405—406页。

时"从文非常忙,但在同一座城里,我们常有机会见面,从文还定期为《文艺》副刊宴请作者。我经常出席"①。

此前研究普遍认为杨振声、沈从文的茶会与聚餐会是一体的,参与者以上述人员为主。但我考辨发现,聚餐会与茶会的功能实际上有所区分,聚餐会重在宴请成名作家,茶会则兼及发掘、培养新人。这个变化肇始于1935年下半年,与萧乾接手编《大公报》副刊有关。1935年7月萧乾接管《小公园》,9月《小公园》与《文艺副刊》合并为《文艺》,仍由萧乾主编,据他晚年自身的回忆,他延续了沈从文、杨振声以来今雨轩为据点联络作者的传统:

> 1935年我接手编《大公报·文艺》后,每个月必从天津来北京,到(来)今雨轩请一次茶会,由杨振声、沈从文二位主持。如果把与会者名单开列一下,每次三十至四十人,倒真像个京派文人俱乐部。每次必到的有朱光潜、梁宗岱、卞之琳、何其芳、李广田、林徽因及梁思成、巴金、靳以(但不久他们二人赴沪了,靳以编《文季月刊》,说明当时我们还不忘《文学季刊》的日子)。还有冯至,他应是京派的中坚。②

在另一篇怀念林徽因的文章中,萧乾再次谈道:"一九三五年七月,我去天津《大公报》编刊物了。每个月我都到北平来,在来今雨轩举行二三十人的茶会,一半为了组稿,一半也为了听取《文艺》支持者们的意见。小姐几乎每次必到,而且席间必有一番宏论。"③就萧乾开

---

① 巴金:《怀念从文——代序》,吉首大学沈从文研究室编:《长河不尽流——怀念沈从文先生》,长沙:湖南文艺出版社,1989年,第7页。
② 萧乾:《致严家炎》,傅光明编:《萧乾文集》第10卷,第406页。
③ 萧乾:《一代才女林徽因》,《读书》1984年第10期。

第二章
来今雨轩的过客

列的名单而言，依旧是我们所熟悉的"京派文人俱乐部"。然而，根据当时的青年作者芦焚（即师陀）回忆，萧乾刚接手《大公报·文艺》时，是分两拨宴请作者，如此即增列了一份新的名单：

> 约在1935年冬，萧乾同志已经从燕京大学毕业，进《大公报》主编《文艺》普通版，前来北平宴请写稿人。被宴请的人全住在北平，却分为两批：头一批是周作人、俞平伯、杨振声等人，第二批是冯至、吴组缃、屈曲夫、刘白羽、杨刚等人，其中也有我。总之，除了冯至同志三十来岁，第二批全是二十多岁的年轻人。①

从芦焚的叙述可以看出，萧乾是兼及新老作家，分批宴请。参考同辈作家王西彦、严文井等人的回忆，他们介入《大公报》的聚餐和茶会活动皆始自1935年秋天（即《文艺》创刊）前后，且记忆中的成员有很大重合，基本上是杨刚、芦焚、刘祖春、李君彦（威深）、屈曲夫、田涛等人，全是后起的青年作者，并没有老一辈的作家。王西彦、严文井都是在《大公报》上发表文章后，由萧乾出面宴请，并在宴席上见到沈从文，此后加入沈从文在中山公园或北海主持的茶会。

由此可见，沈从文、杨振声在来今雨轩的茶会兼具两个功能，一方面凝聚知名作家，一方面提携文学新秀，且通常是分开进行的。这实际上揭示了以《大公报》副刊和中央公园茶座互为表里的文学公共空间，不仅是京派同仁的俱乐部，更是他们沟通代际、培育后进的桥梁。萧乾是承上启下的一个典型，他本身由《大公报》擢拔、成就于此，又将传统薪火相传。本节即以萧乾为线索，借以折射京派如何通

---

① 师陀：《两次去北平（续篇）》，《新文学史料》1988年第3期。

过报刊、公园、客厅等文学公共领域的运作和互动,发掘、培养青年作者,从而推行自身的文学理念,促成新文学的再生产。

1933年10月,沈从文在主编《大公报·文艺副刊》一个月后,发表了燕京大学新闻系三年级学生萧乾寄给自己请教的习作《蚕》。这是萧乾的处女作,他由此得以在文坛上崭露头角,受到了诸位京派领袖的关注。林徽因看到报纸后率先致信沈从文,邀请萧乾来家做客,于是青年学生萧乾在沈从文的陪同下,进入了颇具传奇性的"太太的客厅"。半个多世纪后他回忆起来,还觉得"那次茶会就像在刚起步的马驹子后腿上,亲切地抽了那么一鞭"[1]。进入"太太的客厅",相当于象征性地进入了京派权力网络的中心地带。此后萧乾备受沈从文、杨振声、林徽因等人的赏识,不仅沈从文每月定期向他约稿,萧乾还在《我的启蒙老师杨振声(代序)》中忆及杨振声对自己的提携:"一九三三年至一九三五年间,除了去西斜街看望他,我还常同他一道参加在北平举行的文艺盛会、中山公园品茗或到朱光潜先生家去听诗朗诵。"[2] 由萧乾的例子可以看出,文学期刊—公园茶座—客厅沙龙,这几个京派的文学阵地是彼此互通声气的,如萧乾在《大公报·文艺副刊》上发表习作之后,便借此得到了进入林徽因"太太的客厅",朱光潜慈慧殿的"读诗会",以及杨振声、沈从文主持的来今雨轩茶会的资格。

1935年初春,杨振声约萧乾到来今雨轩喝茶,在座有沈从文和《大公报》总经理胡政之,此为杨、沈二人向胡政之推荐萧乾接任《大公报·小公园》副刊主编。《小公园》遂成为萧乾的试手之作。此前《小公园》由首任主编何心冷奠定基调,1928年1月1日,何心冷在

---

[1] 萧乾:《一代才女林徽因》,《读书》1984年第10期。
[2] 萧乾:《我的启蒙老师杨振声(代序)》,《杨振声选集》,北京:人民文学出版社,1987年,第3页。

第二章
来今雨轩的过客

创刊号上以"园丁"为署名发表发刊词《我们的公园》:"我们的公园,本来是为需要精神上得到安慰人们设的,'门虽设而常开',爱什么时候进来都行,只要能使大家安安静静的领略一些自然的趣味,不求其他。"因此,《小公园》是一个综合性的文艺副刊,刊登的文章"体裁不论新旧,趣味务求浓郁",以消遣性的小品文为主。[①]何心冷取"公园"的意象,以"园丁"自喻,栏目设置亦以"蜂尾""镰刀""仙人掌"等命名,由此可见何心冷对于"公园"以及副刊的定位认知,以消闲娱乐为主,也不拘新旧文学。冯叔鸾继任后,更是大量刊登符合其自身趣味的传统曲艺和旧闻掌故,如就在萧乾接手前后,还刊有齐如山等人的作品。

而公园对于新文化人来说,本来就不是纯粹的消闲场所,乃是寄托了自身的现代性想象与启蒙理想。萧乾接手《小公园》后,《大公报·艺术周刊》主编司徒乔以及梁思成、林徽因伉俪分别替《小公园》重新设计了两帧新的刊头,司徒乔设计的"小公园"景致颇类北海(图2-6),尤其是湖水和白塔,而梁思成、林徽因笔下古色古香、亭台楼榭的情致更接近于中央公园(图2-7)。以萧乾为首的京派文人对于"小公园"的理解和期待,寄托了其新文学的理想,《小公园》即被视为培育这种新文学的阵地。1935年7月4日萧乾正式走马上任,以"编者"署名发布《园例》,在这封"致文艺生产者"的信中,他想象了一位独自躲在屋子一角对着白纸发愁的"投稿者",完稿后又小心翼翼、饱含期待地寄出稿件。很明显,萧乾设想中的对话对象是一位典型的新文学的青年习作者[②],而他旨在指点这些青年作者何为好的文学:

[①] 何心冷:《我们的公园》,《大公报》第782号,1928年1月1日。

[②] 姜涛曾从鲁迅戏仿许钦文的《幸福的家庭》入手,指出新文学存在"室内作者"和向壁"硬写"的现象,即年轻作家以文学为志业,在幽闭的室内空间炮制文学创作。参见姜涛:《公寓里的塔:1920年代中国的文学与青年》,北京:北京大学出版社,2015年,第185—235页。

图2-6 司徒乔设计《小公园》刊头

图2-7 梁思成、林徽因设计《小公园》刊头

"好的文章,像一切好的艺术品一样,一看便能辨认得出。像尊名窑出的磁器,好的文章有着一种光泽:也许是一种透澈的思想,也许是奔放的想象,在死的文字丛间焕放着美的光芒",从"文章水准""内容与形式""小品与大块"三方面细致地制定标准。① 从开宗明义的《园例》即可看出,萧乾对于《小公园》的设定,他预设的潜在读者与作者是合一的,即新文学的青年爱好者,而《小公园》负有引导青年文学趣味的职责。

研究者往往关注《大公报》的《文艺副刊》和《文艺》,而较少注意存在时间较短、作者也不够璀璨的《小公园》。但《小公园》对于《大公报》文学副刊转型为承上启下、培养后进的阵地,促成京派理念的推行和自我繁衍,具有关键性的奠基作用。萧乾曾谈到他创办《小公园》的初衷,鉴于自己是投稿出身的文艺青年,要将《小公园》造就为"千千万万个文艺青年自己的园地",社长胡政之对《小公园》的转型也充分支持,表示"《大公报》不能只编给提笼架鸟的老头儿看",建议他策略性地以新人替换旧人。②

---

① 《园例——致文艺生产者》,《大公报》第11509号,1935年7月4日。
② 萧乾:《我与〈大公报〉》,《萧乾全集》第5卷,武汉:湖北人民出版社,2005年,第68页。

第二章
来今雨轩的过客

萧乾的这一理念非常明确,且一以贯之,延续到他后来主编《文艺》。萧乾多次在阐述自己办报经验的文章中强调副刊培育"新人"的重要性。他回忆《文艺》创刊之初,胡政之曾多次嘱咐他"不必学许多势利编辑那样,专在名流上着眼。要多留意新人",于是《文艺》在报馆的支持下"很安分地拱成一座小小的桥梁"。① 在《我与副刊》一文中,他指出副刊与新人彼此相互依存的意义:"副刊是新作者露面的主要渠道。我自己就是这样:在副刊上发表的作品受到注目,随后《水星》《文学季刊》《文丛》等编者相继约我写稿,商务印书馆的'文学研究会丛书'以及巴金主持的文化生活出版社也约我出书。这种'三级跳'的过程许多人都经历过,其中最带关键性的是副刊。因此,副刊如不以登新人作品为主,它就失却了存在的意义。"②《水星》《文学季刊》《文丛》以及"文学研究会丛书"和巴金的文化生活出版社同为京派的阵地。萧乾从亲身经历出发,指出副刊对于新人初试锋芒、走上文坛起到关键性作用,而反之,新人也是副刊"存在的意义"。在《我当过文学保姆——七年报纸文艺副刊编辑的甘与苦》一文中,萧乾指出中国报纸的特色是副刊,认为"现代中国文学史应该为'五四'以来的文艺副刊单辟一章",相较之下,西方报纸虽然也有文艺副刊如《泰晤士报》或《纽约时报》,但主要登书评;"而中国报纸副刊的特点则主要是刊登创作。并且首先是新人的创作。这样,它就具有了育苗的作用"。他甚至界定:"品评一个文学刊物的成就,主要不是看它发表过多少资深作家的文章,而是看它登过多少无名的",并再次强调虽然自己在主编《大公报·文艺》期间得到许多文艺界前辈的大力支持,然而"一接手这刊物,我思想里就很明确:自己的主要职责是为新人新作提供园地。因此,我才以'文学保姆'

---

① 萧乾:《一个副刊编者的自白》,《萧乾全集》第5卷,第369页。
② 萧乾:《我与副刊》,《萧乾全集》第5卷,第488页。

自诩"。①

《大公报》文学副刊的主编沈从文、萧乾自身都曾有作为文学青年习作和投稿的经历,因此他们在执掌副刊时,也特别注意引导和培养新人,这成为《大公报》副刊一个鲜明的办报理念。如何引导和培养新人?萧乾曾亲身受惠于沈从文对于青年作者的悉心指教,他承袭了这种经验,并将它进一步以制度的形式落实下来,在《小公园》开辟"读者与编者"栏目。1935年7月5日,在萧乾发布《园例》后一天,他追加《计划》,公告《小公园》在筹备三个特栏,即"书报简评""文艺新闻"和"读者与编者"。"读者与编者"如同模拟公园茶座的交谈,采取一种对话的形式,发表编者与读者之间的来信,生动地呈现了编辑与读者之间的互动。编者萧乾是以第二人称"你"向读者发言,而且这个"你"明确指向的是青年习作者。

在7月8日"读者与编者"第一期中,萧乾发表了四封给投稿者的复信,一封致写作旧诗的"前辈",三封给青年习作者,两类拒稿信截然不同。在前者中萧乾直言不讳:"这类文字,本园目前暂不想刊登。理由很简单:我们的篇幅有限,积稿太多。在这年轻人没处说话的岁月……我们决定请前辈容忍一刻";在后者中则不厌其烦地指导作者应该怎样把"血和泪"的情绪进一步客观化,并许诺:"这刊物虽小,我们将努力克服编辑上传统的势力心。我们的光荣将不在于曾刊登了'老作者'们的稿子。我们准备着更多的骄傲来发见新进。"②相当于宣告了《小公园》的新定位:新文学(而非旧文学)新人(而非名家)的天地。

7月16日萧乾在给一位读者的拒稿信中指出,该投稿者及另一

---

① 萧乾:《我当过文学保姆——七年报纸文艺副刊编辑的甘与苦》,《萧乾全集》第5卷,第549页。

② 《读者与编者·关于"园例"》,《大公报》第11513号,1935年7月8日。

第二章
来今雨轩的过客

位投稿者分别模仿了张天翼的《蜜蜂》和《水星》刊出的小说《俘虏》,由此讨论创作与模仿的问题。① 这反映了一个新文学发展期的普遍现象,即初学者在创作的过程中会自觉不自觉地模仿既有的新文学作品。此时距《青年杂志》创刊、新文学发轫已有二十年,新文学已形成一整套相对成熟的生产、消费、再生产的印刷秩序。事实上,萧乾的恩师、《大公报·文艺副刊》的主编沈从文就是最初受新文学体制召唤和滋养的文学青年的典型,并在从边缘向中心位移的过程中成功地内化为体制的一部分,沈从文本人的早期创作也是从模仿各式新文学潮流起家的。借助报刊的传播,文学的接受、消费、反馈以及再生产都被加速了,新文学成为一种生活方式、消费方式②,在《小公园》的读者来信中,就有读者自白文艺成为他"唯一的'出路'"③。而也正因为新文学形成了一套再生产的内在循环,其自我复制的问题也暴露出来。萧乾注意到这一问题:"拓版式的模仿是条死路……八股文是费了好大力气才打倒的,我们不可另创一新八股。那是时代之孽障!"④

如何打破这种封闭循环的"新八股"?沈从文在回首自己青年时期受报刊影响转向新文学时曾谈道,"因为我相信报纸上说的,一个人肯勤学,总有办法的"⑤,而《大公报》副刊新一代的青年读者们更是对此深信不疑。沈从文和萧乾很清楚报纸作为新文学印刷符号的力量(包括正面与负面),也明白应该如何借助这种力量达成自身的京派理想,培养新文学的未来作者,《小公园》辟设的两个栏目"书报简评"和"读者与编者"都是养成读者阅读和写作品位的方法。书

---

① 《读者与编者十二》,《大公报》第 11521 号,1935 年 7 月 16 日。
② 参见姜涛:《公寓里的塔:1920 年代中国的文学与青年》,第 151—235 页。
③ 《读者与编者二十》,《大公报》第 11535 号,1935 年 7 月 30 日。
④ 《读者与编者十二》,《大公报》第 11521 号,1935 年 7 月 16 日。
⑤ 沈从文:《从现实学习》,《沈从文全集》第 13 卷,第 375 页。

评是萧乾一直很关注的领域,他本人在燕京大学新闻系的毕业论文就是书评研究,并在《文艺副刊》节选连载。主编《小公园》后,他更是将书评以制度的方式固定下来,希望给予读者"购买和阅读上的指导"①,作为"作品与读者间的一座好桥梁","精细地筛去出版物的渣滓,使只有健康的、正确的、美的才为读者接近"②。这实际上是从阅读的方面形塑读者对于文学的审美,而"读者与编者"更是从创作的方面推行京派的文学理念。

萧乾多次强调当前的文学标准与新文学初期不同,不须蹈袭前人,应突破既有的文学形式,有自己新的创造。如 7 月 10 日编者信中提出:"您以为'文坛老将'怎样,我们便不可取个新方式吗?"③ 7 月 24 日,首次刊发读者来信,信中诅咒那些忽视打压青年作者的"编辑阀"们,呼吁:"让那些无名的作家呼号吧,他们是代表了大多数的人民叫喊的!为什么要成千成万的读者听一两个偶像的说教——撒谎呢?"萧乾有意挑选这封信"作为读者栏的第一封信"发表,并回应:"这是属于整个文坛的问题,一个永恒的问题,让你的怨怼去警醒应负这责任的人们。"④ 7 月 30 日,萧乾在编者信中指出文艺不仅是情感的宣泄,"我们不必再重复古人的偏见",这"古人"并非指向新文学的对立面旧文学,而是初期的新文学本身:

> 在五四后,新文艺的曙光期,这确实是一般作家的认识。我们能体谅当时的情形:一个才出狱的久囚犯人。于是,除了一部分作家滴着"爱莫能助"的同情泪,在黯淡的角落里写着人道主

---

① 萧乾:《我与〈大公报〉》,《萧乾全集》第 5 卷,第 70 页。
② 萧乾:《特栏计划》,《大公报》第 11524 号,1935 年 7 月 19 日。
③ 《读者与编者八》,《大公报》第 11515 号,1935 年 7 月 10 日。
④ 《读者与编者十八》,《大公报》第 11529 号,1935 年 7 月 24 日。

第二章
来今雨轩的过客

义的小说外,文艺界成为了一个繁荣的鸟市,一个疯癫院:烦闷了的就扯开喉咙啸号一阵;害歇斯底里的就笑出响朗的笑;穷的就跳着脚嚷出自己的需求,那有着性的烦闷竟在小庭广众下把衣服脱个净光。朋友,他们是可原谅的,时代压得他们太闷窒了。他们不知怎样发泄内在的那点热力了。①

萧乾明确地对于早期的新文学趣味表示区隔甚至大胆的否定,指出新文学应建立新的标准,应在审美上更锤炼,在表达上更节制,这也代表了京派的文学主张。"读者与编者"通过表明我们想要怎样的稿件,实际上亦借此引领青年的写作导向。如7月19日刊发《园例与计划》,再次强调:"在过去两星期的'读者与编者'栏里,我们曾以极负责的文字申明我们的态度和立场。我们也曾朗声道出我们要怎样的文章来。但投稿人似乎都不曾理会那些。"② 7月28日《小公园》登出沈从文的《废邮存底·关于"批评"一点讨论》,对于读者有关文学创作建议的请求,沈从文的回应是让读者仔细阅读"读者与编者"的编者回信:"您说正留心值得留心的作品,我以为那些信件就值得您特别留心。您说您欢喜创作,努力创作,可不知如何写下去,方能同社会接头,得到出路!而且是个正当的出路,要听听我的意见。我的意见依然是劝您去读读那些信件。"③ 可见沈从文与萧乾的态度是一致的,《大公报》很自觉地通过"读者与编者"引导青年的写作趣味,也就是对于文学的审美。

这种有意识的召唤立竿见影,青年读者们给出了积极的回应。据

---

① 《读者与编者二十》,《大公报》第 11535 号,1935 年 7 月 30 日。
② 《园例与计划》,《大公报》,第 11524 号,1935 年 7 月 19 日。
③ "废邮存底"是沈从文发明的一个与"读者与编者"性质相似的对话青年读者的书信形式,但发表于不同的刊物,后部分与萧乾的编者回信一同结集成书。沈从文:《废邮存底·关于"批评"一点讨论》,《大公报》第 11533 号,1935 年 7 月 28 日。

公园北京
文化生产与文学想象（1860—1937）

萧乾回忆，"读者与编者"栏目一开，每天的来稿增加了不止一倍。①一位读者在来信中热烈地表示自己是"你希望'用笔耕耘自己理想的青年'里的一个。同时我相信有许多青年如我一样地在你的诱进下，提起笔来开始写他们'对时代的怀疑与愤怒'了"，并透露："随了《园例》，七月五日在小公园里发现了你的《计划》，直到现在没有一天不是在用饥渴的贪婪的眼睛一字不遗的读着记着你的那'读者与编者'。它给予我不少过去难以得到的正确启示。"② 8 月 16 日一位读者来信——评点了自《计划》后新辟的几个栏目，高度肯定"读者与编者"对于文学青年的影响：

  这一栏的开辟是在全国所有的文艺刊里不易见到的。它握住了时代的需要，和青年文艺者的迫切要求，给予我们许多极须知道而又无从理解的东西。它正确明白的告诉给我们应该怎样去寻创作的材料，怎样才能把作品客观化，一个作品应该怎样去顾及时代，和若干创作的必备条件。我可以说无数的文艺青年受了你那娓婉的信感动鼓舞而提起笔来了，我就是其中的一个。我相信如果不放松的将这栏里的文字仔细的看看，并能相互继续商讨下去，那收获定比读十本二十本所谓"小说作法入门"的书多到不只数倍。③

萧乾在栏目中具体地指导青年作者创作的方法和技巧，甚至细致到标点、字迹，因此青年作者将之作为"小说作法入门"认真习读，而萧乾给出的建议，也直观地反馈在此后的来稿上。

---

① 萧乾：《我与〈大公报〉》，《萧乾全集》第 5 卷，第 70 页。
② 《实生活：创作的至上原则》，《大公报》第 11541 号，1935 年 8 月 5 日。
③ 《检讨——七月五日至八月十一日的小公园》，《大公报》第 11552 号，1935 年 8 月 16 日。

第二章
来今雨轩的过客

"读者与编者"虽然只持续了两个月不到,影响却不小。由于改版后的《小公园》与《文艺副刊》日趋接近,1935年9月1日,《小公园》停刊,与《文艺副刊》合并为《文艺》,除周日"星期特刊"由沈从文编辑外,余日仍由萧乾主编,"读者与编者"也随之废止。但自11月16日始,《文艺》开辟"答辞"栏目,萧乾在《启事》中解释缘由在于《小公园》原辟有"读者与编者","内容不外是一个年轻人对另一年轻人的攀谈",改刊后因考虑到《文艺》的读者层添了很多长辈,自觉"在大人面前絮絮烦烦终是不讨好的";然而许多青年读者写信来表示不满,"他们要它。他们要的不是什么文章,他们要一个心灵间的交通媒介……眼看着他们就要哭丧着脸,一个个走开了。我们舍不得丢失这些年轻朋友",因此决定开辟"答辞",并请"长辈们"谅解,将它看作"顽童的低语"。① 在同期的首封"答辞"中,萧乾向一位读者(亦即所有青年读者的代表)道歉迟复来信,"'答辞'开设了,这是说,我们舍不得失掉各位的友谊,这刊物永是属于众数读者的",并宽慰他们不要担心《小公园》停刊将导致青年作者失去阵地,声明从本月起,每周三的《文艺》专为新作者保留,"纵有文坛先辈的好文章,也不使这天受侵犯"。② 此后周三《文艺》就成为青年专号,"答辞"也定于这期发布。

"答辞"是对"读者与编者"的延续,由沈从文和萧乾轮流回复青年读者的来信,构建与读者有效沟通的空间,同时渗透京派的文学理想和编辑主张,后择录结集为《废邮存底》于1937年出版。可见沈从文和萧乾二人都是有意将"答辞"作为严肃的文论来经营的。从萧乾的回应可以推出,《小公园》尤其是"读者与编者"的停刊在青年读者中引发强烈反响,担心失去沟通的渠道与发表的空间。这是从

---

① 《答辞·启事》,《大公报》第11633号,1935年11月6日。
② 《答辞一·关于本刊种种》,《大公报》第11633号,1935年11月6日。

反面折射了《小公园》、"读者与编者"对于青年的重要性,也反映了《大公报》编者与读者双方对于不同副刊功能的定位有共识:《小公园》是文学青年的园地,《文艺副刊》则面向成名作家。《小公园》与《文艺副刊》合并为《文艺》后,新老作家群体并存,这也呼应了前文萧乾在聚餐和茶会时是分批进行的。萧乾主编的周三版和沈从文主编的"星期特刊"分别承继了原来《小公园》和《文艺副刊》的分工,他们也会向对方的版面推荐稿件,如沈从文会将青年作者的稿件推荐给萧乾,而成熟了的青年作家也可以登堂入室在"星期特刊"上发表,因此两个版面、两个群体之间又是彼此流动、互通有无的。

萧乾曾自己总结,自他接手《文艺》以来发生了质变,"原先它穿的仿佛是士大夫的长袍马褂,联系较多的是:五四早期的老作家。我经管后,新一代作家群成为中坚力量,可以说穿的是学生服"[1]。实际上,这种变化是从《小公园》肇始的,《小公园》对于《大公报》副刊的转型具有承上启下的作用:从京派主流作家的俱乐部,成为沟通新人与前辈的桥梁。

三、茶座与圆桌

萧乾不止一次在"读者与编者"中强调这个栏目不该成为编者的独白,而是"一张圆桌,不是课堂,也永不可成为沙场。这圆桌上没有主席,所以大家说出的都只是意见"[2],希望读者成为栏目的主人。萧乾始终注意营造副刊作为"圆桌"的对话性,比如"书报简评"栏目,也多有作者、读者、评论家往来的批评对话,他还曾为曹禺《日出》、孙毓棠《宝马》特辟专版(《日出》整整用了三个版面),邀

---

[1] 萧乾:《我当过文学保姆》,《萧乾全集》第 5 卷,第 561 页。
[2] 《读者与编者五·关于"计划"》,《大公报》第 11514 号,1935 年 7 月 9 日。

第二章
来今雨轩的过客

请作家、读者、书评家、出版商等集体评论,创造一种"立体式"的书评。"读者与编者"栏目也是如此,读者不仅是听众和提问者,也会积极地参与讨论,主动表达自己的观点,比如针对文学的内容与形式、人物与故事的创作法等,都曾出现多人的往复辩论,在纸面上形成一个"圆桌"的空间。我认为,来今雨轩的茶会,与"读者与编者"的"圆桌"理念是相互启发、相辅相成的。从萧乾主编《大公报》副刊开始,更年轻的作者如王西彦、寒毂、屈曲夫、田涛、杨刚、严文井、李威深、常风,甚至还有欧阳山、姚雪垠、林庚、张秀亚等开始崭露头角。萧乾、沈从文通过"读者与编者""答辞"引导和培养青年习作者,当投稿者的文章被他们挑选发表于《小公园》及《文艺》后,又会由萧乾出面邀请有潜力的青年作者赴宴,再进入由沈从文主导的常规茶会。

如王西彦回忆在给《大公报》投了几次稿后,1935年秋天得到萧乾的通知,去东城一家菜馆参加晚便餐,"那天晚上接受邀请的都是北平的青年作者",并由此结识在场的沈从文。此后王西彦除了去沈从文家中拜访,沈从文也常发通知邀约年轻作者到公园喝茶。据王西彦回忆:

> 我们常去的地方,是中山公园的来今雨轩,还有北海公园的漪澜堂和五龙亭。大概是每隔一两个月就聚会一次,所约的人也并不完全相同,但每次都是从文先生亲自写简短的通知信,且无例外地归他付钱作东。大家先先后后地到了,就那么随随便便地坐了下来,很自然地形成了一个以从文先生为中心的局面。可是,交谈的时候,你一句,我一句,并不像是从文先生在主持什么会议,因而既没有一定的议题,谈话的内容虽大致以文学和写作为主,也可以旁及其他,如时局和人生问题,等等。时间也没

有规定，每次总是两三个小时的样子。完全是一种漫谈式的聚会，目的似乎只在联络联络感情、喝喝茶，吃吃点心，看看树木和潮水，呼吸呼吸新鲜空气。在这样的时候，从文先生总是最先到，最后走，心情显得很轻松愉快。在我们的心中，他只是一位年龄稍长的大朋友，他也从不摆出一副导师或主编的架式。①

王西彦还具体举例说明，如"一次大概是在来今雨轩，由一位青年作者谈到自己在写作学习上所遇到的困难引起的，从文先生说，写作学习其实就是文字锻练，就是试验驾驭文字的能力：'使用文字时要有选择，有节制，做到恰到好处！'"沈从文有时也会邀请外地的友人参加，如王西彦就是在北海的一次茶会上结识了陈西滢与凌叔华夫妇。②

严文井也是于1935年秋天，连续投了几篇习作给沈从文《大公报·文艺》周日版后，某天突然收到沈从文的一封短简，"他批评我写得太多太快，劝导我多动手修改自己的文章，学会自己修改自己的文章"。当时沈从文虽没有在"星期特刊"上发表严文井的文章，但会推荐给萧乾的版面刊发。1936年春，萧乾代表《大公报》来北平请青年作者们吃饭，严文井在席上第一次见到沈从文。此后，"从文先生大约每隔一两个月就要邀约这批年轻人在北海或中山公园聚集一次，喝茶并交谈。用今天的话，也可以说是开座谈会。不过每次座谈都没有主席和议题。如果说有一个核心人物，那就是从文先生"③。

从王西彦和严文井的追述可以看出，沈从文主持的公园茶会有

---

① 王西彦：《宽厚的人，并非孤寂的作家——关于沈从文的为人和作品》，吉首大学沈从文研究室编：《长河不尽流——怀念沈从文先生》，第86页。
② 同上书，第87页。
③ 严文井：《谁也抹煞不了他的存在》，《长河不尽流——怀念沈从文先生》，第113页。

第二章
来今雨轩的过客

两个主要特点。一是它与沈从文、萧乾经营的"读者与编者""答辞"一样，是一个"圆桌"而非"讲台"，没有"主席"，是一个平等对话的平台。沈从文早年向《晨报副刊》投稿时曾受主编孙伏园怠慢，后得徐志摩知遇，因此在"领导北方文运"时矢志把徐志摩的"火"传递下去，特别注意扶植青年作者。[①] 恰如王西彦等人的回忆，他主持的茶会具有相当的平等性，"从来不摆一副导师或主编的架势"，为青年习作者营造了一个去等级化的公共空间，参与者皆可以自由地表达观点，成为京派文人不同代际之间建立社会网络的文学场域。值得注意的是，虽然萧乾始终强调《小公园》是一个"圆桌"而非"讲台"，不抹杀任何人发言的权力，但他与沈从文无论是在茶座现实空间还是在报刊象征空间的交流中，都始终坚持在与青年平等对话的同时，也不乏温和而坚定地引导乃至批评。因此，"圆桌"虽没有"主席"，但存在"核心人物"，这二者并不相悖。沈从文、萧乾致力营造的这种平等性，是机会平等，而非绝对平等，因此这种平等并不排斥教导和启蒙。其背后体现了京派的教育理念，即一种受新康德主义影响的，强调理性主义、人文主义的博雅理想。

同时，沈从文在公园茶座对于青年作者的建议，与在报纸上对于青年读者的答复，表达的理念和措辞都很相似。比如写作就是文字锻炼，使用文字要有选择、有节制的观点，沈从文、萧乾也多次在"读者与编者""答辞"中谈到。沈从文曾指出剧本的语言要"会安排，会剪裁，应当多就多，应当少也不得不少"[②]；在《答辞十·天才与耐性》中，沈从文批评一位投稿者"还不很懂得驾驭文字的方法"，要学会"如何吝惜文字"，以及"文章写的太快，一来许多篇"，建议

[①] 沈从文曾在《从文小说习作选·代序》中深情地致谢徐志摩，并说："从他那儿我接了一个火，你得到的温暖原是他的。"

[②] 沈从文：《答辞六·从艰难中去试验》，《大公报》第11695号，1936年1月8日。

该投稿者要学会修改自己的文章,放弃"天才",尊重"耐性",这与他在私人通信中对严文井的批评也如出一辙。在《答辞八》中,沈从文提出小说情节的设置也要明白"'经济'两个字在作品上的意义,不能过度挥霍文字,不宜过度铺排故事"①。萧乾亦在同一期"答辞"中回应投稿者对于删改自己文法的质疑,指出"如果想文字有光彩,富血肉,得爬在那个上面,搬运、调遣、熔铸、酿造,为了完成一个更严肃的工作"②。在另一期中,萧乾指导习作者在表现生活时要学会重新组织材料,"敏感外,你还得会节制摆布"③。"节制"是京派文学的基本主张,借助编者通信,沈从文、萧乾得以透彻全面地阐释、贯彻自己的文学理念。更重要的是,如前文所论,民国时期的报刊是加速新文学生产、消费、再生产的强大的印刷文化,"读者与编者""答辞"的性质导致它成为推动新文学自我繁衍的一环。它直接面向青年习作者发言,并给出具体可行的写作指导,产生立竿见影的效果。"我相信报纸上说的",青年作者要想发表,就会积极自觉地向编者的趣味靠拢,使得京派的理念不限于纸上谈兵,而是迅速地在再生产中得以推广。

由上可见,沈从文、萧乾在副刊专栏中以编者名义回复读者来信,针对习作者进行文学理念和技术上的指导,同在公园茶座中与青年作者的讨论一样,都是编辑与作者、读者之间沟通交流的空间。换言之,公园聚餐会、茶会的交流方式,被沈从文、萧乾在《大公报》副刊中以"读者与编者""答辞"的专栏形式落实到纸面。报纸副刊是一种现代性的产物,在民国时期风头尤健,它迥异于前现代的文集,甚至比同属现代出版物的杂志更为典型。其版面内部是一个丰

---

① 沈从文:《答辞八》,《大公报》第 11702 号,1936 年 1 月 15 日。
② 萧乾:《答辞八·风格的金字塔》,《大公报》第 11702 号,1936 年 1 月 15 日。
③ 萧乾:《答辞十一·理发师·市场·典型》,《大公报》第 11709 号,1936 年 1 月 22 日。

第二章
来今雨轩的过客

富、开放的空间，各种不同的文体、文本在同一平面内并存、对话，正如公园茶座的交锋，相互激发、共同生长，从而呈现出一种生气淋漓的面貌。如此，报刊专栏与公园茶座不仅在形式和内容上具有同构性，并且在现实中也相互补充。"读者与编者""答辞"面向的读者，亦是副刊潜在的作者，其中脱颖而出的投稿者将有可能被邀请赴公园茶会甚至其他的客厅沙龙，在实体空间内与编辑面对面地进一步交流。京派作家以《大公报》文学副刊为据点，充分利用实质的公园空间与象征的专栏空间，发掘培养青年作家，传播自身的文学观念，扩大文学影响。

1936年，为了纪念新记《大公报》创刊十周年，萧乾建议《文艺》设立"大公报文艺奖金"和编选《〈大公报文艺丛刊〉小说选》，得到了胡政之的首肯。"文艺奖金"与"小说选"的评选都体现出《大公报》文学副刊对于新人的重视和在培育新人方面的成绩。"文艺奖金"的三位获选者何其芳、芦焚与曹禺皆为当时初出茅庐的文坛新秀，且无一不是由《大公报》副刊发现或力捧的，这一结果不仅表示了《大公报》奖掖后进、培养文学新人的原则，三人未来的发展也证实了评选者的眼光。《小说选》由林徽因主编，《大公报》刊登的广告辞曰："读者也许奇怪居然有那么些位南北文坛先辈看重这个日报刊物，连久不执笔的也在这里露了面；其实，这正是老实的收获。同时读者还会带着不少惊讶，发现若干位正为人注目的'后起之秀'，原来他们初露锋芒是在这个刊物上，这也不希奇；一个老实刊物原应是一座桥梁，一个新作品的驮负者。"[①]《小说选》收录的作品也充分证明了这点，既包括名家如沈从文、杨振声、老舍、凌叔华、林徽因、李健吾等，也不乏新人萧乾、芦焚、咸深、寒毂、刘祖春等人的文章，展现

---

① 《大公报·文艺》第11915号，1936年8月18日。

了《大公报·文艺》作为承前启后的"桥梁"的成就。林徽因在《文艺丛刊小说选题记》中特别肯定入选短篇小说的技巧,较之新文学初期有了很大的提升:

> 至于关于这里短篇技巧的水准,平均的程度,编选人却还不避嫌疑的提出请读者注意。无疑的,在结构上,在描写上,在叙事与对话的分配上,多数作者已有很成熟自然的运用。生涩幼稚和冗长散漫的作品,在新文艺早期中毫无愧色的散见于各种印刷物中,现在已完全敛迹。通篇的连贯,文字的经济,着重点的安排,颜色图画的鲜明,已成为极寻常的标准。①

这种技巧的精进,与"读者与编者""答辞"上对于技巧特别的重视、反复的锤炼有很大关系。《大公报》文学副刊能够抟合大量知名作家,并且扶植一批新人如萧乾、曹禺、芦焚、何其芳、王西彦、寒毂、田涛、陈蓝等,从而孕育京派文学,离不开现实与虚拟空间的"小公园"双重的感召力。

"小公园"不是个案,而是反映了民国时期文化界的普遍生态。民国时期,现代报刊文化勃兴,而民国新文学期刊的一大特点是,编辑通常由在文坛举足轻重的知名作家担任,编辑不单纯作为"为他人作嫁衣裳"的角色,而是强势介入期刊的定位和运作,并从而影响新文学的走向。传统的文学研究通常聚焦于作者,近年来随着阅读史的兴起,部分学者也开始关注读者的作用,而本章旨在提示作者与读者而外,也不应忽略编者的意义。本章即以京派文人在中央公园"来今

---

① 林徽因:《文艺丛刊小说选题记》,《〈大公报文艺丛刊〉小说选》,上海:大公报馆,1936年,第3页。

第二章
来今雨轩的过客

雨轩"与《大公报》副刊的文化实践为示范,突出编辑行为在新文学再生产中的重要性,并揭示了编者、作者、读者三者之间生机勃勃的往来互动(这种互动不仅限于交流和对话,也包括身份/位置的流动互换),而不应将他们割裂开,孤立地考察其在新文学版图中的角色。

同时,"小公园"折射了京派处理与青年的关系方面有别于左翼的方式。20世纪30年代,以上海为大本营的左翼文人已进入集中化、组织化,以"左联"的成立为标志,有意识地争取和教育青年。而京派自由主义文人与青年的关系是另一种模式,从沈从文与萧乾在现实与隐喻的"小公园"空间与文学青年的交往来看,他们有意识地经营一种反组织化的、日常生活的朋友关系。沈从文与萧乾在中央公园茶座和《大公报》副刊专栏的"漫谈",也有别于权威的、自上而下的宣传和教育,而是一种平等、温和的理性启蒙,探索了在文学界乃至思想界争取青年、扩大自身影响力的另一种可能性。

此外,"小公园"的个案还揭示了民国的知识分子共同体往往依托于期刊,在公共空间聚会、组稿,形成文学团体、公共空间与文学期刊三位一体的同构性。某种程度上,民国北京的公园茶座承载了哈贝马斯所谓的"文学公共领域"的功能,与中世纪巴黎的沙龙、19世纪末维也纳的咖啡馆、民国上海的书店和咖啡馆等具有相似的理论意义。Harold B. Segel 曾编纂《维也纳咖啡馆的智者们》(*The Vienna Coffeehouse Wits, 1890-1938*)一书,揭示1890—1938年间维也纳的咖啡馆,不仅提供作家聚会的场所、写作的环境和对象,甚至会影响文学的类型与风格,咖啡馆情境下的印象式速写和机智谈锋,促成了专栏小品这种新文体。[①]而我认为,民国北京的公园茶座,不仅与"世纪末的维也纳"咖啡馆有异曲同工之妙,且在本土的历史文化语境中

---

① Harold B. Segel, *The Vienna Coffeehouse Wits, 1890-1938*, Ind.: Purdue University Press, 1993.

发展出了自身独特的表达。本章以中央公园的茶座和《大公报·小公园》副刊为例，公园茶座与副刊专栏的"圆桌对话"在形式和内容上具有同构性，从而打开对"空间"的理解，不仅作为物质的空间，也作为隐喻的空间，二者相互启发，分工合作，成为酝酿京派文化的温床。

第三章

到北海去
——新青年的美育乌托邦

一、北海公园：现代美育空间的崛起

　　1931年5月，蔡元培发表《二十五年来中国之美育》一文，开篇言："美育的名词，是民国元年我从德文的Asthetische Eriziehung译出，为从前所未有。"① 作为民国首任教育总长、新文化运动时期的北京大学校长、著名教育家，蔡元培自民国元年（1912年）起便坚持提倡和推行"美育"的教育理念。他认为，美育"便是使人类能在音乐、雕刻、图画、文学里又找见他们遗失了的情感。我们每每在听了一支歌，看了一张画、一件雕刻，或是读了一首诗、一篇文章以后，常会有一种说不出的感觉：四周的空气会变得更温柔，眼前的对象会变得更甜蜜，似乎觉得自身在这个世界上有一种伟大的使命。这种使命不仅要使人人有饭吃，有衣裳穿，有房子住，他同时还要使人人能在保持生存以外，还能去享受人生。知道了享受人生的乐趣，同时便知道了人生的可爱，人与人的感情便不期然而然地更加浓厚起来"②。蔡元培期望通过家庭教育、学校教育和社会教育三个途径达成其美育理

---

　　① 蔡元培：《二十五年来中国之美育》，高平叔编：《蔡元培美育论集》，长沙：湖南教育出版社，1987年，第216页。

　　② 蔡元培：《与〈时代画报〉记者谈话》，高平叔编：《蔡元培美育论集》，第215页。

公园北京
文化生产与文学想象（1860—1937）

想，社会教育既包括美术馆、音乐会、博物馆、剧院一类现代市政机构，也包括市政的美化。①他在《二十五年来中国之美育》一文中指出：

> 美育的基础，立在学校；而美育的推行，归宿于都市的美化。……首都大市，虽有建设计划，一时均未能实现；未有计划的，更无从说起。我们所认为都市美化的一部分，止有公园了。②

自1925年8月1日起正式对外开放的北海公园，正是以物质空间的方式，最具代表性地诠释了蔡元培的美育理念。公园是一个多功能的空间，它除了提供娱乐设施外，还兼有商业、教育、文化、社会、政治等多种作用。像北海这样新起的公共空间，各种机构、设施都有意愿占据一席之地，其选择什么、排斥什么，体现了设计者对于公园的设想和定位。北海特别典型地体现了民国公园对于教育（包括德育、智育、体育）尤其是美育功能的关注，作为新兴的美育空间，陶养和教化民国理想的现代公民。③

首先，北海作为历代皇家御苑，风景优美，匠心独运。其基本格局是在金代太宁宫时期奠定的，采取中国皇家园林"一池三山"的传统布局，以疏浚湖泊的泥土在湖中堆筑起三座岛屿，即琼华岛（今北海琼岛）、圆坻（今团城）和犀山台（位于今中海），分别象征着太液池中的蓬莱、瀛洲、方丈三座仙山。此后元明清历代帝王又多次对其进行了大规模的修缮，在团城上构筑承光殿，在琼岛万岁山顶营造

---

① 参见《美育实施的方法》及《美育》，《蔡元培美育论集》，第159—165页，第208—212页。
② 蔡元培：《二十五年来中国之美育》，高平叔编：《蔡元培美育论集》，第229页。
③ 在蔡元培的理念中，教育体系包括德育、智育、体育、美育四个方面。蔡元培认为，早期的宗教承担与教育相等的功能，后来随着人类发展，德育、智育、体育逐渐从宗教中分离出来，只有美育与宗教有关，因此提倡"以美育代宗教"。参见《美育代宗教》，高平叔编：《蔡元培美育论集》，第274—279页。

第三章
到北海去

藏式白塔，兴建大小西天、阐福寺、五龙亭、九龙壁等景点，以及濠濮间、画舫斋、静心斋诸园中园。因此，北海的景致宛若仙境，超尘脱俗。主景琼岛非常突出，以"琼岛春阴"闻名的如云绿荫衬托着恢宏庄严的白塔，在空间、高度、色彩、意境上都独占鳌头，并以一碧万顷的湖水和蓝天作为前景和背景，大布局十分简洁开阔。登白塔之巅，可眺望北海全景，毗邻的景山、故宫、钟鼓楼、远处的西山等，亦尽收眼底。园林建筑大格局气势夺人，小局部则精致幽雅，东岸的濠濮间、画舫斋及北岸的静心斋三处园中之园，将江南文人园林引入北方皇家园林，造就大园林中自成一体的独立小园，构成对立统一的美景。因此，北海汲取了南北园林的精华，兼有宏大的气魄和婉约的风韵，特别富于诗意，给人以艺术的美感。

图 3-1　琼岛春荫与长廊（1910 年）

图 3-2　画舫斋

139

> 公园北京
> 文化生产与文学想象（1860—1937）

而北海大大小小的茶座、咖啡馆，就有意识地在北海的名胜景点选址营业，从上午八九点一直到深夜十二点钟，可供游人于品茗就餐之时，观景怡情，相得益彰。根据邓云乡的回忆，"几十年前北海的茶座有十几家之多"，其中最有特色的几家，当属漪澜堂、道宁斋、濠濮间、五龙亭、仿膳等。漪澜堂和道宁斋坐落于琼岛上，雕廊画栋的楼阁呈扇面形沿北海水边展开，与对岸的小西天与五龙亭遥相呼应，是当时北海最大的茶座，"有最好的座位，最好的茶食，最好的点心"。沿栏杆和长廊，上下两层，一百二三十张桌子，每张桌子配四张大藤椅，可以同时招待近五百人喝茶（图 3-3）。

每到春夏之交，一到下午三四点钟，太阳偏西之后，是漪澜堂、道宁斋最热闹的时候。坐在水边，喝着香片茶，嗑着瓜子，吃着玫瑰枣等茶食，闲谈着，望着龙楼凤阙边特有的蓝天和变幻的白云，听着划小船的人的笑声、桨声，在大蓝布遮阳下面水中阳光闪动着金波，小燕子像穿梭一样飞来飞去……这时你会自然想起王子安的"滕王高阁临江渚，佩玉鸣鸾罢歌舞，画栋朝飞南浦云，朱帘暮卷西山雨"的诗句。虽然这里不是滕王阁，而艺术的意境会促使你产生共鸣。

东岸的濠濮间是北海最安静的茶社，这里环境幽邃，"是作家写作的好地方，也是情侣海誓山盟的好地方。有个时期，曾经有几位老诗人定期在这里雅集，分韵刻烛"。五龙亭与仿膳位于北岸。五龙亭以居中最大的龙泽亭为主体，彼此以白石栏桥相连，状若游龙，翼然临水，只有中间三座大亭子摆茶座，四面轩窗大开，临窗设座位，可在此眺望琼岛，"离水面近，接受南风吹拂，视野又开扩，琼华岛的塔影波光，齐收眼底，在这里喝茶是别有情趣的"（图 3-4）。仿膳依

第三章
到北海去

图 3-3　漪澜堂（1935 年）

图 3-4　民国五龙亭

山面水，搭着高大的天棚，也摆有很多茶座，以仿制清宫御膳房的菜肴点心为特色。①

---

① 以上皆出自邓云乡：《琼华岛夏梦》，《燕京乡土记》上册，第 112—114 页。

由上观之，北海茶座的设置，深得借景之妙意，充分利用开阔水景和园林情趣，营造出一种诗意的氛围。正如邓云乡所言，这种"艺术的意境"会使游客产生共鸣，联想起"画栋朝飞南浦云，朱帘暮卷西山雨"一类充满古典情致的诗句，受到美学的熏陶。而相应地，北海也成为能够激发游人诗情和灵感的审美空间，甚至在想象的层面上成为一种象征性的美学符号。

除茶座外，北海公园另一个显著特点便是其丰富而权威的图书馆资源。早在1923年北海尚未正式开放时，梁启超即动用他与北洋高层的关系，由总统黎元洪亲自批示，在快雪堂设立了松坡图书馆，以纪念护国有功的蔡锷，期待"'高山仰止，景行行止'，入斯室者，百世之后，犹当想见蔡公为人也"，以蔡锷的精神感化和教育公众。①松坡图书馆之创设肇始于1916年蔡锷病逝，梁启超撰文《创设松坡图书馆缘起》发起倡议，强调中国开设图书馆的必要性：

> 同人佥然同声曰：今世各文明国图书馆之设，遍于都邑，盖欧美诸国虽百数十家村落，犹必有一图书馆。其大都会之图书馆，规模宏敞，收藏浩富，古代帝室之天禄石渠，视之犹瞠乎若其后也。然皆廓然任人借观流览，使寒士之好学者，得以尽窥秘籍。夫岂惟寒士，虽素封之家，亦岂能于书无所不蓄？我有图书馆，然后学问普及之效，乃可得而睹也。今以中国之大，而私立图书馆，竟无一焉。即京师及各省间有公立之馆，亦皆规模不备，不能收裨益公众之功用。昔美国豪绅卡匿奇氏，尝云一国图书馆之有无多寡，可以觇其国文野之程度。此言若信，则我国民

---

① 梁启超：《松坡图书馆记》，《饮冰室合集》第五卷，文集之四十，第29页。

第三章
到北海去

与世界相见,其惭汗为何如哉![1]

在当时,图书馆与公园一样,都是新兴的舶来品,是西方现代市政文明的代表,任公终其一生都致力于中国图书馆事业的建设,且与北海有莫大渊源。[2] 在梁启超的运作下,1923 年 6 月 20 日,松坡图书馆终于择定馆址,在北海快雪堂;11 月 4 日,松坡图书馆正式成立,梁启超亲任馆长。

松坡图书馆位于北海北岸的一个斜坡上,四周环绕着蓊郁的槐林,内分三进,分别为阅览室、藏书室和蔡公祠,环境雅洁肃穆。其藏书主要来自梁启超搜求的十万余册中外书籍(其中包括梁启超创建的"图书俱乐部"所收尚志学会、亚洲学会捐赠的两千多册日文图书和其他外文图书六千多册)、《四库全书》复本,以及政府拨给的杨守敬藏书两万四千余册。由于松坡图书馆属于纪念性质的私立图书馆,另行售票,因此环境清幽,读者不多,以从事研究的学者为主。

据梁启超致长女的家书,他当时执教于清华国学院。因此每到暑假前夕,他都会邀集清华学生同游北海,并延请名师在松坡图书馆讲学,如 1926 年夏邀请张君劢讲宋代理学(图 3-5)。而梁启超本人亦于 1927 年 5 月间亲自为同学演讲,后由周传儒、吴其昌笔录成《北

---

[1] 原刊于 1916 年 12 月 17—18 日《时事新报》。梁启超著,夏晓虹辑:《〈饮冰室合集〉集外文》中册,北京:北京大学出版社,2005 年,第 655—656 页。

[2] 梁启超可谓中国图书馆事业的奠基人。早在 1903 年游历北美时,即对图书馆十分关注,在《新大陆游记》中多有论述。回国后他不仅主持创立了松坡图书馆,还担任中华图书馆协会董事部部长,后又兼任京师图书馆及北京图书馆馆长,并促成了两馆的合并,以及组织编纂《中国图书大辞典》。详见夏晓虹:《梁启超与〈中国图书大辞典〉》,《清华大学学报(哲学社会科学版)》第 1 期,2011 年 1 月;拙文:《梁启超的现代都市经验与构想》,《汉语言文学研究》第 4 期,2011 年 12 月。

图 3-5　梁启超、张君劢与清华国学院学生在北海松坡图书馆

海谈话记》。①"北海谈话"是梁启超晚年非常重要的一篇论述②，其与北海、松坡图书馆有着密切的内在联系。梁启超以松坡图书馆与蔡锷的因缘入题，指出"本来此地是风景最美的地方，也可以说是我们先后同学的一个纪念的地方"。他借三十多年前在长沙时务学堂培养出蔡锷等一班栋梁之材的经验，反思现代教育的弊病，批评"现在的学校，多变成整套的机械作用"。但同时，他也深谙传统教育之不足，希望"斟酌于两者之间"，以人格的修养纠补智识之偏弊，遂以曾国藩、胡林翼诸人为典范，倡导人格的砥砺和相互感化。梁启超对清华学生的教育，便是身体力行他自身的这种教育理念。这种实践，包括他所提到的清华研究院近于学院式（college）的教育制度："诸同

---

① 梁启超口述，周传儒、吴其昌笔记：《北海谈话记》，梁启超著，夏晓虹辑：《〈饮冰室合集〉集外文》中册，第 1033—1039 页。

② 对于梁启超《北海谈话记》思想的具体分析，详见夏晓虹：《书生从政：梁启超与伍庄》，《中国文化》第 36 期，2012 年 10 月。

第三章
到北海去

学天天看我的起居，谈笑，各种琐屑的生活，或者也可以供我同学们相当的暗示或模范。"① 而最为典型的，即每年初夏带领清华学生"作北海之游"，观当时国学院学生吴其昌的记述——"俯仰咏啸于快雪浴兰之堂"，颇有孔子所称许的"浴乎沂，风乎舞雩，咏而归"的境界；以及延请张君劢等名师于北海讲宋贤名理，"穆然有鹅湖、鹿洞之遗风"，私淑传统书院的精神。② 种种手段，皆是希望以这种方式补现代教育之弊，而北海，即承载梁启超教育理念的试验场。北海的文化氛围与名师的言传身教、人格的耳濡目染相辅相成，于潜移默化中影响和感染着青年学子，从而形成对于现代学校教育的辅助与补充。

"北海之游"对于清华国学院学子具有特殊的意义，1927 年吴其昌编纂《清华学校研究院同学录》，将《梁先生北海谈话记》排在篇首，总领全书，其后才是国学院"四大导师"等教师的相片，以及每位学生的小传等。③ 这种安排本身即意味深长，暗示了吴其昌等清华国学院学子对于国学院教育的理解。在他们看来，"北海之游"及其所象征的精神的感召和人格的砥砺，才是清华国学院的灵魂所在。在这个意义上，梁启超的"北海之游"与蔡元培的美育理念有异曲同工之妙。

松坡图书馆而外，1925 年 5 月，位于方家胡同的京师图书馆闻悉北海即将开放为公园的消息后，亦呈请教育部饬拨北海场地，意欲在北海公园内设立总馆，其方家胡同原址则作为第一分馆。京师图书馆

---

① 学院制（college）发源于欧洲中世纪大学，最初是为了接待或帮助来自其他国家和地区的贫困学生而提供的住宿场所；后来逐渐发展成为师生共同生活和学习的场所，构成大学最基本的教学和行政单位。据梁启超写给长女梁思顺的信自述，其在清华国学院执教期间，每周有四天住在清华，其余三天入城住在松坡图书馆，参见丁文江、赵丰田编，欧阳哲生整理：《梁任公先生年谱长编（初稿）》，第 533 页。

② 吴其昌：《北海谈话记》题记，梁启超著，夏晓虹辑：《〈饮冰室合集〉集外文》中册，第 1033 页。

③ 《清华学校研究院同学录》影印本，见夏晓虹、吴令华编：《清华同学与学术薪传》，北京：生活·读书·新知三联书店，2009 年。

主任在上呈教育部的文件中陈述选址缘由,嫌方家胡同原址偏于东北一隅,看中"北海处四城之中,地方辽阔,官房甚多",且指出图书馆系社会教育的主要事业,可以辅助学校教育的不足。① 民国北京公园的一大特色,就是图书馆多附设于公园之内,公园与图书馆合二为一,共同发挥美育(教育)的功能,与学校教育相互补益,北海公园即此中的集大成者。②

1925年11月3日,中华教育文化基金会与教育部协商订约,合办"国立京师图书馆",决定由中基会与教育部共同支出年费,租用北海公园内庆霄楼、悦心殿、静憩轩、普安殿一带房屋为馆址,并聘请梁启超与李四光为正副馆长。可惜,由于当时北京政府国库空虚,无法履约拨给费用,中基会只好中止与教育部的契约,转为独立筹办,馆址沿用此前选定的北海庆霄楼、悦心殿等处,改名为"北京图书馆",仍以梁启超、李四光为正副馆长。所以,最终在北海成立的,是中基会创办的北京图书馆。1928年,北伐成功,北京改为北平,北京图书馆也相应更名为北海图书馆。北海图书馆十分鼓励公众养成阅读的习惯,不仅规定阅览人随意取书,不收费用,甚至出图书馆时,可获赠公园门票一张。③ 此例典型地体现了当时公园与图书馆相辅相成,共同推进社会教育、启迪民智的特点。

与此同时,1928年国立京师图书馆亦改名为北平图书馆。1928年8月7日,国民政府电拨中海居仁堂归北平图书馆使用;1929年2

---

① 《1925年5月13日呈教育部请拨北海官房作为京师图书馆总馆》,北京图书馆业务研究委员会:《北京图书馆馆史资料汇编(1909—1949)》,北京:书目文献出版社,1992年,第119页。

② 除下文将具体讨论的与北海有关的图书馆外,又如中央公园的教育部中央图书阅览所、天坛公园阅览室、香山教育图书馆、京兆公园通俗图书馆、故宫博物院图书馆及其景山分馆、太庙分馆、颐和园图书馆,以及中海居仁堂的北平图书馆等。教育部还曾考虑在午门和先农坛设立图书馆。

③ 参见《北平图书馆指南》,《北京图书馆协会会刊》第2期,1929年。

第三章
到北海去

月10日，北平图书馆在居仁堂开馆。在梁启超的促成下，1929年8月，教育部正式决定将北平图书馆与北海图书馆合并为"国立北平图书馆"，原居仁堂部分为第一馆，原北海部分为第二馆。由于梁启超彼时已因手术意外辞世，遂聘请蔡元培与袁同礼任正副馆长，并且选定北海西岸御马圈旧地及公府操场建造新馆。①

1931年6月12日，国立北平图书馆新馆在北海落成，7月正式开馆。根据时人的回忆，国立北平图书馆是当时远东最现代化的图书馆，其"外观是十分华美的，它的内部更为精美。外部完全是中国宫殿式的，而内部则完全是西方式的，在30年代初，它的内部设备，比之于大洋彼岸的美国国会图书馆毫不逊色"②。（图3-6）图书馆藏书分为旧藏、新增与寄存三部分，藏有各类中文、满蒙文、藏文、

图3-6　国立北平图书馆（1945年，由美国 *LIFE* 杂志拍摄）

---

① 新馆馆址东起金鳌玉𬭚桥，西迤西安门大街一段，从前没有专门的名字，由于国立北平图书馆选址于此，以其《文津阁四库全书》收藏而闻名，因此决定改名为"文津街"。

② 邓云乡：《国立图书馆》，《文化古城旧事》，第171页。

西文、日文书籍，以及《文津阁四库全书》、善本书、经卷舆图、金石拓本、文物等等，蔚为大观。想任公于1916年筚路蓝缕草创松坡图书馆之时，尚感慨"我国民与世界相见，其惭汗为何如哉"；而1931年北海已落成此"比之于大洋彼岸的美国国会图书馆毫不逊色"的国立北平图书馆，虽然任公不逮目睹，庶几可慰藉其于九泉之下。身处这样的图书馆里阅读学习，本身就是一种审美体验，给人以文明的熏陶，正如当时青年学生的感受："那真是一个肃穆的读书环境，那气氛正是显示了高度的文明。"①

图3-7 北海公园公共体育场

图3-8 北海公园儿童体育场

除了智育功能外，北海还十分重视提倡体育事业。1926年，北海在公园内建成大型公共体育场与儿童体育场，布置完备，应有尽有（图3-7、图3-8）。每日自上午七时至下午七时开放，不设门票，可见其奖掖公众运动之意。场内并设有指导员，指导健身者的行为，要求他们遵

---

① 邓云乡：《国立图书馆》，《文化古城旧事》，第171—177页。

第三章
到北海去

守运动场制定的各项规则甚至包括运动的方式。这是民国公园的普遍特点,即以精英主义的姿态自居,认为自己负有教育、指导游人行为规范的职责。儿童体育场在当时尤受民众欢迎:"儿童体育场里充满了孩子们的笑声,也有不少的成人坐在旁边的椅子上,微笑地望着孩子,他们有的在追寻自己失去的童年,有的在分享孩子们的快乐。"①除运动场外,公园内还设有多处球房,如漪澜堂西餐球房、翠雅球房、大西天球房等等。

此外,北海充分利用其得天独厚的广阔湖面,冬季可溜冰,夏季能划船。民国时期,北海的冰场享誉京城。由于溜冰这项运动对于身体素质有特殊的要求,因此,除了个别高手如曾为慈禧表演的"老供奉"吴桐轩之外,冰场的常客大多为青年男女,其中各校学生占大多数,包括北京大学、汇文中学、慕贞女校等。②而一年一度的化妆溜冰大会,更是万众期待的盛事。1926年1月31日,漪澜堂餐馆在其经营的溜冰场开办化妆溜冰会,《晨报星期画报》特辟专号报道了这一盛会(图3-9):

> 前星期日,北海漪澜堂前,举行化装溜冰大会,观者数千人,比赛人数达一百三十余人。中外男女各半,怪装异饰,无奇不有,或捉襟见肘,或腰大盈丈,更有西妇九人饰马牛羊兔之属,观者无不捧腹。最奇者,饰火锅,白菜,莲花,蝴蝶,汽船,印度妇人等等,使人绝倒。是日先举行跳舞,次为各项竞走,三时开会,至五时半分,则给予奖品尽欢而散。如斯盛会,实为北京历年来冬令所未有,本报特为刊行专号,以供未与会者

---

① 谢冰莹:《北平之恋》,姜德明编:《北京乎——现代作家笔下的北京(1919—1949)》,第755—756页。
② 《北海男女青年溜冰热》,《时事汇报》第1期,1934年12月9日。

图 3-9　北海首届化妆溜冰大会

览观焉。①

此后北海每年都举行化妆溜冰大会，参赛者与观众络绎不绝，中外兼有，"实北平冬令一种特别娱乐也"②。到了 20 世纪 30 年代，规

---

① 《北海化妆溜冰大会记》，《晨报星期画报》第 1 卷第 22 期，1926 年 2 月 14 日。
② 《大亚画报》第 137 期，1929 年 2 月 10 日。

第三章
到北海去

模愈发盛大，如1932年的溜冰大会，从下午一时一直持续到日暮，观者多达三万余人。比赛分成人组四圈赛、四十圈赛、跳高赛，女子组百米提灯赛，儿童组二圈赛，以及最吸引人眼球的化妆比赛，可见此时比赛规制已发展得十分成熟。激烈的争逐赛结束后，情绪高涨的观众纷拥入场，追随化妆比赛的选手一道在场中奔驰，场面十分壮观。"但见粪夫、老农、强盗、旗装少女，扮相毕肖。更有一老媪化装跛僧，须发满面，不辨雌雄。一白须老者服玄色戎装，有如绿林好汉，英气焕发。复有少女数人，轻衫飞舞，俨若云中天使。又有童子数人，黄发垂髫，碧裤丹衫，有如僻乡村女。此外有无常大鬼，裸体黑人，复有常娥之夫，披发张弓，以树叶蔽体者，日耳曼式伉俪比肩而驰者。"[1] 从民国时期的老照片，略可窥得当年盛况，民国时人的时尚嗅觉和想象力，即使在一个世纪后仍令人惊叹。

其余的季节里，在北海泛舟更是游人钟爱的消遣。道宁斋、双虹榭、五龙亭码头均有小船可供租用，根据邓云乡的回忆，"北海划船，在春日宜于午前，暖日熏人，波平浪静，最为舒畅"；"夏秋两季则宜于清晨和夜晚，在夏夜把小船放在黑魆魆的水中央，不用划，任其飘荡，望着夏空繁星与琼华岛之明灭灯火交相辉映，蛙声、语声、水香、荷香、衣衫鬓影香，那真是'仲夏夜之梦'境了"。[2] 这种浪漫的意境尤受青年人的青睐，正如谢冰莹《北平之恋》中的描写：

> 年轻的男女们，老喜欢驾一叶扁舟，漫游于北海之上；微风轻摇着荷叶，发出索索的响声，小鱼在碧绿的水里跳跃着；有时，小舟驶进了莲花丛里，人像在画图中，多么绮丽的风景！
>
> 有时风起了，绿波激荡着游艇，发出"的冻""的冻"的响

---

[1]《北平溜冰大会参观男女竟达三万余人》，《浙江体育半月刊》第3期，1932年2月16日。
[2] 邓云乡：《太液好风光》，《燕京乡土记》下册，第277页。

声，年青的男女有的对着绿波微笑；有的轻吟低唱；有的吹奏口琴；或者哼着自己心爱的调子，他们真像天上的安琪儿那么无忧无虑，快乐非常。①

综上所述，北海公园的一切设施皆出自美术的匠心，希望给予游人审美的享受。一方面，北海特别重视对于公众进行智育的熏陶，公园内先后设立有松坡图书馆、北京图书馆（北海图书馆）和国立北平图书馆，这种盛况即使是在民国时期图书馆与公园普遍共存的前提下，也是十分罕见的。而另一方面，北海也很注重对于民众体育爱好的养成，公共体育场、儿童体育场的设立，以及最富特色的化妆溜冰及泛舟，青年男女飞驰冰面或泛舟湖心的身影，不啻北海最为动人的风景。这一切遂造就了北海成为独一无二的美育空间，在民国北京的教育史和文化史上成就自身不可替代的影响。

二、"到北海去"：新青年与新文学的相互建构

前文述及，京师图书馆看中北海的地理位置，向教育部呈请将馆址迁到北海，陈述的理由为"北海处四城之中"、交通便利，这背后的考虑实际上基于民国时期北京城市空间重构的大背景。民国之后，内城封闭的格局被打破，文化中心、商业中心都呈现由外城向内城转移的趋势。尤其是北海所处的以紫禁城为核心的内城中心地带，在昔日皇家禁苑、坛庙的基础上，开辟了各式公园、博物院，除北海外，还有中央公园（社稷坛）、和平公园（太庙）、景山、中南海②、古物

---

① 谢冰莹：《北平之恋》，姜德明编：《北京乎——现代作家笔下的北京（1919—1949）》，第 755—756 页。

② 景山、中南海分别于 1928 年、1929 年才正式开辟为公园，但此前也已向公众开放。

第三章
到北海去

陈列所①、故宫博物院等，且公园内大多兼有图书馆、讲演厅、陈列所、音乐堂、体育场等文化设施，这片区域遂形成新式公共文化空间的集大成（图3-10）。同时，中国现代教育的最高学府、新文化运动的发源地——北京大学也位于这一带。时任北大校长的蔡元培曾于1919年新文化运动方兴未艾之际，发表《文化运动不要忘了美育》一文，呼吁致力新文化者不要忽略美育，在文中勾勒出其理想的美育乌托邦——

> 文化进步的国民，既然实施科学教育，尤要普及美术教育。专门练习的，既有美术学校、音乐学校、美术工艺学校、优伶学校等，大学校又设有文学、美学、美术史、乐理等讲座与研究所。普及社会的，有公开的美术馆或博物院，中间陈列品，或由私人捐赠，或由公款购置，都是非常珍贵的。有临时的展览会，有音乐会，有国立或公立的剧院，或演歌舞剧，或演科白剧，都是由著名的文学家、音乐家编制的，演剧的人，多受过专门教育，有理想有责任心的。市中大道，不但分行植树，并且间以花畦，逐次移植应时的花。几条大道的交叉点，必设广场，有大树、有喷泉、有花坛、有雕刻品。小的市镇，总有一个公园。大都会的公园，不止一处。又保存自然的林木，加以点缀，作为最自由的公园。一切公私的建筑，陈列器具，书肆的印刷品，各方面的广告，都是从美术家的意匠构成。所以不论那种人，都时时刻刻有接触美术的机会。②

---

① 古物陈列所1914年于故宫文华殿与武英殿成立，是我国第一个以皇家藏品为主的博物馆，1948年3月与故宫博物院合并。

② 蔡元培：《文化运动不要忘了美育》，高平叔编：《蔡元培美育论集》，第58页。

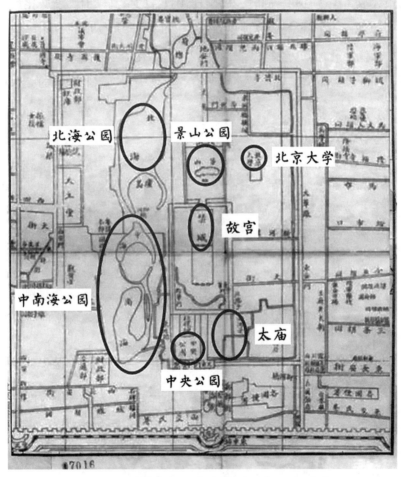

图 3-10　北京游览地图·皇城全图（1916—1920 年）

在蔡元培的理念中，美育是新文化运动一个不可或缺的要素，而北海所处的地带，正是蔡元培这种美育乌托邦一个具体而微的实现，从而取代清时作为文化中心的宣南，成为北京新型的文化空间。

第三章
到北海去

蔡元培掌校期间，除了身体力行推行其美育理念外[1]，还为北大奠定了兼容并包的学风，因此这片区域除了北大正式的学生外，还汇聚了无数有志于新文化、新文学的青年，"他们被北大开放的校风、自由旁听的制度，以及周边浓郁的文化氛围所吸引，游走于课堂、图书馆、街道和公寓之间，彼此联系，互通声息，构成了独特的文化生态，沙滩一带甚至有了北京'拉丁区'的美名"[2]。这些年轻人栖身于北大附近沙滩、北河沿一带大大小小的公寓中，如沙滩附近银闸胡同的公寓中居住着沈从文、黎锦明、陈炜谟、赵其文、陈翔鹤等，北河沿附近著名的汉园公寓中寄寓有张采真、焦菊隐、于赓虞、王鲁彦、顾千里、王三辛、蹇先艾、朱湘、刘梦苇、丁玲、胡也频等。[3]正如沈从文晚年的回忆："就中一部分是北大正式学生，一部分和我情形相近，受了点'五四'影响，来到北京，为继续接受文学革命熏陶，引起了一点幻想童心，有所探索有所期待而来的。当时这种年轻人在红楼附近地区住下，比住在东西二斋的正规学生大致还多数倍。有短短时期就失望离开的，也有一住三年五载的，有的对于文学社团发生兴趣，有的始终是单干户。共同影响到三十年代中国新文学，各有不同成就……以红楼为中心，几十个大小公寓，所形成的活泼文化学术空气，不仅国内少有，即使在北京别的学校也希见。"[4]这片区域遂成为青年学子的乌托邦，1930年代的北大学生朱海涛曾回忆当时北大周边的氛围——

---

[1] 蔡元培在北大建立了画法研究会、书法研究会、音乐研究会等。对于蔡元培在北大推行美育的讨论，详见陈平原：《触摸历史与进入五四》，"老北大的艺术教育"一节，北京：北京大学出版社，2005年，第135—156页。

[2] 姜涛：《从会馆到公寓——空间转移中的文学认同》，《中国现代文学研究丛刊》2008年第3期。

[3] 参见沈从文：《忆翔鹤——二十年代前期同在北京我们一段生活的点点滴滴》《记胡也频》，《沈从文全集》第12、13卷。沈从文亦住过汉园公寓。

[4] 沈从文：《忆翔鹤》，《沈从文全集》第12卷，第254—255页。

公园北京
文化生产与文学想象（1860—1937）

因为这是一个最理想的学习区域，公寓的房钱，好一点的四五块钱够了，坏一点的一两块就成，茶水、电灯、用人、一切在内。吃饭，除附近的便宜小饭馆外还有最便宜者，几分钱就可以吃饱一顿。读书则窗明几净的北大图书馆，不论你是不是北大学生，绝对将你当做北大学生似的欢迎你进去。如果你高兴溜跶溜跶，顺便检阅一下崇祯殉国的煤山，宣统出官的神武门，供玉佛的团城，和"积翠""堆云"的金鳌玉𬭁桥，你可以大模大样走进那钉着九九八十一个金黄钉子的朱红大门，踱过那雕龙舞爪的玉石华表，以一位主人翁的姿态进入金碧辉煌的北平图书馆。①

这是自20世纪20年代起就奠定的，随着"新文化"运动愈发深入，北海所在的内城中心区崛起为新文化的中心，而与此同时，"五四运动"下成长起来的一代"新青年"也已经成熟。由于同一区域的中央公园早已为上一代际的新文化人所占据，他们遂选择1925年新兴开放且与自身气质相投的北海作为自己的领地。借用当时居于北河沿寓所的青年作家沈从文一篇自叙传小说的题目，"到北海去"成了这些青年学子的日常功课。

北海自辟为公园伊始，即对学生特别优待，规定学校及公益团体可以免票入园。②加诸北海地处内城中心，交通便利，因此，自开放之后，组织前来参观的北京各大、中、小学校及教育机构便络绎不绝。如根据第一届北海公园事务报告书，1925—1926年间来北海参观的团体几乎全是学生，共六十一次，约四十个团体，四千余人，其中

---

① 朱海涛：《北大与北大人·"拉丁区"与"偷听生"》，陈平原、夏晓虹编：《北大旧事》，第318页。

② 《北海公园免费游园办法》，《北海公园规章汇览》，1927年，第90页。

第二章
到北海去

甚至包括外省的学校。① 有些中小学校（以小学为主）还会组织学生在归来后写作北海游记，并挑选优秀作品刊登在校刊上。② 此外，北海公园内广设茶座、餐厅，环境幽雅，即如董事会办公的画舫斋，只要董事会不需用时，皆可得租用，因此为青年学生团体的各种集会，提供了充裕的公共空间。以《北海公园事务报告书》记录的1925—1926年间公园内的集会为例，学生团体的同学会、同乡会同样占绝大多数。③ 更毋论近在咫尺的北京大学，查《北京大学日刊》，北大各学生社团常于北海濠濮间、五龙亭、漪澜堂等处举行茶会、联欢会。

同时，青年学生、艺术家的气质、性情以及自我定位，也与北海最为相契。民国时期北京的各大公园自有格调、品位的分野，正如青年作家高长虹在一篇题为《南海的艺术化》的散文中谈到的："北平的四处公园，在她们的品格上分类：先农是下流传舍，中山装满了中流人物，北海略近于是绅士的花园，那末，南海！让我赠你以艺术之都的嘉名吧！"④ 高长虹在同期刊物上一并发表有《北海漫写》，在文中赞美北海：

> 平庸的游人们当然是最好到那平庸的中山公园去写意了！因为一切都是对的，所以三海留给诗人和艺术家以不少的清净。我在北

---

① 北京市档案馆编：《北海公园事务报告书（第一届）·本园各项参观统计表》，《北京的名园名山》，北京：新华出版社，2013年，第213—215页。

② 如1925年第18期《北京孔德学校旬刊》刊有钱秉穹《到北海公园去》，1936年第70期《孔德校刊》刊有一年级学生乐莉莉《北海》与冯小美《夏天》，1934年第16—17期《崇实季刊》刊有五年级学生陈从善所作《北海旅行记》，1934年第1卷第2期《成师月刊》刊有师范部三年级学生拜士俊《到北海公园》，等等。这种集体组织去公园游玩之后写游记的传统一直延续到共和国时期，我这一代于90年代上小学时。

③ 北京市档案馆编：《北海公园事务报告书（第一届）·本园各项集会一览表》，《北京的名园名山》，第211—213页。

④ 高长虹：《南海的艺术化》，《长虹周刊》第22期，1929年8月。

157

公园北京
文化生产与文学想象（1860—1937）

海停了两点钟，没有看见五十个人，所以她做了我的最好的工作室了！荷花的芬芳，你试也夹在风中一息，吹送入我的文字中吧！①

在高长虹看来，城南公园（先农坛）太低俗，中山公园太平庸，唯有三海充满了艺术气息，"留给诗人和艺术家以不少的清净"。北海游人越少，越清静，越能标榜自己品位的不俗："我在北海停了两点钟，没有看见五十个人，所以她做了我的最好的工作室了！"这不是高长虹个别的见解，而是在当时的年轻人中颇具普遍性。如青年作家沈从文在自叙传小说《老实人》中，亦借主人公自宽君之口道："人少一点则公园中所有的佳处全现出"，"在自宽君意思中，北海是越美，就因为人少！"且他一听到附近茶座的女学生表示不愿（或曰不屑）去中央公园那样人多的地方，立即引为同调。②又如女师大学生陈学昭亦在散文《北海浴日》中这样结尾：

走出北海，阳光已照到了屋顶，照遍了大地了！行人虽已多，却还不见有如我一样的第二个游人进门去。他们掉首不顾的来往，可怜，寂寞的北海！北海的寂寞，也就是我所感到的寂寞罢？③

"北海的寂寞，也就是我所感到的寂寞罢？"一方面，北海越是少人问津，越是能凸显自我与众不同的格调，唯有自己能欣赏北海的佳处；而另一方面，寂寞的北海，正与孤芳自赏、自命不随波逐流的文学青年惺惺相惜，如同他们的精神镜像。他们欣赏北海的寂寞，同时也以

---

① 高长虹：《北海漫写》，《长虹周刊》第22期，1929年8月。
② 沈从文：《老实人》，《沈从文全集》第2卷，第76、78页。
③ 陈学昭：《北海浴日》，《京报副刊》第308号，1925年10月25日。

第三章
到北海去

这种寂寞自许。因此,青年学生、艺术家们喜欢在此阅读、创作、探讨文学,北海诗意的审美氛围滋养着他们的灵感;而同时,他们的创作也进一步渲染了北海浪漫的艺术气息。本章拟选取当时都居住在北海附近且彼此私交甚密的一组青年作家沈从文、蹇先艾、朱湘、刘梦苇等作为个案,以揭示北海公园与20世纪20年代以来以"新青年"为主体的新文学之间相互建构的关系。后者赋予前者以诗意的乌托邦色彩,前者则帮助后者确立某种群体性的精英身份。

以沈从文为例,初到北京的湘西青年沈从文原本住在前门外杨梅竹斜街的酉西会馆,其表弟却很快为他重新找了沙滩附近银闸胡同的公寓,"用意是让我在新环境里多接近些文化和文化人,减少一点寂寞"①。于是,沈从文搬到了这片新兴的新文化中心区。②此处距离北海公园相当近,步行可及。沈从文有一篇小说就直接题为《到北海去》③,作品发表于1925年8月25日,而北海公园同年8月1日才正式向公众开放,可见他对于北海高度的关注和兴趣。在另一篇自叙传小说《老实人》中,自叙传主人公自宽君的爱好便是"每日到北海去溜"④,作者让自宽君的脚步追随邂逅的女学生,从琼岛—五龙亭—九龙碑—静心斋—濠濮间—船坞—白塔,绕北海一周,勾勒出一条烂熟于心的游览路线(见图3-11)。沈从文对北海的好处十分体贴,特别赞赏北海的清静之美:

---

① 沈从文:《忆翔鹤》,《沈从文全集》第12卷,第252页。
② 关于沈从文从会馆到公寓空间转移的背后所折射的北京文学、文化地图以及社会网络的变迁,参见姜涛:《从会馆到公寓:空间转移中的文学认同——沈从文早年经历的社会学再考察》,《中国现代文学研究丛刊》2008年第3期,以及《沈从文与20世纪20年代北京的文化消费空间》,《都市文化研究》2012年12月。
③ 沈从文:《到北海去》,《晨报副刊·文学旬刊》第79号,1925年8月25日。
④ 沈从文:《老实人》,《沈从文全集》第2卷,第74页。作于"十六年冬于北京某夹道",发表于1927年12月7—9日、12—17日《晨报副刊》第2144—2147、2149—2154号。

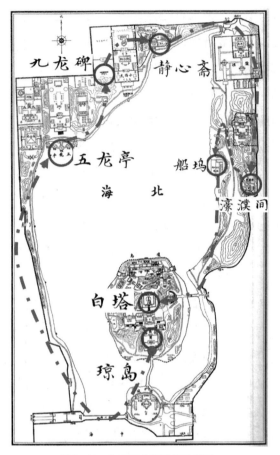

图 3-11 自宽君北海游历路线图

人少一点则公园中所有的佳处全现出。在一些地方,譬如塔下头白石栏干,独自靠着望望天边的云,可以看不厌。又见到三三两两的人从另一处缓缓的脚步走过,又见到一两个人对着故宫若有深喟的瞧,又见到洒水的车夫,两人用膀子扛了水桶在寂静无人的宽土路中横行,又见到……全是诗!①

北海为沈从文这样的初学写作者提供了构思和阅读的场所。《老实人》谈到自宽君"有时他却一个人坐到众人来去的大土路旁木凳上,就看着这来去的男女为乐。每一个男女全能给他以一种幻想,从装饰同年龄貌上,感出这人回到家中时节的情形,且胡猜测日常命运所给这人的工作是一些什么"②。这其实也是作者切身的经验

---

① 沈从文:《老实人》,《沈从文全集》第 2 卷,第 76 页。
② 同上书,第 75 页。

第二章
到北海去

之谈,沈从文素有"看人"的喜好①,在公园中这样观察往来的游客,可以激发构思的灵感,搜集写作的素材,"把每一类人每一个人的生活,收缩到心头,在这观察所及的生活上加以同情与注意",以之作为自己的"日常工作"②,是作家进行自我训练的有效手段。

去北海,除了看人以外,"还有一件事,自宽君,看人还不是理由,他是去看书"——"北海的图书馆阅览室中,每天照例有一个坐位上有近乎'革命家式'的平常人物,便是自宽君"。③ 此"北海的图书馆阅览室",即为1926年落成的北京图书馆,沈从文此文作于1927年,从叙述中对于图书馆之书刊种类、作息时间的熟稔程度看来,作者早已是北京图书馆的常客了。公共图书馆对于沈从文自身的人生轨迹具有重要意义。据他自己回忆,到京后最初住在西西会馆的那段时期内,他由于报考大学失败,不再作升学打算,代以每日到京师图书馆分馆去看书自学,许多新旧杂书都是在这阶段读到的。④ 而迁到沙滩一带的公寓后,想必沈从文也是同小说的自叙传主人公一样,每日到藏书更为丰富也更为权威的北京图书馆报到。⑤ 这种习惯即使到他成名后也未曾改变,巴金在回忆沈从文时就谈道:"北京图书馆和北海公园都在附近,我们经常去这两处。"⑥ 这种在公共图书馆涵泳、自学的经历,为沈从文这样一个来自湘西边城、不曾受过现代高等教育

---

① 沈从文在多篇自叙传小说、日记、书信中提到自己这种在公共空间观察陌生人的爱好,如《怯汉》《焕乎先生》《善钟里的生活》《一个天才的通信》等。
② 沈从文:《老实人》,《沈从文全集》第2卷,第92页。
③ 同上书,第74页。
④ 吴世勇编:《沈从文年谱》,天津:天津人民出版社,2006年,第17页。
⑤ 此后,1925年8月至1927年8月,沈从文经由梁启超推荐,到熊希龄创办的香山慈幼院担任图书管理员。其间,熊希龄还派遣他到北京大学图书馆在职进修数月,师从袁同礼学习图书编目等方面的业务知识。
⑥ 巴金:《怀念从文——代序》,吉首大学沈从文研究室编:《长河不尽流——怀念沈从文先生》,第7页。

的"边缘知识分子"①日后成长为知名的新文学作家，打下了最初的基础。

待到1930年代，沈从文执掌《大公报·文艺副刊》，亦不忘再续与北海的因缘，定期邀请在《文艺副刊》上崭露头角的新秀作者们到北海公园的漪澜堂和五龙亭或是中山公园的来今雨轩聚会。如前章所述，当时身为青年作家的严文井、王西彦，对于沈从文主持的北海茶会，都有生动的回忆。沈从文曾经作为一个文学青年，深受北海及其周边美育氛围的惠泽；而当他主持京派文坛之时，又不遗余力地发掘、提携新人。北海遂成为沈从文承传新文学代际、扶植青年作家的基地。

而与沈从文同时期的另一位青年作家蹇先艾，更是与北海尤其是北海的图书馆结有深厚的渊源。蹇先艾与沈从文曾一同寄寓过北河沿的汉园公寓，且彼此熟识，共享相同的社交网络如朱湘、刘梦苇等。而蹇先艾由于叔父蹇念益的关系②，早在北海正式开放为公园之前，即能自由出入松坡图书馆。他经常利用节假日去松坡图书馆看望叔父，同时借阅图书，从中汲取养分。因此，早在1923年10月2日，北海公园远未开放，甚至连松坡图书馆都还没有正式成立之前③，蹇先艾便于松坡图书馆作诗《北海夜游》，发表在《晨报副镌·文学旬刊》④。全诗分三节，渲染北海秋夜一种神秘诗意的气氛，其间有一

---

① "边缘知识分子"的概念详见罗志田《知识分子的边缘化与边缘知识分子的兴起》一文，罗志田：《权势转移：近代中国的思想、社会与学术》，武汉：湖北人民出版社，1999年，第191—241页。

② 蹇念益与梁启超是莫逆之交，也是松坡图书馆的创办人、常务干事之一。1929年梁启超逝世后，松坡图书馆没有再推举正馆长，改由常务干事总理馆务，蹇念益任主任干事，相当于继梁启超之后的第二任松坡图书馆馆长。具体参见熊树华：《蹇先艾与松坡图书馆》，《贵图学刊》2006年第3期。

③ 松坡图书馆于1923年11月4日正式成立。

④ 蹇先艾：《北海夜游》，《晨报副刊·文学旬刊》第17号，1923年11月21日。《北海夜游》初稿与后来收于文集中的修改版本略有出入，此处以初稿为准。诗尾题："1923.10.2于北海松坡图书馆"。

第二章
到北海去

个孤独的"我"绕着水滨,体悟自然的真谛——

> 瞻仰宫殿之雄伟,
> 咨嗟风景之荒沦。
> 细听!
> 细听池畔,树间……
> 小鸟啁啾争鸣。
> 我感触一切的空洞虚伪,
> 愿携手与此自然之神。

塞先艾彼时虽是新诗的初学者,《北海夜游》却已崭露其后所探索的新格律诗的面目。塞先艾大学毕业之后,更是在北海快雪堂的松坡图书馆工作长达近十年的时间。据他自己回忆,他"每天早晨八点到馆,把那些琐碎的事情料理清楚,便跑到书库去翻看自己爱看的书,或者把稿纸铺在桌子上写一点文章。疲乏了,或者是看得太沉闷了,便夹着一本书,走出门,在海边大树下的长椅上坐着,看看书,又看看风景。有时我毫无目的地沿着海岸散步,不知不觉就走得很远,一直要到下午五点才回家去。如果遇着月夜,我往往就坐到深夜,要感觉到凉意袭人的时候,才起身。在这座公园里,我几乎这样过了十个春夏秋冬"[①]。因此,不仅松坡图书馆丰富的藏书赋予塞先艾的新文学创作有形的裨益,北海公园诗意的美也于潜移默化中给诗人以无形的陶染,滋养其文学的灵感。在北海涵泳十年之久,这里的春夏秋冬、一草一木他都了然于心:

---

① 塞先艾:《忆松坡图书馆》,《创作月刊》1942年第1卷第1期。

公园北京
文化生产与文学想象（1860—1937）

> 我看见春花怒发，春水绿波；我听见各种鸟类的歌喉的婉转，知了不断的长吟，秋虫在古宫殿的石砌中，草堆里唧唧的悲鸣，他们好像凭吊着琼楼玉宇的荒凉；我有时和几个朋友泛着小舟，从五龙亭出发，用船桨拍打着残荷，经过"琼岛春阴"，往金鳌玉蝀桥下穿过，又缓缓地归来，只听见一船的轻碎的笑声与咿哑的桨声。冬天来到，我很喜欢孤独地踏过冰海，跨上白塔去俯瞰负雪的古城，故宫的红墙黄瓦，迤逦的西山，都换上了银装。雪慢慢的溶化了，紫禁城的朱垣，松柏的青苍，琉璃屋顶的澄黄，和东一片西一片的皓雪交映着，更觉得眩目动心。我以前对于自然是比较淡漠的，从那个时期起，才开始知道自然的伟大，才开始领略自然的伟大！①

"我以前对于自然是比较淡漠的，从那个时期起，才开始知道自然的伟大，才开始领略自然的伟大！"恰呼应了其早年的诗作："我感触一切的空洞虚伪，愿携手与此自然之神。"北海能令诗人和作家领略自然的美，达到精神净化的作用，正如高长虹亦在《北海漫写》中写道："在那有树木和水的地方，风吹过我们身边的时候，就像是风吹过水和树木的身边，也像是水和树木吹过我们的身边。这种感觉，不但凉爽，而且润洁，的确像是女性的陶融，自然是一个最美的女子，而美的女子也是自然！"②

文学青年们除了在北海汲取知识和灵感外，也可以直接在北海进行文学创作和批评。青年诗人朱湘在其名篇《北海纪游》开篇即提到自己打算去北海作完《洛神》，并渲染北海兼具"清幽与富丽"的美景：

---

① 蹇先艾：《忆松坡图书馆》，《创作月刊》1942年第1卷第1期。
② 高长虹：《北海漫写》，《长虹周刊》第22期，1929年8月。

第二章
到北海去

> 九日下午,去北海,想在那里作完我的《洛神》,呈给一位不认识的女郎,路上遇到刘兄梦苇,我就变更计划,邀他一同去逛一天北海。那里面有一条槐树的路,长约四里,路旁是两行高而且大的槐树,倚傍着小山,山外便是海水了;每当夕阳西下清风徐来的时候,到这槐荫之路上来散步,仰望是一片凉润的青碧,旁视是一片渺茫的波浪,波上有黄白各色的小艇往来其间,衬着水边的芦荻,路上的小红桥,枝叶之间偶尔瞧得见白塔高耸在远方,与它的赭色的塔门,黄金的塔尖,这条槐路的景致也可说是兼有清幽与富丽之美了。①

朱湘因偶遇刘梦苇而改变计划,与他一边同游北海,一边畅谈对于新诗的见解。他们在濠濮间对话,在槐路上漫步,在雨中泛舟,在漪澜堂用点心,在琉璃牌楼下听雨,北海的美景、诗意完美地与新诗批评融合在一起。《北海纪游》既是一篇书写北海的优美游记,又被公认为朱湘早期诗论的代表作,它以年轻人特有的意气风发甚至不乏激进的方式,表达了他们富有创造性的新诗主张。饶有意味之处在于,若朱湘是想借此文表达他的诗论,又为何要凸出"北海"?谈论新诗,似乎必须且只能在北海,而非其他公园,如更契合旧体诗趣味的中央公园或万牲园,更毋论市井气浓厚的城南公园之流。而北海富有诗意的情致,似乎也更能触动诗人的灵感和诗性,这篇新诗批评的经典之作,正是因北海才得以完成。由此可见,北海在象征层面的美学意蕴,与新诗的精神内质具有某种一致性。

在富有诗情的环境中谈论诗,的确是相得益彰的风雅之举,于是诗人在泛舟北海之时引逗了诗意的灵感,作《棹歌》一首,以严整对

---

① 朱湘:《北海纪游》,《小说月报》第17卷第9号,1926年9月10日。

仗的格律，描摹不同情境下北海泛舟的种种情致。朱湘将《棹歌》全诗录于《北海纪游》中①，这是他对于新格律诗的尝试，与其作于同时期的代表作《采莲曲》在格式、情致上非常相似。《棹歌》尤其是《采莲曲》，都富有代表性地体现了朱湘对于新格律诗"音乐美"的追求。朱湘在《北海纪游》中曾讨论新诗与音乐的关系，认为"文学与音乐的关系，我国古代与在西方都是好的抒情诗差不多都已谱入了音乐，成了人民生活的一部分；新诗则尚未得到音乐上的人材来在这方面致力"②。因此，当好友蹇先艾将其北大法学院同学闻国新专门为《采莲曲》创作的曲谱带给朱湘的时候，朱湘会那么高兴，这相当于对他诗歌理念的一种实践。朱湘请蹇先艾代为向闻国新转达谢意，并表示："要是我们能找几个年轻人来合唱一下《采莲曲》，那就太有意思了。"蹇先艾将朱湘的意思转告之后，有一天，闻国新果然带了几个女孩子来找蹇先艾，一同约了朱湘到北海去划船。有趣的是，当朱湘等人设想吟唱《采莲曲》时，北海再一次成为诗人的不二之选，北海在诗人心中所代表的诗学意象和美学符号，由此可窥得一斑。

> 原来早已经过国新的排练，在一叶扁舟上，那几个女孩子曼声地把《采莲曲》唱起来了，一唱再唱，有些游人都远远地停舟静听。朱湘简直被宛转的歌声陶醉了，他不住点头，表示赞赏，还连声朗诵着古人的诗句："不识歌者苦，但伤知音稀"，"知音如不赏，归卧故山秋"。③

---

① 《北海纪游》所录《棹歌》后标有写作时间，为 1926 年 6 月 10 日。
② 朱湘:《北海纪游》,《小说月报》第 17 卷第 9 号，1926 年 9 月 10 日。
③ 蹇先艾:《再话〈晨报诗镌〉》,《蹇先艾文集》第 3 卷，贵阳：贵州人民出版社，2004年，第 339 页。

第三章
到北海去

蹇先艾的这段叙述文字，其精彩和动人处并不下于朱湘在《北海纪游》中的描写。北海在诗人的生活与创作中，在文学史内外，都书写下浓墨重彩的一笔。

实际上，朱湘与刘梦苇在北海探讨新诗创作的问题，以及与蹇先艾在北海泛舟吟唱《采莲曲》都并非个案，而是当时他们一班探索新格律诗的青年诗人的生活常态。这一群具有相近美学追求的文学青年，闻一多、刘梦苇、朱湘、蹇先艾、饶孟侃、于赓虞、朱大枬等人，除了时任教授的闻一多外，大多住在北河沿附近的公寓中。① 他们都不满于当时粗制滥造的诗风，都希望在新诗的形式与格律上作些有益的试验。暑假里，他们常在北海濠濮间聚会，有时也在刘梦苇、闻一多的寓所中，切磋诗艺，讨论作品。就是在这样的基础上，有了新格律诗派与《晨报诗镌》的诞生。② 经他们商议，由蹇先艾与闻一多出面，与当时主编《晨报副刊》的徐志摩交涉③，《诗刊》遂于 1926 年 4 月 1 日作为《晨报》的副刊面世，徐志摩亲自撰写发刊词并担任主要的编辑工作④。《诗刊》是这一群青年诗人探索新诗变革的阵地，正如朱自清在《中国新文学大系·〈诗集〉导言》中的评价，"他们要'创

---

① 根据蹇先艾的回忆，他与刘梦苇等人当时都住在北河沿的震东公寓，参见蹇先艾《向艰苦的路途走去》《〈晨报诗刊〉的始终》，《蹇先艾文集》第 3 卷。

② 参见杜惠荣、王鸿儒：《蹇先艾评传》，贵阳：贵州人民出版社，1986 年，第 26 页；徐志摩《诗刊弁言》，《晨报副刊·诗镌》第 1 号，1926 年 4 月 1 日。由于《晨报副刊》的"刊"字由当时总编蒲伯英以汉砖字体写作"镌"，因此《诗刊》也沿用，题为"诗镌"。

③ 蹇先艾与徐志摩因松坡图书馆而结缘。徐志摩的父亲与蹇念益是好友，故徐志摩由欧洲回国后，寄居于松坡图书馆位于石虎胡同的分馆，蹇先艾常去馆中探访他。徐同他讨论新诗的创作，将自己的诗集《志摩的诗》赠予他，蹇先艾引以为自身写诗的范本。徐还指点原本对英诗一窍不通的蹇先艾阅读拜伦、雪莱、济慈等人的诗选，并介绍不少当时已有名气的诗人和作家给他，使蹇先艾受益匪浅。

④ 据蹇先艾回忆，《诗刊》最初采取轮流主编的制度，参加的人每人编两期。第一、二期是徐志摩编的；第三、四期是闻一多编的；饶孟侃只编了第五期；为方便起见，从第六期起轮流制取消，完全交由徐志摩主编。

格'、要发见'新格式与新音节'……他们真研究，真实验；每周有诗会，或讨论，或诵读。梁实秋氏说，'这是第一次一伙人聚集起来诚心诚意的试验作新诗。'虽然只出了十一号，留下的影响却很大"①，对于新诗的发展有很大的突破。而北海对于《晨报诗镌》的诞生以及新格律诗的建设，也发挥了不可或缺的一份作用。

由上可见，北海公园与以"新青年"为主体的"新文学"存在相互建构的关系：一方面，北海赋予了文学青年养分、灵感和构思、书写、批评文学的空间；另一方面，他们的文学活动和书写也帮助建构了北海乌托邦的意象。

三、北海的乌托邦意象

如前文所述，由于北海审美与诗意的气息十分浓重，在人们心中形成了固定的文化象征和美学形象，从而使它具有了一种与现实有些疏离甚至对立的乌托邦特质。且这种乌托邦意象的内涵，因应不同的时代环境、不同的社会主体而有相应的变化。

首先，对于"五四"新文化风气熏染下成长起来的一代新青年，20世纪20年代中期开放的北海，作为新兴的文化中心，不仅构成了辅助与补充现代学院教育的美育空间，也是一处逃离现实的庇护所、精神的乌托邦。民国时期北京公寓的住宿条件，从物质层面而言不尽如人意，如沈从文的早期作品就曾提到，由于经济困窘，天冷生不起炉子，"窄而霉小斋"潮湿逼仄，迫使他不得不到公园或马路上散步，

---

① 朱自清：《中国新文学大系·〈诗集〉导言》，《1917—1927中国新文学大系导言集》，天津：天津人民出版社，2009年，第149—150页。沈从文虽不是诗人，由于当时与这一群人走得很近，也是《诗刊》同人在闻一多家"读诗会"的常客，其《谈朗诵诗》一文中曾详细追忆当年读诗会的情境。

第三章
到北海去

或者去图书馆看书，以打发时间，也顺便取暖。① 陈学昭《北海浴日》亦抱怨："北京的矮矮的屋子，闷闷的不通空气的窗户，既不能高眺，又不能远望，这样的拘拘，我终不能自释。"② 她因此常常去猪市大街"摆步"，然而猪市大街上风大尘多，又需要时时躲避横冲直撞的牲畜，十分不适宜散步，最终才觅得了北海这样一方清静地。从精神层面而言，姜涛曾分析沈从文《公寓中》等早期文本，指出公寓于以沈从文为代表的边缘知识分子而言，不仅是物质的空间，同时也是心理的、社会的空间，折射出一代边缘青年的历史位置。姜涛认为，公寓与沈从文"城市漫游"路线所频经的北海公园、电车、真光影院等区隔化的消费空间相对立，后者体现了某种现代文化秩序和生活幻境，"作为一个游手好闲者、一个无法参与历史的边缘青年，他事实上是被北京城里新兴的精英群落和消费生活所拒绝。他虽然能漫步其中，但最终还是作为落败者，回到公寓的挣扎之中"③。而本书对姜涛的观点略作推衍，从沈从文等人的角度看，北海公园其实正是为这些试图超越困窘的公寓生活的边缘知识分子，提供了一片暂且逃离现实的精神空间。它甚至作为一种新式的文化符号，为此类没有机会进入高等学府的边缘青年贴上一个新型知识分子的标签，使他们获得了一种具有象征意味的文化资源，恰如姜涛所言："这些新式的文化空间，并非真正是普通市民可以随意消费的地方，而是充满了社会的、文化的区隔，或许只有一般的社会精英和时尚青年才可享用。"④ 沈从文青年时期在北海这一具有象征意义的文化空间获得了文化身份的认同，

---

① 沈从文早年这种穷愁潦倒的境遇在其1920年代自叙传性质的作品中多有体现，参见《公寓中》《绝食以后》《到北海去》《一天是这样度过的》《棉鞋》《老实人》《怯汉》等。

② 陈学昭：《北海浴日》，姜德明编：《北京乎——现代作家笔下的北京（1919—1949）》，第144页。

③ 姜涛：《"公寓空间"与沈从文早期作品的经验结构》，《中文自学指导》2007年第2期。

④ 同上。

而在成名后又选择重回北海,在此庇佑、扶植新的文学青年。正如王西彦等参与者的回忆:"在我们的心中,他只是一位年龄稍长的大朋友,他也从不摆出一副导师或主编的架式。"(前引)沈从文在北海茶座营造的这一公共文化空间具有相当的平等性,是一个去等级化、去中心化的公共空间,在座的后生晚辈皆可以自由地表达自己的观点,从而"超越了单一性,成为众多京派文人、尤其是学生辈的文人建立社会网络的黄金通道"。① 而公园也由此与封闭的、世俗的公寓空间相区隔,对于青年学生、艺术家而言,象征了一处相对具有开放性与包容性的精神的乌托邦。

本田和子曾在其专著《女学生的谱系——彩色的明治》第一章"被装饰的都市"中解读一幅明治三十六年(1903)十月《风俗画报》上的漫画《在日比谷公园憩息的人们》,漫画前景中有两位十分惹人注意的身着当时典型女学生装束、正在亲密交谈的女大学生。作者分析道,作为日本近代首座向平民开放的西欧式公园,日比谷公园中花木丛生、四季如春,内设音乐堂、图书馆,这样的公园是与现实的生活无关的,是近代东京都市的象征、市民的骄傲;而明治时期诞生的女学生,也是这样的产物,她们没有直接明确的效用性,而是作为近代的象征、"都市之花"而存在,是明治时代的隐喻。因此,公园与女学生相映成趣,女学生是超越传统、超越乡土的现代公园中不可或缺的装饰。② 中国与日本的实际情况自然有所差异,然而,如花园梦境一般具有乌托邦色彩的北海公园,与狂飙浪漫的"五四"大背景下现代学院体制产生的青年学子,确实具有某种类比性。意气风发的"新青年"尤其是"新女性",成为公园中最引人注目的风景,是摄影师、

---

① 许纪霖等:《近代中国知识分子的公共交往(1895—1949)》,第 340 页。
② 参见本田和子:『「女学生」の系谱(増補版)』,东京:青土社,1990 年。感谢日本神户大学教授滨田麻矢提示我日本的相关研究,以及东京大学博士山口早苗为我解释日语文献。

第三章
到北海去

新闻记者与作家热衷于捕捉和表现的对象。风景如画的北海,与举手投足间都流露出诗意与美的韵味的"新女性",完美地结合在一起,象征了一种超越世俗的、都市主义的美,而独立自信、身心健康的"新女性"形象也成为民国北海最佳的代言人(如图3-12)。如朱湘《北海纪游》描写与刘梦苇泛舟北海时,为一位时髦女郎独自划船的风采所倾倒——

图3-12　回廊闲步北平北海公园所见(《中华》1933年第20期)

> 我们看见一个女郎独划着一只绿色的船,她身上穿着白色的衣裙,手上戴着白色的手套,草帽是淡黄色的,她的身躯节奏的与双桨交互的低昂着,在船身转弯的时候,那种一手顺划一手逆划两臂错综而动的姿势更将女身的曲线美表现出来;我们看着,一边艳羡,一边自家划船的勇气也不知不觉的陡增十倍。①

又如沈从文《老实人》中自宽君在北海邂逅的两位女子,作者直接点出"这是两个学生模样的女人,发剪了以后就随意让它在头上蓬起似

---

① 朱湘:《北海纪游》,《小说月报》第17卷第9号,1926年9月10日。

公园北京
文化生产与文学想象（1860—1937）

的髻得多高"，剪发——时髦女学生的标志——是沈从文对她们唯一具体的相貌描写。而且这两位女学生不止容颜美，她们还携了两本自宽君的著作，并且颇具鉴赏品味，能批评自宽君的作品有"一种朴素的忧郁，同一种文字组织的美丽"，还欣赏周作人和废名的文字。① 这两位女学生象征着知识与美，同时也与她们所最契合的环境——优美如诗的北海一般，象征着自宽君所渴望进入的那个现代空间与文化秩序。

然而，正如自宽君为两位女学生所拒绝，并且被维持秩序的警察所逮捕一样，北海是存在等级与趣味的区隔的。北海作为具有开放性与包容性的精神乌托邦，只是面向青年学生与艺术家而言。而对于普通的平民大众来说，首先，不算低廉的门票价格就限制了他们进入这个新兴的都市空间。如作家张向天在1937年撰文讨论故都消夏方式时，依然谈道："如北海公园、中山公园、中南海公园等等到底不能算是平民消夏地，因为那二十枚的门票限制，许多俭食省用的住户小家，是隔在外面了。"② 邓云乡也曾提道："当时一般人家去趟北海也是桩大事，一年中是难得有一两次的。比不得豪富之家或高薪阶层，可以每天坐包车或汽车去北海坐茶座，不当回事。一般人家经常去是去不起的，但偶去一次总也要坐坐茶座，全家每人吃碗馄饨或吃盘包子，花个块儿八毛的，这就是北京人的谱儿。"③ 可见北海在民众间并不普及，至少是一种奢侈的消费。又如北海时兴的划船、溜冰等消遣，都具有一定的阶级性。北海公园内的划船和渡船多数为权贵私船及董事会用船，余下由私商经营的船只，出租费用也相当可观，据邓云乡回忆，"'七七'战前，押金一元，租金每小时三角，可买芝麻酱

---

① 沈从文：《老实人》，《沈从文全集》第2卷，第78—86页。
② 张向天：《故都消夏闲记》，姜德明选编：《如梦令——名人笔下的旧京》，第414页。
③ 邓云乡：《琼华岛夏梦》，《燕京乡土记》上册，第113页。

第二章
到北海去

烧饼三十九个，还余铜钱一大枚。其价不为不贵矣"①。溜冰亦然，据市政档案，1943年北平市政府嫌北海、中南海各冰场票价过高，要求"冰场所订票价，自应力求低廉，以期普及"，始以强硬的行政手段统一票价，日券合门票、存储费共三角。②可即便如此，若根据上述邓云乡的标准，也算不得便宜。

实际上，即使不考虑消费的问题，也还存在着格调、趣味的差异。如朱光潜就表示，相较于北海，他更倾向平民化的后门大街：

> 这并非北海对于我没有意味，我相信北海比我所见过的一切园子都好，但是北海对于我终于是一种奢侈，好比乡下姑娘的唯一一件的漂亮衣，不轻易从箱底翻出来穿一穿的。有时我本预备去北海，但是一走到后门，就变了心眼，一直朝北去走大街，不向西转那一个弯。到北海要买门票，花二十枚铜子是小事，免不着那一层手续，究竟是一种麻烦；走后门大街可以长驱直入，没有站岗的向你伸手索票，打断你的幻想。这是第一个分别。在北海逛的是时髦人物，个个是衣裳楚楚，油头滑面的。你头发没有梳，胡子没有光，鞋子也没有换一双干净的，"囚首垢面而谈诗书"，已经是大不韪，何况逛公园？后门大街上走的尽是贩夫走卒，没有人嫌你怪相，你可以彻底地"随便"。这是第二个分别。逛北海，走到"仿膳"或是"漪澜堂"的门前，你不免想抬头看看那些喝茶的中间有你的熟人没有，但是你又怕打招呼，怕那里有你的熟人，故意地低着头匆匆地走过去，像做了什么坏事似的。在

---

① 邓云乡：《太液好风光》，《燕京乡土记》下册，第277页。
② 《训令整理中南海公园临时委员会，中央、北海公园委员会：为本市各冰场票价及各项费用参差不一兹经核定日券以三角为原则连门票存储费在内除分令外仰转饬园内冰场遵办由》，《市政公报》1943年第188期。

公园北京
文化生产与文学想象（1860—1937）

后门大街上你准碰不见一个熟人……这是第三个分别。①

"在北海逛的是时髦人物，个个是衣裳楚楚，油头滑面的"，就连朱光潜这样的文化名人、大学教授，都嫌北海"是一种奢侈"，有品位上的诸多限制，更别提平民百姓了。不唯公园无形中有门槛，公园茶座亦如是。譬如沈从文《老实人》中即提到自宽君"以前不敢在五龙亭吃东西"，唯当天气转凉游人稀少时，才"大胆独自据了一张桌子用他的中饭晚饭了。因所吃的并不比普通馆子为贵，自宽君，便把上午十二点钟那一次返寓的午餐全改作在这地方来吃"。②餐费并不昂贵然而自宽君平时不敢光临的缘故，在于其自惭形秽自身的装束、地位。恰如本章前文所引高长虹的论述，北京各大公园品位与阶级的分野十分鲜明。张恨水小说《啼笑因缘》中，就曾将三个女性角色对应北京不同的公园——男主人公樊家树与天桥鼓书艺人沈凤喜约会总是在城南的先农坛，与习武的关秀姑父女是去逛下层百姓休憩的什刹海，而与官宦千金何丽娜见面则是在北海。处于何种阶级、何种社会秩序中的人，去什么样的公园，在民国时人心中是有约定俗成的共识的。

正是由于北海在文化、消费以及品位上都具有阶级性和区隔性，20世纪30年代中期以后，随着日军侵华态势愈演愈烈、时代危机感愈发深重，这种矛盾与张力就更加强烈。对于北海的书写由此产生了微妙的变化，呈现一种普遍的趋势，即视北海为隔绝了时局与阶级的乌托邦的所在，语带微讽甚至是批评。如发表于1935年《市政评论》上的《北海泛舟记》，作者开篇即曰："北平确是一个有闲人们好消遣的

---

① 朱光潜：《后门大街》，姜德明编：《北京乎——现代作家笔下的北京（1919—1949）》，第525页。
② 沈从文：《老实人》，《沈从文全集》第2卷，第77页。

第三章
到北海去

所在，假如你在北平北海消磨一夕，你一定不知道时代的危机了。让我告诉你一些北海之夜的景况，你作回梦游吧。"[1]这种具有讽刺意味的"梦游"定下了全篇的基调，北海虽美，却是虚幻的、与现实隔绝的。而发表于1934年《市政评论》上的诗歌《北海公园之秋》，则径直将公园中歌舞升平的游人与前线浴血奋战的将士并举，产生鲜明的对比，"这儿的游客时发出欢乐之声，/丰盛筵席上纵情沉湎地痛饮，/他们何曾忆及前线上的将士，/这时正在血流里为国而亡命"[2]，颇有"商女不知亡国恨，隔江犹唱后庭花"的批判意味。北海的绿树红墙隔挡了时代的危机和战事的硝烟，也阻隔了劳动阶级的进入。20世纪30年代以后左翼思潮盛行，对于北海阶级性的思考变得尖锐，当20年代时如高长虹仅是以幽默的口吻轻描淡写地一笔带过："而今是民主时代，所以每一个老百姓——但也已腰藏二十枚铜元者为限——都是无冕帝王了！"[3]而到了30年代中后期，作者的阶级立场就表现得十分直白："人力车夫的汗臭，无疑的，和他们的身躯，都被关在这美丽的园门之外"[4]；即便是在白塔之巅眺望远方的烟雾，也要感叹一句："虽然是人所不喜欢的烟雾，但我却以为是最伟大的东西，这浓浓的烟雾中，包藏着无数劳动者的心血，劳动者的汗珠！啊，伟大的力啊！我同情你。"[5]

在作者眼中，与园外的现实世界相对应的，是园内有钱有闲、歌舞升平的"红男绿女""布尔乔亚阶级"。北海本是深受文学青年、艺术家青睐的美育乌托邦，在"五四"狂飙浪漫背景下孕育的"新青年""新女性"，与北海梦幻、诗意的气质相映成趣，作为北海的精神

---

[1] 凯：《北海泛舟记》，《市政评论》1935年第3卷第16期。
[2] 文霞：《北海公园之秋》，《青年评论》1934年第12卷第15期。
[3] 高长虹：《北海漫写》，《长虹周刊》第22期，1929年8月。
[4] 石光：《北海之秋》，《崇实季刊》1936年第21期。
[5] 撼旻：《北海》，《交通职工月报》1937年第5卷第2期。

象征,曾经是诗人、作家讴歌的"缪斯"。而现在,这些"新青年"同样作为北海的代表,体现了北海与大时代背景不符的安逸、闲适、不切实际的小资情调,成为作家质疑和批判的对象。如《北海之秋》对园内游客的速写:

> 白塔写实的画家,运笔掇拾天边的娇颜,一片落叶,一只飞鸟,都感动了艺术家易感的心肠,都是艺术家笔下极珍贵的材料,他们幻想着,伟的艺术作品,陈列在壮丽宏伟的宫殿的光荣,他们要使这人间的废墟美化——诗人呢?为一首美丽的恋歌,微笑着在海滨散步,许是沉醉了罢,在下意识中,诗人是望见了中世纪,英雄与美人的豪华!而厌世的哲人,也却在这里轻微的叹息着:"可诅咒的人生!"

"种种的,这些闲静的感情,这些带有近代罗曼期意味的情调,配合这古雅的建筑与清碧海,深沉的海,造就了古典与浪漫混成功了的'美'!"[①] 作者对于原来最能体现北海审美特质的画家、诗人、哲学家之流,以反讽的形式表现;被加诸引号的"美"字,是新的时代对于北海美学的质疑。北海被视作一个与现实脱节的乌托邦,与之相呼应的是流连其间的"大都把身上修饰得很整洁,脸上不带一丝忧虑"的年轻男女,"不曾尝过甜酸苦辣的幸运儿,说说笑笑地在享受着这幽静明媚的晨光"[②],似乎与园外动荡的时局、惨淡的现实无涉。前文提及的诗歌《北海公园之秋》更是将这些"不知亡国恨"的"红男绿女"与前线为国亡命的将士作对比,引起作者"憎恶""迷茫""愤

---

① 石光:《北海之秋》,《崇实季刊》1936年第21期。
② 撼旻:《北海》,《交通职工月报》1937年第5卷第2期。

第三章
到北海去

怒"的情绪:"在这儿有红男绿女三五成群,/狂欢的声浪从他们中间飞进,/他们陶醉于这粉红色的氛围,/忘了青春的努力人生的华贵。"① 可以看到,北海闲适的、愉悦的氛围,以及代表北海的、浪漫美丽的青年男女,象征了一种超越世俗现实的、脆弱的、无用的审美,在时代危机感的压迫下,成为人们寄托不满与批评的箭靶。

到了抗战时期,这种冲突的意境达到了巅峰,在老舍的《四世同堂》里,北海作为太平时期与战争时期鲜明的对比,象征着曾经的美好和沦陷的屈辱。老舍淋漓尽致地书写了北海的化妆溜冰大会如何沦为讨好侵略者的闹剧。他先是以抒情的笔调渲染北海的美景:"到了十二点,北海已经装满了人。天很高很亮,浅蓝的一片,处处像落着小小的金星。这亮光使白玉石的桥栏更洁白了一些,黄的绿的琉璃瓦与建筑物上的各种颜色都更深,更分明,像刚刚画好的彩画。小白塔上的金顶发着照眼的金光,把海中全部的美丽仿佛要都带到天上去",而"这全部的美丽却都被日本人的血手握着,它是美丽绝伦的俘获品,和军械,旗帜,与带血痕的军衣一样的摆列在这里,纪念着暴力的胜利",北海愈美,愈发衬托其沦落为玩物的悲哀。与北海的美景相辉映的是那些沉湎于逸乐的北平人,"他们已失去自己的历史,可还在这美景中享受着耻辱的热闹"。作家痛心地批判游客的麻木与无耻:"他们忘了南苑的将士,会被炸弹炸飞了血肉,忘记了多少关在监狱里受毒刑的亲友,忘记了他们自己脖子上的铁索,而要痛快的,有说有笑的,饱一饱眼福。他们似乎甘心吞吃日本人给他们预备下的包着糖衣的毒丸子",并特意强调此间的"青年男女":"有不少青年男女分外的兴高采烈","参加比赛的人很多,十分之九是青年男女。他们是民族之花,现在变成了东洋人的玩具"。获得大赛三甲选

---

① 文霞:《北海公园之秋》,《青年评论》1934 年第 12 卷第 15 期。

手的装束分别象征着"中日满合作""和平之神"与"伟大的皇军",其中,"中日满"是作中式、满式、日式装扮的三位年轻女子,代表伪满的衣饰上还绣着东北的地图,而"和平之神"则是一位高举太阳旗的白衣女郎。① 在作家、摄影师的眼中,作为"都市之花"的新青年尤其是新女性曾与北海存在换喻的关系,象征着现代的都市精神与"五四"新文化;而当北平沦陷,在老舍笔下,这些"民族之花"与北海一起,成为"东洋人的玩具",甚至主动以女性的身体隐喻主权与国土的被侵占。②

由此可见,在不同的时代背景、阶级立场和相应的美学观下,对于北海的看法会发生变化。而待抗战的非常时期结束后,北海所承载的文化和美学形象又恢复了常态。对于战后如何重建北平,不同政治立场、美学趣味的主体有不同的构想,但又具有内在思路的一致性,即他们对于整体的城市都有一种乌托邦的想象,而北海则被不约而同地选作其乌托邦蓝图的核心意象。

1947—1948年间,沈从文署名巴鲁爵士,发表了一组北平通信,以丰沛恣肆的想象力,描绘重建故都的乌托邦蓝图。沈从文早年作为红楼旁听生时,就是蔡元培美育理念的亲身受惠者,他始终十分服膺蔡元培的思想,甚至曾制象牙图章一枚,上刻小篆"美育代宗教之真实信徒"。③ 因此,沈从文的这组北平通信,提倡以"美育代宗教并改造政治",或曰"美育重造政治",相当于遥远地向蔡元培致敬,也是

---

① 老舍:《四世同堂》下部,天津:百花文艺出版社,1985年,第760—764页。其中,"中日满合作"的设计是汉奸冠晓荷的杰作,他让女儿招弟代表中国,穿鹅黄的绸衫,上边绣绿梅;勾玛丽代表伪满,穿清朝贵妇的氅衣,前后的补子都绣东北的地图;朱樱代表日本,穿绣樱花的日本衫子;三人都不戴帽,而以发辫、大拉翅与东洋蓬头代表。

② 有关老舍《四世同堂》对于沦陷时期北平公园的象征书写,本书结语部分有更整体、详尽的分析。

③ 沈从文:《北平通信第一》,《沈从文全集》第14卷,第360页。

第三章
到北海去

他在新的时代背景下，对于中国政治和文化走向的一种新的理解。[①] 特别是其中《苏格拉底谈北平所需》一文，以美育的指导思想，畅想将北平的"市政机构全部重造"，就整顿北平市政、改造美术专科学校、北平图书馆、故宫博物院及高等院校等公共机构，提出了一系列天马行空的具体设想，既隐约脱胎于蔡元培的《文化运动不要忘了美育》，又有淋漓尽致的引申和发挥。

沈从文对于北平的整体想象基于一种"公园"意象："西人游故都者，多以北平实如一大花园。……故余意此大城市市政管理技术亦宜从管理有条理之小花园借镜。如西郊外之颐和园管理方式，即大足取法。"[②] 故期待将整个北平建得有如一个大公园，以公园管理方式为市政取法：市长为一"治哲学，习历史，懂美术，爱音乐"的全面美育的化身；警察数目和待遇与花匠相等，以社会服务、公共卫生与园艺学为主业；警察局局长首选戏剧导演或音乐指挥，其次为第一流园艺专家；工务局局长由美术设计家出任；教育局局长则由工艺美术家就职。

在沈从文打造的这个美育乌托邦中，北海占据了其美育蓝图的中心。他设计在北平图书馆附近，面朝北海，建造一栋恢宏的文化宿舍，"此建设不甚高矗，深得平面调和之美"，"有单人房间约三百，双套房间约二百，开间大，阳光空气均极佳，设备尤完全"，供国内各学校图书馆员及休假进修教授寄住。建筑物前面宽阔的草地上，有

[①] 钱理群谈道，对于中国所经历的战争和灾难的思考，使沈从文得出体悟，希望承继并光大蔡元培所提倡的"以美育代宗教"的启蒙事业，"通过文学艺术类似宗教的作用，改造（升华）人的精神，进而实现国家民族的重造"。详见钱理群：《1948：天地玄黄》，济南：山东教育出版社，1998年，第247—256页。

[②] 沈从文：《苏格拉底谈北平所需》，《沈从文全集》第14卷，第370—381页。本文最初连载于1948年1月3、10日《益世报·文学周刊》第72、73期，署名王运通，1948年2月16日曾与《故都新样（北平通信三）》一同发表于《知识与生活》第21期，《故》文相当于将本篇"转介于读者"的引言，署名巴鲁爵士，因此可将此文视为《北平通信》的一部分。

公园北京
文化生产与文学想象(1860—1937)

一极美丽的铜像,缘于曾栖息于此文化宿舍的一位知名雕刻家,有感于北平图书馆馆长为建筑文化宿舍四处奔走的传奇,而自发为其塑像,以志纪念。距文化宿舍约五百步外,另有格局较小的房屋数间,"一系中国博物美术协会公寓,一系故宫博物院六十位专家助手宿舍"。前面濒临北海的大草地上,将有六组白石青铜像群,及一高约十米的石华表柱:

>   像雕群系纪念文学,艺术,戏剧,音乐,建筑,电影六部门半世纪以来新发展贡献。石华表柱乃由一名诗人设计,下部环刻火焰和由火焰中进行之战争,如一种民族集团在歇司迭里亚①之痉挛中挣扎,人人面作悍恶困顿之像,虽痛苦异常,实无意义,少结果,此伏彼起,如连环之无端。末后始由六像群中诸人,努力作各种设计,将此环捶断。人民情绪观念得真正解放,亦得重新粘合。上部则刻现代史由于心智积累在文化各部门中之发展,及努力过程,象征此部门之不朽性和独立性。②

"文学,艺术,戏剧,音乐,建筑,电影"六部门,即美育的象征,由此"六像群中诸人"将民族集团于"歇司迭里亚之痉挛"而无意义、少结果的苦痛挣扎中救出,使"人民情绪观念得真正解放,亦得重新粘合",象征了美育拯救中华民族。将沈从文这组纪念美育与文化之"不朽性和独立性"的极富史诗气质的石华表柱,与他的好友,也是其美育乌托邦之理想市长的梁思成在共和国成立后为新中国设计的人

---

① Hysteria,今译作"歇斯底里"。
② 沈从文:《苏格拉底谈北平所需》,《沈从文全集》第14卷,第376—377页。

第三章
到北海去

民英雄纪念碑作一比较①，可窥见不同的政治美学。

在沈从文的构想中，北海附近的故宫博物院、北京大学也得到重新改造。尤其是"实行美育代宗教学说之北京大学"，代表了沈从文理想的美育模式，有如一具体而微的小公园：

> 至此学校时，吾人必适如由一大花园转入一较小而精之花圃。所有建筑四周均有广阔整齐之草地与花木，一片草地接连一片草地，课室宿舍，办公室，均分别位置于花草间。草地上有无数适合身体舒适之新靠椅，学生多于温暖阳光下读书谈诗。②

如此，北海公园与其附设的北平图书馆、文化宿舍、中国博物美术协会公寓、故宫博物院专家助手宿舍、纪念美育与文化的群雕与华表，再加上周边的故宫博物院、北京大学等，相互呼应，在沈从文重建"此美丽都城"北平的蓝图中，北海一带无愧为其美育乌托邦的新文化中心。由此可见沈从文对北海寄寓的深情，也可从一侧面反映北海对于民国时期文学青年身心的洗礼，成为其一生念兹在兹、挥之不去的精神原乡。

当然，这种宏壮的美育乌托邦，只能存在于作家一厢情愿的想象之中。沈从文在《苏格拉底谈北平所需》一文中，戏谑地设想当苏格拉底向"北来巡抚之某要人"提议任命梁思成担任主持都城重建的副市长时，要人竟不知梁思成之名，以为是天桥卖艺者。沈从文借苏格

---

① 人民英雄纪念碑位于天安门广场中心，系中华人民共和国政府为纪念中国近现代史上的革命烈士而修建的纪念碑，由著名建筑学家梁思成、林徽因夫妇主持设计，碑身正面刻有毛泽东题写的"人民英雄永垂不朽"八个鎏金大字，碑座上镶嵌有十块汉白玉大浮雕，分别绘有"虎门销烟""金田起义""武昌起义""五四运动""五卅运动""南昌起义""抗日游击战争""胜利渡长江"以及"支援前线""欢迎中国人民解放军"等主题。

② 沈从文：《苏格拉底谈北平所需》，《沈从文全集》第14卷，第378页。

公园北京
文化生产与文学想象（1860—1937）

拉底之口，意味深长地评论："此要人诚一大幽默家，中国要人益多，国事自亦益难说矣。"①作家洞悉世事的悲悯与幽默，颇具先见之明。新中国成立后，对于如何重建北平，以梁思成为首的建筑师与政府的主流意见有所分歧，且以前者在北京改造方案的角逐中落选收场。对于这一段公案，学界已多有讨论，此处不再赘述，亦不作是非判断。我感兴趣的是，公园尤其是北海公园，在他们各自乌托邦蓝图中的位置。

梁思成对于北京的构想，与沈从文的启蒙主义思路较为一致——毋宁说，沈从文可能受其建筑师好友的影响。梁思成借镜西方"花园城市"（Garden City）的城市规划理念②，提议将以"三海"为中心的旧城区作为"博物馆，公园，庆典中心"保存起来，"选出历代最优美的许多建筑单位，把它们的周围留出空地，植树铺草，使成为许多市内的人民公园"③。他尤为强调公园古迹的审美与文化价值，希望加以保存和发挥，把以"三海"为核心的北京旧城建设为如一大公园般的美育和文化中心，同时在西郊另建新市区。梁思成的方案，是对于"花园城市"在中国的具体语境下富有创造性的新诠释。在补充的规划方案中，梁思成特别为北海作了详细的设计，计划保留旧金鳌玉蝀桥，在其南侧另建新桥，并改造北海广场，以分流车辆；同时，将景山红墙改建为带漏窗的长廊，供游人休憩观景等。据其合作者陈占

---

① 沈从文：《苏格拉底谈北平所需》，《沈从文全集》第 14 卷，第 372 页。
② 1947 年秋，梁思成从耶鲁回国后，在中国市政工程学会北平分会发表演讲，介绍霍华德（Howard）《明日的花园城市》（The Garden City of Tomorrow）一书及其"花园城市"的理念（梁思成翻译为"花园市"）：新村的人口以三万二千人为限，目标在提高国民教育生活，以学校为村镇中心，住宅区分布于它们四周，内外层均隔以绿地花园，交通干线均环绕村外，不得横穿村内；村内有售卖一切日用品的商店，也有图书馆戏场影院等等，环境优美，生活安适。梁思成认为中国的市镇建设应借镜西方，参酌国情，奠立适宜而永久的基础，参见《建筑市镇设计的新观点》，《大公报》1947 年 12 月 8 日。
③ 梁思成：《梁思成文集》第四卷，北京：中国建筑工业出版社，1986，第 29—31 页。

第三章
到北海去

图 3-13　金鳌玉𬭩

祥回忆，当设计草图绘成后，梁思成坚持亲自渲染上色，当时年过半百、疾病缠身的他，"居然也和大家一起画了一个通宵。天将破晓，只见梁先生不顾一宵未合眼的疲劳，仍然躬着身子一笔一笔地画着，终于以他高超的渲染技巧完成了 1:200 的通长画卷，脸上露出十分愉快的微笑"[①]。遗憾的是，这呕心沥血之作最终还是付诸阙如。[②]

相应地，共和国政府的主流意见，同样看中"三海"一带的核心区域，"一切街道、园林、河道、宫殿等已经成为具有相当规模足以代表中国风格的国际有名城市"[③]，主张将行政区设于此："中央与政务院拟暂设于中南海周围，将来迁至天安门及广场右侧；靠近太庙，

[①] 陈占祥：《忆梁思成教授》，《梁思成先生诞辰八十五周年纪念文集》，北京：清华大学出版社，1986，第 54 页。

[②] 这个方案最终没有通过，而是依照苏联专家的建议，将金鳌玉𬭩桥拆除，在原位置另建一座新桥。

[③] 曹言行、赵鹏飞：《对于北京市将来发展计划的意见（1949 年 12 月 19 日）》，张敬淦：《建国以来的北京城市建设资料》第一卷，北京：北京建设史书编辑委员会编辑部，1987 年，第 107 页。

南海及中山公园等文物风景，为行政中心。"①与此同时，设想"把天安门广场、故宫、中山公园、文化宫、景山、北海、什刹海、积水潭、前三门护城河等地组织起来，拆除部分房屋，扩大绿地面积，使成为市中心的一个大花园，在节日作为百万群众尽情欢乐的地方"②。很明显，共和国政府对于北京的蓝图，也是有一个北京大公园的方案，希望联结各大公园，作为人民群众庆祝狂欢之所。前文述及，民国时期公园的消费、格调等限制了普通民众的进入，而到了共和国时期，公园才真正广泛地向平民开放，确实在一定意义上实现了"人民的公园"。以北海为例，根据资料统计，北海的游人数目，在公园开放之后的民国至日伪时期，随时局变迁，年均17.9—102.5万人；而1949年后，年均人数自123.54万人起，呈逐年向上递增趋势，至1966年已达907.9万人。③而在此广泛的公园受众之中，共和国政府尤为关注青少年群体，有意识地以公园中快乐嬉戏的"祖国的花朵"象征"新中国"朝气蓬勃的未来，这在共和国初期出版的画报、电影、小说中皆有体现。

由于北海作为陶冶青少年的美育空间的形象深入人心，新中国时期对于北海的设计，延续并强化了这一特质，面向青少年儿童，着重改善公园的文化设施，举办各种展览和活动，以期养成新中国未来的公民。如在北海智珠殿开展游艺活动，悦心殿及庆霄楼举办美术及图片展览，万佛楼修建露天剧场，慧日亭、悦心殿、庆霄楼开办图书阅览室，陟山桥内东房开设暑期儿童阅览室，新建两处儿童运动场，西岸一百多间房屋辟为文化厅；同时，在公园内开展各类焰火游园会、

---

① 朱兆雪、赵冬日：《对首都建设计划的意见（1950年4月20日）》，张敬淦：《建国以来的北京城市建设资料》第一卷，第164页。

② 《北京市总体规划说明（草稿）》，张敬淦：《建国以来的北京城市建设资料》第一卷，第209页。

③ 北海景山公园管理处：《北海景山公园志》，北京：中国林业出版社，2000年，第66页。

第三章
到北海去

体育文艺游园会、卫生宣传游园会、少年儿童冰上联欢游园会、划船比赛、体育运动大会等丰富多彩的文娱活动。特别是1953年，团市委在阐福寺建立"北京少年之家"，将正殿作为少年厅，经常放映电影；东西配殿和钟鼓楼等，分为物理、化学、生物、美工、音乐五个教室；这里还保存有两架中国空军赠送给少年儿童的"少年先锋号飞机"，以及"少年先锋号汽艇"等。1956年，又在蚕坛南建立了"少年先锋水电站"，这是全国唯一一座为少年儿童建造的水电站，也是我国第一座供少年儿童观摩和由他们自己操纵的全自动化的水电站。1957—1958年间，"少年之家"又更名为"北京市少年科学技术馆"，设有无线电、有线电、内燃机、化学工程、摄影、天文、航空模型、舰船模型、气象观测等设备，拥有汽车和喷水拖轮，科技馆用电就由少先队水电站本身供给。[①] 这些科技设施为首都的少年儿童开展科技活动提供了最佳场所。北海遂成为少年儿童徜徉的天堂，共青团员、少先队员到北海开展团、队日活动，划船、乘游艇等，是令他们引以为豪的事。1955年问世的电影《祖国的花朵》，其主题歌《让我们荡起双桨》即描述了一群少先队员在北海泛舟的欢乐场景，"让我们荡起双桨，小船儿推开波浪，海面倒映着美丽的白塔，四周环绕着绿树红墙"，成为脍炙人口的歌词。而最终的点睛之句在于"我问你亲爱的伙伴，谁给我们安排下幸福的生活"，共和国时期以少年儿童为核心受众的公园最根本的功能，在于生发新中国未来的公民当家做主的自豪感，唤起对于"给我们安排下幸福的生活"的执政党的感念。

以"祖国的花朵"譬喻新中国的少年儿童，是共和国时期屡见不鲜的意象，又如另一首传唱不衰的新疆儿歌："我们的祖国是花园，花园的花朵真鲜艳。和暖的阳光照耀着我们，每个人脸上都笑开

---

① 参见北海景山公园管理处：《北海景山公园志》，及云壑：《漫游太液话琼华——记北海公园》，《北京文艺》1957年7月号。

公园北京
文化生产与文学想象（1860—1937）

图 3-14　北海之春（Spring in Peihai）

颜……"这场景颇能象征新中国欣欣向荣的前景。1954 年由外文出版社印行的纪念新中国建立五周年的英文图册《北京》(Peking)，以图像的方式向外语世界的读者展示新中国的面相，便多以人民群众尤其是少年儿童在公园中游憩的场景表现中国人美好的新生活。如题为"北海之春"（"Spring in Peihai"）的一张图片，即一群戴着红领巾的小学生坐在面向北海的长椅上看书和嬉戏，远处是北海标志性的白塔和绿树（图 3-14）。有别于民国时期作为北海形象代言人的"新女性"，而今，北海与少年儿童的形象紧密地结合在一起，承载了新中国对于光明未来的期许。

1953 年，19 岁的青年作家王蒙创作小说《青春万岁》，表现 50 年代初期一群高三女中学生的生活。在小说结尾，即将毕业的少女们聚集于北海白塔旁的山顶，俯瞰夜色中的北京城。

第二章
到北海去

  一下子,路灯亮了;商店、住宅的电灯也先后放光;金鳌玉蝀桥的上空映出一片白雾,桥上汽车照明的光带子相互交错……

  近看脚下,绿树红墙已经模糊隐藏,发亮的湖面摇曳着稀疏的灯影,在五龙亭旁边过团日的年轻人的哄笑与水上的笙歌同时传来。往远看,西边耸立着白塔寺的小白塔,北边有钟楼和鼓楼,南边是巍峨重叠的金色宫殿……虽然在暗中,也分辨得清清楚楚。岂止这样呢,她们在白塔上还纷纷寻找自己的家、学校、常去的商场、书店和影院,以及曾经在那里参加过义务劳动的街道和广场,她们甚至想找出自己练习骑自行车时候撞了人的地方和国庆节游行时常在那儿休息的马路牙子……她们都有把握地找到了,千真万确地用手一指:"就是那儿,就是那儿!"于是大家都知道了,"就是那儿,就是那儿!"①

共和国的新主体们,站在北海之巅,眺望新国家、新首都的全景,通过具体可感地——辨识和指认自己亲身经验过的都市空间——家、学校、常去的商场、书店和影院、参加过义务劳动的街道和广场,以及国庆游行时休息过的马路牙子,去认知这座"和她们一起开始了新生命的古老的城市"。而它似乎在向她们低语:

  "你们好?祝贺你们!好好地看看我吧,也许我们要离别呢,你们爱我,我知道。你们的祖先把我建设得严整而且壮丽,你们的父兄从敌人的魔爪里夺得了我,你们的同代人恢复了我的青春。可我最盼望,最盼望的是你们,盼望你们快快成长,好好地打扮一下我,就像刚才打扮你们自己一样!"②

---

① 王蒙:《青春万岁》,北京:人民文学出版社,1979年,第304页。
② 王蒙:《青春万岁》,第304页。

在这种俯瞰和认知北京城的经验中，这些共和国的"新人"们获得了一种新中国主人翁的自我意识和自豪感、责任感，从而涌起对建设新北京的想象。她们期待着投入首都的建设事业之中，甚至开始畅想新的规划蓝图："知道吗，我的志愿是学建筑，看到北京新盖的楼房这样多，我真害怕将来毕业以后没有我设计的份儿啦。如果我设计，我准得把市中心建设成一个花朵形，放射线般的街道把花瓣分开，中间高大的楼房就像花蕊……"①这花朵般的城市，与蔡元培、沈从文的公园意象遥相呼应，寄托了新一代青年在北海的美育陶染下，对于北京的另一种乌托邦想象，虽然很快即成绝响。②

---

① 同上书，第339页。
② 我于2015年4月重游北海公园时，发现北海新建了一组少年儿童的雕像群，应系以电影《祖国的花朵》为蓝本，有泛舟于北海之上的，有听解放军叔叔讲话的，有牵手向前奔跑的，可以说是新的时代对于北海的美育功能及其与少年儿童渊源的回应与致敬。

第四章

游艺园、社会新闻与通俗小说
——城南市民消费文化

自 1924 年 4 月 12 日至 1929 年 1 月 24 日，张恨水的长篇小说《春明外史》在北京《世界晚报》副刊《夜光》上连载，引发了极大轰动。正如张友鸾所言，"《春明外史》写的是二十年代的北京，笔锋触及各个阶层，书中人物，都有所指，今天的'老北京'们，是不难为它作索隐的。在世界晚报连载的时候，读者把它看作是新闻版外的新闻，吸引力是非常之大，很多人花一个'大子儿'买张晚报，就为的要知道这版外新闻如何发展，如何结局"①，报纸因之销量大增。《春明外史》自此成为张恨水的成名作，同时也是他最重要的代表作之一，奠定了其通俗文学大家的地位。这部小说以身为记者的主人公杨杏园为线索，贯串起 20 世纪 20 年代北京政治、社会、都市生活的方方面面。书中人物的活动范围主要集中于北京城南，以当时风靡一时的新世界、城南游艺园、香厂及八大胡同等南城的娱乐场所为中心。

《春明外史》不止一次描写杨杏园同老友舒九成前往城南游艺园等畅游，如第八回舒九成探访病后初愈的杨杏园，二人就选择了去游

---

① 张友鸾：《章回小说大家张恨水》，张占国、魏守忠编：《张恨水研究资料》，天津：天津人民出版社，1986 年，第 129—130 页。

艺园消遣，并于花园中联句应和。① 据张友鸾回忆，舒九成的原型，即《世界晚报》的创始人成舍我，这段逸事描写的是张恨水与成舍我的亲身经历，《春明外史》本身即是二人合作主办《世界晚报》的产物。而杨杏园与舒九成兴尽告别之后，又于游艺园中偶遇老同学洪俊生，二人的对话多次提及"新闻"二字，并由此引出后者一位拆白党朋友的游艺园逸事。洪俊生是如此开启话题的——"我有一段很好的社会新闻告诉你，你愿意听不愿意听"，以"社会新闻"引出叙事。杨杏园的回答是"请问，我是干什么的？自然愿意听呀"，强调自身的记者身份，关注秘闻轶事。洪又嘱咐"我新闻是告诉你，并不是供给你报上的材料，我可不许登报"②，透露游艺园提供了新闻报道的素材。在进入游艺园情节之前的铺垫中，"社会新闻""新闻"的字眼反复出现，可见张恨水的用心。

《春明外史》最初为《世界晚报》副刊连载而作，小说主人公的设置为报社记者，新闻尤其是游艺场中的新闻，成为推动叙事的关键，而读者也将连载小说读作"版外新闻"。《春明外史》的上述选文，富有代表性地折射了近代中国若干新兴文化现象之间的密切联系，即通俗文学与娱乐空间、社会新闻具有某种共生性和同构性，而它们本质上都与市民群体的出现和消费文化的兴起有关，同为面向市民阶层、投合小市民审美趣味的消费品。本章将以城南游艺园—《世界晚报》—《春明外史》为个案，揭示民国之后，伴随北京城南士绅文化衰落、市民文化崛起，高度发达的南城娱乐场每日生成新鲜的话题，供给社会新闻的素材，又经由通俗作家的二次创作得到升华，嵌入20世纪20年代北京的都市文化景观和消费机制；并由此辐射，进一步

---

① 张恨水：《春明外史》上册，北京：中国新闻出版社，1985年，第124—128页。按，文中提及的小有天实际上是新世界而非城南游艺园的著名餐馆。

② 张恨水：《春明外史》上册，第130页。

第四章
游艺园、社会新闻与通俗小说

思考清末民初以来的通俗文学，与娱乐空间、新闻出版、市民阶层以及新旧文化的关系。

一、城南市民文化与娱乐空间的兴起

现代报刊与通俗文学的兴起，皆与都市文化和市民阶层息息相关，报刊新闻和通俗文学所报道／描写的语境和资源就是城市，报刊新闻与通俗文学的消费对象和书写对象皆为城市中的平民大众。民国时期，城南市民文化的兴起，为社会新闻和通俗文学的生根发芽提供了丰富的土壤。

张恨水将主人公杨杏园的住处安排在城南的会馆，这一设置意味深长。杨杏园这一角色兼具饱含张力的双重身份，他一面是一个赋有古典修养和趣味的传统文人，另一面则是一个现代都市的观察者与漫游者[①]，这两个身份恰与清末民初北京南城功能和文化的转型相互呼应。

夏仁虎《旧京琐记》曰，"旧日汉官非大臣有赐第或值枢廷者，皆居外城，多在宣武门外。土著富室则多在崇文门外。故有'东富西贵'之说。士流题咏，率属宣南，以此也"[②]；而他的儿媳林海音多年后则以在海峡对岸回忆童年北京的《城南旧事》闻名。夏仁虎的"宣南"，与林海音的"城南"，就地理区域而言实际上是同一处，二人称谓所以有异，肇始于清末民初北京都市格局重组的历史背景。清代内外城满汉分治，因此正如夏仁虎所言，汉官与外省进京的士人聚居于宣武门外，久之形成独树一帜的人文环境，会馆林立，书肆繁盛，

[①] 参见宋伟杰：《老灵魂／新青年，与张恨水的北京罗曼史》，《中国现代文学研究丛刊》2010年第3期。

[②] 夏仁虎：《旧京琐记》卷八，《枝巢四述 旧京琐记》，第118页。

公园北京
文化生产与文学想象（1860—1937）

名胜荟萃，"宣南"遂成为士人文化的代名词。民国之后，随着内外城的分野被打破，文化中心由外城向内城转移，士绅阶层由此迁居内城。且由于科举废止，新式教育兴起，南城会馆的聚合意义也逐渐为内城的公寓所取代。与此同时，随着官员、文人、学子落户内城，南城逐渐为平民占据，夏仁虎笔下那个"士流题咏"的宣南士乡渐趋没落，取而代之的是一个五方杂处的市井城南。

城南平民文化的崛起是政府意志与民间自发双向作用的结果，逐渐形成一个以香厂、先农坛、天桥、厂甸为核心的平民商业娱乐区。1914年，由朱启钤首倡，京都市政公所计划开辟一个新市区，为整治旧城树立规范。京都市政公所看中了香厂一带的商机——"虽偏处西南，而自前朝之季，已为新正游观之区，一时士女骈集，较之厂甸，或且过之，是可验位置之适宜，人心之趋向"[①]，遂选定它作为民国首个模范市区。新市区西达虎坊路，东尽留学路，北至虎坊桥大街，南抵先农坛北墙，以万明路和香厂路为干道，相交处设中心广场，纵横开辟（或改造）共14条开阔的道路（图4-1）。路面铺沥青，人行道墁水泥砖，并栽种德国引进的洋槐为行道树。临街建筑必须审查方案，以西洋风格为主，多聘请外国建筑师设计而成，中心广场四周环绕有新世界、东方饭店和仁民医院等主体建筑（如图4-2）。新世界是新市区的代表性建筑，由英国通和洋行设计建造，具有浓郁的英式新古典主义风格。东方饭店是当时南城最豪华的新型饭店，建筑为不对称设计，一半为二层，一半为三层，共有客房八十余间，皆带浴室，一层餐厅提供高级西餐。此外，还有万明路、香厂路、板章路二层商住楼，均仿西方古典式样；大森里二层楼房和平康里二层排房，为安置妓院统一设计；泰安里则是仿上海二层里弄住宅。1914—1918

[①]《开拓香厂市场》，《京都市政汇览》，第104页。

第四章
游艺园、社会新闻与通俗小说

年，新市区的建设初见规模，成为一处集购物、娱乐、餐饮、居住于一体的标准商业娱乐区。①

同时期，香厂周边的区域也呈蓬勃发展之势。一方面，1915年，市政公所在香厂东南的天桥建了七条商棚街巷，作为平民市场。天桥在清代曾是士大夫流连的场所，如黄景仁诗云："回鞭却指城南路，一线天街入云去，揽衣掷杖登天桥，酒家一灯红见招。"② 民国之后，以平民市场为发端，旧

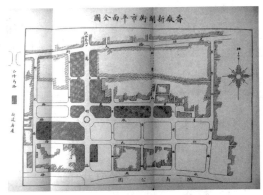

图 4-1 香厂新市区街市平面图

图 4-2 香厂建筑

货集市、戏园、书茶社、小吃杂耍的寮棚地摊日渐云集于此，天桥不断调整定位，以曲艺和杂技为主，最终定型为下层平民的乐园。

另外，香厂以南的先农坛同于1915年正式辟为公园，这是继1914年中央公园之后，民国政府选择开放的第二个公园。公园内设有忠烈祠、礼器陈列所、鱼庄、鹿圃、秋千圃、抛球场、蹴球场、跑马

---

① 参见王世仁主编：《宣南鸿雪图志》，北京：中国建筑工业出版社，1997年，第19—31页，以及鱼跃：《北京城市近代化过程中的香厂新市区研究》，首都师范大学硕士论文，2009年。
② 张次溪编著：《天桥丛谈》，北京：中国人民大学出版社，2006年，第29页。

公园北京
文化生产与文学想象（1860—1937）

场、茶社、书画社、电影室等。①同年，商人卜荷泉等人在先农坛东坛根下开辟"水心亭"。水心亭是"中国传统上流社会的理想和雄心勃勃的现代性想象合二为一"②的产物，为四面环水的木质玻璃窗建筑，可远眺水景，池中种稻莲，夹岸植杨柳，风景殊胜，内设茶社、杂耍馆、饭馆，亭西有跑马场，还聘请高级厨师预备英法大餐、中西点心等。③1918年，又有商人彭秀康为与新世界竞争，在先农坛北坛墙外修建了另一大型综合游艺场"城南游艺园"。

与此同时，香厂以北的厂甸区域曾是"骨董、书籍、字画、南纸各肆所萃"④的琉璃厂书肆，1917年，市政公所规划琉璃厂作为永久性商业街，将厂甸旧址包括原工艺品陈列所围成一处带有园林意味的市场，并加以改建，名为"海王村公园"。1918年，又于厂甸设置小公园。海王村公园与厂甸小公园的设立，是市政公所尝试借鉴西方范式，于中央公园、城南公园等大公园外，设置面向平民的街边小公园的试验。⑤

可以看出，民国时期的城南，面目已迥异于清时"士流题咏"的宣南，而它也并非传统印象中以天桥为中心的贫民窟。正如王世仁所

---

① 《市公园之增设》，《市政通告》1914年第1期至第23期合订本，"论说"第89—92页；《先农坛公园开幕公告》，《市政通告》1914年第1期至第23期合订本，"批示"第74—76页。1917年，市政公所又在先农坛内兴建了两座新式建筑：观耕亭与四面钟。观耕亭以观耕台为底座，其上仿欧洲古典花园中的玻璃亭造型，建二层八角亭，门窗镶安彩色玻璃；四面钟是纯欧洲式的三层钟塔，有中欧风格，由德国建筑师设计，是民国城南的一个标志性建筑。

② 董玥：《民国北京城：历史与怀旧》，北京：生活·读书·新知三联书店，2014年，第207页。

③ 参见张次溪编著：《天桥丛谈》，第12—18页。

④ 瞿兑之：《杶庐所闻录 养和室随笔》，沈阳：辽宁教育出版社，1997年，第35页。

⑤ 《市政通告》指出希望改良厂甸庙会"按诸高尚娱乐之旨，似有未符"的休闲方式，以树立"道旁公园"的典范："盖大公园规模壮阔，设备綦难，不如小公园之布置简单，观成较易。且就一般市民论，以属于工商界者为多，平日执业之余，苦无公共园林便于憩息。为适应其生活之需要，及引起其善良之观感，窃以为此项小公园，较之大公园尤为普及也。"《厂甸小公园之筹设》，《市政通告》1914年第1期至第23期合订本，"论说"第1页。

第四章
游艺园、社会新闻与通俗小说

言:"宣南既是传统文化积淀最深厚的地段,又是受近代文明冲击最敏感的街区之一。"① 民国初期它曾一度是由政府精心规划的生机勃勃、充满现代气息的模范新市区,具有新旧交汇、土洋杂处的特质。除了上述娱乐空间外,还建有京汉铁路车站、电话总局、学校、医院、模范监狱、展览馆等市政设施,第一舞台、开明戏院等新式剧院,盐业银行、交通银行等现代银行、证券交易所,京华印书局、商务印书馆等出版社,以及受新世界和城南游艺园带动而兴建的劝业场、青云阁、宾宴华楼、首善第一楼等综合游乐场。② 在城南的大背景下,先农坛公园、游艺园的引入,坛北香厂新市区的经营,东部天桥市场的兴起,以及北部厂甸小公园的设立,形成一个相互依托的整体,城南的平民娱乐文化在 20 世纪 20 年代达到巅峰。本章将以最具代表性的新世界和城南游艺园为例,具体分析。

游艺场这种综合娱乐场所的形式自 1912 年起发轫于上海,十分契合上海的都市气质和市民趣味,立即风行沪上,尤以"大世界"为集大成者。大世界为四层钢筋混凝土结构,建筑多取园林景致,入门即有十二面从国外引进的哈哈镜,设有共和厅、乾坤大剧场、文明新舞台、髦儿戏场等多个剧场、游乐场,顶层是屋顶花园,蔚为大观。③ 同年,有商人将这种新型的综合性游艺场首次引入北京,在香厂开办"新世界"。

新世界基本上复制了大世界的模式,同为四层混凝土建筑,南面小而北面大,形状像一艘轮船(图 4-3)。营业时间从早晨十一点至夜

---

① 王世仁主编:《宣南鸿雪图志》,第 28 页。
② 如劝业场分为地下一层,地上三层,内部仿欧洲当时流行的大百货商场,设三个共享大厅,周围为开敞式商店,顶层设茶社、剧场,外形为相当典型的"文艺复兴"式,是当时北京少见的豪华商场。
③ 这是开办之初根据其宣传刊物《大世界报》报道的布置,1928 年重建之后,外形改为爱奥尼亚式的红柱与奶黄色的楼窗,构成中西结合的塔楼式古典建筑,各楼分设共和亭、共和台、共和楼、共和阁和共和厅,加上原有的乾坤大剧场、文明新舞台、髦儿戏场等计十二个场子,共六千余个座位。

图 4-3 新世界

间零点,入门票价铜元三十枚,进门可随便游览,另售中餐券每位大洋半元、西餐券一元,持西餐券者可免费观看所有表演。迎着大门是电梯,过厅长廊上备有四面哈哈镜,此外还仿大世界,设置了各种投币游戏,如测验拉力、计量体重、拳击、算卦、套圈儿、打气枪等,备受游客欢迎。四层楼分别设有小有天菜馆、女戏场、电影场、京津杂耍场、照相馆、茶社、商场、滩簧说书场、露台、咖啡馆、吉士林番菜馆、西餐雅座间、屋顶花园等。当时北京的高楼只有七层的北京饭店,其他两层以上的楼房并不多见,因此新世界的电梯和屋顶花园对于北京市民而言,是非常新奇的体验,来逛新世界的人,都要坐坐电梯,开开眼界。①

其中,小有天是城南最有名的饭馆,聘请淮阳厨师制作江苏菜点,如酱汁肉、炒鳝鱼丝、红烧头尾、冬菜包子、小笼蒸饺等。《春明外史》曾描写杨杏园与舒九成去小有天吃饭:"一进门,满屋子里座位都坐满了,几个伙计,正在人丛里头,穿梭也似的跑来跑去。只听得四面筷子敲盘碗响,都在要饭催菜。舒九成笑道:'好生意,这些人吃东西,都好像不要钱似的。'这个时候,一个胖子伙计,一件蓝长衫都湿透了,手里端了一大盘鱼,口里只嚷'借光',杨杏园一

---

① 参见《晨钟报》新世界广告;张次溪编著:《天桥丛谈》,第 12 页;石继昌:《软红十丈旧城南》,《春明旧事》,北京:北京出版社,1996 年,第 95—96 页;成善卿:《天桥史话》,北京:生活·读书·新知三联书店,1990 年,第 335 页;金应凸、田光远:《城南游艺园与新世界》,北京市政协文史资料委员会选编:《艺林沧桑》,北京:北京出版社,2000 年,第 298—299 页等。各种版本的回忆略有出入,我以同时期刊登于《晨钟报》的新世界广告为准。

第四章
游艺园、社会新闻与通俗小说

手拦住,问他有座位没有。他一只手拉着肩膀上的手巾头,擦头上的汗,一头说道:'你哪,正忙着啦!'还没有说第二句,已经走了。杨杏园看看这里乱的很,只得出来,和舒九成在大餐馆里随便吃点东西,再走到外面花园里来。"① 张恨水的作品具有很强的写实性,由此可窥见小有天喧闹的氛围,与公园茶座大为异趣。

同时,电影场的广告特别标榜"本游艺场不惜巨资自运外洋各种新片,京津均未演过,如新奇异事以及各种游戏,变幻精奇,能令阅者如身临其境,与他家大不相同"②。电影场内还设有魔术表演,邀请魔术大师韩秉谦、张敬扶表演各种"环球幻术"。可以看出,同样是电影院,新世界重"新奇异事""变幻精奇"的趣味,与中央公园标榜的"优雅""清高"格调判然有别③,这是由二者面向消费者的品位决定的。

上述新世界的形制与营业方式皆以上海的游艺场为范本,又将城南独有的曲艺文化与西式的娱乐、餐饮文明结合起来,遂形成一种中西杂糅的特质,开放之初,风靡一时。据甘博《北京的社会调查》统计,新世界日常游客平均数是两千人,周末可达四千人。④ 且其经营模式有别于北京传统的商业宣传,有效利用新兴的报刊媒介,扩大社会影响。不仅在报刊上长期刊登大幅广告,甚至使用正版版面的报道,随时预告最新的演出信息,如在传统曲艺之外,还引入新式话剧,邀请刘艺舟、欧阳予倩等人表演,聘请欧美著名舞蹈家、魔术师

---

① 张恨水:《春明外史》上册,第124页。

② 新世界广告,曾于1917年在《晨钟报》长期刊登。

③ 1921年,中央公园于社稷坛拜殿内开设电影院,在报纸上刊登宣言,宣扬"地方清洁,无剧场之繁嚣;呼吸新鲜,乏蔚蒸之秽气;既臻优雅,又复清高","自备充足之电机,选演最优之影片,座位舒适,设置周到"。《中央公园真光电影开幕宣言》,《公论周报》1921年第1卷第2期。

④ 西德尼·D.甘博:《北京的社会调查》,陈愉秉等译,北京:中国书店,2010年,第249页。

来华表演，以及搜罗身体畸形的"奇人"展览等[1]，以期吸引更多消费者，赢得更多商业利润。甘博在《北京的社会调查》中将新世界喻为小型的科尼岛（Coney Island）和白城（White City），二者为美国同时期著名的娱乐城。

新世界的成功引发了跟风，其中最成功的是与其咫尺相对的城南游艺园，后者既在一定程度上借鉴了前者的模式，又有所改良。其最大差异在于城南游艺园不是照搬上海模式的高层建筑，而是平面发展，结构分为三部分：北面建有剧场、电影场和舞场；中间设有旱冰场、地球场（即保龄球场）和台球室；东面为杂耍场和杂技场；南面是莲花池，周围广设茶座，每逢夏季，游人争先来此乘凉。进园门往右的长走廊里，与新世界相仿，也设有几种投币小游戏，如测验拉力、拳击、测字、算卦、"人头讲话"等，将科学与迷信熔为一炉。城南游艺园昼夜开放，从上午八时到夜里十二时，票价分成人和儿童二种，成人大洋一角，儿童减半，入园后不限时间，不限场地，任意游赏。园内餐厅，最受大众欢迎的是"小青天"的牛肉面，反映了城南游艺园区别于内城公园的消费阶层。

演员是城南游艺园的一大特色，阵容强大。其中京剧场中全是坤角，如老生孟小冬、杨菊芬、筱兰芬，文武老生徐淑贤，青衣花衫雪艳琴、福芝芳、碧云霞、金少梅、琴雪芳，小生梁桂亭，武生盖荣轩，花脸王金奎，小花脸梁花侬等，皆为彭秀康派人从天桥各处的小戏棚中物色而来，因在城南游艺园演唱而出名。当时外地来京的演员，凡是坤伶，也须先在游艺园露演一阵子，才能够走红。而看席中男女不分座，有别于当时京城中其他戏院，亦是深受观众欢迎的一个

---

[1] 参见《新世界添新演剧》《新世界添新艺术》《欧美跳舞家来京》《新世界运来奇人》《端午与新世界》等文，《晨钟报》第524、572、589、597、630号，1918年2月26日、4月15日、5月2日、5月10日、6月12日。

第四章
游艺园、社会新闻与通俗小说

原因。然而,正因演员全用女角,观众男女同座,也导致城南游艺园充斥了性别与风化的问题。

杂耍场又叫什样杂耍①,即今日的曲艺,请的都是名噪一时的行家,如刘宝全演唱的京韵大鼓、金万昌的梅花大鼓、荣剑尘的单弦、焦德海的相声、汤金澄的口技等。

文明戏场早年有益世白话新剧社主角张笑影邀集筱鸣钟、赵笑笑、联辑五、玉晓亭、朴剑秋等人,上演文明新戏如《卓二娘》《败子回头金不换》《探亲家》《乔太守乱点鸳鸯谱》等,几乎每场爆满。此后有早期电影明星韩兰根和殷秀岑等演出《啼笑姻缘》《雷雨》《钦差大臣》《和睦家庭》《家》《空谷兰》等话剧。

杂技场有魔术大师韩秉谦、张敬扶的表演,韩秉谦曾赴欧美演出,集中外魔术之大成,独创韩派魔术如"大变活人""骷髅跳舞"等,其中"枪打活驴"是他的保留绝技,每月只表演一次;张敬扶有弟兄数人,表演武术翻筋斗等,也极精彩。1928年前后,亦有俄国大力士在此表演过举杠铃、拉弹簧、卷钢筋、断铁链等杂技。

此外还有一个木偶戏场,演提线木偶。木偶高约二尺,活动自如,栩栩如生,演员隐于台后,一边操纵木偶,一边演唱,并配以音乐。剧目有《樊金定骂城》《高老庄猪八戒招亲》《孙悟空大闹天宫》等,有文有武,深受儿童喜爱。

电影场是露天的,前排设有长凳,后排设有茶桌藤椅,游人既可消夏乘凉,又可观看电影。上映美国武打片如《神鞭大侠》《无影儿郎》等,及一些科学教育片和美术片。

舞场中多是思想开放的新派人物,或自带舞伴,或请场中的舞女陪伴。另有一帮逃亡中国的白俄,常在场中表演俄罗斯舞。

---

① 所谓什样杂耍,包括什不闲、太平歌词、八角鼓、莲花落、相声、双簧、大鼓、牌子曲、戏法等。

公园北京
文化生产与文学想象（1860—1937）

　　城南游艺园还有一个噱头，即南面空地上每逢周末即举办焰火晚会，名曰"炮打襄阳城"。其取材于《封神榜》故事，在高架上悬挂大型的烟火盒子，燃放绚烂的各色火花，幻化为一座襄阳城；同时架子的对角处放出红黄二色的火球，如连珠般射向襄阳城景物，直至景物消失为止，成为特有的奇观。①

　　城南游艺园开业后旋即轰动全城，风头一时盖过新世界，据说不仅是年轻人，就连老年人也由内城跑到南城去一饱眼福。据甘博统计，城南游艺园的客流量工作日平均每天是四千人，周末则达到六千人，出入公园的大多数是学生、商人和办事员，有时是全家出游，由于门票限制，劳动大众来得很少。②林海音的散文以一个儿童的视角，折射了当时城南的市民们如何在游艺园中得到乐趣，她回忆儿时母亲常交给老妈子一块钱，让她带小孩子到城南游艺园去，"便可以消磨一整天和一整晚"，直到夜半大戏散场才归家——

　　　　那时候的老妈子也真够厉害，进了游艺园就得由她安排，她爱听张笑影的文明戏《锯碗丁》,《春阿氏》，我就不能到大戏场里听雪艳琴的《梅玉配》。后来去熟了，胆子也大了，便找个题目——要两大枚（两个铜板）上厕所，溜出来到各处乱闯。看穿燕尾服的变戏法儿，看扎着长辫子的姑娘唱大鼓，看露天电影郑小秋的《空谷兰》。大戏场里，男女分座（包厢例外）。有时观众在给"扔手巾把儿的"叫好，摆瓜子碟儿的，卖玉兰花儿的，卖糖果的，要茶钱的，穿来穿去，吵吵闹闹，有时或许赶上一位发

---

① 上述城南游艺园史料参见石继昌：《软红十丈旧城南》，《春明旧事》，第96页；成善卿：《天桥史话》，第336—337页；金应元、田光远：《城南游艺园与新世界》，北京市政协文史资料委员会选编：《艺林沧桑》，第293—297页。

② 西德尼·D.甘博：《北京的社会调查》，陈愉秉等译，第250页。

第四章
游艺园、社会新闻与通俗小说

脾气的观众老爷飞茶壶。戏台上这边贴着戏报子，那边贴着"奉厅谕：禁止怪声叫好"的大字，但是看了反而使人嗓子眼儿痒痒，非喊两声"好"不过瘾。①

综上可见，新世界与城南游艺园的设置大致相似，基本以各种戏剧（尤其是坤角戏园）、曲艺、魔术、电影、餐馆为主体；而又各有千秋，二者最大的差异体现在建筑布局上，即一是平面发展，一是立体大楼。新世界与城南游艺园相继开办后，由于经营得法，广受市民欢迎，甚至带动了周边商业、娱乐业的繁荣发展。

在民国北京娱乐空间的版图上，对于新世界与城南游艺园所处的位置，时人及其自身都有清晰的定位。一方面，新世界、城南游艺园的受众和趣味，与中央公园、北海公园等内城的大公园，有明确的区分。中央公园、北海公园以"高尚优美娱乐"为旨趣，是上流社会的休闲社交场所；而新世界、城南游艺园则以新奇刺激的娱乐为噱头，吸引市民阶层。如1919年7月《晨报》撰文批评中央公园春明馆前有票友卖唱的现象，特别指出："竟使天然幽美之公园一变而为嘈杂不堪之戏院，高人雅士裹足不前，戏迷者流川趋之若鹜。夫北京娱乐场亦多矣，好热闹尽有城南游艺园新世界等处可以消遣，何必于公园中添此杀风景之物耶！"②典型地反映了代表新文化立场的评论者对于不同娱乐空间的想象和定位。

而另一方面，新世界与城南游艺园又与同在城南的天桥，形成一种既相互依存又分庭抗礼的微妙关系。首先，新世界、城南游艺园与天桥的娱乐模式有很大的相似度，以旧戏、曲艺、杂技为主体，甚或

---

① 林海音：《城南旧事（代序）》，《城南旧事》，北京：北京出版社，1984年，第6页。
② 《中央公园之怪现状》，《晨报》第206号，1919年7月11日；《惜哉中央公园》，《晨报》第212号，1919年7月18日。

演员之间互通有无,在新世界、城南游艺园登台的艺人们大多是先在天桥卖艺出名后,再被挖角的。但同时,新世界、城南游艺园与天桥的定位又有所不同。新世界、城南游艺园面向中产市民,而天桥则服务下层贫民,二者不断在探索中调整各自的分工。

以新世界与城南游艺园为代表的城南新式综合性游艺场,就是这样在民国北京的娱乐版图中逐渐确立自身的位置,从而拓展出独具特色的个体空间。张恨水《春明外史》中描写一位浮华子弟每日流连于京城的繁华场,"中央公园,北海公园,城南游艺园,这三个地方,每天至少要到一处,或者竟是全到",因此被朋友戏称为"三园巡阅使"①,可以从一个侧面看出在 20 世纪 20 年代的北京,城南游艺园与中央公园、北海公园三足鼎立的局面。

二、社会新闻、通俗文学与娱乐空间的同构性

城南模范新市区的经营和娱乐空间的繁荣,折射了 20 世纪 20 年代北京市民阶层的逐渐成型。北京与上海有所不同,由于开埠和租界等诸种因素,上海的城市文化、市民阶层成熟较早,因此如上文所述,"大世界"一类的综合娱乐场所与上海的城市气质相得益彰。20 世纪一二十年代城南的新变,是民国初年北京市民文化崛起的一个表征。1919 年 6 月 11 日,"五四运动"的领袖陈独秀和李大钊在散发起草的《北京市民宣言》时,就选择了城南游艺园与新世界,而非其他场所,恰是因为这里更贴近大众趣味,容纳了广大真正意义上的"市民"。②

---

① 张恨水:《春明外史》下册,第 1147 页。
② 据胡适回忆,陈独秀在新世界散发传单时,胡适亦在场。当时陈独秀、高一涵、胡适三位安徽先回寓,陈独秀从衣袋中取出一些传单来向其他桌子上发散,后来胡适与高一涵先回寓,陈独秀继续留在新世界发传单,未几即遭警察拘捕入狱。参见唐德刚译:《胡适口述自传》,北京:华文出版社,1989 年,第 207 页。

第四章
游艺园、社会新闻与通俗小说

具有一定规模的稳定的市民群体，是城南娱乐空间消费的主体，同时也是《世界晚报》这样的报刊和《春明外史》一类通俗文学的消费主体。而市民阶层和娱乐空间的兴起，又提供了社会新闻和通俗文学的创作动因和资源。近代中国社会急遽变动，都会经验对于大部分国人而言是一种陌生的震惊体验，纷繁复杂的大都市尤其是最能代表都市之光怪陆离、诱惑与风险并存的娱乐场所，令人目眩神迷。一个新都市人应该如何在这样喧嚣流动的城市空间中自处，适应与前现代的乡土社会全然不同的节奏，以及避免可能遭受的种种风险和伤害呢？社会新闻和通俗文学，都是在以一种网罗奇闻秘事、揭露内幕的方式，向市民提供一种了解城市动态、应对城市生活的经验指南。因此，社会新闻—通俗文学—娱乐空间之间，存在一种天然的共生关系。

近代以来中国的通俗文学与新闻业，本来就是相生相成的。讨论《春明外史》，离不开它的创作载体和语境，背后是近代中国新闻业的兴起。1919年张恨水受"五四"新文化运动感召来到北京时，北京的报社和新闻社已有一百多家。此前张恨水曾在《皖江日报》等报社从事新闻工作，后经人介绍，认识了《益世报》的编辑成舍我，并由他推荐担任《益世报》的助理编辑，由此开启了他们数十年合作的缘分，二人的办报理念可以说是相互影响、共同作用。1924年4月，成舍我创办《世界晚报》，邀请张恨水合作，据张回忆，其最初负责的是新闻版面，后来接替余秋墨编辑副刊《夜光》，并应成舍我之邀撰写长篇小说，作为《夜光》的主打产品，即《春明外史》：

> 起初，我们都是编新闻。副刊叫"夜光"，由余秋墨编辑。成君已知道我在南方很写过几篇小说，就要我给《夜光》写个长篇。这原是我最高兴作的事，我并没有要求任何条件，就答应了

公园北京
文化生产与文学想象（1860—1937）

写。又由于民国初年，许多外史之类的小说，给我的印象很深，我就把我所写的小说，定名为《春明外史》。①

张恨水一生以新闻为志业，其报人身份在小说创作中打下了深刻的烙印，以至有研究者定义其作品为"报人小说"，这在《春明外史》中体现得最为淋漓尽致，亦包括《春明新史》《京城幻影录》等。鉴于《春明外史》最初为报刊连载而作，作者创作与读者阅读的语境都离不开《世界晚报》的载体。《春明外史》刊登于第四版"夜光"副刊上，前一版即设有"社会新闻"栏目，两种文体很容易构成互为索引的关系。张恨水甚至曾一度负责编撰该报的新闻版面，同时写作两手文字。因此，新闻报道与文学创作之间具有了一种微妙的同构性。

张恨水意在接续《儒林外史》《官场现形记》一脉的谴责小说，揭露社会、官场黑幕，但又希望有一条贯穿的主线，以此串联起纷繁复杂的社会现象。因而他将主人公杨杏园的身份设置为新闻记者，"为的容易引出当时政治上、社会上种种千奇百怪的内幕新闻，从而加以谴责"②。其创作《春明外史》的方式，是只有一个大体的设想，除了杨杏园的故事以外，"多半是随时听到新闻，随时编作小说"③。其知交张友鸾指出："他把写小说当成自己新闻工作的一部分，有时小说中的故事，和当时发生的新闻紧密配合，相互呼应，读者把它当作不是新闻的新闻看。"④ 据研究者刘少文统计，《春明外史》全书出现的报刊有十来家，具有编辑、记者身份的角色约二十人，记者身份的自由度及视野的宽泛性有利于将社会新闻纳入小说。因此，整本《春

---

① 张恨水：《写作生涯回忆》，张占国、魏守忠编：《张恨水研究资料》，第33页。
② 张友鸾：《章回小说大家张恨水》，张占国、魏守忠编：《张恨水研究资料》，第129页。
③ 同上书，第131页。
④ 张友鸾：《老大哥张恨水》，张占国、魏守忠编：《张恨水研究资料》，第101页。

第四章
游艺园、社会新闻与通俗小说

明外史》有如各种社会新闻的集锦，涉及"新闻"约一百八十件；且"新闻""幕后新闻""趣闻""报纸""记者"等字眼所在多有，作为小说叙事结构的标志，引出叙事。①

实际上，张恨水的例子并非个案，在近代中国新闻业滥觞的初期，新闻与文学之间的界限本身就不太明晰。李欧梵曾以"literary journalism"（文学新闻业）一词，形容19世纪末20世纪初文学与新闻学之间的模糊状态。②由于早期的新闻从业者大多属于未受过专业新闻文体训练，却深得中国古典文学熏陶的落拓文人，因此极易混淆新闻与文学的界限，导致新闻文学化、文学新闻化，二者相互渗透。比如张恨水就曾为《世界晚报》同时写作新闻和小说两手文字，他谈到过自己早年写作大量通讯的经验，因缺乏一手的新闻来源，只能将别的报纸上的材料改头换面，"天天的新闻文字，要写好几千字，笔底下是写得很滑了"③。而对其文学创作有重要影响的《二十年目睹之怪现状》和《官场现象记》，正是开创了引轶闻尤其是新闻入小说的传统。④据包天笑回忆，吴趼人在写作《二十年目睹之怪现状》时，备有一个本子，"其中贴满了报纸上所载的新闻故事，也有笔录友朋所说的，他说这都是材料，把它贯串起来就成了"⑤，以新闻故事作为创作素材也成为当时"新小说"普遍的风气。

而在同时期的美国，亦盛行"新新闻主义"（New Journalism）的

---

① 刘少文：《大众媒体打造的神话》，北京：中国社会科学出版社，2006年，第55页。

② Leo Ou-fan Lee, *The Romantic Generation of Chinese Writers*, Cambridge: Harvard University Press, 1973, p3.

③ 张恨水：《写作生涯回忆》，张占国、魏守忠编：《张恨水研究资料》。第32页。

④ 张恨水回忆自己创作私淑的文学资源，首先提及"我读《儒林外史》，对于小说的描写，知道还有这样一种讽刺的手法。跟着就读了《二十年目睹之怪现状》和《官场现形记》"，张占国、魏守忠编：《张恨水研究资料》，第16页。

⑤ 包天笑：《钏影楼回忆录》，香港：大华出版社，1971年，第358页。

风潮。"新新闻主义"指的是 19 世纪 90 年代以来,记者与作家的身份日益模糊,呈现新闻故事愈来愈像虚构小说,而虚构小说愈来愈像新闻故事的倾向。一方面,新闻业巨头普利策认为报纸的主要任务是提供消遣,主张用"讲故事"的方式报道新闻,因此《太阳报》(*The Sun*)、《世界报》(*The World*)、《周刊报》(*The Journal*)等报纸在叙述新闻时特别关注人物、情节、对话、戏剧节奏和其他文学要素,兼顾娱乐性和趣味性。另一方面,为了扩大发行量,报纸以连载的形式刊出聚焦美国现实的小说,克莱恩、德莱塞、海明威等记者兼小说家应运而生,在文学创作中大量借鉴新闻素材,甚至使用拼贴、互文的手段,模糊报道和小说的界限,将新闻叙事放置在更大的时代语境中去发掘其意义。这种新闻真实与艺术真实的融合,促成了美国现实主义文学的发展。[①]

这些背景有助于我们从一个更为宏大的纵向与横向的脉络中去考察张恨水的意义。张恨水的个案既具有时代的普遍性,又富有独特的代表性。

麦克卢汉在传播学经典《理解媒介》一书中曾指出,新闻媒介关注的是"人的兴趣"(human interest)。与作为"个人的自白形式"(private confessional form)的书籍不同,报纸是一种"群体的自白形式"(group confessional form),提供群体深度参与的机会,"这种参与是公共的而不是隐私的,是包容性的而不是排他性的"。这种特质表现在形式上,即将多种版面或多种信息条目以"马赛克"的样式排列在同一张纸上,以表现"运转中的社会的总体形象","平凡生活中不连续的多样性和协调性"。为了吸引读者的参与,因此,报纸披露的是"社会运转和交往中的秘闻","真正的新闻是坏消息"(Real news is

---

① 参见孙明丽:《论新闻对美国现实主义文学的影响》,《文艺争鸣》2018 年第 5 期。

第四章
游艺园、社会新闻与通俗小说

bad news)。① 麦克卢汉的新闻媒介理论，对于重新审视娱乐空间、社会新闻与通俗小说的问题，具有借鉴意义。

首先，民国时期的南城游艺场所很符合新闻媒介对于素材的趣味。林海音在追忆城南游艺园的《台上 台下》一文中曾谈道："在那样大的一个城南游艺园里，不光是听听戏，社会众生相，也都可以在这天地里看到：美丽、享受、欺骗、势利、罪恶……"② 由于城南的娱乐空间相对内城的大公园而言，消费和取位的门槛较低，因此受众鱼龙混杂，根据当时的警察厅档案与新闻记载，这些场所总是各种冲突、闹剧和奇闻汇聚的中心地。有游客因不愿购票与检票人发生争执的，有观众为观剧而扭打的，有女眷趁游园之机逃离家庭的，有军人鸣枪惊吓商家游客的，也有工作人员监守自盗的。茶房与客人之间的摩擦更是家常便饭，如林海音《台上 台下》就有体现："要了一壶茶的大老爷，可神气了，总得发发威风，茶壶盖儿敲得呱呱山响，为的是茶房来迟了，大爷没热茶喝，回头怎么捧角儿喊好儿呢！包厢里的老爷们发起脾气来更有劲儿，他们把茶壶扔飞出去，茶房还得过来赔不是。那时的社会，卑贱与尊贵，是强烈的对比着。"③ 而作为成舍我正式创办的第一份报纸，《世界晚报》贯彻了其"新闻为平民说话"、以平民化为目标的理念。平民风格的定位，导致其视角贴近市民趣味，内容注重地方新闻、社会民生新闻以及各种消闲趣味新闻，并穿插以时局要闻、市井消息、小说连载、明星佚事等，文字通俗，版面活泼，图文并茂，可读性强。④ 其平民化的视角，决定了《世界晚报》

---

① 参见马歇尔·麦克卢汉：《理解媒介：论人的延伸》，何道宽译，南京：译林出版社，2011年，第232—246页。
② 林海音：《台上 台下》，《两地》，北京：北京出版社，1988年，第24页。
③ 同上书，第25—26页。
④ 参见宁威：《从〈世界晚报〉到〈立报〉——平民性、商业性与民国报人成舍我的探索》，《新闻爱好者》2014年第2期。

特别关注日常生活中吸引小市民眼球的市井闲话和风流韵事,即"人的兴趣";而南城的娱乐空间源源不绝地制造着新鲜的话题,正是滋生诸多"社会运转和交往中的秘闻"以及"坏消息"的温床,可以满足新闻猎奇的需求。

1920年代中期,《世界晚报》的"社会新闻"栏目每月都会刊发数则城南公园、游艺园的新闻(彼时新世界已渐趋没落乃至歇业,因此淡出公众视野)。这些新闻恰与前述"新新闻主义"的期待不谋而合,从标题到行文,都力求新奇刺激,富于娱乐性和趣味性。其标题大多抓人眼球,有时为了制造耸人听闻的效果,甚至不惜夸大其词,以激发读者的遐想和阅读的欲望,如《逛游园娇妻失踪》《幼童受虐触电自尽》《妙女子徘徊先农坛 据云被拐,恐有别情》《游园幻术场劫案破获 原来是园内茶役伙同行窃》等。相应地,内容也注意营造叙事性和戏剧性,关注人物、情节、对话等文学要素。如1926年7月5日《世界晚报》刊登新闻《游艺园捕获拆白党 新戏场内调戏女眷之无赖》:

> 城南游艺园新戏场内,近来有一般拆白匪徒,足迹不离该场,意在施其惯术。该管区早有所觉,逐日派出便衣探警,在该场侦查。昨日上午九时许,有某宅女眷,在包厢内观剧,修饰颇为娇艳。有拆白党胡某,一见垂涎,便在左右附近,作出种种丑态。女眷察觉大怒,当有一妇,去打电话,召集男子三人到场。女眷说明前情,胡某竟自忘形尚手舞足蹈,自鸣得意。三人即一拥上前,将胡某痛打。探警朱永志,上前询明前情,乃将两造一并带回该管区究办矣。

行文凝练简洁,细节具体生动,有很强的画面感,将"修饰颇为娇

第四章
游艺园、社会新闻与通俗小说

艳"的少妇,和"作出种种丑态""竟自忘形尚手舞足蹈,自鸣得意"的拆白男子,刻画毕现,如在目前。"拆白党"是清末民初娱乐场所中的特殊产物,与社交公开观念的普及和公共娱乐空间的兴起息息相关。新旧过渡时期,男女自主交往、自由恋爱的意识初步萌生,尚未规范化,难免泥沙俱下。公园、游艺园等开放的公共空间,虽在鼓励社交公开方面发挥了积极的作用,但也存在负面影响,为不怀好意者提供可乘之机。正因为公园、游艺园等时髦女性多,想趁机占便宜的轻薄之徒也应运而生,伺机勾引调戏女学生和良家妇女,骗色甚至骗财,这个群体就是"拆白党"。

如果说公园见证了"五四"以来异性自主交往的光明面,城南的游艺场则更多地暴露了阴暗面。如前所述,南城游艺场的成员较之内城公园复杂得多,内城公园因消费、格调等因素,以中上阶层为主,南城则以市民大众为主,良莠不齐。此外,以坤戏园为招牌、看席男女同座,导致女性演员、观众不仅占有很大比例,并且大大增加了异性接触的可能性,还常出现观众追逐戏子、争风吃醋的现象;同时,为了迎合大众的趣味,表演的格调也不免流于低俗,甘博在《北京的社会调查》中就曾指出新世界"不少游戏表演是低级的,有时还带有色情成分,靠近隔离区的妇女常常利用它作为招摇、拉客的场所,有时还混进表演人群中在舞台上表演"①。加之其毗邻八大胡同及大森里、平康里等北京最著名的声色场所,男女社交的负面隐患因此特别凸显。城南的游艺场于是成为一个情欲流动的空间。实际上,公园也存在类似的问题与隐患②,但是"五四"以来的新文学多强调公园与

---

① 西德尼·D·甘博:《北京的社会调查》,陈愉秉等译,第250页。
② 如除了拆白党外,当时还出现一种流氓,利用风气乍开、异性间渴望交往的心理,每天傍晚在北海公园盘踞,分成两拨,一拨介绍陌生的青年男女在白塔后山洞私会,收取介绍费;另一拨埋伏在附近,待男女幽会完毕,上前提拿、恐吓,作势要带走惩办,从而再敲诈收钱。《北海公园内之流氓》,《世界晚报》第776号,1926年6月20日。

自由恋爱的关系,很少触及消极的层面。城南的游艺场,与新文学家气味不相投,却受到通俗文学家的青睐,借此揭示世间百态。

同时写两手文字,新闻记者的经验不但赋予了张恨水灵感和素材,也造就了他认识和表现社会的方式。日常耳闻目睹的社会新闻信手拈来,略加点染即成故事;新闻记者曝光社会阴暗面的意识,也与张恨水揭露黑幕的初衷如出一辙。张恨水仿效的《儒林外史》《官场现形记》至20世纪初的各类"外史"小说,本来就有引时事入小说,代行新闻报道之职的倾向①,现在进一步与现代性的新闻记者视角合一。再加上报刊连载的方式,不要求也不适合连续性的叙事,一则一则相对独立、社会新闻式的小故事,反而更契合碎片化的连载。那么,将杨杏园放置在什么样的环境中,最能实现这种见证新闻、揭露内幕的功能呢?城南新兴的平民娱乐空间提供了最好的背景。张恨水安排杨杏园住在城南的会馆,从新闻记者的职责和兴趣出发,频繁出入南城的游艺园、公园、饭店、妓院、戏院、剧场、电影院等娱乐场所,以新闻记者之眼,见识社会百态,探访秘闻轶事。这些都市娱乐空间既聚合了社会各阶层的人物,也是流言蜚语的集散地,张恨水借此引出形形色色的角色,展开一个又一个故事。因此,以新世界、游艺园等为代表的城南娱乐场所不但提供了大量的题材资源,也具有叙事策略的意义,可以推动故事情节的发展,揭露社会与人性的复杂层面。尤其是城南游艺园,在《春明外史》中占据关键的位置,正如季剑青指出,"城南游艺园不仅是《春明外史》所表现的20世纪20年代北京都市生活的重要组成部分,在小说的叙事结构中也承担着某种功能。杨杏园从这里了解到的各种信息和线索,生发出一系列社会

---

① 陈平原:《二十世纪中国小说史 第一卷》,北京:北京大学出版社,1989年,第300—309页。

第四章
游艺园、社会新闻与通俗小说

故事,成为小说叙事的重要内容"①。并且,无论是张恨水还是其批评者,都很明确他的写作是面向广大的市民阶层,而这些南城的娱乐场所富于传奇色彩和八卦消息,同时也是市民阶层日常生活熟悉的空间,正投合小市民的兴味。在此,新闻记者的嗅觉与文学创作者的思路达成了一致,下节将结合文本具体分析。

另外,新闻从业者的身份对于张恨水的通俗小说创作,在文学表现形式上也留下了独特的印迹。麦克卢汉所谓报纸形式特征的"马赛克"形态,最直观的表现是,通俗小说与社会新闻在同一个报纸不同版面形成拼贴与互文的关系。《世界晚报》第三版即"社会新闻"与"剧场消息",前者经常报道新世界、游艺园的奇闻逸事,后者负责预告南城各大剧院的演出信息;第四版则刊登张恨水的《春明外史》,描述南城娱乐场的繁华声色。这种以"马赛克"形式并置的文本模糊了新闻与小说之间的边界。而新闻报道小说化,小说创作新闻化,也进一步强化了读者的这种阅读感受,不仅张恨水在写作时有意识地将小说与新闻相配合,读者在阅读时也自觉地将小说读作"新闻版外的新闻",甚至一一索隐,对号入座。正如周成荫指出:"张以其报人兼小说家的角色,体现了反映时代风情的小说如何被读作新闻;而新闻,特别是'社会新闻'又如何因其令人难以置信的虚构性潜文本而畅销。新生的所谓'报章体'与'小说体'共享一定的文体模式,它们之间的界限已不甚明晰。"②

更深一层,引新闻入小说,正是在通俗小说的形式和内容上双重实现了这种"马赛克"的特质。在形式上,《春明外史》全书如同社会新闻的集锦;在内容上,亦如麦克卢汉所言,是以拼贴的方式表

---

① 季剑青:《过眼繁华:张恨水的北京叙事——从〈春明外史〉到〈啼笑因缘〉》,《文艺争鸣》2014 年第 8 期。

② 周成荫:《城市制图:新闻,张恨水,与二十年代的北京》,《书城》2003 年第 12 期。

现了"运转中的社会总体形象","平凡生活中不连续的多样性和协调性",有助于为20世纪20年代的北京都市文化景观留下一幅马赛克式的全景画。周成荫曾指出张恨水的《春明外史》为北京描绘出一幅有时间性的地图,可将其在副刊上的连载视为北京这一城市的时间流逝的、重叠的照片;季剑青认为若跳出纯文学的视野,把《春明外史》看作与都市生活共生的一种文化形式,则这种时间性反而恰好显示了都市现代性的运作机制,皆是在这一层面上阐发引新闻入小说的正面意义。① 不过,正如海明威曾指出新闻有时间性、无永恒性,过多地将新闻引入小说,难以避免时效性对于小说意义的侵蚀,从而削减小说的美感与力量。宋伟杰曾评价《春明外史》既具有新闻快照的特征,又富有世情小说的意义,因此具有两种内在冲突的时间性,一方面是撷取社会剧变的浓缩的时间,另一方面则是反映社会习俗的延长的时间②,但不可讳言,《春明外史》的即时性还是大过永恒性。张恨水自己也意识到这一问题,他曾在回忆录中自省《春明外史》的写作"太看重那一段的时间性。文字自不能无时间性,但过于着重时间性,可以减少文字影响读者的力量"③,这也导致《春明外史》脱离了时代语境后,不如《金粉世家》《啼笑因缘》等对于读者有吸引力。为何同样将新闻引入小说,美国的"新新闻主义"促成了现实主义的转向,而在近代中国却与通俗文学合流,缺乏对于现代文学创新的影响?张恨水自己曾提出长篇小说的作法,需将"人生之若干事,而设法融化

---

① 参见周成荫:《城市制图:新闻,张恨水,与二十年代的北京》,《书城》2003年第12期;季剑青:《过眼繁华:张恨水的北京叙事——从〈春明外史〉到〈啼笑因缘〉》,《文艺争鸣》2014年第8期。

② 参见 Weijie Song, *Mapping Modern Beijing: Space, Emotion, Literary Topography*, New York: Oxford University Press, 2018, pp. 80-118.

③ 张恨水:《写作生涯回忆》,张占国、魏守忠编:《张恨水研究资料》,第38页。

第四章
游艺园、社会新闻与通俗小说

以贯穿之",若平铺直叙,"则报纸上之社会新闻矣"。① 长篇小说如何不沦为社会新闻的集锦,而富于文学价值?在张恨水此后的代表作如《金粉世家》《啼笑因缘》中,逐渐淡化了新闻的痕迹,大约也是以其创作实践作出的思索与回应。

正如麦克卢汉指出,报纸在精神内质上也是马赛克式的,是一种"群体的自白形式",是公共的而非隐私的、包容性而非排他性的,提供了群体深度参与的机会,这对于通俗小说的创作模式同样适用。通俗小说往往是连载,且由于其商品属性,作者必须照顾读者的感受,这导致通俗小说在创作的过程中会一定程度上受到读者反馈的影响,甚至改变情节的走向,与严肃文学相对独立的创作有所不同。比如张恨水就谈到《春明外史》本来在十三回就结束了,但由于读者的热烈反应又继续写下去,连载了五年,虽然他自我解释道,"社会小说,象《官场现形记》似的,结束了再起楼阁,也并无所谓。而《春明外史》的主角,我又没将他的行为结束,续下去更不困难"②,但这正说明了情节的相对松散和随意,作者自己也反省:"主角的故事,前后疏落在一百万言的书里,时隐时现,究非良好办法。"③ 又如张恨水的另一部代表作《啼笑因缘》,应报社的要求,为了兼顾读者对武侠的兴趣,而添加了关寿峰、关秀姑父女的角色。这种现象在通俗文学中较为普遍,若不囿于纯文学的价值判断,而是将其作为一种文化现象考察,以报刊媒介为载体的通俗文学创作有其独特的意义。这是一种作者与读者合力协作的书写,折射了特定时期特定社会的大众伦理、观念和价值取向,是时代风气的镜像。因此,通俗小说不同于纯文学

---

① 张恨水:《长篇与短篇》,张占国、魏守忠编:《张恨水研究资料》,第265页。
② 张恨水:《写作生涯回忆》,张占国、魏守忠编:《张恨水研究资料》,第35页。
③ 同上书,第38页。

是精英作者个人的独白,而可以视作作者与读者的众声喧哗,即一种"群体的自白形式"。

三、娱乐空间与文化趣味的分野

本节将具体进入《春明外史》的文本内部,以张恨水对于城南游艺园的书写为个案,与清末民初黑幕文学对于夜花园的表现作对比,从而思考通俗文学与新文学对于不同性质娱乐空间的态度,背后所折射出的相应的小市民趣味与新文化价值观的差异。

新闻从业者的视角和趣味决定了张恨水认知和表现城南娱乐空间的方式。基于新闻记者的阅历,他对这些风月场和销金窟的种种丑闻了然于心,编撰社会新闻的经验不仅为他提供了灵感,也影响其文学创作的思路,将新闻报道猎奇、揭露黑幕与韵事的一面发扬光大,着重彰显城南游艺园中情欲的诱惑与角力。其对于城南游艺园的表现集中于戏子、妓女尤其是拆白党与女性的关系上,借助主人公杨杏园这样一个都市观察者与漫游者的角色,游走于光怪陆离的都市情色与欲望的空间中,实际上也是借杨杏园之眼,带阅读报刊的城市读者们去探险,一方面满足猎奇窥淫的欲望,一方面亦发挥警戒风险的作用。

张恨水特别关注"拆白党",在小说中揭秘"拆白党"的内幕。前文述及,第九回杨杏园在城南游艺园偶遇老同学洪俊生,以"新闻"二字引出后者拆白党朋友的故事,即一位华国大学的学生,"人虽长得不算是十分漂亮……衣帽鞋袜却十分时髦,学堂里有整个月不去,倒是游艺园少不了每天来一回。他来了又不正正经经的听戏看电影,东处站一会,西处跑一会,只在男女混杂的地方乱钻"。后来他又想出一个办法,专门注意有钱的姨太太,只要能给他钱,年纪虽老一

第四章
游艺园、社会新闻与通俗小说

点,姿色差一点,都不讲究,"这就是社会上所叫的拆白党了"。① 第十回写杨杏园的另一位朋友余咏西,又是另一种类型的拆白党,前者求财,后者骗色。这段叙事同样借"新闻"的由头引出,系杨杏园收到洪俊生代人投递的新闻稿件,揭露余咏西的私生活,杨杏园按下稿子不发表,亲自去探访余。此人"专门在游戏场夜市上,干那不正当勾当。有那单身的妇女,外表透着几分风流,他就死命的钉着。或是在黑暗里追上的时候,或是在人群里相挤的时候,他就在人家身上,轻轻拍一下。若是人家骂下来,他就鼠窜而去。若是不骂,他越挨越近,等到身边没有人,他就请人去喝茶或者吃饭。只要人家不破口骂他,他总有法子把人家引到家里去"。② 这段对拆白党的生动描绘,与上节所引《世界晚报》新闻中拆白党的丑态,相映成趣,只有丰富的记者经验积淀,才能对拆白党的心思手段洞若观火,并形容得入木三分。余咏西在中央公园勾引了白瘦秋、白素秋一对姊妹,她们本都是清白人家的女学生,张恨水借白素秋之口说,"谁知公园和游艺园这个地方,总不是好所在,去得多了,就有些多事的人,注意你的行动",悔恨与姐姐因流连公园、游艺园而堕入歧途:"一直到那天,我才知道,人家说公园里是个坏地方的理由。"③

作为新闻记者兼通俗文学家,张恨水对于公园的认识,与新文学家不同。新文学、新青年(新女性)与公园隶属于同一个新文化的价值体系,因此他们对于公园有一种不证自明的接纳和亲近;而张恨水出于不同的职业背景和文化趣味,会更冷静客观地审视公园的不足之处,虽然张恨水自身亦与公园尤其是中央公园有很深的

---

① 张恨水:《春明外史》上册,第130—131页。
② 同上书,第142页。
③ 同上书,第154页。

渊源。① 张恨水特别警惕公园、游艺园对于青年学生尤其是女学生的腐蚀。如他写杨杏园在交际花姊妹的家中见到一位小妹妹，觉得很面熟，从而回忆起常在游艺园遇见她，由于年纪小，穿着女学生的蓝布衣服，出入十分引人注目。当时杨杏园就想，"不知道哪家的女孩子，怎样一点不拘束？三百六十天，至少有二百天在游艺园，恐怕没有好结果"，不料果然在交际花家中重逢，深为之痛心。② 因女学生备受欢迎，甚至有妓女仿效女学生打扮，以引诱企图追逐女学生的男性。③ 在张恨水看来，不仅女学生在公园、游艺园中有危险，男青年也可能受到不良风气的荼毒。前文提及的"三园巡阅使"，就是一位出身小康之家的青年学生任毅民，因流连公园而酿成致命悲剧。任追逐浮华，一次在城南游艺园看电影时，搭讪了一位也常出入这三园的杨小姐，遂经常请她及其众女友赴各大公园约会。不料这是一个女性版的"拆白党"，导致任在数月之间被骗得倾家荡产，最终自尽身亡。更离奇的是，第六回写一位青年学生李俊生在新世界遇到了一位风流少妇，受其引诱，从此每晚在新世界幽会，再去旅馆缠绵，直到女子留赠财物不告而别，他才知道那是大名鼎鼎的"妹督"，即军阀姚慕唐（影射张敬尧）的妹妹。

即使青年男女在游艺园的正常约会，在张恨水笔下也表现得意味

---

① 张恨水是中央公园的常客，以至于当其离京多年后归来，第一次重访来今雨轩时，老远就被茶房认出，热情地招呼。在《啼笑因缘·自序》中，张恨水曾自道其创作此书的契机缘于在来今雨轩的宴席上，结识了《新闻报》的记者严独鹤，严独鹤邀请他写作连载。而激发他创作灵感的则是在四宜轩后的茅亭上，鉴赏公园美景时，有所感触而构思成文，因此他表示要在中央公园茅亭举行《啼笑因缘》的二周年纪念。在张恨水的作品中，多以各式公园为表现人物性格、结构关键情节的场景，除本书具体分析的《春明外史》外，《啼笑因缘》与《金粉世家》也很典型；同时他还作为审定者，深度介入《北平旅行指南》的编撰，各大公园在《北平旅行指南》中亦占有重要的分量。

② 张恨水：《春明外史》中册，第 581 页。

③ 张恨水：《春明外史》上册，第 132—141 页。

第四章
游艺园、社会新闻与通俗小说

深长。第四回写杨杏园的同乡大学教师陆无涯追求自己班上的女学生陈国英,在城南游艺园约会定情。这是新文学作品中的典型场景(甚至在新文学史上也不乏实例,如沈从文与张兆和),譬如冯沅君、庐隐、石评梅等"五四"女作家大部分有关爱情主题的小说场景都发生在京城的各大公园,象征了新青年对于爱情和自由的追求。以冯沅君的代表作《隔绝》为例,主人公隽华被母亲囚禁而与爱人"隔绝"之时,独自追怀与爱人在中央公园泛舟、定情,在万牲园热恋约会及私订终身的场景:"就在这样的夜里:/我们相挽扶着,/一会伫立在社稷坛的西侧,/一会散步在小河边的老柏树下,/踏碎了柏子,/惊醒了宿鸦,/听得河冰夜裂的声音。就在这样的夜里:/我们相拥抱着,/说了平日含羞不敢说的话,/拌了嘴,/又陪了罪,/更深深的了解了彼此的心际。"①公园见证了冯沅君的自叙传主人公试图冲破封建礼教的"隔绝",自主追求恋爱自由的努力。②

图 4-4 赵元任与杨步伟在中央公园的新式婚礼(1921 年)

---

① 冯沅君:《卷葹》,北京:人民文学出版社,1998 年,第 3 页。
② 当时许多新文化人的约会和婚礼也是在公园进行。如赵元任与杨步伟定情的约会就在中央公园,同时,他们结婚打破传统,不办婚礼,而是在中央公园格言亭合影,将照片寄给所有朋友和亲戚,第二天《晨报》以"新人物之新式婚姻"进行报道。同时,他们的一位美国朋友,威斯康星州的天文学教授收到"无婚礼"通知书后,将它贴在天文台的布告栏上,告诉他的同事,1921 年 6 月 1 日下午 3 点钟东经 120 度,发生了什么天文现象,这种新式婚礼起到了示范作用。参见赵元任:《赵元任早年自传》,季剑青译,北京:商务印书馆,2017 年,第 223—232 页。又如徐志摩与陆小曼的订婚和结婚仪式都选在北海公园,沈从文与张兆和在中央公园举行婚礼。

图 4-5　中南海公园游泳池（1940 年）

然而，张恨水撕下了新文学温情脉脉的面纱，通过对于这一情节的重写，构成了对于新文学的一种戏拟和反讽。张恨水在处理这个情节时，采取了全知视角的叙事方式，有助于充分呈现双方在这一过程中的心理博弈与共谋。男方内心满是情欲和算计，女方也绝非懵懂无知，而是有意识地半推半就。如张恨水写陈国英收到陆无涯约她去城南游艺园的情书后，经历了一番复杂的心理活动："他这封信有千言万语，归总一句话，是要我陪他到公园里去。照理说，他帮了我这一个大忙，我不能拒绝他，但是仿佛听见人说，若是一男一女交朋友，到了同逛公园的程度，那是很有问题的。难道他也想把这个手段对付我吗？"①可见女方非常清楚"公园"在男女交往中所蕴含的象征意义。具体到城南游艺园的约会过程，两性之间一进一退的微妙拉锯，男方如何一步步逼近，女方又如何一步步失守，亦被张恨水抽丝剥茧地呈现。城南游艺园对于二人关系的实质推进具有决定性的作用，二人一直从傍晚约会到深夜十二点，作者含蓄地暗示："从这一天起，他们就发生了密切的关系。"女方失身于男方，并最终导致怀孕，二人毁弃各自的婚约而私奔。在城南游艺园看电影、吃西餐、月夜花园漫步，这些都是新式恋爱的标配模式，张恨水《春明外史》本来就具有北京风俗画卷

---

① 张恨水：《春明外史》上册，第 52 页。

第四章
游艺园、社会新闻与通俗小说

的意义,这部分描写细致入微,占据了近半章的篇幅,可作为新时代男性追求女子的约会指南,亦提供读者窥视新式约会的隐秘趣味。张恨水残忍而客观地揭示了"自由恋爱"幌子下潜在的阴暗丑陋的一面、其可能对女性造成的伤害,以及公园(游艺园)与之的合谋关系,这是新文学中罕见的。张友鸾曾批评张恨水的缺憾之一是不太擅长处理恋爱题材:"把男女相爱和妓院调情,写来无甚分别了。青年学生的思想活动,有时是走在时代的前面的,作者缺乏这种经验,对某些新事物的出现,有时露出抵触情绪。"① 但我认为,张恨水实际上提供了我们看待公园与新式恋爱的另一种视角,也恰体现了通俗文学所代言的小市民立场。

张恨水的书写不是个案,其实反映了通俗文学作为市民消费文化的产物,是如何看待新文化价值体系下的新事物,包括公园、女学生、新式恋爱等。《春明外史》所追慕的谴责小说一脉,民初以后逐渐沦为黑幕小说,可以作为一种参照。黑幕文学肇始于上海的报刊,这正是由于上海的都市化程度最高、市民文化兴起,范伯群曾指出,对于大都市中的"新移民"而言,黑幕专栏如"照妖镜""防身术",被视为进入城市文化圈的速成法。② 而黑幕小说的经典场景之一即是"夜花园"。夜花园系清末民初上海消闲文化的产物,诸如张园、愚园、徐园等经营性的私园在夏夜向公众开放。考察夜花园中的娱乐设施,如电影、魔术、滩簧(沪剧)、髦儿戏(女子京剧)、番菜馆等,都是后来城南游艺场所中的主打项目;甚至留园广告邀请"欧洲著名女伶多人跳舞",与新世界在《晨钟报》预告聘请"欧美著名的美女舞蹈家来华表演",以及张园的焰火表演"炮打平阳城",与城南游艺

---

① 张友鸾:《章回小说大家张恨水》,张占国、魏守忠编:《张恨水研究资料》,第130页。
② 范伯群:《黑幕征答·黑幕小说·揭黑运动》,《文学评论》2005年第2期。

园的"炮打襄阳城",都惊人相似。[①] 我推想,夜花园作为上海平民娱乐文化的雏形,影响了游艺园的形制,而北京的游艺园,又复制了上海的模式,因此是一脉相承的。

　　鉴于夜花园既公共又私密的空间性质,女性尤其是清末民初备受瞩目的女学生也能自由出入其间,本身就极富话题性,研究者黄湘金指出,当时的报刊将有关夜花园的新闻直接作为小说刊登、收录,可见"夜花园的故事,大多具有小说的潜质,是小说家的上佳材料",新闻与小说的边界模糊不清;同时他提醒我们思考:"作为小说场景的夜花园与小说的题材、风格之间,是否存在着某种必然联系?"清末民初泛滥的各种爱情题材小说(如哀情、欢情、艳情、惨情等)中,合法的恋情通常发生于白天开放的公园、学校、旅馆等场所,却无一在夜花园;夜花园则成为黑幕文学的特定场景和叙事结构的中心,且叙事者多以记者的身份,带着窥探隐私的趣味,揭露夜花园对于女学生的诱惑与危险,女学生一旦步入夜花园,不是死亡就是堕落。[②] 黑幕文学对夜花园的定位,和通俗文学对游艺园的认知,形成某种呼应,背后都是小市民对于女学生及其所代表的新文化的态度,以及黑幕文学——夜花园、通俗文学——游艺园与市民文化的对应关系。与之相应的,是新文学家对公园与女学生的表达,如上章所述,在沈从文、朱湘等人的笔下,独立自信、意气风发的新女性,与北海公园等富于文化气息的现代空间完美结合,象征了一种超越传统与乡土的、都市主义的美(图4-6)。

---

　　① 参见黄湘金:《"恶之花":清末民初上海夜花园与女学生的"黑幕叙事"》一文对于夜花园的研究,《中山大学学报(社会科学版)》2016年第1期。

　　② 同上。

第四章
游艺园、社会新闻与通俗小说

图4-6　北海公园的现代女性（1949年）

在《春明外史》中，张恨水不仅对于女学生和新式恋爱评价不高，对于爱美剧的态度也值得玩味。如他写杨杏园接到华国大学学生在春明剧场演出"爱美的戏剧"的戏票，就笑道，"好硬的戏价，梅兰芳杨小楼的义务戏，也不敢说这几句硬话呢"，并对请他代销的朋友婉言谢绝："你有所不知，北京人脑筋顽固，那种锣鼓喧天的戏剧，他真舍得整块钱去看，你们学生的革命戏剧描摹世情太深，他们哪里能懂这样高尚艺术呢？"对于演出当天的具体情形，亦完全是闹剧式的表现，张恨水借演出失败自欺欺人的学生之口道："北京人死顽固，他只会听那一板三眼的戏，不配领教这样高尚的艺术，我们闭幕罢"，以反语的形式给予辛辣嘲讽。① 爱美剧在城南游艺园的失败，背

---

① 张恨水：《春明外史》上册，第193—201页。

后实际上是两种审美趣味的冲突。张恨水所代言的小市民趣味,所表现出的对于京剧的热衷和对于爱美剧的不屑一顾,与"五四"以来新文学家对于旧戏的批判和爱美剧的大力提倡,形成鲜明对比。

除了张恨水之外,另一位与"世界系"报刊渊源颇深的作家林海音,同样对城南游艺园有生动的描绘。张、林二人曾先后供职于成舍我主编的《世界晚报》与《世界日报》,张恨水是成舍我多年的合作伙伴,林海音则是成舍我培养的得意门生。儿时的林海音喜欢唱京戏的大戏场,也爱看筱鸣钟、张笑影的文明戏,而幻术场的魔术更是对她有着致命的吸引力:"看着穿燕尾服的变戏法儿的,随着音乐的旋律走着一颠一蹉前进后退的特殊台步,一面从空空的大礼帽中掏出那么多的东西:花手绢,万国旗,面包,活兔子,金鱼缸,这时乐声大奏,掌声四起,在我小小心灵里,只感到无限的愉悦!觉得世界真可爱,无中生有的东西这么多!"① 茶房在戏场里扔热毛巾的绝活也是城南游艺园的特色之一,令林海音记忆犹新。城南游艺园的秩序是喧嚷流动、混乱不堪的,但林海音却乐在其中。林海音是在城南平民文化的滋养下成长起来的,因此对于城南的市井趣味体贴入微,城南游艺园象征了她心中的故乡城南及其所代表的童年记忆,一个鲜活丰富、生气淋漓的城南游艺园跃然纸上:

> 在那样的环境里:台上锣鼓喧天,上场门和下场门都站满了不相干的人,饮场的,检场的,打煤气灯的,换广告的,在演员中穿来穿去。台下则是烟雾弥漫,扔手巾把儿的,要茶钱的,卖玉兰花的,飞茶壶的,怪声叫好的,呼儿唤女的,乱成一片。我却在这乱哄哄的场面下,悠然自得。我觉得在我的周围,是这么

---

① 林海音:《台上 台下》,《两地》,第 24 页。

第四章
游艺园、社会新闻与通俗小说

热闹，这么自由自在。①

"我觉得在我的周围，是这么热闹，这么自由自在"，这种对于城南的市民文化自洽无间的心态，在新文学家中是很罕见的。反之，除了张恨水、林海音这两位贴近平民趣味、自觉为小市民代言的作家外，新文学家鲜有对城南娱乐空间的表现，这是被新文学的主流忽略的地带。新世界、城南游艺园的商业气息和低俗趣味，是为新文化人所不屑的，他们即使偶有笔墨涉及城南相关的娱乐空间如厂甸、天桥等，也很难欣赏其所体现的小市民情趣，而多抱之以批判的眼光。如寿玺《厂甸》一文以讽刺的笔调描绘海王村公园和厂甸庙会的热闹景象：

> 琉璃厂大街迤东迤西，南新华街迤南迤北，行人如蚁，女的牵着小孩，小孩的手中大半拿着轻气球、糖葫芦，一般白发老者，华服少年，掺杂在中间，五光十色连缀起来，仿佛天然国徽似的，捉对儿在街上跳舞。列位，这敢就是太平景象么？②

很明显，有别于林海音置身其间、融入市民的叙事姿态，这种自觉地从高处/外部审视芸芸众生的疏离的、批判的目光，在新文学作家中很常见。如姚克在《天桥风景线》中这样表现作为"北平下层阶级的乐园"的天桥：

> 芦席棚下聚着黑压压的人，瞠目张嘴地望着台上一个十八九岁，擦了满脸胭脂的姑娘。

---

① 林海音：《台上 台下》，《两地》，第 26 页。
② 寿玺：《厂甸》，姜德明编：《如梦令——名人笔下的旧京》，北京：北京出版社，1996 年，第 26 页。

公园北京
文化生产与文学想象（1860—1937）

"俏……后生……嗳，嗳，唷……"她一边打着在手中的两块铜片，她一边刁声浪气地唱着。

"这妞儿不错……有意思。"站在我前面的瘦子和耳后有两个小瘤的同伴说。

我可是听不出有什么意思，便走到邻近的一个棚下。①

天桥为底层平民贫瘠的精神生活赋予了无限乐趣，然而在作家看来，这里却毫无美感可言，喧嚣、破败、无序，充斥着恶俗的趣味，"听不出有什么意思"。作家描写另一处两个大胖子的摔跤表演，逗得观众忍俊不禁："看客们哄然笑了。劈啪，劈啪。在肉和肉的搏击声中，大肚子和他的同伴扭做一团"。"蚂蚁似的群众""黑压压的人""瞠目张嘴"、哄然大笑的"看客"，在作者的眼中，这是一群麻木愚昧的庸众，以低俗趣味慰藉着蝼蚁般的生命。文末，"杂在蒜气触鼻的人堆里，我挤到了前门大街。在我背后的是这片广漠的'乐园'在那里布施'笑'给众人。凛冽的朔风吹着我僵冻的耳轮，摇曳着丝一般细的远远的皮簧歌声"②。独自抽离于"广漠的'乐园'"茕茕孑立的姿态，在新文学作家中颇有代表性。老舍大约是个例外，其《骆驼祥子》中描写天桥的一段，与上述段落形成鲜明对比。在老舍眼中，天桥对于祥子等在重压下辗转求生的底层大众而言，是唯一的欢乐和享受，是他走投无路时的港湾：

平日，这里的说相声的，耍狗熊的，变戏法的，数来宝的，唱秧歌的，说鼓书的，练把式的，都能供给他一些真的快乐，使

---

① 姚克：《天桥风景线》，姜德明编：《北京乎——现代作家笔下的北京（1919—1949）》，第353—354页。

② 同上书，第357页。

第四章
游艺园、社会新闻与通俗小说

> 他张开大嘴大笑。他舍不得北平，天桥得算一半儿原因。每逢望到天桥的席棚，与那一圈一圈儿的人，他便想起许多可笑可爱的事。现在他懒得往前挤，天桥的笑声里已经没了他的份儿。他躲开人群，向清静的地方走，又觉得舍不得！不，他不能离开这个热闹可爱的地方，不能离开天桥，不能离开北平。①

天桥能供给祥子一些"真的快乐，使他张开大嘴大笑"，"想起许多可笑可爱的事"。同样看到天桥带给贫民的"笑"，老舍对于底层平民精神世界的体贴和温情，有别于一般的新文学作家。

实际上，不仅是城南的娱乐场所，民国北京的娱乐空间整体上存在阶级与趣味的区隔，这从张恨水的小说《啼笑因缘》中可窥得一二。张恨水《啼笑因缘》为上海《新闻报》副刊连载而作，面向南方读者，因此具有北京旅游指南、风景游记的性质，对于北京娱乐空间的等级分布有文学的表现。②小说开篇即是北平四月天的季节里，"有个很会游历的青年，他由上海到北京游历来了"，以主人公樊家树的视角，带领读者"玩转"北京的都市空间。当樊家树向听差刘福抱怨北京的名胜他都玩遍了，刘福提议他可以去天桥水心亭看看时，家树的第一个反应是："天桥不是下层社会里人去的地方吗？"③而樊家树与书中三个气质、身份不同的女主角约会，恰对应北京不同区域、等级的娱乐空间——与天桥鼓书艺人沈凤喜总是在城南的先农坛公园；与官宦千金何丽娜是去市中心的平安电影院看电影、北京饭店听音乐会、北海公园泛舟等，而与天桥习武卖艺的关秀姑父女则是去逛什刹

---

① 老舍：《骆驼祥子》，北京：人民文学出版社，2000年，第132页。
② 张恨水小说的文学地图与旅游指南意义，可参见陈平原：《作为"北京文学地图"的张恨水小说》，《文史知识》2014年第10期。
③ 张恨水：《啼笑因缘》上册，杭州：浙江人民出版社，1980年，第1页。

海。内城的什刹海与城南的天桥、厂甸、游艺园近似,都是供下层百姓游憩的场所。邓云乡就曾谈道:"由中山公园来今雨轩的茶座,到什刹海河沿或天桥的小茶馆,中间隔着好几个档次,各接各的客人。"① 大少爷樊家树不太能欣赏什刹海,关寿峰问他感受时,他含糊地搪塞道:"反正比那天桥干净。"② 而在关寿峰这样的平民看来,相较于内城的公园,"我还是乐意在这芦席棚子下喝一口水,比较的舒服"。他回忆一次去中央公园的茶座,由于穿着蓝布大褂,没人理会他;而到了什刹海,茶房老远就热情地招呼他。

无独有偶,师陀在《什刹海与小市民》中,同是将什刹海与中央公园对比,追溯了什刹海与小市民的渊源:"倘若拉住一位北京市民,问北平地方哪里顶好玩,他的回答一定是什刹海而决非中央公园,这是有历史性的。"但值得玩味的是,师陀在书写什刹海时,与前述其他新文学作家一样,也同样采取了讽刺的口吻,借此批判小市民的麻木不仁、无所用心,在什刹海喝茶中消磨苍白的生命:

> 他们都有什刹海的父亲;一面呷着浓烈的绿茶,一面嗑食南瓜子或西瓜子,嘴里谈着戏经,板眼,看看游客,望望一池浊水,一天消磨过去了。他们的祖先喝着茶死的,他们的父亲又是喝着茶死的,而他们自身也许及其子孙,国家世界都不在眼里。他们自以为是好百姓,虽不曾修过阴德,却也不会做坏事,所以才来喝茶的罢。在他们眼中,国家的存亡仿佛没有什么了不得的关系,只消什刹海一日在着,世界将仍是繁华的。倘若一旦失去这片乐土,北京人将怎样生活呢?③

---

① 邓云乡:《市廛风俗志》,《燕京乡土记》下册,第 535 页。
② 张恨水:《啼笑因缘》上册,第 129 页。
③ 师陀:《什刹海与小市民》,姜德明选编:《如梦令——名人笔下的旧京》,第 257 页。

第四章
游艺园、社会新闻与通俗小说

新文学家与小市民截然不同的立场与趣味,由此可见一斑。

上述分析揭示了不同性质的文学与娱乐空间在精神内核和阶级趣味上具有一致性。从清末上海的夜花园,到民国城南的游艺园,一以贯之,通俗文学与游艺场是同构的,作为市民消费文化的产物,二者都是小市民立场和趣味的体现,而对隶属于新文化价值体系的事物较为隔膜和排斥。与之相对应地,新文学与公园是一体的,反之对于城南游艺园、天桥、厂甸等为代表的城南平民文化,大部分新文学家则不免出于新文化立场的优越感,报以疏离和批判的态度。

张恨水曾在《总答谢》一文中回应对于他选择以章回形式、写作通俗小说的疑问:

> 新派小说,虽一切前进,而文法上的组织,非习惯读中国书、说中国话的普通民众所能接受。正如雅颂之诗,高则高矣,美则美矣,而匹夫匹妇对之莫名其妙。我们没有理由遗弃这一班人;也无法把西洋文法组织的文字,硬灌入这一批人的脑袋。窃不自量,我愿为这班人工作。有人说,中国旧章回小说,浩如烟海,尽够这班人享受了,何劳你再去多事?但这个有个问题,那浩如烟海的东西,它不是现代的反映;那班人需要一点写现代事物的小说,他们从何觅取呢?①

由于民国时期新文学作家薄章回小说而不为,市民阶层文化生活十分贫乏,张恨水以为"匹夫匹妇"创造精神食粮、为小市民代言自命。如何用传统章回的形式,反映现代城市生活的精神?张恨水引入新闻的视角,以南城的娱乐空间为表现对象,从而将谴责小说的传统

---

① 张恨水:《总答谢——并自我检讨》,张占国、魏守忠编:《张恨水研究资料》,第279—280页。

与新闻记者的使命、章回叙事的结构与报纸连载的机制、白话小说的语言与新闻报道的风格巧妙地熔为一炉。

其实,城南娱乐空间的内部,也同样存在着文化品位的差异,因而遭遇了不同的命运。当年"楼外楼"在上海一炮打响,正是由于其新奇的高楼、电梯和哈哈镜,投合上海市民热衷于新鲜事物的特质,"一般少见多怪的沪人,骤睹此高耸的屋顶花园和升降梯及凹凸镜,莫不诧为希罕,故游客趋之若鹜,营业很好"。[①]而新世界照搬上海大世界模式,设置高楼和电梯,却没有考虑到京人不习惯高层建筑,嫌其太逼仄,"上下尤觉费力";即使有电梯可乘,最初尚觉新鲜,"久则有拿活人当水桶之苦感矣"。此外,追慕天然园林情趣的旧都人士也不习惯西式的屋顶花园,"此等建筑,在尺地寸金之上海,见惯司空,尚可安之若素,旧都人士,皆轻【裘】缓带之流,当然不合于适者生存之公例矣"。[②]新世界遂逐渐不敌改良的城南游艺园。后者开张之后,新世界即相形见绌,游人日稀,再加上自家经营不善,先后发生名门闺秀燕三小姐坠楼殒命和观众争乘电梯挤死游客(一说陷跌致命)两起重大事故,因此很快就倒闭歇业。它曾一度沦为国民党桂系军阀白崇禧的兵营,后又改为北平犯人收容所。

然而,城南游艺园也好景不长。1928年北伐迁都之后,机关衙署大半南迁,北平市面日渐萧条。城南昔日的繁华景象一落千丈,各大店铺、饭馆、妓院的生意都受到影响,游艺园未几也停办了,改为屠宰场。有时论指出,城南游艺园的兴替,是北平市况荣枯的象征,其倒闭意味着北平中下层市民境遇的潦倒:

[①] 郁慕侠:《上海鳞爪》,上海:上海书店出版社,1998年,第27页。
[②] 《城南游艺园之废兴——平市荣枯之特征》,《北京先农坛史料选编》编纂组编:《北京先农坛史料选编》,北京:学苑出版社,2007年,第250页。

第四章
游艺园、社会新闻与通俗小说

> 自迁都以后，大绸缎庄，阔洋货店，八大胡同，大森里等，枯败日甚，然与中流以下之社会，实无多大关系。大绸缎庄虽急得大耍活人，各庙会布摊，却添了不少生意。大饭馆营业不振，小饭铺之生意，依然不衰。地之繁荣，只当于其最能代表普通多数者征验之。吾尝曰：……只要城南园能保持其常态，那怕头号之阔人消耗地一齐关门，北平中流状态，亦不过于悲观。至去岁城南园歇业，吾乃大大吃了一惊矣。①

由此可见，城南游艺园的繁荣与衰落，是北京市民阶层兴衰的象征。20世纪20年代方兴未艾的城南市民文化，随着北京失落了首都的资格，而渐趋岑寂。

实际上，新世界、城南游艺园倒闭的根本原因，在于其对于消费对象的预期与时代背景、社会现实发生了错位。京沪两地差不多同时期引入游艺场，反映了近代中国市民阶层的诞生。然而，上海的中产阶级市民阶层较为成熟，因此游艺场盛行一时，北京城南却还没有形成稳定的中产市民群体。有消费能力的政界、商界、文化界人士居于内城，无论从距离还是品位上都偏向于市中心清幽高雅的公园；而城南的平民更愿意去不设门票的天桥，况且新世界、水心亭、游艺园等一时的新鲜终究不能迎合传统市民的生活趣味，不像天桥那样接地气。因此，游艺场夹于公园与天桥两面的竞争中，腹背受敌，很快就没落了。与城南娱乐场所一体共生的香厂商业区也存在同样的问题，其上不能与内城新兴的王府井、东安市场、西单市场等大商场相媲美，下敌不过周边的天桥和一些平民市场，因此与游艺园同病相怜，日趋衰歇。1928年后，其模范新市区的风光不再，彻底沦为贫民的生

---

① 《城南游艺园之废兴——平市荣枯之特征》，《北京先农坛史料选编》编纂组编：《北京先农坛史料选编》，第251页。

活区，只遗留下当初那些漂亮的建筑，还勉强装点着市面。而天桥却因此找准了自己的定位，在北伐之后迅速地发展起来，成为城南标志性的景观。游艺场在京沪两地遭遇的不同命运，折射了北京有别于上海的城市生态和文化心理。

综上所述，民国北京不同的娱乐空间与不同的文学形式、报章形式存在一定程度的对应关系。新文学与公园有很深的渊源，甚至报纸的文学副刊与公园空间在某种意义上具有相似性，如《大公报》"小公园""文艺"与中央公园，《晨报》"诗镌"与北海公园等，在内容与形式上皆互通有无、相得益彰。而与之相应地，城南的娱乐空间，与通俗文学乃至报刊的社会新闻栏目，皆为面向中国新生的中产市民阶层的消费品，与市民阶层的兴衰休戚与共。有形的城市空间与无形的文学空间之间，遂达成了一种耐人寻味的同构关系，并一一呼应了阶层与文化趣味的分野。

第五章

陶然亭风景的流变
——招魂、革命与恋爱

  陶然亭位于北京城南，永定门内，先农坛以西，是清代北京最负盛名的人文胜迹，也是宣南士大夫文化的集大成者。民国之后，士失其业，且内外城的格局被打破，文化中心由外城转向内城，宣南士乡遂沦为市井城南。内城新辟的中央公园、北海公园等取代陶然亭成为新兴的人文空间，平民趣味的娱乐场所如新世界、游艺园、天桥等则在南城占据上风，陶然亭因此日趋破败。尽管往日风流被雨打风吹去，陶然亭仍是遗老寄托幽怀的所在，但他们的"招魂"行为，恰自证了士大夫文化及其所依托的帝制传统在新的时代难以为继。同时，在"五四"新气象的感召下，陶然亭的面目也随之一变。正因其乏人问津，1920年代初革命者在此秘密集会，酝酿了进步社团和新式政党的诞生，陶然亭也由此焕发出生机。其中一位革命家高君宇，更是与陶然亭生死相依。他生前与女作家石评梅常在陶然亭约会，二人死后又先后葬于陶然亭，他们的墓碑及爱情故事，成为陶然亭新的景观和典故。陶然亭肇始于20世纪20年代的这些新变，导致其日后成为共和国时期北京兴建的第一个公园，并作为革命纪念的基地，相应景观亦各有不同的转变和诠释。本章以陶然亭为视角，借小鉴大，管窥"五四"之后北京多元的政治、文化、文学生态及现代性转型。

公园北京
文化生产与文学想象（1860—1937）

一、乙丑江亭修禊：文人雅集的招魂与裂变

　　1925年上巳，年逾八旬的遗老樊增祥等十一人做主，邀请一百零九位宾客，在陶然亭大举雅集，当日实到会者七十六人，此即轰动一时的"乙丑江亭修禊"。此次禊集的主体为稊园社，该社滥觞于1911年冬，系关赓麟、樊增祥、易顺鼎等人发起，几乎囊括了当时在京所有的名流、遗老。①

　　显然，以樊增祥为首的稊园诸公意在接续前辈士人江亭雅集乃至兰亭雅集的传统。陶然亭的历史可上溯元代古刹慈悲庵，"招提胜境由来旧矣"②；明永乐间，工部衙门在此设立黑窑厂，中心的窑台占据制高点，视野开阔，尤其重阳节后，"芦花摇白，一望弥漫，可称秋雪"③，颇饶雅趣，遂于明末清初成为京城的登眺胜地，吸引了众多文人。他们又嫌原名不够雅致，亦称其为"瑶台"，寓仙境之意，《藤荫杂记》记载："黑窑厂登高诗充栋。"④至清康熙三十三年，工部郎中江藻奉命监理黑窑厂，在慈悲庵西部构筑了陶然亭，取白居易"更待菊黄家酿熟，与君一醉一陶然"诗意；又因其系江藻始创，亦称"江亭"。陶然亭虽名为亭，实际上是一座敞轩⑤，其"亭阴晴万态，亭之

---

① 据稊园主人关赓麟1955年《稊园吟集甲稿》梳理，稊园社历经寒山诗社、稊园诗社、青溪诗社、咫社和稊园吟社等多个发展阶段，横亘半个世纪。
② 于敏中等编纂：《日下旧闻考》第61卷，北京：北京古籍出版社，1981年，第1000页。
③ 吴长元：《震垣识略》第10卷，《续修四库全书》第730册，上海：上海古籍出版社，1995年，第35a页（总第460页）。
④ 戴璐编：《藤荫杂记》第10卷，《近代中国史料丛刊三编》第26辑，第253册，台北：文海出版社，1987年，第97页。
⑤ 关于陶然亭为何名为亭而实为轩，有多种说法：有人认为，古代士大夫自称"宦海游人"，陶然亭是他们"宦游"的憩息之地，如同"十里一长亭，五里一短亭"的路亭之于游人。又有人认为，据江藻族兄江皋《陶然亭记》，陶然亭有一个初建为亭、改建为轩的过程，"先是甲戌之岁……依僧舍构小亭，尽揽其胜，兄弟过从，逍遥酚咏，其乐陶然，因以陶然名其亭，竟为此间开一幽境。至甲申……官有余闲，休沐之暇，广延同志，更拆其亭而轩之"，仍沿用旧名。而江藻《陶然吟》小序作于甲申后，因此江皋的记载与江藻"因构小轩于庵之西偏"并不冲突。

第五章
陶然亭风景的流变

下,菰蒲十顷,新水浅绿,凉风拂之,坐卧皆爽",甚得城市山林之景,为"软红尘中清凉世界也"①。同时,在陶然亭周围,也聚合了许多历史胜迹,除慈悲庵东侧有文昌阁外,陶然亭西北有龙树寺;东南有黑龙潭、龙王亭、哪吒庙、刺梅园、祖园;西南有风氏园;东北有花神庙、香冢、鹦鹉冢等。迄至道光年间,一个相对完整的陶然亭景区已基本成型。

清朝实行满汉分治,汉人士大夫尽居外城,加诸明清两朝科举盛行,宣南一带会馆林立,冠盖云集,形成独特的宣南文化。"士大夫中性耽风雅者,往往假精庐古刹,流连觞咏,畅叙终朝"②,成就诸多人文名胜,如万柳堂、崇效寺、慈仁寺、法源寺、长椿寺、报国寺、松筠庵等。因此,陶然亭不是孤立的个案,而是与宣南士乡相生相成的,是宣南人文景观群落的一个代表。同时,又由于陶然亭不同于一般人文建筑,别具天然景致,且最成规模,因此独领风骚,成为清代北京标志性的文化空间。陶然亭与士大夫相辅相成,陶然亭为宣南士人提供了京城中一处可供想象驰骋、追攀永和遗风的清净地;而正是经由士大夫群体的文化与书写实践,造就了陶然亭独特的文化意象和雅集传统。

作为清代士林题咏的胜地,陶然亭"春秋佳日,宴会无虚"③,有组织的社集更是不胜枚举,以道光九年到十八年间的"江亭雅集"最为典型。徐宝善、黄爵滋在主持京师诗文坛坫期间,曾频繁召集文人雅集,地点多在陶然亭,形成了一个声势颇盛的文人集团,后人称

---

① 周家楣、缪全荪等编纂:《光绪顺天府志》第1册,北京:北京古籍出版社,1987年,第521页。
② 朱彭寿:《安乐康平室随笔》第6卷,何双生点校,北京:中华书局,1982年,第282页。
③ 戴璐编:《藤荫杂记》第10卷,第99页。

之为"江亭雅集"或"春禊圈子"①，其中最盛大也最具代表性的一次，乃道光十六年的"江亭展禊"。

"江亭展禊"旨在效法王羲之永和九年的兰亭逸事，由黄爵滋、徐宝善等六人做主，每人延请七位宾客，共四十二人，以"符群贤之数"②；汪喜孙还特别贡献出家藏宋拓兰亭禊帖，供温肇江绘《江亭展禊图》"以纪其事"，与会诸人亦各题诗文于其上，以期"永和之事不得颛美于前，江亭之宴亦将著闻于后也"③。"宴会唱和之盛，始于金谷、兰亭"④，兰亭不仅开启了暮春修禊的传统，还奠定了雅集书写的基调。王羲之《兰亭集序》的经典论述可以提炼出文人雅集的三要素："是日也，天朗气清，惠风和畅"；"此地有崇山峻岭，茂林修竹，又有清流激湍，映带左右"；"群贤毕至，少长咸集"。换言之，即所谓"天时，地利，人和"。永和以降，士大夫的禊集之作基本沿用了《兰亭集序》的修辞。以"江亭展禊"为例，据研究者总结，当时与会者的禊集诗文围绕三个主题：一是追溯洛禊及兰亭典故；二是形容江亭景色之美与登临之胜；三是夸耀座中宾客，为京师士夫一时之选。⑤ 即在天时、地利、人和之外，又追加一层对于兰亭渊源的标榜。历代雅集不脱此范围。

不过，"江亭展禊"作为承平之际士大夫的集会，有别于东晋文人苟安江左的心态，在兰亭传统之上又翻出新意。"天时""地利"都不是他们关注的重点，"人"才被视为雅集最关键性的因素。张鹏飞

---

① 具体研究可参见魏泉：《士林交游与风气变迁——19世纪宣南的文人群体研究》，北京：北京大学出版社，2008年，第108—147页。
② 梅曾亮：《梅伯言序》，黄爵滋编：《仙屏书屋初集年记》第21卷，《中华文史丛书》影印清道光二十九年（1849）刻本，第50册，第13a页（总第287页）。
③ 丁宴：《丁俭卿序》，黄爵滋编：《仙屏书屋初集年记》第21卷，第15a页（总第291页）。
④ 《玉山名胜集提要》，永瑢等编纂：《四库全书总目提要》第188卷，上海：商务印书馆，1933年，第38页（总第4182页）。
⑤ 参见魏泉：《士林交游与风气变迁——19世纪宣南的文人群体研究》，第115—116页。

第五章
陶然亭风景的流变

甚至对兰亭雅集颇不以为然，认为"若谓一觞一咏，足以极视听之娱，恐浅之乎"，在他看来，雅集更重要的是寓经国之志于游宴之中："夫君子燕游，岂徒征逐豆觞哉？必将阐经义，敦气节，以扶持正人，维持国是为交勉。庶几哉以文会友，以友辅仁，非徒流连光景也。"[①]张的表述很有代表性地体现了"经世派"士大夫的自我期待，雅集结社"非徒流连光景"，乃是旨在阐发经义、敦砺气节，打造志同道合的士大夫共同体。道咸之际，经世思想盛行，士大夫对国事十分关切，议论时政、致力改革蔚然成风，金安清曾在《水窗春呓》中记载：

> 自来处士横议，不独战国为然。道光十五六年后，都门以诗文提倡者，陈石士、程春海、姚伯昂三侍郎，谏垣中则徐廉峰、黄树斋、朱伯韩、苏庚堂、陈颂南；翰林则何子贞、吴子序；中书则梅伯言、宗涤楼；公车则孔宥函、潘四农、臧牧庵、江龙门、张亨甫，一时文章议论，掉鞅京洛，宰执亦畏其锋。[②]

"江亭展禊"的参与者大多是道光朝"经世派"的代表人物，在上述开列的名单中，徐廉峰（宝善）、黄树斋（爵滋）、陈颂南（庆镛）三人是"江亭展禊"的发起人，梅伯言（曾亮）、吴子序（嘉宾）、臧牧庵(纡青)、潘四农(德舆)、张亨甫(际亮)、孔宥函(继鑅)等皆为"江亭展禊"的座上宾。由此可见，在他们以文会友、诗酒酬唱的背后，实则含有匡济天下、"处士横议"的性质。

"江亭雅集"体现了中国传统文人的交际模式。"诗可以群"，士

[①] 张鹏飞：《张补山记》，黄爵滋编：《仙屏书屋初集年记》第21卷，第17b—18a页（总第296—297页）。

[②] 欧阳兆熊、金安清：《水窗春呓》，谢光尧点校，北京：中华书局，1984年，第80页。

大夫之间交游的方式,主要表现为结社与雅集,且二者多有重叠,如徐宝善、黄爵滋主持的"江亭雅集",也是以"春禊圈子"名世的诗社。文人社集往往择风景名胜之地,举诗酒文会,正如张鹏飞所言,其看似风雅,实际上却不是单纯的消闲之举,而是与科举仕进、联络声气、转捩诗文与士林风气等息息相关。士人结社,最初的动因是为了应对科举取士,集合起来共习举业,以期收到比个人闭户读书更明显的功效,这便是结社的雏形。社盟一般以文学上、政治上卓有声望的人物为中心,成员之间相互标榜品题诗文,其影响力往往超越举业的范畴,甚至转移一个时代的诗文风气。同时,文以载道的观念深入人心,除了诗文的切磋外,社员们还可以通过群体间的交往,彼此规正砥砺,加强自身的道德修养。尤其在政治动荡的时代,如元初及明清之际,这种结社行为就附上更为强烈的政治色彩,体现为士大夫清议党争、抵御异族等方式,譬如晚明复社、几社诸君的抗争。① 即使在严禁政治结社的清代,清中叶之后的诗社如"春禊圈子"及与其有先后传承关系的"宣南诗社"和"顾祠修禊"文人圈,在赏花看碑、诗酒唱和背后,亦含有"求康济之学"的共同追求。② 同治年间,士大夫清议之风再度抬头,张之洞、潘祖荫迭于龙树寺中大会名士,聚合天下人才,清流党人在此把酒论文,讽议朝政。樊增祥早年即亲历张之洞的陶然亭盛会,及其主持乙丑休禊时,曾感慨"弱冠游江亭,忽焉成耆宿"③。

而到了民国,"江亭雅集"的传统遭遇了前所未有的挑战,同时体现在陶然亭与士大夫双重层面。从士大夫的角度而言,其安身立命

---

① 参见欧阳光:《宋元诗社研究》,《宋元诗社研究丛稿》,广州:广东高等教育出版社,1996 年;谢国桢:《明清之际党社运动考》,上海:商务印书馆,1934 年。
② 参见魏泉:《士林交游与风气变迁——19 世纪宣南的文人群体研究》,第 83—101 页。
③ 樊增祥:《乙丑上约客陶然亭休禊分韵得欲字》,樊增祥编:《乙丑江亭休禊分韵诗存》,铅印本,1925 年,第 10a 页。

第五章
陶然亭风景的流变

的政治和文化制度都不复存在，甚至遗民伦理也前所未有地失却了正当性，结社雅集的性质发生了质变。面对此"数千年未有之大变局"，士大夫群体比以往更需要在同气相求中寻求认同感，也聊以排遣科举废除、旧学无用武之地的遗憾。据统计，民国期间确定可考的遗民诗社即逾半百[①]，稊园社的前身寒山诗社，就是在辛亥冬发起的。另外，与士大夫的处境相应，陶然亭也面临由盛转衰的危机。陶然亭自清末起错过了改造为公园的机会[②]，民国之后城市格局重组，1914年京都市政公所着手开放公园时，以内城中心为考虑对象，而陶然亭则作为言说的对立面："偌大的一个京城，虽然有甚么什刹海、陶然亭等等，但不是局面太小，就是人力不到，况且又都是地处一偏，交通不便。"[③] 于是，内城陆续开放了中央公园、北海公园等一系列新兴的公园，取代陶然亭成为北京新兴的人文空间；与此同时，"宣南士乡"沦为"市井城南"，平民趣味的娱乐场所在南城大行其道，陶然亭则日渐凋敝。张恨水《春明外史》曾有对于陶然亭的描写，与往昔的盛况形成鲜明对比——当杨杏园慕名去窑台，结果发现是一个大土墩，"左右两边，也有几棵秃树，正中一个歪木头架子，上面晾着一条蓝布破被，又挂了一个鸟笼子。木头架子下，摆着四张破桌子，几条东倒西歪的板凳。土墩的东边，有一排破篱笆，也晾着几件衣服。西边一列几间矮屋，窗户门壁，都变成了黑色，屋的檐角上，十几只鸡，

---

① 参见潘静如：《身份认同与位置调适：历史图景里的清遗民》，附录一"清遗民诗词结社考"，北京大学博士论文，2016年。

② 陶然亭曾于清末一度被考虑辟为"公开花园"。1906年端方等上奏倡设公园后，1907年10月28日，天津《大公报》之《时事·北京》栏载《禀请设立公家花园》，报道："度支部主事杜德舆、职商周寅山等日前禀请民政部，拟于南下洼地方建筑公家花园，业请民政部核准，调取一切开办章程矣。"嗣后未见后续报道，似此事或未获批准，或经批准而集资未成，故无结果。同年7月，西直门外的万牲园率先对外开放。

③ 《社稷坛公园预备之过去与未来》，《市政通告》1914年第1期—第23期合订本，"论说"第1页。

在那里争食,满地都是鸡屎"。杨杏园正暗自懊恼,就听到旁边有人道出他的心声:"我们从小就听见人家说,北京的陶然亭,是最有名的一处名胜,原来却是这样一所地方,我真不懂,何以享这么大一个盛名?"①

沦为遗民的士大夫与风光不再的陶然亭,在新的时代如何自处,他们在陶然亭的文化实践与文学书写又有什么新变?陶然亭曾是士人鼎盛风华的象征,而其如今偏处一隅的萧条,也与遗老流离失所的境遇若合符契,更具独特的意义。以稊园社为例,小规模的游宴一般在稊园等私园及内城的各大公园举行;到了某些有纪念意义的节日,需要组织大型雅集时,仍会选择陶然亭,如1917年"展上巳江亭修禊"②、1918年"戊午修禊"③,至1925年"乙丑江亭修禊"登峰造极。

稊园遗老的选择,与陶然亭所负载的历史、政治、文化意蕴分不开。如樊增祥等发起"戊午修禊"时,特以"江亭"二字分韵赋诗,《晨钟报》将此次修禊与万牲园的癸丑修禊相提并论,推举为"癸丑修禊以来,此为第二次之胜会也"④。1913年梁启超主持的癸丑修禊开启了旧京遗老修禊的传统⑤,同日,避居沪上的樊增祥与瞿鸿禨、沈曾

---

① 张恨水:《春明外史》上册,第402页。

② 1917年上巳后十日,叶公绰邀客百余人于陶然亭修禊,实际与会者六十余人。樊增祥为撰《展上巳江亭修禊序》,与部分禊集作品一并发表于《铁路协会会报·文苑》栏目中。由于关赓麟主管交通部,《铁路协会会报》之"文苑"实为稊园大本营。从参与者的组成与诗文发表的渠道看,此次修禊乃以稊园社为主导,兼有艺社等其他成员。不过,民国年间遗老结社的边界不是很严格,成员多有交错,且经常共同活动,如稊园社与艺社、蛰园律社之间都存在这种现象,所以这种雅集通常是围绕日常交际圈发起的,并非限于某一结社内部。

③ 1918年上巳,樊增祥与易顺鼎、叶公绰、关赓麟、罗惇曧、王式通等稊园元老,遍请各界名流百余人禊集陶然亭,当日实到者八十二人。

④ 《陶然亭修禊预志》,《晨钟报》第569号,1918年4月12日。

⑤ 孙雄曾在壬申年(1932年)的修禊诗中指出:"旧京修禊始于癸丑万生园"。孙雄:《壬申三月三敬宜、照岩、衮甫、尔和、玉双、蔚如、剑秋、释堪、仲坚、缵蘅诸位君约什刹海会宾堂修禊分韵得转字》,《辛壬修禊诗草》下卷,铅印本,1933年,第17a页。

第五章
陶然亭风景的流变

植等率超社遗老在樊园（樊增祥在上海的寓所）发起唱和，一南一北，相互呼应。1915年9月14日，超社的后期变体——逸社成员在上海集会时，分咏京师胜迹，樊增祥的老友、前超社核心人物沈曾植即以陶然亭为题，遥想陶然亭的诗文酒会，并回忆早年与诸名士的壮游，返观目前，急转直下："眼枯不昧钧天梦，骨碎应知地神痛。陶然亭，西山青，悲华泣雨天冥冥。"[①]据说王国维尤为激赏这首《陶然亭》，"无事时辄讽咏不已"[②]。故国北望，陶然亭寄托了遗老的政治抒怀，北归之后的樊增祥选择陶然亭作为修禊之所，并指定"江亭"二字拈韵，意味深长。

《翠娱室诗话》就评价戊午修禊选址陶然亭"别具新意"，认为其虽"风景雅不及万牲园"，但"确是江亭修禊，不能移置他处"[③]。不同于梁启超以"世界人"的眼界，选择西式的万牲园畅观楼；陶然亭的文化意象，及其与士大夫的血脉联系，更契合遗老的心境与趣味。刘成禺更进一步怀疑，选择"江亭"有影射袁世凯称帝覆灭之意："此戊午上巳修禊，所以独拈江亭二字为韵，不知别有江亭唤蜜之意否"[④]，此时距袁世凯逝世已一年有余，张勋复辟亦于去年失败。据《洪宪纪事诗本事簿注》记载，戊午修禊"洪宪旧臣，莅者大半"，"樊山（樊增祥）、实父（易顺鼎）、掞东（罗惇曧）、叔海（江翰）、书衡（王式通）诸人，有挥泪而纵谈往事者"，赋诗末尾各署"洪宪纪元后二年戊午上巳日"，以纪年的方式含蓄地表示了遗民的姿态。刘成禺

---

① 沈曾植：《逸社第七集会于庸庵制军寓分咏京师胜迹得陶然亭》，钱仲联校注：《沈曾植集校注》，北京：中华书局，2001年，第932页。

② 赵万里：《王静安先生年谱》，转引自沈曾植撰，钱仲联校注：《沈曾植集校注》，第928页。

③ 转引自刘成禺：《洪宪纪事诗本事簿注》第2卷，《袁世凯史料汇刊》第10册，台北：文海出版社，1966年，第81页。

④ 刘成禺：《洪宪纪事诗本事簿注》第2卷，第81页。"江亭唤蜜"，典出汉末袁术称帝落败，退至江亭，欲饮蜜水而不得，唤蜜而死。

评价曰"乌乎！故宫禾黍，由大内而转移新华，今之哀洪宪者，皆前日哀清室之遗臣也。忧从中来，不可断绝。江亭洒泪，如何如何。风景不殊，举目有河山之异"，并录有某人名句云："往事陶然来此地，旧臣春梦到新亭。"①洪宪遗民、清遗民，劫后重逢，百感交集，"江亭"的意象在"兰亭"之外，又投射了"新亭"的文化内涵。②身处民国的遗老们旨在借此传统仪式，维系身份认同，表白遗民立场。因此当1925年樊增祥再度发起修禊时，依旧选择了陶然亭。

诚如与会者赋诗所言，"一时盛会更无前"③，乙丑江亭修禊，无论主客人数，都远过于道光十六年的"江亭展禊"甚至癸丑年的万牲园修禊。席间亦有人重提癸丑修禊，如陈士廉云"永和禊事渐成尘，觞咏匆匆十二春。休问人间桑海事，一回相见一回新"，自注："自癸丑来年年有修禊之举。"④癸丑以来，京师遗老年年有修禊之举，如樊增祥所愿，此次修禊与江亭展禊被后世并举为陶然亭文人雅集的巅峰。但同时，这也是一次曲终奏雅之作，此后京师士大夫雅集规模无出其右者。下文借《乙丑江亭修禊分韵诗存》，与前此江亭修禊诗作比对，考察陶然亭在士大夫的书写中文化意象的转变。

如前所述，中国古典文学具有某种程式化的书写范式，自"兰亭雅集"至"江亭展禊"，基本奠定了雅集唱和的模式，即揄扬"天时""地利""人和"，多为应景之作。而观之《乙丑江亭修禊分韵诗存》，遗老们很难再抵挡现实的侵扰，赋诗中流露出来的心绪，多传

---

① 刘成禺：《洪宪纪事诗本事簿注》第2卷，第81页。
② "新亭对泣"典出刘义庆《世说新语》："过江诸人，每至美日，辄相邀新亭，藉卉饮宴。周侯中坐而叹曰：'风景不殊，正自有山河之异！'皆相视流泪。见刘义庆撰，刘孝标注：《世说新语》，《景印文渊阁四库全书》第1035册，台北：台湾商务印书馆，1983—1988年，第34b—35a页。
③ 徐绍桢：《前诗意有未尽再占一律》，《乙丑江亭修禊分韵诗存》，1925年，铅印本，第4a页。
④ 陈士廉：《乙丑江亭修禊集分韵得尘字》，《乙丑江亭修禊分韵诗存》，第27b页。

第五章
陶然亭风景的流变

递出一种末世之音，与"江亭展禊"大异其趣。但也正因如此，反而使他们的书写冲破了传统的套路，体现出一种写实的倾向。本书相应地从"时""地""人"这三个层面进入分析。将樊增祥指定丁传靖所撰的序言与辑录的诗作进行对读，更一目了然——序言囿于功能，不免溢美之词；诗作则较为客观，与序言存在某种微妙的缝隙。

首先，传统文人禊集一般选择在"三月三日天气新"的上巳日，唱和之作也多取法《兰亭集序》的经典论述。如"江亭展禊"刘楚桢就化用《丽人行》修辞及晋人典故，笔调轻快地描写当日的好天气："今日何日天气清，仿佛山阴道上行，茂林修竹间啼莺。"[①]反观乙丑修禊，作序者丁传靖当天因病未能与会，因此"江亭胜概"只能"想像言之"："是日也，蕙风扇和，曲尘不起，堤莎欲碧，寺柳才黄。水未煖而凫嬉，泥将融而燕啄。"[②]很明显，这还是延续了《兰亭集序》的调子，但即使如此，也可从中读出一丝不和谐的因素。根据他人诗作可知，1925年北京的春天来得特别迟，原本应"天气新"的上巳时节依然春寒料峭。遗老们都身着厚重的冬装，尚未换上春衫，如庄蕴宽"今春节候迟，风信未全透，严裘尚可披，点服亦虚就"，孟溪珏"尚披御东裘，未著踏青鞋"。[③]通常情况下，北京农历三月已进入花期，如1917年展上巳江亭修禊，樊增祥的序言就谈道："顾念海棠时节，已闻花朝，芍药芳期，复展上巳。"[④]而从乙丑修禊的赋诗看，是时积雪初融，花草尚未萌发，且当日的天气异常不好，远非丁传靖所

---

① 刘宝楠：《刘楚桢诗》，黄爵滋编：《仙屏书屋初集年记》第21卷，第24b页（总第310页）。
② 丁传靖：《江亭修禊诗序》，《乙丑江亭修禊分韵诗存》，第1b页。
③ 庄蕴宽：《乙丑春莫修禊江亭分韵得又字》，《乙丑江亭修禊分韵诗存》，第3b页。孟溪珏：《乙丑三月三日修禊江亭分韵得街字》，《乙丑江亭修禊分韵诗存》，第27b页。
④ 樊增祥：《展上巳江亭修禊序》，《铁路协会会报》第六册第七册至第九册合刊，1917年第58—60期，第275页。这其实也与每一年的节历有关，1917农历上巳，是公历4月23日，"展上巳"已届5月；而1925年上巳是3月28日。

言"蕙风扇和,曲尘不起",不仅天色阴沉,还刮着大风,是北京春季恶劣的沙尘天。不少人的诗作客观地反映了这一状况:"天工又作掀腾态(自注:是日风大),况味黄尘已饱谙"(谭祖任);"薄晖乍照地,余雪方作泥。绪风沙际来,不见卉木萋"(杨增荦);"京师三月寒,万绿勒莫吐。白日蔽昏霾,风狂恒似虎"等(侯毅)。①反常的天气给本就凄凉的遗老心中更添了一层阴影,或者也可以说,对于节物的表现既是写实,也是他们心境的反映。就像高步瀛诗中所言,"是时积寒重,春暮如秋凄"②,"春暮如秋凄"不仅是气候的观感,更是遗老们内心的感受。而且,在信奉"天人合一"的传统士大夫看来,节候的异变正是时局的投射,譬如王式通"不祥第一佳兵祓,终有浮云蔽日忧"③,及谭祖任"天工又作掀腾态"等句,在表层的含义下具有隐喻的指向性。这种对于节物的书写在传统的修禊诗中相当罕见,暗中奠定了此次修禊的基调。

与此同时,作为精心选择的修禊地点,民国时期的陶然亭却早已不复"风景城南数此亭"④的胜景,苇塘蚊虫孳生,恶臭袭人,乱坟成堆,荒草丛生。既逢苦寒,又睹此情境,给予见证过江亭繁华的遗老很深的刺激。陶然亭原本具有一个源远流长的书写传统。自江藻建亭之始,就为陶然亭的意境定了性:"(慈悲)庵不数楹,中供大士像,面西有陂池,多水草,极望清幽,无一点尘埃气,恍置身于山溪沼沚之间,坐而乐之,时时而往游焉。因构小轩于庵西偏,偶忆白乐

---

① 谭祖任:《乙丑上巳江亭修禊分韵得三字》,《乙丑江亭修禊分韵诗存》,第1a页。杨增荦:《江亭禊集分韵得泥字》,《乙丑江亭修禊分韵诗存》,第6a页。侯毅:《乙丑上巳与樊山匏庵书衡思缄颖人剑秋仲云次公味云诸公招客江亭修禊分均得鼓字》,《乙丑江亭修禊分韵诗存》,第28b页。
② 高步瀛:《乙丑江亭修禊得翳字》,《乙丑江亭修禊分韵诗存》,第13a页。
③ 王式通:《乙丑江亭春禊分得修字》,《乙丑江亭修禊分韵诗存》,第7a页。
④ 李彦彬:《乙未八月题此图竟,复游江亭,秋色霜林,大似倪迂画本,因成二诗,再题图后》,黄爵滋编:《仙屏书屋初集年记》第19卷,第14a页。

第五章
陶然亭风景的流变

天有一醉一陶然之句，余虽不饮酒，然从九衢尘土中来此，亦复有心醉者，遂颜曰陶然，系之以诗。"①江藻有意将陶然亭的无尘埃气与现世的"九衢尘土"对立起来，以寄托自身闲逸旷放的趣味。基于江藻的论述，此后历代文人的书写不断丰富这个意象，遂将陶然亭造就为一个"文学化的风景"；而这个文学化的风景又反过来对文人的书写形成控制，从而生成一种陈陈相因的意象——强调陶然亭的荒疏清幽之致，与真实的风景存在距离，导致陶然亭文化象征的意义远过于本身的风物景色。②

这一强大的书写传统根植于士大夫对于陶然亭的表现中，即使1917年展上巳修禊，遗老们笔下的陶然亭依然保持了"江亭漼水耳，便有濠濮想。禅房盛花木，积潦泛菰蒋。苇径袭余润，竹溜滴清响"的意境。③而随着时势的恶化，1918年戊午修禊，与乙丑时一样也是个大风天，"厄运逾五稔，兵氛缠八泷"④，已逐渐侵袭着陶然亭文学传统的自足性。至1925年乙丑上巳，较之丁序的粉饰太平，亲临江亭的李绮青显得相对客观："嗟乎！日月弗居，河山顿异。周原如故，茂草潜生；沧海又枯，柔桑遍长。况复华林苑废，问作赋之何人；曲水园荒，知献诗之无日。斯又流连残刹，徒吊苍茫；俯仰新亭，弥增感喟者矣。"⑤李绮青反用晋人"风景不殊，正自有河山之异"的典故，

---

① 江藻：《陶然吟》，陶然亭公园志编纂委员会编：《陶然亭公园志》，北京：中国林业出版社，1999年，第131页。
② 震钧《天咫偶闻》曾指出陶然亭"其荒率之致，外城不及万柳堂；渺弥之势，内城不及积水潭。徒以地近宣南，举趾可及，故吟啸遂多耳"。有关陶然亭从一处风景平平的京郊，经由清代文人士大夫的文化实践和书写传统，被建构为人文名胜的研究，可参见季剑青：《重写旧京：民国北京书写中的历史与记忆》，第157—165页。
③ 关赓麟：《展上巳日修禊陶然亭分韵得鞅字》，《铁路协会会报》第六卷第七册至第九册合刊，1917年第58—60期，第277页。展上巳修禊赋诗的景物描写基本都维持这个基调。
④ 樊增祥：《戊午上巳修禊于陶然亭会者八十二人以江亭为韵各赋二诗》，《铁路协会会报》第七卷第五册，1918年第68期，第99页。
⑤ 李绮青：《乙丑三月三日集江亭修禊序》，《乙丑江亭修禊分韵诗存》，第3b页。

衬托陶然亭的巨变。类似的意象在此次禊集的诗作中多有体现，从而挣脱了陶然亭强有力的书写传统，客观地表现真实的风景，如宗威、徐绍桢都感慨因陶然亭变化太大而迷路。而末代状元刘春霖的例子更独特，据主人侯毅所作题记，刘当日未亲自与会，却基于经验和想象（也不排除受到其他修禊诗作的影响），在事后补赋时，身临其境般细述了登览所见——

今春乖令序，沍寒未全消。风伯振余威，日夜鸣刁刁。
污尘暗天地，园莽无新条。谁执造化权，坐令万卉焦。
陶然日下亭，翼然城南坳。风流循胜事，托意同逍遥。
入门拾高级，转磴回廊腰。登览出林际，四顾空泬寥。
侧身西北望，奇槐拔云梢。腾拏万龙爪，上与雷电挠。
北眄黑窑台，中枢峙岧峣。贵人乞丐装，高踞啜新醪。
（自注：清季，有宗室贵爵数人，相与敝衣垢面，日聚饮黑窑台上，谓之乞丐装。临散乃盥沐冠带，鲜衣怒马而去。时人怪愕，以为亡国之征。）
先农坛东方，自昔称神皇。今为游艺苑，尘上声甚嚣。
荒城蔽南面，雉堞连云高。安得决障碍，一气通南交。
回环纵遐览，日月惨不骄。满眼蔚氛祲，恍惚增忧憔。①

从前文人登临江亭，多强调其"极望清幽，无一点尘埃气"，而刘春霖笔下的景致却截然不同。兹以展上巳（1917年）樊增祥的修禊诗为例，具体与刘诗作一比较："是时新雨晴，六合气清朗。西掷龙树院，

---

① 刘春霖：《乙丑上巳陶然亭修禊得腰字》，《乙丑江亭修禊分韵诗存》，第31a—b页。

第五章
陶然亭风景的流变

东径黑窑厂。游云散平林,远翠通虚幌。"① 二者登眺视角基本一致,樊诗延续了前人对于陶然亭清幽、萧散情致的推崇;而刘诗所渲染的乌烟瘴气、蔽日遮天的景象,则一反陶然亭在过往诗词中的意境。对于无数名士曾登临赋咏的窑台,独提及"贵人乞丐装"的掌故,亡国之征一朝应验,不免心有戚戚;至于先帝祭祀的先农坛,沦为甚嚣尘上的城南游艺园,更是令他感喟。对于陶然亭登眺意象有意识的选取和表现,寄寓了作者对时政的痛切反思。

乙丑修禊时,前代士大夫那种自足的"文学化的风景"已不可避免地被现实所侵蚀。辛亥之后,遗老们被迫剥除了此前文学传统赋予陶然亭的层层想象,重新"发现"陶然亭本来的面目。这反而促成了他们在某种层面上超越前人的陈词滥调,较为写实地表达眼前的风景。而吊诡的是,这种对于陶然亭的表现方式,又可能形成一种新的程式,重塑士大夫对于陶然亭的书写。如刘春霖虽未亲临现场,却如在目前地再现了登览江亭的情境。陶然亭风景意象的转变,投射了士大夫之于时代的感触与政治的批评,导致其有别于此前"文学化的风景",逐渐凝练为一种"政治化的风景",赋予陶然亭新的文化象征意涵。

前文谈及,对于"江亭展禊"时期的士大夫而言,"良时""胜地"都不是其关注的重点,"人"才是他们认为最关键的因素。盛世士大夫对江亭修禊的认知和抱负,不仅是文化行为,更是政治行为。而到了乙丑修禊,面对家国的沦丧和历史的陷落,创巨痛深的遗老们不复前辈的意气风发,唯有借修禊之举,勉强维系着分崩离析的共同体和身份认同,江亭修禊之于他们同样是一种意味深长的政治姿态。而其对于修禊仪式的凭吊与招魂,反而于不自觉间翻转了江亭雅集的

---

① 樊增祥:《展上巳日陶然亭修禊得爽字》,《铁路协会会报》第六卷第七册至第九册合刊,第277页。

传统。

在这个层面上,丁传靖的序依旧提供了饶有深意的阐释空间,可作为我们讨论的起点。值得注意的是,丁传靖自身作为作序者,却"以小极(疾)独未能往"。他在序末自释道,"南皮曩游之极盛,虽非季重而可知"①,表明自己虽不在场,却可想见雅集的盛况。"季重"即吴质,曹丕曾撰《与吴质书》《又与吴质书》,追忆往昔与建安诸子酣畅淋漓的游宴,"每念昔日南皮之游,诚不可忘"②,悲慨因灾疫而导致"徐、陈、应、刘,一时俱逝,痛可言邪!"③丁传靖虽非有意为之,却在序言中暗中奠定了"病痛"与"凭吊"的基调,此二者恰是本次禊集中非常鲜明的两大主题。

丁传靖因"小疾"而缺席,这个行为本身即耐人寻味。丁的现象并非个案,乙丑修禊,樊增祥邀客一百零九人,实到者只有七十六人,有约十分之三者托病或因事不去。"病痛"遂成为修禊诗集中一个独特的意象,如廉泉"臂痛",邓毓怡"齿痛",徐绍桢"病足"④,吴璆、张瑜"因病未往",郭则沄"以病未赴"等。一方面,"小疾"很可能只是托词,更深层的原因在于大多数遗老在此峻急的大时代背景下,心意惫懒,无心应和,如王照诗曰:"我懒吟诗兼怕酒,已甘弃甲作逃兵。"⑤对于遗老而言,乙丑年较之癸丑或戊午之时,情势更为险恶。数月前(1924年10—11月),冯玉祥策动北京政变,废除帝

---

① 丁传靖:《江亭修禊诗序》,《乙丑江亭修禊分韵诗存》,第 1a—2a 页。
② 曹丕:《与吴质书》,夏传才、唐绍忠校注:《曹丕集校注》,石家庄:河北教育出版社,2013 年,第 104 页。
③ 曹丕:《又与吴质书》,夏传才、唐绍忠校注:《曹丕集校注》,第 110 页。
④ 徐绍桢参与了修禊,其《乙丑三月三日樊山匏庵思缄书衡剑秋味云众异仲云次公疑始颖人诸公招集江亭修禊分韵得啼字》曰:"支离搜臂如无用(余病足数年,不良于行,亦病成支离人矣),醉饱聊为拈一题。"见《乙丑江亭修禊分韵诗存》,第 3b 页。
⑤ 王照:《公约江亭修禊余已辞谢矣疑始代拈得莺字勉强应命即乞笑政不必为诸老宿见矣》,《乙丑江亭修禊分韵诗存》,第 2b 页。

第五章
陶然亭风景的流变

号,驱逐溥仪出宫,给予遗民致命一击;十几日前(1925年3月12日)又逢孙中山逝世,全国革命热情高涨,北伐战争一触即发。遗老们感知到这种山雨欲来的时局,心境恐怕是百感交集。另一方面,"病痛"也可以视为一个隐喻,象征着在新的时代下,从肉体到精神上都垂垂老矣、行将就木的士大夫群体。

而丁序中与"病痛"不可分割的另一意象,即"南皮之游"典故冥冥中所暗示的伤逝主题。这实际上承续了陶然亭在雅集之外的另一脉文人传统。墓碑是陶然亭独特的人文景观,其中前朝遗留下的胜迹有香冢、鹦鹉冢,近代又新添醉郭墓,陶然亭遂与凭吊、招魂具有先天的渊源。因此,当重新面对墓茔累累的陶然亭时,恰如陈庆龢诗曰,"追忆旧游成一恸"①,在场的遗老们很容易联想起往岁的盛游,以及亡逝的师友。侯毅追忆与师兄弟侍奉先师严复万牲园修禊的往事,郑沅、杨毓璸、廉泉等则纷纷悲悼易顺鼎、罗惇曧等老友的谢世。

其实,不只具体的作品含有伤逝的意象,整个乙丑修禊本身,不啻于一场集体追悼。自癸丑以来,遗老们不厌其烦地发起修禊,实质上是在已经不属于他们的时代之下,勉力支撑着为式微的传统"招魂"。吴盛青在讨论民初士人的禊集时,也曾谈到癸丑以来遗老们执着于这种重复性的仪式,是一种有情主体在线性时间下对于过往的凭吊,旨在接续断裂的历史传统,是"后之视今,亦犹今之视昔"的一种现代诠释。②而本章想指出的是,乙丑修禊的吊诡之处在于,这种招魂之举在凭吊逝去的文人雅集传统的同时,实际上又自我颠覆了这一传统,体现了士大夫雅集传统在现代中国的裂变。

---

① 陈庆龢:《乙丑上巳江亭分韵得红字》,《乙丑江亭修禊分韵诗存》,第31a页。
② 吴盛青:《风雅难追攀:民初士人禊集与诗社研究》,吴盛青、高嘉谦主编:《抒情传统与维新时代》,上海:上海文艺出版社,2012年,第26—50页。

图 5-1　林彦博《江亭修禊图》

首先，从形式上看，樊增祥一面沿修禊旧例，邀请擅长绘事的贺履之、林彦博、李雨林绘制《江亭修禊图》（图 5-1），由与会者各题姓名、籍贯于长卷上，存于稊园；一面又有新变，将修禊图与禊集当日的合影一并以珂罗版附印于《乙丑江亭修禊分韵诗存》的卷首。此举看似追慕"江亭展禊"，其实已有别于传统的修禊图。传统修禊图是一种"题图诗卷"的形式，其滥觞于西园雅集，旨在借图以纪事，将修禊图绘于手卷之上，再请与会者题写诗文于其上，以达到纪念与交游的功能。① 如温肇江《江亭展禊图》即是如此，梅曾亮等人的序都是题于其上的，图与文二者缺一不可，甚至到癸丑上巳的《畅观楼修禊图》，依然严格遵循此旧例。而随着现代印刷和照相的技术出现，一方面，"文"不再需要以"图"传，而是可以印行成册，与会者所作诗文收录于《乙丑江亭修禊分韵诗存》出版。因此，乙丑修禊虽附会"题图诗卷"的形式，请与会者各题名氏、里籍于长卷上，"漫

---

① 对于题图诗卷的研究，参见魏泉：《"交游"与"纪念"：宣南诗社之"题图诗卷"读解》，《文艺研究》2015 年第 9 期。

第五章
陶然亭风景的流变

成卷轴"①，实际已失其精髓。同时另一方面，有摄影负责保存真实的影像，"图"最重要的纪事功能遂变得可有可无，转而沦为追附风雅的一种表面形式。如此，"文"与"图"皆无足轻重，"题图诗卷"失落了其原有存在的意义。传统的修禊图与现代的合影照一同，以精美的珂罗版复制并存于出版的诗集卷首，恰可隐喻僵死的士大夫雅集传统在民国的"借尸还魂"。

其次，从内容上看，综上所述，遗老赋诗对于乙丑江亭修禊的表现，不复永和以来"天朗气清，惠风和畅"的光景风物，也不再有"崇山峻岭，茂林修竹，清流激湍，映带左右"的登临胜境。与会者亦多老病颓唐、意气消磨，有别于前代士大夫寓文章经国之志于诗酒游宴之中的抱负。以上种种，皆翻转了"兰亭"以来奠定的书写模式。更有人追问自永和以来文人禊集的意义：

> 三载不作城南游，主人款客罗珍馐，筵前分韵句各搜。我思永和至今一千几百秋，诗词雕板堆积如山丘，文采照耀五大洲，试问煮字疗饥不？君不见窃钩者诛、窃国者侯，谬托唐虞毁冕旒。王顺长息奔走如倡优，一朝势落类楚囚。②

"我思永和至今一千几百秋"，直指乙丑修禊上承的兰亭传统。永和以降，几乎每一次士大夫大规模的禊集都在追求与兰亭雅集对话，甚至试图论证自身对其意义的超越。如前述江亭展禊，张鹏飞等"经世派"士人们自诩在"阐经义、敦气节，以扶持正人，维持国是为交勉"的

---

① 李绮青：《乙丑三月三日集江亭修禊序》，《乙丑江亭修禊分韵诗存》，第 3a 页。
② 刘体乾：《乙丑上巳江亭修禊分韵得游字》，《乙丑江亭修禊分韵诗存》，第 8b—9a 页。

249

层面上"矫然高出晋人之上"①,但是这种论述的前提始终建立在对于兰亭传统肯定的基础之上。而刘体乾对永和以来赓续不断的诗酒雅集不以为然,认为纵有"诗词雕板堆积如山丘,文采照耀五大洲",却无法解决实质性的问题——"君不见窃钩者诛、窃国者侯,谬托唐虞毁冕旒"。"唐虞"指代尧舜禅让的典故,刘体乾认为民国以来政治失序,频繁的政权更迭实际上是假民主共和之名,行窃国之实。"试问煮字疗饥不?"苏轼在《凫绎先生诗集序》中曾谈道:"先生之诗文,皆有为而作,精悍确苦,言必中当世之过,凿凿乎如五谷必可以疗饥,断断乎如药石必可以伐病。"②在传统士大夫看来,诗文有其不可忽视的力量,能切中时弊,可以"疗饥",可以"伐病",甚至再夸大一点,即曹丕所言"盖文章经国之大业,不朽之盛事"。③而此处,刘体乾同样将文学的功用与经国大业联系起来,质问诗文是否可以疗治国家政治的病痛,他的答案显然是否定的。对于道光年间徐宝善、黄爵滋为首的"春禊圈子"、包括同治年间张之洞的"清议派"圈子而言,江亭雅集兹事体大,可以建立志同道合的士人共同体,以求声气相应、经世致用。刘体乾却将汲汲于政事的同辈士人比作侍奉统治者的"王顺长息"④,"奔走如倡优"亦难逃"一朝势落类楚囚"的命运。一句掷地有声的"试问煮字疗饥不?"质疑进而消解了千年来士人社

---

① 又如梁启超主持的万牲园癸丑修禊,遗老们已意识到"何况今日之共和,远非昔日之永和"(易顺鼎),时代所赋予万牲园的复杂性与现代意涵,远过于千年前的兰亭,详见万牲园章。
② 苏轼:《凫绎先生诗集序》,《苏轼文集》第10卷,孔凡礼点校,北京:中华书局,1986年,第313页。
③ 曹丕:《典论·论文》,张可礼、宿美丽编选:《曹操 曹丕 曹植集》,南京:凤凰出版社,2014年,第132页。
④ 典出《孟子·万章句下》:"费惠公曰:'吾于子思,则师之矣;吾于颜般,则友之矣;王顺、长息则事我者也。'"赵岐注,孙奭疏:《孟子注疏》第10卷上,《景印文渊阁四库全书》第195册,第14a页。

第五章
陶然亭风景的流变

集的意义。

作为新旧过渡时期的末代士大夫,其"乙丑江亭修禊"的文学书写和文化实践,本意虽旨在延续前辈士人雅集的传统,然而传统的崩解之势,并不以人的主观意志为转移。在遗老们守继待绝的"招魂"之举中,实际上表露了难以为继的迹象,甚或自觉或不自觉地挣脱乃至翻转了这一传统。这也使得接续江亭雅集的行为本身,蕴含了丰富而复杂的悲剧意味。

乙丑之后,遗老们延续了江亭伤逝、"招魂"的象征意义,造就了赛金花墓和五色鹦鹉冢,为陶然亭又添新的风景。1936年,赛金花病逝,成为耸动京华的文化事件,士大夫纷纷集资为其治丧,并争相为其立碑。尽管她生前曾表示死后愿葬于香山万安公墓,遗老们却一致认定以其传奇身世,落葬陶然亭香冢、鹦鹉冢之间更合适。1942年,慈禧留下的五色鹦鹉不食而亡,被制为标本陈列于中央公园,遗老们又将其内脏"盛以琉璃之棺,覆以锦绡之被",安葬于赛金花墓畔、旧鹦鹉冢旁,"俾仙禽美人并传不朽"。[①] 赛金花、五色鹦鹉遂被纳入江亭悼亡的传统之中,供遗老们在沦陷时期寄托其别有深意的政治抒怀。[②] 从诗酒风流、经世致用,到为帝制"招魂"甚至为附逆自辩,陶然亭见证了士大夫文化的从鼎盛到末路。

二、小团体,大联合:新式政党与革命的滥觞

当遗老们还在凭吊上一个时代的消逝,革命青年则已在酝酿一个

[①]《五色鹦鹉冢碑文》,陶然亭公园志编纂委员会编:《陶然亭公园志》,第122页。

[②] 对于赛金花墓和五色鹦鹉的研究,详见袁一丹:《别有所指的故国之悲——延秋词社〈换巢鸾凤〉考释》,《中国诗歌研究》2014年4月;潘静如:《赛金花之墓的成与坏——从卜葬、立碑到毁墓的三十年众生相》,《粤海风》,2016年第6期。二人都指出,以潘毓桂为首的遗老对于赛金花和五色鹦鹉的表彰,是在回应世人对其沦陷时期节行的指摘。

公园北京
文化生产与文学想象（1860—1937）

新时代的发生，原来的政治瓦解了，另一种政治却开始崭露头角。陶然亭在1920年代初被革命青年看中，成为进步社团集会的场所，这与传统士大夫的结社雅集，既有一脉相承处，又存在质的不同。

1915年《新青年》（初名《青年杂志》）创刊，标志着新文化运动的发端，越来越多的新青年意识到需要联合起来，结成团体。20世纪10年代末至20世纪20年代初，青年社团风起云涌，毛泽东、李大钊、周恩来等人主导的新民学会、少年中国学会、觉悟社皆为其中翘楚。尽管这些新生社团在创立伊始即自觉与"文人习气极重"的传统社团相区隔[①]，但少年中国学会和新民学会初期的宗旨显示其一定程度上承继了士人结社对于砥砺品行与经国志业的追求——少年中国的宗旨本拟作"振作少年精神，研究真实学术，发展社会事业，转移末世风俗"，在成立大会时才改为"本科学的精神，为社会的活动，以'创造少年中国'"[②]；新民学会的宗旨早期是"革新学术，砥砺品行，改良人心风俗"，后期转变成"改造中国及世界"[③]。然而，也恰是宗旨的变革——"改造中国及世界""创造少年中国"理想的确立，正式将传统结社与现代社团从本质上区别开。

罗志田《权势转移：近代中国的思想与社会》一书曾提出帝制的覆灭与科举的废除，导致了近代中国整个知识体系与官僚选拔机制的崩溃与重建。[④] 在这样的大背景下，如何获取建设现代国家的知识，如何培养建设现代国家的人才，是一个传统知识储备所无法应对、前

[①] 如少年中国学会曾在复友会的信中谈道："今日号称革新之士多矣，学会之集亦众矣，然考其实际，或文人习气极重。"《少年中国学会周年纪念册》，出版地与时间不详，第13页。

[②] 萧三：《毛泽东同志在"五四"时期（节录）》，张允侯等编：《五四时期的社团》（一），北京：生活·读书·新知三联书店，1979年，第84页。

[③] 《新民学会会务报告》第一号，中国革命博物馆、湖南省博物馆编：《新民学会资料》，北京：人民出版社，1980年，第3页；《新民学会会务报告》第二号，《新民学会资料》，第21页。

[④] 参见罗志田：《权势转移：近代中国的思想与社会》，北京：北京师范大学出版社，2014年。

第五章
陶然亭风景的流变

所未有的新命题。"五四"时期的社团就是在这样的时代诉求下应运而生。建设现代国家的事业，单靠个人的力量难以完成，正如觉悟社成员所言："要创造一种新生活……非一个人的能力所能抵抗，非组织相当的团体不可。"① 这个"团体"，即一种有别于传统士大夫结社的新的组织形式。

士子结社，虽也强调交际的功能，总体而言是一种基于共同的文学主张、政治立场的较为松散的联盟，以雅集为主要活动形式。而"五四"以来的进步社团，受西方现代政治思想和社团文化的影响，特别强调"社交"和"团体"的概念。觉悟社在成立之初，就有意识地进行社交的实践②，新民学会和少年中国学会则更明确地提出"社交的修养"和"团体的训练"的理念。

新民学会在创刊号《会务报告》中，将学会发起的原因之一归结为"顿觉静的生活与孤独的生活之非，一个翻转而为动的生活与团体的生活之追求"③。对于传统读书人而言，无论学问还是德性的修炼，基本上是一个求诸自身内部的过程，即"静的生活与孤独的生活"；而新民学会呼吁打破这样的生活，提倡"动的生活与团体的生活"。

与"动的生活"相呼应，少年中国会员康白情在发表于《少年中国》的几封与会友商榷的书信中，系统阐述其"动的修养"的主张。针对友人魏嗣銮"少年立身学问之外，尤贵修养；若既瘁于动而又多交际以扰之，是整而无暇也"④，即传统闭门读书、修身养性的观点，

---

① 《我们的五一节（节录）》，张允侯等编：《五四时期的社团》（二），第342页。
② 据《三个半月的"觉悟社"》，1919年11月2日社团同人会餐"作一种社交的谈话"，"从前的聚会除去开会讨论社务同请人演讲外，没有别的事，这次可说本社打破社会积俗，实行社交公开最初的表现"，可见社交在当时是一项需要习得的技能。张允侯等编：《五四时期的社团》（二），第309页。
③ 《新民学会会务报告》第一号，中国革命博物馆、湖南省博物馆编：《新民学会资料》，第2页。
④ 康白情致魏嗣銮信，《会员通讯》，《少年中国》第1卷第3期，1919年9月15日。

康白情主张青年应该作"动的修养，活的修养"，摒弃"静的修养，死的修养"。他所谓"动的修养"，即"社会化的修养"，也就是"社交"。康白情将"动的修养"分为两个方面，一是"分子间的活动——以个人为单位的"，二是"团体间的活动——以群人为单位的"，后者又涉及另一个关键词，即"团体的驯练"。①无独有偶，在康白情首次提出"动的修养"的同期《少年中国》上，刊登了曾琦的《留别少年中国学会同人》。曾琦认为发起学会的目的是要造就"少年中国的模范团体"，他亦举魏嗣銮为例，说明会员尚缺乏"团体的训练，还是从前读书人的习惯，不适于民主国家的生活"，进一步推广到"我们中国的共和，所以闹不好，都是由于人民没有团体的训练。不但普通国民如是，即受教育的学生亦然"，因此提出学会同人要创造"少年中国"，首先应有"极纯熟的团体训练"。②在康白情第三封信的同期，王光祈发表《团体生活》一文，同样谈到"我们中国人最缺乏的，便是团体生活"，"若没有团体生活的训练，无论什么主义——国家主义，社会主义，安那其主义——都是不能应用"。③此后，恽代英又在《怎样创造少年中国》中，提出"活动的修养"与"合群的修养"一说："活动的修养，是就做事的材干说……合群的修养，是就与群众一同做事的才干说。"这大致可以对应于"动的修养"与"团体的训练"，恽代英认为，二者合而言之，即"群众生活的修养"。④

由此可见，"社交的修养"和"团体的训练"是"五四"社团普遍关注的议题，另外，也恰好说明这种现代社交团体的组织有助于观念的交流，正是在交锋中才越辩越明。而"社交的修养"与"团体的

---

① 参见《会员通讯》，《少年中国》第1卷第3期，1919年9月15日；《少年中国》第1卷第5期，1919年11月15日；《少年中国》第1卷第6期，1919年12月15日。
② 曾琦：《留别少年中国学会同人》，《少年中国》第1卷第3期，1919年9月15日。
③ 王光祈：《团体生活》，《少年中国》第1卷第6期，1919年12月15日。
④ 恽代英：《怎样创造少年中国》，《少年中国》第2卷第1期，1920年8月15日。

第五章
陶然亭风景的流变

训练"落实在制度层面,便促成了以"学术谈话会"为代表的活动形式。

开会是现代社团特有的组织方式。此前,士子结社的初衷是为了共习举业,以应对科举考试;而现代社团的兴起,则缘于青年学子以社团为单位,共同探索改造中国的方法。他们沿用了士林集会的风景名胜——它们多在民国时期被改造为公园,或承担公园的功能——作为活动场所,本章以陶然亭为视角,兼及中央公园等其他空间,考察"五四"社团的组织形式,与传统雅集有何区别。

陶然亭酝酿了少年中国学会的诞生。1918年6月30日,少年中国的六位创始人陈淯(愚生)、张尚龄(梦九)、周无(太玄)、曾琦(慕韩)、雷宝菁(眉生)、王光祈(润玙)在陶然亭西北的岳云别墅召开第一次发起会。会议拟定了学会的七十条规约,组织了筹备处,并决定了召开成立大会的时间及前期的准备工作,具有开创意义。王光祈高度评价岳云别墅为"本会成立史中最可纪念之发祥地也"[①],因此1919年7月1日少年中国的周年纪念大会暨第一次年会也选在此地召开,以志纪念(图5-2)。此后,几位发起人又频繁于岳云别墅及中央公园聚会商榷,奠定了学会成立的基础。少年中国正式成立后,活动更有规律性,多在中央公园来今雨轩和北大图书馆举行常会。据《少年中国》会务信息,来今雨轩的常会以欢迎会、茶话会为主,不仅加强在京成员内部的联络,更兼以招待外地来京的分会成员,以起到交流经验的作用。

如1920年3月3日为欢迎南京分会的王德熙,在来今雨轩召开茶话会。北京会员代表孟寿椿请王德熙分享南京分会的经验,指出"今天的聚会,一则是欢迎王君,一则希望王君将南京会务进行的

---

① 王光祈:《本会发起之旨趣及经过情形》,张允侯等编:《五四时期的社团》(一),第219页。岳云别墅毗邻窑台,属于广义陶然亭景区的范围,共和国成立后,它被纳入陶然亭革命历史的叙述脉络,彰显陶然亭的革命色彩。

图 5-2　岳云别墅"少年中国学会"成立周年纪念合影
左起第二人为邓中夏，第五人为陈愚生，第八人为李大钊

情形向我们报告，报告给我们一种极好的参考资料"。王即应邀介绍了"学术谈话会"的形式："南京分会实在也没有甚么进步，不过每月一定开学术谈话会一次，大家务必将一月中读书的心得互相报告，以期收磋切砥砺的实效。"①"学术谈话会"，是民国时期学生社团的新发明。如王德熙所言，少年中国南京分会于成立之初就议定组织学术谈话会、讨论会、讲演会等，规定学术谈话会"集合全体会员作学术上之讨论或发表读书心得，每星期一次"，初衷是"借这个机会大家共同研究学术——实做切磋琢磨的工夫"。实际操作时，改为两周一次，每次由二人主讲，题目自拟，有谢循初讲"群众心理"，方东美讲"唯实派的生之哲学"，蒋锡昌讲"对于自杀之研究"，杨贤江讲"我今后的生活"，等等。地点一般选择南京名胜，如第一次学术谈话会，是在清凉山扫叶楼。②北京会员对于王德熙的建议从善如流，

---

① 《会务纪闻·来今雨轩的欢迎会》，《少年中国》第1卷第10期，1920年4月15日。
② 参见《少年中国学会消息·少年中国南京分会成立会纪事》，《少年中国》第1卷第6期，1919年12月15日；及《少年中国学会周年纪念册》，第23页。

第五章
陶然亭风景的流变

下月来今雨轩常会全体决议组织学术谈话会,并强调注重"德行之砥砺、学术之研究、社会问题之讨论"三方面①;再次常会时,更进一步认领各人讨论的书目(表5-1)。② 至11月28日,在北大第一院正式召开首次学术谈话会,由李大钊主讲"自然与人生",邓中夏讨论"罗素勃拉克与中国婚姻问题"。③

表 5-1 各人认领的研讨书目

主讲者	研讨书目
李大钊	古里大森:《政治与群众道德》
刘仁静	Dewey: *Democracy and Education*
余家菊	Watson and Others: *Suggestions of Education Concerning Science*
张申府	Holt Freudish Wish
陈愚生	贺川丰厚:《主观经济学》

学术谈话会在少年中国内部如北京、南京、上海各地广泛推行,是学会的重要会务之一。学会规定,"凡一地方有会员三人以上者,即应组织学术谈话会、交换智识",每周或半月开会一次,地点"择山水胜处"。讨论题目预先通知参与者,每月将题目汇总报告总会,并挑选有价值者在《少年中国》上发表。④ 郑伯奇曾于《少年中国》撰文与方东美争论在成立了专门的科会之后,学术谈话会是否还有存在的必要,认为学术谈话会有其无可取代之处,值得保留。他指出,不同于科会的专业性,学术谈话会是"以交换知识、扩充常识为主";且学术谈话会优于科会的一点在于,其提供了会员"接谈聚首,质疑

---

① 《会务报告》,《少年中国》第1卷第11期,1920年5月15日。
② 《会务报告》,《少年中国》第1卷第12期,1920年6月15日。
③ 《少年中国学会消息·十一月廿八日之学术谈话会》,《少年中国》第2卷第7期,1921年1月15日。
④ 《少年中国学会周年纪念册》,第12页。

讨论"的机会,而科会因为成员散居的缘故,"终还不过是向故纸堆中去讨生活"。郑伯奇特别强调:"最 Democratic 最 Economic 的友情的集合怕再没有像学术研究会之类好的了。"针对学术谈话会因成员彼此研究的内容不相关而没有意义的批评,郑伯奇回应:"文化运动千头万绪,诸从事者需得常识充足的人,才可期于见功,就此看来,听自己不研究的东西,不见得无趣,不见得无益,并且学术谈话会还可以请会外名人演讲,并其他增进知识的事业。所以学术谈话会不愧为分会一个好事业,会员的一个良好的修养和交际的团体,我很愿设法使他改良,不愿废止。"①

郑伯奇提出学术谈话会是"会员的一个良好的修养和交际的团体",恰因应了少年中国等社团对于"社交修养"与"团体训练"的要求。传统士子虽会为切磋时艺而结社,但读书治学基本上是个人的事情,就像郑伯奇所说的:"终还不过是向故纸堆中去讨生活。"新民学会在酝酿开展读书会时就批评过"中国人的'关门研究法',各人关上各人的大门躲着研究,绝不交换,绝不批评,绝不纠正,实在不好"②。而现代的青年学生为了探索改革中国的途径,与原来闭户读书的习惯大为不同了,要创造"少年中国",没有前车之鉴,需要自身摸索着"杀出一条道路"③。正如郑伯奇所言,新旧交替之际,涌入中国的新知识"千头万绪",靠个体的力量——研究是不可能的,要想在最短的时间内获取最多的信息量,"最民主最经济"的手段,就是学术谈话会。每人认领一个对象或领域,再在会上交换所得、互通有无,达成效率的最优化。

---

① 郑伯奇致方东美信,《会员通讯》,《少年中国》第 2 卷第 6 期,1920 年 12 月 15 日。
② 文化书社同人:《读书会的商榷》,中国革命博物馆、湖南省博物馆编:《新民学会资料》,第 278 页。
③ 周太玄:《关于参加发起少年中国学会的回忆》,张允侯等编:《五四时期的社团》(一),第 539 页。

第五章
陶然亭风景的流变

这种学术谈话会形式,在"五四"时期的社团中普遍存在。如据周世钊回忆,"五四"前夕,新民学会已形成定期讨论的规矩:"每隔一周或半月要开会一次。每次会议都有中心内容,或讨论某个学术问题、思想问题,或分析当前国际和国内形势,或报告各人的学习、工作计划与实践,以互相督促。会场中常洋溢着青年的沸腾热情,和表现摸索、寻求改造中国的途径的勇气。"① 毛泽东为"驱张"事件赴京后,与少年中国展开了密切接触,甚至于1919年12月—1920年1月间入会,也许基于近距离的经验交流,他对学术谈话会的新形式有所了解。1920年2—3月间,在京的毛泽东先后给新民学会同仁陶毅与周世钊写信,主张开展学术谈话会,指出"这组织里最要紧的是要成立一个'学术谈话会',每周至少要为学术的谈话两次或三次"②,并具体阐释:

> 个人虽有一种计划,象"我要怎样研究"、"怎样准备"、"怎样破坏"、"怎样建设",然多有陷于错误的。错误之故,因为系成立于一个人的冥想。这样的冥想,一个人虽觉得好,然拿到社会上,多行不通。这是一个弊病。还有第二个弊病。一个人所想的办法,尽管好,然知道的限于一个人,研究准备进行的限于一个人。这种现象,是"人自为战",是"浪战",是"用力多而成功少",是"最不经济"。要治这种弊,有一个法子,就是"共同的讨论"。共同的讨论有二点:一,讨论共同的目的?二,讨论共同的方法。目的同方法讨论好了,再讨论方法怎样实现。要这

---

① 周世钊:《湘江的怒吼》,中国革命博物馆、湖南省博物馆编:《新民学会资料》,第394页。
② 《毛泽东给周世钊》1920年3月14日写于北京北长街九十九号),《新民学会会员通信集》(第一集),中国革命博物馆、湖南省博物馆编:《新民学会资料》,第65页。

样的共同讨论,将来才有共同的研究(此指学问),共同的准备,共同的破坏,和共同的建设。要这样才有具体的效果可睹。"浪战"是招致失败的,是最没效果的。共同讨论,共同进行,是"联军",是"同盟军",是可以操战胜攻取的左券的。我们非得力戒浪战不可。我们非得组织联军共同作战不可。①

毛泽东认为,靠一己之力独自研究的传统方法,是"人自为战""浪战","用力多而成功少","最不经济",是不可取的;反之,最经济的方法,就是"共同的讨论",以之为基础,才有"共同的研究,共同的准备,共同的破坏,和共同的建设"。同年5月上海半淞园的送别会,是新民学会历史上一次重要会议,毛泽东等骨干皆到场,议定"此后凡遇会友三人以上,即组织学术谈话会,交换知识,养成好学的风气",与少年中国的表述惊人相似。②

觉悟社也不例外。觉悟社在创立之初即确立了"改造现在中国学生的思想"及"改革我们自己"的目标。如何改革?他们提出的方案为"读书;互相研究学理;问题的讨论;常作文字上的出产品;实行批评:(甲)随时随地、(乙)批评自己,批评别人,受人批评,两个人的谈话"。上述诸点大致可概括为共同研究学理、讨论问题和相互批评。在其成立的短短三个半月时间内,觉悟社每周六下午都会召开全体社员会,"寻一固定的会所;共同分组研究","分配的法子,是将全体社员分作三组,定期讨论,限一星期内讨论出作一个报告,再由全体社员共同讨论之"。讨论的题目有关家庭改造、共同生活和工

---

① 《毛泽东给陶毅》(1920年2月在北京),《新民学会会员通信集》(第一集),中国革命博物馆、湖南省博物馆编:《新民学会资料》,第59—60页。

② 《新民学会会务报告》(第一号),中国革命博物馆、湖南省博物馆编:《新民学会资料》,第8页。

第五章
陶然亭风景的流变

读主义,依例先分组讨论,再全体共同讨论。①这种方式与少年中国、新民学会的学术谈话会是基本一致的。

组织学术谈话会,需要一定的活动场所,虽同样"择山水胜处",却与遗老雅集有了本质的区别。康白情曾作新诗《卅日踏青会》,描绘了1920年3月30日少年中国在上海松社的踏青会,可供我们一窥"五四"社团集会的情境。松社原为徽商的私园,1918年梁启超为纪念蔡锷,筹款将其买下,改造为松社。如康诗所述,会员们席地而坐开会,康带头发言,有意识将社团的踏青会与古人的雅集作比较,并以"说话"与"做诗"作为区分二者的标志:"踏青是古人的滥调。古人踏青要做诗;我们却只说话,却只作玩……我们不敢蹈袭古人的滥调!"如何不"蹈袭古人的滥调"?康白情提议:"我们想借这点工夫,商量三个问题:我们的人生应该怎么样?我们的社会会要怎么样?处在这个社会里,我们的途径应该怎么样?"围绕康发起的议题,有六七个会员先后起来,每人作五分钟的演说,"有沉毅的,有奋发的,有慷慨激昂的"。②这基本上是"五四"社团在公共游览地开展学术谈话会、茶话会等活动的状态。袭用名胜空间,新青年以探讨自身及中国社会改革出路的方式,取代了士大夫的诗酒文会。虽然康诗记述的是少中会员在上海松社的聚会,但可想见少年中国在陶然亭、来今雨轩的集会也大致如是。

值得一提的是,在选择地点方面,北京的学生社团占据了得天独厚的优势。民国以来北京开辟的以公园为主的公共空间,为此类谈话会、茶话会提供了丰富的选项。如前所述,少年中国的北京会员可以

---

① 二八:《三个半月的"觉悟社"》,《觉悟》第1期,1920年1月20日。
② 康白情:《卅日踏青会》,《草儿在前集 第4版》卷二,上海:亚东图书馆,1929年,第19—25页。在亚东图书馆1922年《草儿》初版中,"却只作玩"原为"我们却只做有趣的玩意儿","我们的途径应该怎么样?"原为"我们底道儿应该怎么样?","有沉毅的,有奋发的,有慷慨激昂的"句为修改版添加。

根据功能、需求的不同选择陶然亭或中央公园作为聚点。而位于其他城市的社团可能就没有这么幸运，如最先实行学术谈话会，被视为榜样的南京分会，即很难在南京找到条件合适的公共空间，连特邀杜威参与的重要谈话会，都差一点找不到场地——"最难筹备的是地点，高师的梅庵不肯借。我们便决意借复成桥边的仓园。仓园本是地方共有的公产，无奈为一二绅士所霸占，据作私有。因为一定要借这个园——除此之外没有适当的地点了——阮法贤整整奔走了一天工夫方才达到目的"①。南京欠缺向大众开放的公共空间，一些名胜被私人或机构占有，开展学会活动时相对较为掣肘。这也从反面证明了陶然亭等北京的公共空间，对于民国学生社团生活的重要性。

这些集会除了社团内部学理的探讨外，还发挥了重要的联络和共享信息的功能，如前述王德熙与毛泽东分别在社团内部及社团之间分享借鉴学术谈话会经验的两个例子。这种社交联络的功能对于"五四"社团至关重要，陶然亭一类的公共空间则为团体间的联合提供了物质支持。以陶然亭为例，可以折射"五四"社团风生水起的"小团体，大联合"。"小团体，大联合"是少年中国发起之初确立的准则，即不与其他团体合并，但不排斥与宗旨相同的学会结成友会，互相协助。实际上这也是"五四"社团的普遍现象，1920年辅社、少年中国学会、觉悟社在陶然亭先后发起的两次集会，就很有代表性。

1920年1月18日，毛泽东、邓中夏、罗章龙与辅社在京成员于陶然亭集会，共商驱张对策，并于慈悲庵门前古槐下合影（图5-3）。驱张斗争缘起于"五四"期间，少年中国会员邓中夏及另一名北京学生代表奔赴湖南，与以毛泽东为首的新民学会联络，毛泽东遂领导会

---

① 《少年中国学会纪念册》，第24页。

第五章
陶然亭风景的流变

员组织湖南各校学生代表集会。听邓中夏等介绍了"五四运动"的经过后,代表们当场决议成立湖南学生联合会,发动罢课,以新民学会为主力的湖南学联还发起反日爱国运动,并创办《湘江评论》,宣扬新文化。这一系列行动受到湖南督军兼省长张敬尧的暴力镇压,双方矛盾不断激化,最终爆发了驱张运动。于是,

图 5-3 毛泽东(左四)和"辅社"同志在陶然亭慈悲庵前槐树下合影

以新民学会为核心,湖南学界组织驱张代表团,分赴北京、衡阳、常德、上海、广州等地活动,寻求各界支援。① 毛泽东率赴京代表团一行四十人抵京,与湖南学生社团辅社建立了密切的联系。辅社全称"辅仁学社",取"以文会友,以友辅仁"之意,有成员三十人,其中一部分在京读书,因受新思潮的影响,常在北京大学活动,与邓中夏多有往来。在毛泽东、邓中夏的鼓动下,辅社在京成员成为驱张斗争的主力,而毛泽东也得以广泛接触李大钊、邓中夏等革命者及马克思主义学说,据他后来对美国记者斯诺自道,到1920年夏天,他已经成为一个革命者了。②

---

① 蒋竹如:《湖南学生的反日驱张斗争》,中国革命博物馆、湖南省博物馆编:《新民学会资料》,第 580—590 页。
② 李维汉:《回忆新民学会》,张允侯等编:《五四时期的社团》(一),第 617 页。

由上可知，驱张斗争不仅是"五四运动"在湖南的继续和发展，它实际上还反映了五四社团之间的互助合作。先是"五四运动"爆发，邓中夏南下与新民学会联络，争取湖南学生的支持；而后湖南学界响应开展驱张运动，毛泽东又带领新民学会北上与邓中夏、辅社合作，得到北京社团的帮助。陶然亭见证了这一团体之间往来互动的过程。

而1920年8月16日在陶然亭北厅召开的五团体联席会议，更是"五四"社团联合的一个标志性事件。"五四运动"之后，以觉悟社、少年中国学会为代表的进步社团日益意识到，不仅社团内部成员的联络很重要，不同社团之间更需要进一步加强联合，共同行动。周恩来在觉悟社的年会上提出，"只有把五四运动后在全国各地产生的大小进步团体联合起来，采取共同行动，才能挽救中国的危亡，改造旧的中国"，他们因此赴京寻求李大钊的建议。[①] 于是，在李大钊倡议下，由觉悟社发起，包括少年中国学会、人道社、曙光社、青年互助团等五个团体的成员参与了此次座谈会（图5-4）。会上李大钊提议各团体有标明主义、加强联络的必要，"盖主义不明，对内既不足以齐一，全体间此后似应有进一步的联络"，会议遂商定由各团体推举代表，再于18日北大图书馆开筹备会。经筹备会决议，定名为"改造联合"，起草了《改造联合宣言》和《改造联合约章》。

图5-4 李大钊、周恩来等在五团体的联席会议上

---

① 刘清扬：《觉醒了的天津人民》，中国社会科学院近代史研究所编：《五四运动回忆录》下册，北京：中国社会科学出版社，1979年，第563页。

第五章
陶然亭风景的流变

《联合改造宣言》指出:"我们青年同志组织成的小团体,算来也不甚少,可惜都是各不相谋的!有些目的同,企望同,只是因为没有通过声气,不能共同活动……我们的联合,不止是这几个团体的联合;凡是我们的同志团体,我们希望都联成一气。"[1]陶然亭的这次茶话会,将社团自发的联络转化为有组织的联合,进一步深化了"五四"以来社团之间的交流与联系。由最初的单打独斗,到共同进退,有意识地统一思想和行动,联手推动社会改革,是"五四"社团史上浓墨重彩的一个关节点。[2]

此后,少年中国学会进一步标明主义,其中以李大钊为首的一部分成员逐渐倾向马克思主义,孕育了早期中国共产党的诞生。1921年7—8月间,李大钊在创始人之一陈愚生的帮助下,将陶然亭作为刚建立的北京市中共党组织的据点。1921年7月1日,少年中国学会年会在中央公园开幕,年会结束后,李大钊通过陈愚生租赁了慈悲庵后院的两间南厅房,表面上以陈夫人新葬于陶然亭畔、为其守墓为名,实际上在此建立了中共党组织的秘密机关。1921年8月到1923年间,少年中国学会的主要成员邓中夏、恽代英、高君宇等经常来此开会,进行革命活动。

从少年中国学会、新民学会及觉悟社等社团的发展史可以看出,北京的公园名胜作为民国社团生活中不可或缺的一部分,在"社交的修养"与"团体的训练"方面发挥了重要作用。无论是社团内部的学术谈话会、茶话会,还是社团之间的联络与合作,北京充裕的公园(或具有公园性质的公共游览地)资源不仅为其提供了活动的空间,且不同类型的公共空间又各有分工。如在社团早期发展的阶段,更常光临

---

[1] 《联合改造宣言》,张允侯等编:《五四时期的社团》(一),第329页。
[2] 如周恩来就受到李大钊等人的影响,对于马克思主义发生兴趣,于1921年成为一个马克思主义者。

位于市中心的中央公园,因其交通便利、有风景可以赏玩,又是民国北京最核心的公共空间,很适合作为集会、演说的场所。然而,当社团的政治色彩愈发鲜明,甚至萌生了新兴的政党时,车水马龙、过于引人瞩目的中央公园就不再方便进行活动了;相应地,偏处一隅、人迹罕至的陶然亭自然成为酝酿新生革命力量的上选。如此,毛泽东、邓中夏与辅社,李大钊、周恩来与少年中国、觉悟社等①,不约而同地选择了陶然亭,且这几条脉络最终冥冥中聚合在一起,他们都成为中国共产党的早期创始人,毛泽东、周恩来更是新中国的奠基者。

陶然亭见证了"五四"以来新青年自发组成的进步社团,逐步联合在一起,形成具有明确政治主张、有序组织形式和活跃革命实践的政治团体,最终缔造中国新的执政党,改变了国家的性质。当遗民们还在祭奠覆灭的帝国时,殊不知在同一个时空中,青年们已在推动新的国家崛起。士大夫对旧时代的凭吊和革命者对新时代的憧憬在此相映成趣。反而是后者,以微妙的方式,回应了近一百年前张鹏飞等人在陶然亭许下的豪言壮语:"夫君子燕游,岂徒征逐豆觞哉?必将阐经义,敦气节,以扶持正人,维持国是为交勉。"

三、高石之墓:革命与恋爱的张力

20世纪20年代初活跃于陶然亭的共产党人中,有一位英年早逝的高君宇。他生前钟爱陶然亭,除进行革命活动外,还常与女友石评梅到此散步,在生命晚期与石评梅同游时,他触景生情,表示死后愿葬于陶然亭。1925年高君宇病逝后,石评梅征得党组织同意,将其安葬。墓碑由石评梅设计,造型别致,宛若利剑直指长空,石评梅

---

① 毛泽东、邓中夏同时也是少年中国学会的会员。

第五章
陶然亭风景的流变

将他的诗句"我是宝剑，我是火花，我愿生如闪电之耀亮，我愿死如彗星之迅忽"刻于其上，并附识"这是君宇生前自题像片的几句话，死后我替他刊在碑上。君宇！我无力挽住你迅忽如彗星之生命，我只有把剩下的泪流到你坟头，直到我不能来看你的时候"，缠绵悱恻的誓言与英雄气概的诗句交相辉映（图5-5）。三年后，石评梅在对高君宇的追悼中郁郁而终，友人遵其遗愿将她与高并葬，立碑"春风青冢"。两方白玉剑碑如同一对比肩而立的眷侣，超越了"江亭悼亡"的脉络，成为陶然亭畔一道新的风景（图5-6）。

图5-5　石评梅在高君宇墓前

图5-6　高石之墓

陶然亭在民国期间再次受到关注，很大程度是由于高君宇、石评梅。

高君宇与石评梅的故事，在"五四"时期极具代表性，可谓"新青年"与"新女性"、"革命"与"恋爱"的相遇。高君宇短暂的一生，浓缩了"五四"青年的轨迹，他是北大进步社团的骨干、"五四"学生运动的领袖、中国共产党的早期创始人，在协助孙中山促成国民会议时，因病辞世。如其自道"生如闪电之耀亮""死如彗星之迅忽"，高君宇见证了民国早期风起云涌的历史，且始终走在时代的最前列。而石评梅作为高君宇爱慕的对象，亦是"五四"新女性的典型。她就学于女高师，作为中国第一批接受本土高等教育的女大学生，石评梅与同学亲历了"五四运动"，并经历了同窗李超之死的震撼，受到李大钊等师长的启蒙。她与同级的庐隐、冯沅君、苏雪林同为"五四"时期名噪一时的女作家，身体力行地实践女性对于独立自主的追求，是充分继承了"五四"精神的女儿。

石评梅曾摘录高君宇致自己的信："我是有两个世界的，一个世界一切都属于你，我是连灵魂都永禁的俘虏；在另一个世界里，我是不属于你，更不属于我自己，我只是历史使命的走卒！"① 这句话将革命者对于革命与恋爱的忠贞和矛盾表达得淋漓尽致。高君宇与石评梅的传奇，是被逐渐建构起来的，在这个过程中，革命与恋爱两套话语始终充斥其间，时而缠斗，时而并行。但也正因此，让我们窥见从"文学革命"到"革命文学"，从民国到共和国，文学、政治、伦理的种种嬗变。

"高石恋"在民国时期口耳相传，与石评梅及其学友圈的自我建构分不开。高君宇逝世后，石评梅创作了大量悼念文字，亲自建立起与陶然亭的生死渊源；她辞世后，其亲友又接续其遗愿纪念，进一步将高石墓风景化。石评梅与庐隐等女高师同人的书写，都更侧重"恋爱"的一面，而对"革命"着墨不多。"象牙戒指"就是一个典型意象，这是高君宇送给石评梅的信物，缘于高在1924年双十节广州平叛商团战斗时中弹负伤。他将流弹击碎车窗的玻璃碎片，赠予石评梅留念，并选购了一对象牙戒指，一只留给自己，一只寄赠对方。石评

---

① 石评梅：《梦回寂寂残灯后》，杨扬编：《石评梅作品集》散文卷，北京：书目文献出版社，1983年，第104页。

第五章
陶然亭风景的流变

梅很感念高的心意，当即戴上戒指，并回复："诚然，我也愿用象牙的洁白和坚实，来纪念我们自己静寂像枯骨似的生命。"①这枚戒指本是革命的见证和纪念，石评梅及其女高师友人却聚焦于其爱情与死亡的寓意。

戒指是西方文化中的定情信物，石评梅以自由恋爱的姿态，主动接受爱慕者赠送的戒指，且根据庐隐《象牙戒指》的叙述，将其佩戴于左手无名指（此为西式结婚戒指的佩戴方式），看似象征了女性对于自身情感归宿的选择。确实，无论是石评梅自己还是庐隐等友人对于她的书写，都力图表现一个独立不羁、勇于挑战世俗规范和自主支配情欲的现代女性形象。如庐隐以其本事为原型创作的《象牙戒指》中，沁珠（石评梅）是冰场上和舞场中风情万种、万众瞩目的焦点，她自白其理想是像茶花女那样"过那种表面轻浮而内里深沉的生活"，而她面对长空（高君宇）时"多风姿的举动""爽利的谈锋"和"辛辣的态度"甚至令叙事者"我"震惊。②石评梅自身在文中也多次谈到她喜痛饮狂舞、逢场作戏，"只玩弄着万物，也让万物玩弄着我这样过去"。③石评梅与高君宇的恋情，在民国期间备受关注，也正是因其特别契合"五四"女性追求人格独立、婚恋自由的时代主题。

但同时，象牙戒指又绝非普通的戒指，石评梅的友人在高君宇生前已对这枚象牙戒指的暗示感到不安。陆晶清说不明白高君宇为何要送给她这样"惨白枯冷的东西"，石评梅则表示"我已经决定带着它和我的灵魂同在"。高君宇死后，石评梅撰文纪念，其中一节题为《象牙戒指》，强调"他是带着它一直走进了坟墓"④，戒指遂被赋予殉葬

---

① 石评梅：《天辛》，杨扬编：《石评梅作品集》散文卷，第63页。
② 庐隐：《象牙戒指》，哈尔滨：北方文艺出版社，1986年，第49—136页。
③ 石评梅：《噩梦中的扮演》，杨扬编：《石评梅作品集》散文卷，第151页。
④ 石评梅：《涛语·象牙戒指》，杨扬编：《石评梅作品集》散文卷，第79—80页。

品的意义。事实上,石评梅自身也是戴着它入殓的。在《肠断心碎泪成冰》中,石表达了对于高君宇尸骸的迷恋:

> 我仔细的看他的尸体,看他惨白的嘴唇,看他无光而开展的左眼,最后我又注视他左手食指上的象牙戒指;这时候,我的心似乎和沙乐美得到了先知约翰的头颅一样。我一直极庄严神肃的站着,其他的人也是都静悄悄的低头站在后面,宇宙这时是极寂静,极美丽,极惨淡,极悲哀!①

象牙戒指之于石评梅,犹如约翰头颅之于莎乐美的意义,对于高君宇的爱,唯其死亡才得以完成,才得以不受限制地抒发,石评梅自己也意识到,她真正爱的,也许恰是死了的高君宇。而在高君宇生前,她始终以独身主义自居,拒绝接受高的感情。正如其在致友人袁君姗的信中自白:"如今我一直是沉迷着辛的骸骨,虽然他是有许多值得诅咒值得鄙弃的地方。……我在他生前我是不愿为他牺牲的,因为我是顾忌着一切的顾忌,我不愿把我洁白的灵魂染了污浊,我更不愿背了素志去就他。……不幸,天辛死了,他死了成全了我,我可以有了永久的爱来安慰我占领我,同时自然可以贯彻我孤独一生的主张,我现在是建生命在幻想死寂上的,所以我沉迷着死了的天辛,以安慰填补我这空虚的心灵,同时我抱了这颗心去走完这段快完的路程。"②庐隐作长篇小说《象牙戒指》,开篇即以素文(陆晶清)掏出一枚象牙戒指,叹息道,"你别看这件不值什么的小玩具,然而她果曾监禁了一个人

---

① 石评梅:《肠断心碎泪成冰》,杨扬编:《石评梅作品集》散文卷,第 102 页。
② 袁君姗:《我所认识的评梅》,卫建民编选:《魂归陶然亭——石评梅》,北京:人民文学出版社,2002 年,第 122 页。

第五章
陶然亭风景的流变

的灵魂",作为全书点题之语。①后又借叙事者之口再次评价这枚戒指"要圈住她的一生",并警告沁珠"应当早些决心打开你那枯骨似的牢圈"。②

石评梅及其友人都凸显象牙戒指殉葬、守节的含义,这恰与高石二人落葬的陶然亭,构成了微妙的呼应。陶然亭墓茔累累,石评梅发起的书写与追悼实践,为其原有的传统又添新意。石评梅于《我只合独葬荒丘》一文中,追叙了陪病中的高君宇同游陶然亭,并见证其择定归宿的情形。文章标题源自高君宇面对陶然亭触景生情,吟诵《茵梦湖》的诗句"死时候呵死时候,我只合独葬荒丘"以表明心志。狄奥多·施托姆(Theodor Storm)的《茵梦湖》在20世纪20年代的中国曾风行一时,是契合"五四"审美趣味的文化符码,浪漫、多情而感伤,石评梅将其编织进自己与高君宇的故事中,同时也将高石的故事编织进了"五四"浪漫主义的脉络中。同时,她笔下雪后的陶然亭,极力渲染其清冷、幽美、一切都是洁白,与高君宇的白玉碑相互辉映,与陶然亭荒凉破败的实际景观存在一定距离,庐隐的《象牙戒指》基本化用了她的描写。又如石评梅为高君宇二周年忌日时所作的《祭献之词》,"溪水似丝带绕着你的玉颈,/往日冰雪曾埋过多少温情?/你的墓草青了黄黄了又青,/如我心化作春水又冻成冰"③,有意识地选择冰雪的意象,象征英雄高洁的灵魂,以及二人之间冰清玉洁的情谊。

石评梅对高君宇的悼念不止于纸面的文字,更付诸仪式性的行为。她时常去祭奠他,风雪无阻,在致李惠年的信上,她告知朋友:"我自寒食那天一直到今天,天天都去陶然亭一趟"④;在给焦菊隐

---

① 庐隐:《象牙戒指》,第2页。
② 同上书,第147页。
③ 石评梅:《祭献之词》,杨扬编:《石评梅作品集》诗歌小说卷,第133页。
④ 石评梅:《致李惠年信之三》,约为1925年4月9日,杨扬编:《石评梅作品集》戏剧游记书信卷,第116页。

的信中，她提到碰到一位女友，苦口婆心地劝她不要去陶然亭，不要穿黑衣服，亦从侧面反映其祭奠行为惊动了友人①。在石评梅的感召下，陶然亭成为她与友人乃至原本不认识高君宇的青年们聚会、纪念高君宇之所。石评梅的经历和表现，又可以嵌入"香冢美人"的脉络。香冢是陶然亭一个典型的文化符号，关于香冢的典故众说纷纭，但大多与女性守节殉情的主题相关。② 石评梅反复述说自己的心灵与青春已随高君宇一同下葬，如作于1927年清明的《墓畔哀歌》："我爱，我原想追回那美丽的皎容，祭献在你碧草如茵的墓傍，谁知道青春的残蕾已和你一同殉葬。"③ 在纪念高君宇逝世两周年的《祭献之词》中，她甚至创造出了"僵尸新娘"式的奇诡意象：

> 啊坟墓你是我的生命深潭，
> 恍惚的梦中如浓醴般甘甜；
> 我的泪珠滴在你僵冷胸前，
> 丛丛青草植在你毋忘心田。
>
> 世界已捣碎毁灭不象从前，
> 我依然戴青春不朽的花冠；
> 我们虽则幽明只隔了一线，
> 爱的灵魂永久在怀中睡眠。④

头戴"青春不朽的花冠"，却流连枕藉于墓前的少女，爱慕着"幽明

---

① 石评梅：《寄焦菊隐之笺六》，杨扬编：《石评梅作品集》戏剧游记书信卷，第104页。
② 香冢的传说基本以贞洁、痴情、早夭的女性为主题，如殉情而亡的歌妓、心念故主的香妃、被大妇凌虐致死的名妓、不忘前生之约的少女等。
③ 石评梅：《墓畔哀歌》，杨扬编：《石评梅作品集》散文卷，第141页。
④ 石评梅：《祭献之词》，《语丝》第123期，1927年3月19日。

第五章
陶然亭风景的流变

只隔了一线"的青草下的尸身。生命与死亡，青春与衰朽，如此鲜明的对比，为陶然亭畔殉葬的少女谱系又添了新的面目。

可以看到，石评梅偕其友人通过文学与文化实践建构起来的抒情意象，无论是象牙戒指，还是陶然亭，之所以能在民国时期经典化，因其始终裹挟着新伦理与旧道德、"五四"审美与传统趣味的张力。象牙戒指既是恋爱自由的表现，又有守节殉葬的象征；陶然亭既契合了《茵梦湖》的浪漫，又投射了"香冢美人"的想象。正如石评梅的自道："我们又是在这种新旧嬗替时代，可怜我们便作了制度下的牺牲者。心上插着利剑，剑头上一面是情，一面是理，一直任它深刺在心底鲜血流到身边时，我们展转哀泣在血泊中而不能逃逸。"①作为过渡时代的"历史中间物"，辗转于新旧道德的双刃剑下，这是石评梅以生命自觉成就的悲剧美学，也是新文学史上第一代"新女性"的经典形象。

对于新伦理的追求，与旧道德的羁绊，纠缠在一起。石评梅在高君宇逝后的姿态，与传统礼教制度下的"未亡人"形象有所重叠，类似殉葬之举的死亡更是最极致的表达。同时，石评梅虽在没有婚约的情况下，公然表白自己对于高君宇的情感，却又特别强调自己保持了处女之身，如在致袁君珊的信中，她自道："我最爱处女，而且是女的尸体，所以我愿我爱的实现！"②"游戏人生"的另一面，却是一个守节殉葬的贞洁处女。是忠于爱情的承诺，还是恪尽守节的义务？是对身体的自主掌控，还是对贞操的盲目崇拜？二者间的界限并非黑白分明。新伦理与旧道德之间的撕扯，在此又形成了某种合谋。

而石评梅在高君宇死后敢于直呼"我爱"，并为整个社会所接纳、

---

① 石评梅：《婧君》，杨扬编：《石评梅作品集》散文卷，第 51 页。
② 袁君姗：《我所认识的评梅》，卫建民编选：《魂归陶然亭——石评梅》，第 122 页。

所称颂，也恰在于她同时契合了新旧道德的双重标准。①一方面，高君宇与石评梅，作为"新青年"与"新女性"的代表，是民国时期备受追捧的"革命加恋爱"模式在现实中的典范。另一方面，大众对于高石故事的接受与传播，很大程度上却是将其视为孔雀东南飞、梁祝等传奇在新时代的变体。高石墓尤其迎合了这种想象，可以纳入江亭悼亡的框架，接续香冢殉情的传统。

民国期间，经由石评梅及其学友圈的不断自我经典化，高石墓的意象逐渐深入人心，并因其负载的情感记忆和文学想象，对观者富有强大的感召力，且召唤后人对其进行诠释。李健吾在《悼评梅先生》一文中，回忆他上中学时，一次与同伴往陶然亭散步时，"发现了一座纪念碑式的尖形新冢，白石砌成，矗立于荒凉的绿草地，在四围从未经人招魂过底乱坟堆，忽然映入目界，令人生出一种新颖的悲感"。他走近读碑上的字，伸手细摸那些字迹，"半晌未能抬起腰来"，"疑惑我走出了实际的世界"。在同伴告诉了他石评梅的故事之后，他感慨："评梅先生遭遇了一个不是现代女子所应遭遇底命运：她自己是一位诗人，她的短短的一生，如诗人所咏，也只是首诗。一首充满了飘鸿的绝望底哀啼底佳章。"②青苗在《陶然亭访墓记》中也是慕石评梅之名而去，去"拜访那痴情的，用爱情和矛盾喂养着自己那空虚生命的小布尔乔亚石评梅的陵墓"。这是在石评梅逝世二十年之后，作者愕然发现墓上的砖土已剥落颓圮，墓碑上被许多游客用粉笔写满字，有庐隐《象牙戒指》中的"我以矛盾而生，矛盾至死"，有"评梅，我爱你"一类的下流话，作者愤慨地谴责"我们同胞的道德观念

---

① 刘剑梅在《革命与情爱》中指出，高君宇与石评梅的故事同时契合了东西方的感伤主义传统，即东方的《红楼梦》《玉梨魂》等及西方的《茵梦湖》等，因此在民国时期十分流行，可与本书的观点参照对读。参见刘剑梅：《革命与情爱》，北京：生活·读书·新知三联书店，2009年，第126—139页。

② 李健吾：《悼评梅先生》，卫建民编选：《魂归陶然亭——石评梅》，第12页。

第五章
陶然亭风景的流变

简直全喂了狗,连死人都横加侮辱,如果评梅死而有知,她将何等愤懑!"①

从这两则材料可以看出,高石墓、包括石评梅自身,已然成为一道风景,为人所观赏和议论。其墓碑甚至成为游客涂写的景点,如同"重写本"(palimpsest)般覆盖着不同的话语,有高、石自身的碑文,有庐隐《象牙戒指》的警句,也有游客的"下流话"。这一情景其实富有隐喻色彩,高君宇与石评梅之所以成其为风景,正是由多重话语构成的,既有石评梅自我的建构、庐隐等同代人的书写,也包括了不同时代读者的诠释。细读李健吾与青苗的叙述,民国时人对于高石墓的认知,无论是正面地赞颂石评梅"是一位诗人,她的短短的一生,如诗人所咏,也只是首诗",还是反面地调笑"评梅,我爱你",抑或中性地评价"那痴情的,用爱情和矛盾喂养着自己那空虚生命的小布尔乔亚",都集中在高、石的爱情上,这也是为何"石评梅"在有关高石的话语中被凸现出来。反抗封建婚姻、争取恋爱自主是"五四"时期的主旋律,高、石的爱情悲剧具有鲜明的时代意义,因此"恋爱"的主题得到彰显。而这种对于新式恋爱的理解,又与对传统伦理的推崇混杂在一起。曾有论者批评庐隐的《象牙戒指》安排一对革命者与进步女作家"演出了一场没有多少新意的殉情悲剧"②,此看法带有价值判断,却触及了问题的本质,也许恰揭示了高石恋在民国期间深得人心的实质。高石墓在民间亦俗称"鸳鸯坟",从这个名字即可管中窥豹,民众是在什么维度上认知与接受高石二人的情感的。在"五四"女性解放的话语之下,传统伦理微妙地转接于现代思想之上,促成了石评梅的传奇。

---

① 青苗:《陶然亭访墓记》,姜德明选编:《如梦令——名人笔下的旧京》,第 590 页。
② 邹午蓉:《两部描写共产党人早期爱情生活的小说》,《江海学刊》1994 年第 2 期。

公园北京
文化生产与文学想象（1860—1937）

在民国时期的叙述中，"革命"的脉络一直是若隐若现的，若说石评梅折射了新旧道德的张力，而高君宇作为一个政治与文学的符号，则体现了革命与恋爱的撕裂。民国以来的建构中存在着两个截然不同的高君宇，一个是普罗米修斯式的，一个是少年维特式的，一个志在革命，一个为情所困。高君宇逝后，《北京大学日刊》刊登追悼启事，称许其"从事民众运动七八年来无间歇，久而益厉，猛勇有加；其弘毅果敢，足为青年模范"①。在左翼论调尚未盛行的年代，北大同学眼中的高君宇已是一个坚定不移的革命者，这一形象在官方叙述中延续下来。而石评梅及庐隐等女高师同人笔下的高君宇，却与之存在很大差异，侧重其缠绵悱恻的一面，且因文学的影响力而更深入人心。

本章并不旨在证明哪一个更贴近真实的高君宇，早逝的高君宇始终存在于他者的叙述中，也许高君宇本就包含有既坚毅又多情的两面，关键在于叙述自身投射了时代的痕迹。1928年，"五四"的女儿石评梅辞世，恰当左翼文学肇始，高君宇与石评梅，既契合了"五四"婚恋自主的主旋律，又是左翼"革命加恋爱"在现实中的原型，有关高君宇叙事的差异，体现了从"文学革命"到"革命文学"转型期既延续又裂变的复杂生态。

李欧梵曾指出"五四"以来中国的文学形象受西方浪漫主义影响，分为多愁善感的少年维特型和生机勃勃的普罗米修斯型。② 刘剑梅认为，左翼文学中，作为革命化身的男性通常倾向于阳刚的普罗米修斯美学，但在蒋光慈、洪灵菲等人的早期作品中，依然存在消极、颓废、感伤的维特模式，也就是说有一个从少年维特向普罗米修斯的过渡，这显示了中国知识分子从小资产阶级个体向无产阶级集体蜕变

---

① 《追悼高君宇启事》，《北京大学日刊》第1655期，1925年3月25日。
② 李欧梵著，王宏志等译：《中国现代作家的浪漫一代》，北京：新星出版社，2005年，第282—286页。

第五章
陶然亭风景的流变

的矛盾和分裂。① 同时，在即将盛行的"革命加恋爱"公式中，革命与恋爱通常是相辅相成的，尤以对革命者的爱慕达成革命的启蒙，男性作为革命的化身，其间暗含男性/启蒙者与女性/被启蒙者的权力关系，以蒋光慈《冲出云围的月亮》为代表，在杨沫《青春之歌》达到顶峰。石评梅和庐隐的文本，既昭示了"革命加恋爱"的先声，又是对"革命加恋爱"的逸出。

首先，石评梅与庐隐对于高君宇的描写，不同于那个"猛勇有加、弘毅果敢"的革命者，他更像一个多愁善感、苍白忧郁的"零余人"，带着疾病和死亡的气息。在庐隐笔下，他常泪水涟涟："一个成人——尤其是男人，他应当是比较理智的，而有时竟哭得眼睛红肿了，脸色惨白了。"② 石评梅记忆中的高君宇，更往往表现为尸身的意象，即使其生前，也形容枯槁，"唇枯烧成青紫色"，脸色"净白像石像"。③ 值得注意的是，高君宇致石评梅的书信，有一部分是由石评梅作品转录，一向被不加择别地作为史料。以陶然亭归后高君宇致石评梅的信为例，全文收录于《我只合独葬荒丘》一文中。高在信中表现出极为悲观的性情和对死亡的迷恋，追述二人同游陶然亭的情形，当石问他要不要踏去雪地上的评梅乳名时，他"似乎亲眼看见那两个字于一分钟内，由活体变成僵尸；当时由不得感到自己命运的悲惨，并有了一种送亡的心绪！"因此掘坑将落下的橘瓣埋葬，笑言"埋葬了我们罢"④，预言了二人未来的命运。然而，细读现存的十一封高君宇致石评梅书信原件，与石转引的书信对比，虽内容无完全一致者，难以实证，但文风、情致有明显区别。高君宇原稿，更贴合其革命者

---

① 刘剑梅：《革命与情爱》，第62—94页。
② 庐隐：《象牙戒指》，第95页。
③ 石评梅：《涛语·殉尸》，杨扬编：《石评梅作品集》散文卷，第73页。
④ 石评梅：《我只合独葬荒丘》，杨扬编：《石评梅作品集》散文卷，第94—95页。

的气度，即使言感情事，也格局开阔，如："吾心已为 Venus 之利箭穿贯了，然我决不伏泣于此利箭，将努力去开辟一新生命。惟我两人所希望之新生命是否相同？我愿君告我君信所指之'新生命'之计划，许否？"①既坦言对石评梅的深情，又释然于她的拒绝，并试图引导石评梅对于革命的追求。而石评梅转录的高君宇书信，忧悒缠绵，与石自身的行文和旨趣更统一，不知是否曾经其手转写。

与之相应的，是石评梅与庐隐对于高石本事的择别和表现。以"狂风暴雨之夜"为例，石评梅曾撰文追忆高君宇突然在雨夜化装前来看她。这是1924年5月21日，高君宇与张国焘受到北洋军阀追捕，张被捕，高则化装为厨师逃脱。《北京大学日刊》发文纪念高君宇时，亦谈及此事："市衢要道，密布探捕；君宇往来自若，为徒步如无事，探者见亦不能识其为高君宇也；镇定机警，有过人者。"②如此机智从容、有勇有谋的情节，为革命史叙述津津乐道。而石评梅之文则拼出了历史被省略的碎片，高君宇曾于逃亡的间隙冒险探望自己的爱人。当时的石评梅却不为所动，只是与他尴尬对坐："他的心很苦，他屡次想说点要令我了解他的话，但他总因我的冷淡而中止。他只是低了头叹气，我只是低了头咽泪，狂风暴雨中我和他是死一样的沉寂。"③左翼文学中，象征革命的男性对于女性的启蒙通常是一个关键情节，而在这里，男性革命者是失语的，沟通是被阻断的，女性作家石评梅和庐隐仅从高石情感的错位去理解，视其为"一出悲剧的描写"。④前文分析的"象牙戒指"亦然，石评梅与庐隐的书写都侧重于女性在新旧伦理间的挣扎，却淡化了其背景的革命色彩。这两则个案，都是高

---

① 《高君宇致石评梅的部分书信》，山西省史志研究院编：《高君宇文集》，太原：山西古籍出版社，1996年，第217页。
② 《追悼高君宇》，《北京大学日刊》第1658期，1925年3月28日。
③ 石评梅：《狂风暴雨之夜》，杨扬编：《石评梅作品集》散文卷，第92页。
④ 庐隐：《象牙戒指》，第81页。

第五章
陶然亭风景的流变

君宇革命生涯中的高光时刻,在革命史的脉络中值得大书一笔,而石评梅、庐隐对革命并不多加渲染,却写尽恋爱的柔肠百转。

这背后的根本原因在于,石评梅在高君宇生前对他的革命志业乃至他本人并不倾慕理解,在前文所引"我是有两个世界"的信中,高君宇就表达过:"我一边又替我自己难过,我已将一个心整个交给伊,何以事业上又不能使伊顺意?"①石评梅是在高君宇死后才追认了对他的情感,并从恋爱的层面重新审视二者的关系。虽然高君宇生前曾试图引导石评梅对革命的思考,但由于石本人无法接收到讯息,二者不存在启蒙与被启蒙的关系,甚至在恋爱的维度上,这种权力关系是倒置的。即使当石评梅在高君宇死后试图去理解他的革命抱负时,她依然认为,革命与恋爱是冲突的,在收录上述高君宇信的文中,她悲叹:"辛!你为什么不流血沙场而死,你为什么不瘐毙狱中而死?却偏要含笑陈尸在玫瑰丛中……辛!你不追悔吗?为了一个幻梦的追逐捕获,你遗弃不顾那另一世界的建设毁灭。"②在石评梅晚期小说《匹马嘶风录》中,她受高君宇影响,一改纤弱的文风,创作了一个"革命加恋爱"的雏形,将"我是有两个世界"的论述加诸男主人公,并以男主人公慧剑斩情丝,为革命献身,女主人公继承其遗志为结局,可视作一种心理上的补偿。在想象的世界中,她安排二人为革命舍弃恋爱,革命与恋爱依旧是对立的。

从本章的论述可以看到,高君宇本身可能具有丰富的人格,既赋有"宝剑、火花"的生机勃勃的英雄气概,也不排除石评梅笔下感伤主义的面相。而对他的再现实际上反映了一个从"五四"审美向左翼审美转化的过程,石评梅笔下那个"五四"初期感伤主义的少年维特为早期的左翼文学所承继,再逐渐被权威的声音统一为坚定、阳刚、

---

① 石评梅:《梦回寂寂残灯后》,杨扬编:《石评梅作品集》散文卷,第103—104页。
② 同上,第107页。

有力的革命者形象。茅盾曾总结"革命加恋爱"的公式经历了三个阶段:为了革命牺牲恋爱,革命决定了恋爱,革命产生了恋爱;革命与恋爱的天平,从以恋爱为主体、革命为陪衬,到恋爱与革命并重;再到革命为主体,恋爱为点缀。① 石评梅的书写体现了尚未被"革命加恋爱"公式规约前的多元异质性。随着左翼文学的发展,从关注"恋爱"到强调"革命",从"革命"与"恋爱"对立到"革命"与"恋爱"合一,背后是"文学革命"向"革命文学"的变迁。

1920 年代陶然亭在政治、文学、情感等面向的新变,一改文人觞咏的面目,也为其在共和国初期的转型奠定了基调。早年的缘分导致新中国成立后,领导人对于陶然亭特别关照,1950 年毛泽东到陶然亭视察,曾指示,"陶然亭是燕京名胜,这个名字要保留,对赛金花要批判"②,于是陶然亭在短短 170 天内就焕然一新。

陶然亭的改造着重淡化士人文化的痕迹,彰显革命胜地的风采,钩沉陶然亭与毛泽东、周恩来、李大钊、高君宇等共产党人的渊源,将他们活动过的场所作为革命遗址修复、保存;同时将张之洞的抱冰堂改为供大众休闲的说唱茶馆,由老舍题写匾额;赛金花墓等名坟一律迁到南郊人民公墓。至于高石墓,周恩来特别指示"革命与恋爱没有矛盾,留着它对青年人也有教育",强调高君宇革命者的身份,而得以保留。周恩来与邓颖超更多次到陶然亭凭吊③,向同行人讲述

---

① 茅盾:《"革命"与"恋爱"的公式》,《茅盾全集》第 20 卷,北京:人民文学出版社,1990 年,第 337—339 页。

② 陶然亭公园志编纂委员会编:《陶然亭公园志》,第 26 页。

③ 据邓颖超在 20 世纪 80 年代为《石评梅作品集》题写书名时撰文回忆,高君宇与周恩来是 1925 年 1 月在中国共产党第四次代表大会期间认识的,"两人欢谈甚深,彼此互通了各人的恋爱情报",高君宇因此回京时特意在天津下车去看望邓颖超,为周恩来送定情信,邓颖超与高君宇由此也一见如故。邓颖超表示,自己与周恩来一直非常仰慕高君宇、石评梅的爱情,且同情他们的不幸遭遇。邓颖超参加高君宇的追悼会时,迫切希望见到石评梅,然而后者因为悲痛过度没能出席,后又匆匆辞世,邓颖超始终深以为憾。参见邓颖超:《为题〈石评梅作品集〉书名后志》,《人民日报》1982 年 9 月 20 日。

第五章
陶然亭风景的流变

高、石的"爱情和革命事迹"①,将革命与爱情并举,这为新中国成立后高君宇石评梅的叙事奠定了基调,即有意识地歌颂高石爱情坚贞的一面,而简化了本事中复杂的情感,促成对于革命与爱情的忠诚合二为一。正如周恩来所言,革命与恋爱并不矛盾,而是指向一致的。

"文革"中,高君宇、石评梅的爱情一度受到批判,高石墓被毁。在周恩来、邓颖超的保护下,高君宇的遗骸有赖其"革命先烈"的身份得以在八宝山火化保存,石评梅的遗骸则因不符合"当时规定的条件"而未能存留。在那个年代,革命与恋爱尖锐对立,不仅爱情的话语无处存身,连爱情的遗骸都不见容于时代。"文革"结束后,高石墓得到修复,并在墓东侧新落成了高君宇、石评梅的大型雕塑,二人相互依偎扶持,共同注视远方(图5-7)。高石墓作为"革命情怀与忠贞爱情的象征",被北京共青团市委和宣武区委列为青少年革命教育的基地,定期组织少先队、共青团前来瞻仰致敬。

从民国到共和国,高石墓作为陶然亭畔新起的一道风景,始终充斥了"革命"与"恋爱"两种话语的角力。民国时期,爱情与文学的话语占上风,以石评梅的角色为主导。高石墓的风景化、

图 5-7　陶然亭高石雕塑

---

① 邓颖超:《为题〈石评梅作品集〉书名后志》,《人民日报》1982年9月20日。

传说化，始于石评梅的自我建构，看客也是将焦点放在二人的爱情，以及石评梅身上。而共和国之后，革命与政治的话语占上风，归功于高君宇的革命者身份，及其与周恩来、邓颖超的同志情谊，高石墓才能在共和国早期的政治时局中得以保存和延续下来。

概言之，陶然亭酝酿了新的革命和政治的发生，以及革命者的爱情传奇，从而奠定了其新中国成立后作为革命纪念胜地的新面目，并且成为新中国在北京兴建的第一个公园。陶然亭肇始于20世纪20年代的新变，体现了传统是怎样融入现代，并实现自我的现代性转化，在新的时代重获新的诠释。

结语

公园的政治隐喻

本书的正文讨论了"公园"这个概念是如何被引进并在北京落地的,主要集中于清末民初到北平沦陷前,这个时期也正是北京从封建帝都,到民国首都,再到文化古城,作为现代都市的萌发期。可以看到,北京公园的发展,是伴随北京整体的都市现代化进程而发生的,其具体而微地折射了北京在政治、历史、社会、文化方方面面的转型,公园即北京现代化的隐喻。而在结语处,我想略微触及公园在抗战时期与共和国初期对于北京(平)乃至中国所负载的意义,公园绝非娱乐小道,而是深意存焉。北京的公园在不同的历史阶段,承载了不同的政治及文化隐喻。我将分三部分展开论述,即20世纪30年代中期,面临内外交困的局面,公园如何承担了复兴北平的功能;北平沦陷时期,面对日本帝国主义的侵略,公园如何被视作民族苦难与力量的象征;共和国初期,公园又如何成为重构"新中国"首都蓝图的景观。

一、复兴北平的"世界公园"

1928年北伐胜利,国都南迁,北京失却了首善之区的地位,改名为"北平"。从前政治、经济的优势不再,加之自1931年起日本侵略日益威胁华北,20世纪30年代的北平面临着如何在种种困境之下自我发展的问题。① 1933年6月，袁良出任北平市市长，成为继朱启钤之后又一位对北京市政建设有决定性影响的人物，在其敦促下，复兴北平被正式提上议事日程。正如1934年6月创刊的《市政评论》首卷一篇文章谈到的："自国都南迁，市民生活遽失依据，凡百营业，莫不凋敝，市况日趋萧条，忧时之士，群思有以繁荣之，于是繁荣平市计划，报纸日有记载，惟见仁见智，各有不同，所拟计划，亦各不同。"② 同卷刊登《我所企求的平市建设》，号召读者群策群力，贡献对于北平建设的意见，"无论任何阶级的人，从任何方面去说都可以"，允诺除在本刊发表外，还可印行单行本。③ 可见市政当局复兴北平的迫切愿望。

对于"繁荣平市计划"，虽说"见仁见智，各有不同"，但基本上形成一个共识，即对于北平作为文化区和游览区的新定位。如《市政评论》刊发壮克《北平市的特殊性》一文，首先分析北平的性质，"政治之意味，最为浓厚，其次为教育"，"又以宫阙所在，历史悠久，殿宇巍峨，园林富丽，古物森然并陈，处处使人发生怀古之感想、与古国之精神，故经过其地者，未有不流连赞叹，而印象独深也"。而国都南迁后，"政治之力量，大为减杀"，因此，"迩岁以来谈北平者，不曰定为文化区、或教育中心区，则曰游览区，盖深有鉴于特质之所在"。基于此，作者认为政府应以此为目标，"应如何保持其固有价值，使勿失坠，一方面逐渐整理之，扩充之，成效之者"。"凡所以足为文化游览区域之障碍者，宜尽力排除之"，着手"教育机关之维持改进，建筑物之修整，历史遗留物之保存整理"。此外，还特别点出

---

① 董玥在 Republican Beijing 一书中第三章 "Tradition: The City and The Nation" 对此有详尽的分析，参见 Madeleine Yue Dong, *Republican Beijing: The City and Its Histories*。
② 黄子先：《繁荣平市之我见》，《市政评论》1934年6月第1卷。
③ 孟威：《我所企求的平市建设》，《市政评论》1934年6月第1卷。

结语
公园的政治隐喻

"外国人对于北平印象极佳,果使市政发达,每岁吸收外人游资及各地学生之学费,亦必不在少数。虽前所谓政治文化教育成立之市,为分利之市,是亦可作生利看也。岌然立于世界为一有名之文化市,繁荣之计,岂待烦言!"①

无独有偶,前引黄子先《繁荣平市之我见》献策如何革新北平,亦列出将其改造为工业区、文化区、游历区三项计划。20世纪30年代的北平被目为"文化城",实际上,文化区与游历区二者是互为表里、相辅相成的。谈到"游历区"的具体改造计划,作者指出:"平市为近千余年之国都,其宫殿城阙建筑之壮丽,文物制度之美备,实为近代文化之渊源,故有东方罗马城之誉,实有代表东方文化策源地之价值。西人来华者,必至平市观光,每年春秋两季,多有组织游历团来平者,如更将此文化优点、苑陵宫阙,编纂故都指南,译成英法日等国文字,由外交部嘱托各国华使,广为宣传,遍登外国报纸,则外人来游者必更加多。"亦是将外国游客作为主要面向对象,表彰北平"宫殿城阙建筑之壮丽,文物制度之美备"的"东方文化策源地之价值"。除前文提出的保存整理历史文物措施以外,更提出要编纂、译介故都指南,向世界宣传北平的历史文化、名胜古迹,旨在将北平打造为国际化的游历区。②事实上,20世纪30年代北平解决内外困境的一个对策,即希望通过发展旅游事业,赢得国际经济与外交上的支持,如《市政评论》曾连载《外客诱致论》一文,谈到外客诱致在"国际亲善"以及"国家经济"上之意义,希望于此"强邻压迫、国势危殆"之际,借由国际友人的亲身宣传,塑造中国形象、赢得国际同情,有

---

① 壮克:《北平市的特殊性》,《市政评论》1934年6月第1卷。
② 黄子先:《繁荣平市之我见》,《市政评论》1934年6月第1卷。这种观点在当时十分普遍,又如1935年2月《市政评论》第3卷第4期刊发张景苏《北平文化繁荣上之管见》,亦提出阐扬中国传统文化为根本要素,建议整理北平各坛庙古迹,并为之附说明文字,加以考证、附以图片、译以英文。

公园北京
文化生产与文学想象（1860—1937）

助于"将来对于收复失地，及废除不平等条约等复兴国运之大运动"取得成功，同时也收经济之效。①冯友兰《三松堂自序》亦曾回忆当时的情形："当时有人建议说，要想用国防力量保护北京，那显然是不行的。不如宣布北京为不设防城市，专靠北京的文物古迹，招揽世界游人，依靠国际舆论，保护北京。"②因此，如何将北平建设成为面向国际的游览区，成为应对内外窘境的一个重要策略。

在这样的背景下，北平市市长袁良采纳众议，促成市政府拟就《北平市游览区建设计划》（以下简称《计划》）。《计划》内容包括北平游览区建设之意义和范围、古迹名胜保管权之统一、古迹名胜之修葺、交通建设、游人居住建设、娱乐建设、游览社之创设以及建设费之筹集各项，以整理宫殿、园林、城阙、寺观等文物古迹为核心，期待将北平建设成为一个"世界公园"。此前《晨报》曾报道袁良对报界的讲话，题为《应使北平成为世界公园》，文中择录其言论："平市多本古迹，若能切实整顿，可成世界一大公园。不独国外游览者可以尽量吸收，即国内游览者亦可设法招致。此与平市发展前途，自有相当关系。惟吾人以为欲使平市整个成为世界的名胜，于整理古迹之外，必须其具备现代都市之设备。"③袁良最后的强调涉及一个关键问题：为使北平成为世界公园名胜，必须"于整理古迹之外"，同时"具备现代都市之设备"。也就是说，在建设北平游览区的过程中，如何处理传统与现代的关系？

民国初年，以朱启钤为首的京都市政公所秉持现代都市理念，重在打破故朝皇城的封闭格局、重构以封建等级为基础的都市空间，从而开展一系列公共工程运动，如皇城、正阳门和牌楼的改造，道路的

---

① 刘德明：《外客诱致论》，《市政评论》1935年4月第3卷第8期。
② 冯友兰：《三松堂自序》，北京：人民出版社，1998年，第92页。
③ 晨报：《应使北平成为世界公园》，《市政评论》1934年10月第2卷第10期。

结语
公园的政治隐喻

开辟与铺设,皇家园林的开放等。面对历史的遗迹,更多地是在"立新",而非"守旧",甚至在一些保守人士和西方旅行者看来是"破旧",是破坏传统。而1930年代的北平时期,袁良治下的北平市政公所因应时局,对于市政建设的构想、目标都有了很大调整,旨在将北京建成面向国际(实际上主要是西方发达国家)的"世界公园"。为迎合预期的西方现代游客,反而需要突出北平的东方色彩、传统资源,因此,北平市的改造计划重在整理、保护传统文物古迹。这是对于封建皇朝遗留的历史与空间的另外一种态度。而与此同时,正因为其对话对象是现代西方,因此这种对于传统的复原又并非纯粹的复古,而是一种"被发明的传统",背后是现代的意识和眼光。袁良重建北平的目标恰恰在于将其打造为国际化的大都市,作为一个中国面向世界的窗口,归根结底还是要把北平建设成一个富于本土文化特色的现代都市。《计划》中对于"游人居住建设"和"娱乐建设"的设想,虽然终未付诸实践,却特别典型地体现了袁良的这一思路,值得玩味。

《计划》提议将中南海改建为园林饭店,为中外游客提供住宿。中南海原为清朝帝王别苑,民初被袁世凯据为北洋政府总统府,国民政府迁都南京后开放为公园。而在20世纪30年代建设北平游览区的思路之下,以袁良为首的北平市政府看重中南海"可居住之房舍有八百间以上,亭台楼榭,园林湖山,布置构造,无不各具浓厚伟大之东方色调",最能体现中国传统文化之美;与此同时,预备添置"跳舞厅大餐厅及各种娱乐休息设备",并"将全园房屋修葺油饰一新,增设一切卫生设备,各处俱连以自动电话,以补房舍分散呼应不灵之弊",内部布置现代设施一应俱全,力图使"居处于欧美大都市之外人,一旦得此清幽恬静之休游所,必将乐而忘返",从而"称之谓理想之东方园林饭店,可当而无愧矣"。而对改造后中南海的重新命名,拟选的名称计有"故都饭店""东方园林饭店""中南海饭店"以

图 6-1　中南海南海瀛台皇宫饭庄（1940 年）

及"皇宫饭店"，在在强调其东方色彩与历史渊源(图 6-1)。① 此外，《计划》还提议就近中南海大饭店之处，配套建造大剧院，"为乘国际游历团来平游览之时，聘请国内驰名戏曲家演剧，以表扬东方音乐戏曲之优美，俾外人能领会中国戏剧之真实精华"，平时也用作社会教育宣传。大剧院的设计，外观"参以中国古建筑之外表，妥为设计"；而内部则"须适合于中外来宾及一般观众，舞台方面，须适合于表演新旧各剧及电影"，以新建的上海大舞台为蓝本，"院内视线，座位，音波，安全以及冷热气种种设备，均经周详规划，极能适应时代潮流，而合于最新剧院之条件"，拟建成一容纳二千五百至三千人的现代大剧院。

---

① 《北平市游览区建设计划》，第 19—20 页。

结语
公园的政治隐喻

相应地,剧院名称亦有"故都剧院""北平剧院""东方剧院""皇宫剧院"等选择,与饭店名称相互呼应,有如一种反向的"东方主义"。[①] 这种对于传统的再创造和再利用也是另外一种意义上的"旧瓶装新酒",因此,袁良对于朱启钤的思路,既有所区别,又有所承继。[②]

基于这样的理念,袁良在"应使北京成为世界公园"的讲话中提出三个改造方向:第一,名胜古迹应重新整理;第二,"名胜纵获完善保存方法,而街市无现代设备,亦足使游者视为畏途",因此相应地要修缮道路;第三,对于北平的城墙,提出一个创造性利用的方法,即在城墙上建造电车,以直达香山、西山等郊外公园。前两点成为此后故都文物整理工程的基本方针,第三个方案虽未实现,却极富创意,可与共和国初期梁思成对于北京城墙改造的设想作一对比。袁良在最后提出对于北平的期待,以瑞士为典范:"世界上以名胜而拥有吸收力量者,以瑞士为最大。吾人虽不敢希望平市一跃而与瑞士同列,至少亦当与日本之日光奈良相等……"[③] 遥遥呼应了清末康有为"瑞士非国也,欧洲之大公园也"的市政理想。

《北平市游览区建设计划》具体由市政府组织的"故都文物整理委员会"负责实行。1935 年 1 月 11 日,在袁良主持下,故都文物整理委员会成立,除以袁良为首的政府代表外,并聘请朱启钤、翁文灏等八位专家学者及社会名流担任委员[④];此后,又聘请营造学社为顾问,古建专家(同时也是营造学社的成员)梁思成、关颂声任专门委员,负责工程的计划、实施。[⑤] 中国营造学社成立于 1930 年,由朱启

---

① 《北平市游览区建设计划》,第 25—26 页。
② 事实上,下文将谈到,朱启钤本身就介入袁良主导的北平文物整理工程,他主持的"营造学社"在其间发挥关键作用。
③ 《应使北平成为世界公园》,《市政评论》1934 年 10 月第 2 卷第 10 期。
④ 编者:《旧都文物整理之一页》,《市政评论》1935 年 2 月第 3 卷第 3 期。
⑤ 《故都文物整理之一页》,《市政评论》1935 年 2 月第 3 卷第 4 期。

铃创办,梁思成佐之,1932年社址由朱宅迁于中央公园内,致力于中国古建文物的保护和研究工作。梁思成系梁启超之子,中国现代建筑学的奠基人。梁启超于1924年送其赴美留学,使之接受正统的西方学院教育,先后于宾夕法尼亚大学及哈佛大学获取硕士、博士学位。然而,也正是在留美期间,他收到父亲寄来的一部新发现的古籍,即宋代李诫所著《营造法式》。该书系朱启钤于1919年由江南图书馆发现抄本,其敏锐地判定该书具有珍贵的学术价值,因此委托藏书家陶湘等人校勘,于1925年出版。① 是年11月13日,梁启超将老友朱启钤赠与自己的"陶本"《营造法式》转寄给梁思成及其未婚妻林徽因,并于扉页题词:"俾永宝之。"② 《营造法式》对于梁思成建筑理路的转变,具有决定性影响。自此,梁思成夫妇开始关注中国古建筑,并以之为终生事业;回国后,他协助朱启钤创办"中国营造学社",担任法式部主任。③ 因此,以朱启钤、梁思成为首的营造学社,实际上主导了北平文物整理的指导思路和具体运作。

故都文物整理程序主要分为两方面,其一自然是整理修葺古迹名胜,计有天坛、先农坛、中南海、颐和园、香山、玉泉山、孔庙、碧云寺、五塔寺等园林坛庙,以及角楼、箭楼、牌楼、钟楼、西安门、天安门、地安门、端门等城阙。此前京都市政公所虽将皇家园林坛庙改建为公园,草创之基难免粗糙不完备,加以时局动荡、年久失修,文整会遂在此基础上进一步重建公园。如对于颐和园的修缮:在园内清除水藻、添设游船、种植花木,并将附属的玉泉山也修整一新;此外,还测绘游园地图,拟定游园指南,并译成英文,"以便中外人

---

① 关于《营造法式》具体编修及版本问题,详见林洙:《中国营造学社史略》,天津:百花文艺出版社,2008年。

② 陈学勇:《林徽因年谱》,《林徽因寻真——林徽因生平创作丛考》,北京:中华书局,2004年,第175页。原文字迹不清。

③ 对于营造学社的研究,可参看林洙:《中国营造学社史略》。

公园的政治隐喻

士"。又如在天坛种植树木,拟将其改建为"东方最完美之森林公园"。其二为配套修建公路,主要为通向各名胜古迹的干道,包括郊外公路和城内公路,铺设沥青,以方便游览。①贯彻了袁良在讲话中提出的两条方针。

除了文物修缮工程之外,北平市政府亦着手编纂前文提议的"故都指南"。1935年4月,袁良应中国旅行社之请,委托秘书汤用彬在二十天内编成《北平导游概况》一书,连同北平景物照片百余张,交由中国旅行社译成英文,参加同年6月在波兰华沙举办的世界旅行业会议。此后,市政府决定在该书的基础上,再行编纂《旧都文物略》,仍由汤用彬主编,"预定草成约六万余言,附刊景物照片二百余帧,共三百余页,六月底可完全编成,全用道林纸,每册成本约达四五万元"。②全书十二章,分别为城垣略、宫殿略、坛庙略、苑囿略、坊巷略、陵墓略、名迹略上下、河渠关隘略、金石略、技艺略以及杂事略。

此外,同于1935年,另有一本由民间新闻从业者自发促成的旅行指南出版,即马芷庠编著、张恨水审定的《北平旅行指南》。马芷祥在初版自序中谈道,促使他编纂此书的缘起,在于市面上有关北平的中文导游刊物寥寥无几,难以搜求,不能满足大量游客的需求,又适逢"市政当局极力繁荣旧都,扩大整理游览区域",因此他与张恨水动议策划此书。③较之官方修订的《旧都文物略》,《北平旅行指南》面

---

① 参见《市政评论》自1935年2月第3卷第3期至1936年10月第4卷第10期,各期"故都文物整理"通讯。

② 《市府纂印旧都文物略》,《市政评论》1935年5月第3卷第10期。实际出版的《旧都文物略》附有照片四百余幅。

③ 马芷祥著,张恨水审定:《老北京旅行指南(〈北平旅行指南〉重排本)》,北京:北京燕山出版社,1997年。张恨水并非挂名,而是深度介入了该书的编撰,据他为《北平旅行指南》所作序文回忆:"始以年来参阅旅行图书所得,为马君画一轮廓,而马君虚怀若谷,不自以为足,每一章成,必挟稿以相商。南北城相隔十余里,烈日如炉,马君挥汗奔走无难色,由其初以及书之脱稿,始终无间。"《老北京旅行指南(〈北平旅行指南〉重排本)》,第1页。

向普通游客,内容更为通俗、丰富,分为古迹名胜、食住游览、旅行交通、工商物产、文化艺术、公共团体、社会公益各部,其中占据全书篇幅六成以上的古迹名胜部分又按北平中城、南城、东城、北城、西城、西郊、南郊、东郊、北郊等分章论述,介绍名胜达二百三十余处,附照片三百余幅,既精练又完备,蔚为大观。《北平旅行指南》问世后,备受读者欢迎,初版万余册旋即售罄,此后又陆续修订再版,一二年间销售量高达数万册,成为热门畅销书。由此可见,北平市政府打造游览区的理念是大势所趋,并在民间引起了广泛回响。

如此,在北平市政府的主导下,北平游览区建设计划卓有成效。迄 1935 年 10 月,《市政评论》刊发《北平的新姿态与动向》,高度评价北平改造的成果:"北平是中国首屈一指的文化区,加之现在又有故都文物整理委员会的修建,所以除了原有的各大学及大图书馆外,各处的古迹都是改建的很新鲜的,再有公共汽车与电车来联贯交通,北平的前途将会成为是世界的乐园了。"[①] 而北平对于外国游客的吸引力也确在于此。1935 年,《诗歌》(*Poetry: A Magazine of Verse*)主编海瑞亚特·蒙罗(Harriet Monroe)发表《在北京》("In Peking")一文,向本国读者描述其自 20 世纪 10 年代初访北京后,近期再次游历北平的经验:

"北京变了么?"朋友们常问我,期待一声叹息;然而我无甚可抱怨,却有诸多值得赞美的。诚然,那些美丽的屋顶和城墙呈现一点新的颓败迹象;掉了点儿瓦片,殿顶上生了些许杂草。然而紫禁城不再封闭,其皇家园林被改造为公园向我们开放;其宫殿向中华民国市民以及诸如我们这样来自芝加哥或莫斯科或伊斯坦布尔的

---

① 《北平的新姿态与动向》,《市政评论》1935 年 10 月第 3 卷第 12 期。

结语
公园的政治隐喻

漫游者敞开。总体而言,街道更加干净,并且有些大街被铺设得更宽,以便为鸣笛川流于人力车、行人、婚丧队伍、驼队等之间的汽车开辟空间;同时,各使馆依然在他们富丽堂皇的府邸中举行晚宴,尽管中央政府已南迁,外交事务需在南京办理。①

可见"北平市游览区建设计划"对于公园和道路的修缮确实给旅游者留下深刻印象。1937年8月15日,林语堂在《纽约时报》发表散文《迷人的北平》,向美国读者介绍北平的魅力所在,称其为"宝石城",而点缀其间、熠熠发光的"宝石"们即北平各皇家苑囿改建而成的公园:

> 北平是一个宝石城,正像一个人的眼睛从没有见过的宝石城相同。这里有一个金色和紫色及蓝色的王家屋顶,有宫殿,亭阁,湖池,公园。和王孙私人花园。这里有一串西山的紫边,和玉泉的蓝带,中央公园,天坛和先农坛俯视着人类所种植数百年的古松。在这城里,有九个公园,三个王家湖泊,是以三海出名的,现在都在公开展览了。……北平正像一个帝王的梦……②

当然,西方旅行者如何看待北平这个"世界公园",又自有他们复杂的立场与视角。北平市政府以现代西方为预设对象、以公园为中心的北平建设蓝图,与西方旅行者对于公园和以公园为代表的北平乃至民国的观感形成了某种饶有意味的错位和张力,本书将在附录中具体展开论述。

---

① Harriet Monroe: "In Peking," *Poetry: A Magazine of Verse*, Volume XLVI, April-September, 1935. 中文译文为我所译。

② 林语堂:《迷人的北平》,中文版发表于1941年上海人间书屋出版的《语堂随笔》,转引自姜德明编:《北京乎——现代作家笔下的北京(1919—1949)》,第509—510页。

二、城市空间的沦陷与反抗

将北平打造为游览区的努力并不能阻挡日军侵华的脚步，1937 年"七七事变"爆发，北平沦陷。公园对于战争时代的北平乃至中国而言，在日常生活中占据着怎样的位置，又负载了怎样的象征意义？我在北海一章曾带到一笔，20 世纪 30 年代中期以后，随着时局的日益严峻，北海一度被视为隔绝了时代与阶级的乌托邦而招致批评。在这一部分，我将把视野拓展到整体的北平公园，以老舍的书写为考察主体，探讨其作于 20 世纪 40 年代的《四世同堂》，如何去理解和表现沦陷时期的北平公园这一意象，以隐喻国家和民族在战争中所承受的苦难，以及在苦难之下未被磨灭的力量与希望。

对于老舍这位与北京血脉相连、"城与人"相互造就的经典作家，本书正文着墨不多，某些程度上缘于本书的章节设置，更根本的原因在于老舍对于北京空间的认识和表现方式。陈平原在《作为"北京文学地图"的张恨水小说》一文中，曾特别将张恨水与老舍笔下的北京相比较，指出作为外地人、通俗作家的张恨水与作为本地人、新文学家的老舍，因创作立场、发表载体、拟想读者等不同，二者所绘制的"北京文学地图"有异，"前者喜欢游览公园及名胜，后者则深入小巷深处平常人家的日常生活"，"注重局部深描的，必定侧重时间性（历史性）；希望勾勒整体轮廓的，强调的是空间感"。① 这也是我们对于老舍与张恨水的普遍印象。如本书第五章所述，张恨水系新闻记者出身，他的大部分连载小说又是写给外地读者看的，带有旅游指南、风景游记的性质，因此常有意识地借助主人公的视角带领读者游览北京的风景名胜。而老舍作为本土北京人，写本土北京人的故事，正如他在《四世同堂》中所言，"生在某一种文化中的人，未必知道那个

---

① 陈平原：《作为"北京文学地图"的张恨水小说》，《文史知识》2014 年第 10 期。

第三节
公园的政治隐喻

文化是什么,像水中的鱼似的,他不能跳出水外去看清楚那是什么水"①,在传统的认知里,老舍的文学地图往往聚焦于北京某个具体的生活区域,如一条小羊圈胡同、一间茶馆、一个龙须沟大杂院,走马观花式的游历体验在老舍的北京叙事中是缺席的。然而,本节将通过对《四世同堂》的细读,指出老舍的北京文学地图与我们想象中的不太一样,其并不局限于小羊圈胡同的四合院小天地,而是向小羊圈之外的公园等城市公共空间打开,以重新审视老舍的北京空间叙事。

老舍《四世同堂》作于抗战时期,作家实际上是在借此创作反思,是什么原因导致其浸淫于斯的精致却"过熟"的老北京文化/传统中国文化走到了这一步。"四世同堂"既是家族伦理,也是一种空间伦

---

① 老舍:《四世同堂》上部,天津:百花文艺出版社,1985年,第100页。《四世同堂》有多个版本,其中较为代表性的除了初版以外(第一部《惶惑》34.3万字,1944年11月—1945年9月在重庆《扫荡报》连载,1946年先后由上海良友图书印刷公司和上海晨光出版公司出版;第二部《偷生》30.7万字,1945年5—12月在《世界日报》连载,1946年由上海晨光出版公司推出单行本;第三部《饥荒》于1947—1949年旅美期间完成,1950年5月—1951年1月在上海《小说》月刊连载,13.8万字,比原计划少13段),还有(一)美国节译本,由老舍口述、浦爱德(Ida Pruitt)翻译为英文版 The Yellow Stone (黄色风暴),1951年由美国哈考特出版社出版;(二)87段版本,1980年由人民文学出版社出版《四世同堂》中文原文87段;(三)1985年合订本,由马小弥将缺失的最后13段内容由1951年美国节译本回译为中文,1983年由百花文艺出版社出版为单行本《四世同堂补篇》,1985年与前87段合订,由百花文艺出版社出版,共100段,八十余万字;(四)50万字本,根据百花文艺出版社与人民文学出版社的八十余万字版本,进行大规模删节,约50万字,由北京十月文艺出版社在1993年出版;(五)东方本,上海译文出版社副社长赵武平在哈佛大学图书馆发现《四世同堂》英文全译本,其中《饥荒》原始内容比《黄色风暴》多出九章,赵武平将《饥荒》未曾发表的第21—36段进行回译,共10.7万余字,2017年由东方出版中心出版;(六)人文本,人民文学出版社邀请翻译家毕冰宾同样根据英文全译本将缺失的部分回译为中文,共103段,于2018年6月出版。《四世同堂》的版本梳理与比较,参见周珉佳:《小说〈四世同堂〉的版本流变及原因》,吉林大学中文系2012年硕士论文;于昊燕:《经典回归的策略与实践——评〈四世同堂〉两种回译本的得失》,《文艺研究》2020年第4期。本书的写作过程参照了多个版本,前87段除十月文艺删节本外基本一致,由英文回译的部分,研究者于昊燕认为毕冰宾的译文较之赵武平更为准确,而就本书摘引的段落而言,我认为仍属马小弥的译文最为隽永、洗练,也最贴合老舍的文风、流传最广,因此本书采用了百花文艺1985年的版本,并与其他版本进行对比。

公园北京
文化生产与文学想象（1860—1937）

理，"四世同堂"所对应的是传统北京的胡同——四合院形制。北京的胡同源自元大都的棋盘式街巷，四合院为胡同之间营建的住宅，是一个向内（包括形制上和理念上）的封闭式空间，建筑格局讲究尊卑有序、长幼有序、内外有别的儒家礼制传统。邓云乡曾谈道："北京四合院好在其合，贵在其敞。合便于保存自我的天地；敞则更容易观赏广阔的空间，视野更大，无坐井观天之弊。"[①] 小羊圈胡同的祁家虽不算严格的四合院形制，其住宅布局却完全遵循了四合院所内化的儒家伦理。[②] 正如开篇祁老人敝帚自珍的自得，"北平城是不朽之城，他的房子也是永世不朽的房子"[③]，而《四世同堂》全书写的却恰恰是这种四合院——北平城所代表的中国传统文化在战争面前如何被打碎。不仅"四世同堂"的太平梦想岌岌可危，胡同——四合院的封闭空间也被迫向外部的世界和时代打开。若对《四世同堂》进行文本细读，会意外地发现，以公园为代表的城市公共空间，在书中占有不小的篇幅，且与小羊圈胡同的四合院空间相互补益，承担着重要的叙事功能和文化隐喻。

公园对于《四世同堂》的北平人而言，意味着太平年月的美好记忆。老舍在书中有两处浓墨重彩对于北平节气的描写，一处是北平的中秋，一处是北平的夏，公园都是其中构成北平所独有的闲适日常趣味的重要组成。"中秋前后是北平最美丽的时候"，丰台开始为公园的

[①] 邓云乡：《老北京的四合院》，邓云乡：《云乡漫录》，石家庄：河北教育出版社，2004年，第1页。

[②] 标准的四合院为三进院落，主要由宅门、影壁、倒座房、垂花门、正房、东西厢房、耳房、抄手游廊、后罩房等组成，居住秩序讲究"北屋为尊，两厢次之，倒座为宾，杂屋为附"。《四世同堂》中描写"天佑老夫妇带着小顺儿住南屋。五间北房呢，中间作客厅；客厅里东西各有一个小门，通到瑞宣与瑞丰的卧室；尽东头的和尽西头的一间，都另开屋门，东头是瑞全的，西头是祁老太爷的卧室"，遵循了这种秩序，更重要的是祁老人"四世同堂"的理想正契合了四合院建筑设计背后所寄寓的儒家伦理。

[③] 老舍：《四世同堂》上部，第12页。

结语
公园的政治隐喻

菊展选送秋菊,"同时,像春花一般骄傲与俊美的青年学生,从清华园,从出产莲花白酒的海甸,从东南西北城,到北海去划船;荷花久已残败,可是荷叶还给小船上的男女身上染上一些清香"①;"在太平年月,北平的夏天是很可爱的",北平市民"可以到北海的莲塘里去划船,或在太庙与中山公园的老柏树下品茗或摆棋。'通俗'一点的,什刹海畔借着柳树支起的凉棚内,也可以爽适的吃半天茶,咂几块酸梅糕,或呷一碗八宝荷叶粥"②。当祁家老三瑞全决定离开北平投奔革命的时候,他喝了酒,站在槐树的阴影下,眼前像走马灯般闪过象征着北平太平年月的画面,有煤市街的戏园,有东安市场的电影院,还有"北海水上的小艇,在灯影与荷叶中摇荡;中山公园中的古柏下坐着,走着,摩登的士女",突然一阵凉风吹走了瑞全的幻影,他侧耳倾听,北平一片死寂,"北平是在悲泣!"③而当瑞全成为地下工作者后重返北平,一看见天安门,就心跳加快,倍受感动,"他真愿意去看看中山公园与太庙,不是为玩耍,而是为看看那些建筑,花木,是否都还存在"④,公园象征了一种日常生活的秩序。

老舍的文字通常含蓄蕴藉,但《四世同堂》中为表现日本侵略对于北平/中国的侮辱与伤害,老舍选择公园为核心意象,以一种饱蘸感情色彩的笔墨赋予其直白的寓意。在本书绪论中,我曾谈道,由于北京公园所负载的历史文化与景观意象,公园与民国北京之间形成一种独特的联系,北京是中国的缩影,而公园是北京的缩影。老舍对于

---

① 老舍:《四世同堂》上部,第135页。
② 老舍:《四世同堂》下部,第536—538页。
③ 老舍:《四世同堂》上部,第47页。
④ 老舍:《四世同堂》下部,第1106—1107页。日据时期,日伪政权将"中山公园"的名字改回"中央公园",以消弭"中山"的民国色彩,但在《四世同堂》中老舍沿用了"中山公园"的名称,他是有意的,在全书第26章中他写瑞丰"本想穿过中山公园——已改称中央公园——走",可见他了解中山公园的改名。在《四世同堂》中,当"公园"一词与其他公园并举时,系老舍沿袭民国时人的习惯,特指中山公园。

公园北京
文化生产与文学想象（1860—1937）

北平公园的理解亦是如此，作家借"中国通"英人富善先生之口表示："北平本身就是一朵大花，紫禁城和三海是花心，其余的地方是花瓣和花萼，北海的白塔是挺入天空的雄蕊！它本身就是一朵花，况且它到处还有树与花草呢！"①北平作为花／花园的意象，无论是在民国时期的国人还是在西人笔下都很常见，而这朵花正面临着战争的威胁。第四章叙述"七七事变"，祁家兄弟听见日军的坦克开进北平后，插入一段抒情文字："最爱和平的中国的最爱和平的北平，带着它的由历代的智慧与心血建成的湖山，宫殿，坛社，寺宇，宅园，楼阁与九条彩龙的影壁，带着它的合抱的古柏，倒垂的翠柳，白玉石的桥梁，与四季的花草，带着它的最轻脆的语言，温美的礼貌，诚实的交易，徐缓的脚步，与唱给宫廷听的歌剧……不为什么，不为什么，突然的被飞机与坦克强奸着它的天空与柏油路！"②中国—北平—公园，构成了一种换喻关系。第六章将小羊圈胡同居民代表的国人面对沦陷的焦虑与公园名胜的美景作对比："玉泉山的泉水还闲适的流着，积水滩，后海，三海的绿荷还在放着清香；北面与西面的青山还在蓝而发亮的天光下面雄伟的立着；天坛，公园中的苍松翠柏还伴着红墙金瓦构成最壮美的景色；可是北平的人已和北平失掉了往日的关系；北平已不是北平人的北平了。在苍松与金瓦的上面，悬着的是日本旗！人们的眼，画家的手，诗人的心，已经不敢看，不敢画，不敢想北平的雄伟壮丽了！北平的一切都涂上耻辱与污垢！"③三海、天坛、中山公园等空间所体现的北平作为八百年古都曾经特有的稳定、平和的气质，与时代的剧变形成了鲜明的对比，更加凸显出北平沦陷的创伤与耻辱。

---

① 老舍：《四世同堂》下部，第 547 页。
② 老舍：《四世同堂》上部，第 38 页。九龙壁、古柏分别为北海公园与中山公园的标志性景观。
③ 同上书，第 53 页。

结语
公园的政治隐喻

北平沦陷对于公园的影响不仅停留在隐喻的层面，其物质空间也实实在在地被占有，老舍自觉地将二者联系起来。前面谈到老舍渲染北平的中秋与夏日，其本质皆在以往日的祥和衬托今日的动荡。中秋有祁老人买兔儿爷的经典场景，而沦陷后的整个夏季，祁家长孙瑞宣的心都浸渍在愁苦中，尤其是星期天，因为孩子们吵着想上公园、万牲园玩耍，"他没法拒绝小儿女们的要求，可是也知道：公园，北海，天坛，万牲园，在星期日，完全是日本人的世界"，日本的男子、妇人带着孩子，"成群打伙的去到各处公园，占据着风景或花木最好的地方，表现他们的侵略力量。他们都带着酒，酒使小人物觉得伟大。酒后，他们到处发疯，东倒西晃的把酒瓶掷在马路当中或花池里"。① 日军不仅侵占了北平，日本的居民也侵占了北平最好的公园空间，并以其不雅的行为玷污着公园空间，这可能是作家有意为之的笔墨。老舍创作《四世同堂》时，身处重庆北碚与美国纽约，对于北平的实际情况并不一定全部了解，不应将《四世同堂》的书写简单视作现实的直观反映，其中必然加入了作家适度的虚构和想象，但正是这种现实与虚构之间的缝隙值得我们玩味，追问：作家为何如此想象，如此表达？

当描写侵略者与汉奸的无耻行径时，老舍往往将其设置于公园中，这既不乏现实的来源，也是出于文学的效果，以增强对比的张力。如侵略者与汉奸狼狈为奸的"华北文艺作家协会大会"在太庙大殿举行，"太庙自从辟为公园，始终没有象中山公园那么热闹过"，日本作家在此大言不惭地宣扬大东亚同文同种的谬论，老舍借见证者瑞宣之口感叹："日本军阀只杀了中国人，井田却勒死了真理与正义。"老舍特别从瑞宣的视角描写了太庙的灰鹤。灰鹤系太庙故物，因此也

---

① 老舍：《四世同堂》下部，第 545—546 页。

是逊清遗老偏爱的抒情意象,借此感怀失落的王朝与故主,1937年"新灯社"成员即以"太庙灰鹤"为题进行创作,如疑为郭则沄的诗作:"禽鸟由来得气先,已荒庙祀未乔迁。巢居倘许回銮待?点染林梢淡着烟。"①老舍同样为灰鹤赋予了象征意义,但又与遗老的立场有所不同:"瑞宣不晓得一只鹤能活多少年,是否这两只曾经见过皇帝。他只觉得它们,在日本人占领了北平之后,还在这里活着,有些不大对。它们的羽毛是那么光洁,姿态是那么俊逸,再配上那红的墙,绿的柏,与金瓦的宫殿,真是仙境中的仙鸟。可是,这仙境中的主人已换上了杀人不眨眼的倭寇;那仙逸姿态又有什么用呢?"瑞宣自省其与灰鹤一样,爱惜羽毛的姿态没有任何实际用途,最后当他离开太庙,老舍还不忘以"两只灰鹤被爆竹惊起,向天上飞去"作结。②值得一提的是,在十月文艺版的《四世同堂》中,有关灰鹤的书写被全部删去,可见编者没有领会到作家的用心,景物并非闲笔。

除了太庙外,北海亦为取悦侵略者提供了舞台,五月节的城隍庙会在此举行③,北海例行的化装滑冰大会更是一场闹剧。老舍先着意渲染了北海的美景,北海愈美,愈衬托其沦为玩物的悲哀:"这全部的美丽却都被日本人的血手握着,它是美丽绝伦的俘获品,和军械,旗帜,与带血痕的军衣一样的摆列在这里,纪念着暴力的胜利。湖边,塔盘上,树旁,道路中,走着没有力量保护自己的人。他们已失去自己的历史,可还在这美景中享受着耻辱的热闹。"④五龙亭的两个亭子被用作化妆室,一个作为司令台,"参加比赛的人很多,十分之九是青年男女。他们是民族之花,现在变成了东洋人的玩具。只有几

---

① 参见潘静如:《从太庙到和平公园:清遗民的太庙记忆及书写》,《天津师范大学学报(社会科学版)》2019年第6期。

② 老舍:《四世同堂》下部,第590—595页。

③ 同上书,第707—712页。

④ 这段描写在十月文艺版中亦被删去。

结语
公园的政治隐喻

个岁数大的,他们都是曾经在皇帝眼前溜过冰的人,现在要在日本人面前露一露身手,日本人是他们今天的主子",冠晓荷甚至为女儿招弟等精心设计了象征"中日满合作"的服饰。① 本书第三章曾指出北海的乌托邦气质与狂飙浪漫的"五四"新青年、新女性的精神联系,而今这些"民族之花"与北海一道,成为"东洋人的玩具"。

书中还有一处情节更令人震撼,那是李四爷在城南游艺园为被日本人枉杀的车夫小崔收尸——

> 看一眼小崔,看一眼先农坛,他茫然不知怎样才好了。他记得在他年轻的时候,这里是一片荒凉,除了红墙绿柏,没有什么人烟。赶到民国成立,有了国会,这里成了最繁华的地带。城南游艺园就在坛园里,新世界正对着游艺园,每天都像过新年似的,锣鼓,车马,昼夜不绝。这里有最华丽的饭馆与绸缎庄,有最妖艳的妇女,有五彩的电灯。后来,新世界与游艺园全都关了门,那些议员与妓女们也都离开北平,这最繁闹的地带忽然的连车马都没有了。坛园的大墙拆去,砖瓦与土地卖给了民间。天桥的旧货摊子开始扩展到这里来,用喧哗叫闹与乱七八糟代替了昔日的华丽庄严。小崔占据的那堆破砖,便是拆毁了的坛园的大墙所遗弃下的。变动,老人的一生中看见了多少变动啊!可是,什么变动有这个再大呢——小崔躺在这里,没有头!坛里的青松依然是那么绿,而小崔的血染红了两块破砖。②

此段以老北平李四爷的视角,追溯城南游艺园的前世今生,可与第五章对于城南游艺园的论述进行对读。"可是,什么变动有这个再大

---

① 老舍:《四世同堂》下部,第760—763页。
② 同上书,第688—689页。

公园北京
文化生产与文学想象（1860—1937）

呢——小崔躺在这里，没有头！"一个被日本人杀害的北平小市民的无头的尸身，突兀地躺在曾经最受北京市民青睐的城南游艺园的断瓦残垣中，这一惊人的意象是颇具象征意味的。

在老舍笔下，公园是饱受侵占与蹂躏的中国/北平的象征，却也蕴蓄着一种沉默而坚韧的力量，这在天安门游行一章中最精彩、最见笔力，同时表现了北平城市空间所受的压迫及其对此的反抗。汉奸们组织学生到天安门游行，接受侵略者的检阅，"正式的去在日本人面前承认自己是亡国奴"，这本是北平市民最屈辱、最压抑的经历，但作家的书写却吊诡地翻转了其间的权力关系。当游行队伍来到天安门广场时，天安门及其左右的社稷坛（中央公园）、太庙（和平公园）等建筑群呈现出一种震慑性、压迫性的力量①：

> 天安门的，太庙的，与社稷坛的红墙，红墙前的玉石栏杆，红墙后的黑绿的老松，都是那么雄美庄严，仿佛来到此处的晴美的阳光都无法不收敛起一些光芒，好使整个的画面显出肃静。这里不允许吵闹与轻佻。高大的天安门面对着高大的正阳门，两个城楼离得那么近，同时又像离得极远。在两门之间的行人只能觉得自己像个蚂蚁那么小。可怜瑞丰和他的队伍，立在两门之间的石路上，好像什么也不是了似的。瑞丰看不到热闹，而只感到由城楼，红墙，和玉石出来一股子什么沉重的空气，压住他的小细脖颈；他只好低下头去。……
>
> 学生越来越多了。人虽多，可是仍旧填不满天安门前的广场。人越多，那深红的墙与高大的城墙仿佛也越红越高，镇压下去人的声势。人，旗帜，仿佛不过是一些毫无分量的毛羽。而天

---
① 社稷坛与太庙是按照《周礼·考工记》"左祖右社"的规制设计建造的。

第三节
公园的政治隐喻

安门是一座庄严美丽的山。巡警,宪兵,也增多起来;他们今天没有一点威风。……天安门的庄严尊傲使他们沉默,羞愧——多么体面的城,多么可耻的人啊! ①

在庄严肃穆的天安门与社稷坛、太庙的红墙苍松面前,汉奸、巡警、宪兵乃至本是主角的占领者,无一不感到自身的卑微、渺小、荒诞而自惭形秽。这一刻原本是中华民族受辱的时刻,在老舍的笔下,天安门建筑群的力量却使其逆转为日本侵略者自取其辱的时刻。城市的建筑空间仿佛有生命一般,与沉默的学生一起,对于日伪政权的权威构成了一种无言的挑战与抵抗,反衬得整场游行有如闹剧,侵略者与汉奸如同傀儡,"多么体面的城,多么可耻的人啊!"老舍的这段描写既是虚写也是实写,建筑本身确实自带独特的气场,老舍将天安门及周边公园建筑群空间自身的意志表现了出来。②

就像老舍对于日本的侵略通过公园兼以隐喻与行动表现出来,这种抵抗乃至战斗的意志,在书中也具象为公园空间与革命实践的合一,特别体现在瑞全身上。当瑞全作为地下工作者回北平后,秘密约瑞宣会面,即在中山公园。这对于沦陷中苦闷不堪的瑞宣而言,意味着希望的曙光,老舍描写瑞宣赴约时的视角:"天气相当的冷,可是没有风,冷得干松痛快。穷破的北平借着阳光,至少是在瑞宣心里,显出一种穷而骄傲的神色。远远的,他看见了禁城的红墙,与七十二条脊的黄瓦角楼。""穷而骄傲"的北平,显示了一种抵抗的力量。兄弟俩在中山公园的古柏下重逢,瑞宣心中感慨万千,却说不出话来,

---

① 老舍:《四世同堂》上部,第302—303页。
② 我曾沿北海图书馆所在的文津街一带走过,印象很深,一进入文津街,即感到一种静谧、肃穆的氛围,仿佛能吸附一切的声音,连汽车开在路面上都悄无声息,大约即老舍笔下天安门周边建筑群的这种宁静的力。

公园北京
文化生产与文学想象（1860—1937）

"身旁的老三，他觉得，已不是他的弟弟，而是一种象征着什么的力量。那个力量似乎是不属于瑞宣的时代，国家的。那个力量，像光似的，今天发射，而也许在明天，明年，或下一世纪，方能教什么地方得到光明。他没法对这样的一种力，一种光，诉说他自己心中的委屈，正像萤火不敢在阳光下飞动那样。这样，他觉得老三忽然变成个他所不认识的人。他本极想看看弟弟，现在，他居然低下头去了；离着光源近的感到光的可怕"。[1] 瑞宣身上的光芒，已不再限于个体，而是一种进步的、革命的力量的象征。

对于瑞全回北平之后的抗战活动，书中最为用力描写的是他的第一个行动——在北海杀死了曾与他有过情愫的女特务招弟。北海对于瑞全与招弟二人有着特殊的意义。瑞全离开北平前，曾特意去与招弟道别，问道："咱们是不是还有逛北海的机会呢？"招弟没明白他的意思，娇憨地反问："怎么没有？"[2] 北海与招弟对于瑞全而言，意味着不可复得的和平时代的美好。当瑞全重回北平时，迫切想去公园看看，"一想走进公园，他也不由的想起招弟。她变成了什么样子呢？他想起，在战前，他与她一同在公园里玩耍的光景"。[3] 但瑞全很快得知，招弟沦落为特务，信仰的悖离使曾经的恋人分道扬镳。瑞全跟踪招弟，选择了在北海与其"偶遇"。

这是一段惊心动魄的书写，并非老舍擅长的情节，在20世纪50年代发表的初版中，曾被老舍删去。这是年少恋人的别后重逢，也是敌我双方的对峙。民国时期的小说中，公园通常是男女主人公约会的场所，而老舍把这一情境推到战争时期的极端状态下。瑞全与招弟出于各自的身份，都在防范和顾忌着对方、试图招安对方，而双方采取

---

[1] 老舍：《四世同堂》下部，第 1142—1144 页。
[2] 老舍：《四世同堂》上部，第 49 页。
[3] 老舍：《四世同堂》下部，第 1107 页。

结语
公园的政治隐喻

的手段皆是以情感和肉体来诱惑对方、与之博弈。

> 他又看了看她。不，这已经不是战前的招弟了。他爱过的是另外一个招弟——在梦幻中爱过。他勉强笑了一笑，跟着她走进公园，又抢上几步，和她并肩走起来。她自然而然伸出手去，挎住他的胳臂。
>
> ············
>
> 公园里人不多。走到一棵大柳树下，招弟的肩膀头蹭到了瑞全的胳膊。俩人走到大树后面，她伸出胳膊，搂住他的脖子。
>
> 瑞全低下头来看她。她的眉毛、眼睛和红嘴唇都油光锃亮，活像一张花狸狐哨的鬼脸儿。他想推开她，可是她的胸脯和腿都紧紧贴着他——对他施展开了诱惑手段。
>
> 她亲了他一下。
>
> 然后，她拖着长腔，柔声柔气地说："老三，我还跟以前一样爱你，真个的。"
>
> 瑞全做出受感动的样子，低下了头。"怎么了？话都不会说啦！"她又变了一副脸，抖了抖肩头上的大衣，走了开去。
>
> 瑞全紧走几步，撵上了她。不能让她就这么跑掉。别看她甜嘴蜜舌的，他知道她手上沾了不少青年人的血。不行，不能让她跑掉。对付她，就得以眼还眼，以牙还牙。①

二者表面看是挽着手、并着肩，甚至搂抱、亲吻、说着情话，实际上却是生与死的较量。最后，招弟引诱瑞全进入白塔脚下的山洞，试图以肉欲诱迫瑞全就范，反被瑞全将计就计扼死在山洞深处。北海本是

---

① 老舍：《四世同堂》下部，第1150—1151页。此为马小弥译文。赵武平与毕冰宾的译文更长一些，更多地描绘了瑞全面对招弟时情理交战的复杂心情，基本情节一致。

公园北京
文化生产与文学想象（1860—1937）

最诗意、最浪漫的乌托邦，而今却成为卖国者的葬身之所，地下工作者在曾经的约会地点扼杀了曾经的恋人。无独有偶，招弟的母亲大赤包成为汉奸后，最爱去中山公园与北海招摇过市，而她下狱后神经错乱，最后的幻象是所有日本人、汉奸、妓女列队欢迎她释放出狱，她扬眉吐气地坐上汽车，下令"开北海"，"汽车开了，开入一片黑暗。她永远没再看见北海"。① 北海在象征层面上，也成为终结大赤包的葬身之所。

在《四世同堂》中，公园见证了日军的侵略、汉奸的无耻，也见证了国人的抵抗和最终的胜利。在全书英文版的尾声，日本投降后，其余城市都欢欣鼓舞，"北平可冷冷清清"，"一个被征服的国家的悲哀和痛苦，是不能象桌子上的灰尘那样，一擦就掉的"，但国旗的替换给予人安慰。② 接下来，老舍另起一段，专门描写公园的景象，公园景观在《四世同堂》一书中承担了重要的抒情意义：

> 北海公园里的白塔仍骄傲地耸立着。海子里的荷花仍绽放着红色和白的花瓣，散发着清香。坛社、寺庙和宫殿仍金碧辉煌，流光溢彩。这些古老而沉重的琉璃瓦好像总跟新的一样。是的，北平还是北平，庄严肃穆。无论谁胜了，谁败了，谁活着，谁死了，都无所谓。③

---

① 老舍：《四世同堂》下部，第 964 页。
② 《四世同堂》下部，第 1222 页。
③ 此处我选择了毕冰宾译本，因其最贴近英文全译本的直译，参见老舍：《四世同堂》第三部，北京：人民文学出版社，2021 年，第 1066 页。浦爱德的英文原文为："The White Dagoba in the North Sea Park still stood proudly. The lotus in the lakes had still their red or white petals and gave out their pure fragrance. The altars, temples, and palaces, still shone majestically in their gold and green light. Those old and heavily glazed tiles seemed always to be new made. Yes, Beiping was still Beiping, - majestic and calm. It mattered not who was victorious and defeated, who was alive and who dead"，（转下页）

公园的政治隐喻

老舍在此直接地表达了公园与北平的换喻关系。北海、中山公园、太庙、天坛、故宫等，它们傲然屹立、庄严肃穆，象征着一种静默的力量，正如老舍笔下隐忍而又坚韧的北平人，熬过了抗战，迎来了光明。

通过上文的分析可以看到，在《四世同堂》中，情节与地点的联系并非偶然，而是作家有意识的安排。面对战争的入侵，小羊圈胡同——四合院空间的封闭性被迫打开，以祁家为代表的胡同居民开始主动或被动地介入更广大的城市公共空间。这一逻辑在新中国成立后老舍的创作《茶馆》与《龙须沟》中也是一以贯之。

三、新中国的公园蓝图

随着时代变迁，到了新中国时期，北京的公园又有所新变。我在正文部分章节如北海和陶然亭已有一定涉及，此处再作一个较为系统的概述。"十七年"时期（即新中国成立后到"文革"前），共和国政府对于公园的设计，是将其纳入一个更宏大的新首都乃至新中国的框架之下。

早在1947年抗战结束后，国民政府曾组织"北平都市计划委员会"，由市长何思源任主任委员，工务局长谭炳训任副主任委员，制定《北平市都市计划之研究》报告，预备重建北平，提出四个基本方

（接上页）参见浦爱德（Ida Pruitt）所译 Yellow Stone 英文原文档案，哈佛大学 Schlesinger 图书馆馆藏。此外，马小弥译本为："北海公园的白塔，依旧傲然屹立。海子里的红荷花、白荷花，也照常吐放清香。天坛，太庙和故宫，依然庄严肃穆，古老的琉璃瓦闪烁着锃亮的光彩"，虽非直译，但对"altars, temples, palaces"的理解和翻译准确，因天坛、太庙以及译文中没提到的中山公园（社稷坛）、先农坛、地坛等即为曾经的坛庙（大部分英文名称为 altar，天坛包括 altar 与 temple，圜丘坛为 Altar of Heaven，祈年殿为 Temple of Heaven），三海、景山、颐和园、故宫本为宫殿（palace）。参见老舍：《四世同堂》下部，天津：百花文艺出版社，1985年，第1222页。

针：一、完成市内各种物质设施，使成为近代化之都市，以适应其社会经济之需要；二、整理旧有名胜古迹、历史文物，建设游览区，使成为游览都市；三、发展文化教育区，提高文化水准，使成为文化城；四、建设新市区，发展近郊村镇为卫星市，开发产业，建筑住宅，使北平为自给自足之都市。①

落实到具体规划上，无论是旧城区的改造、新市区的发展，还是游览区的建设，国民政府对于公园绿地的理想一以贯之。譬如强调对于现有各大公园，恢复并保持其公园性质，不得改作他用，并将其余名胜古迹亦设计为天然公园；在禁城墙外筒子河沿岸辟建公园式散步路；城墙内外的空地作为绿化带，配置小公园；长安街和天安门至永定门的街道打造为东西向和南北向的林荫大道；前门外商业区改造为广场绿地；在各居住区设置近邻公园；西便门内护城河迤南一带坟地及义园改建为公园；同时计划在西郊新辟新市区，环以绿带，并辟建公园。特别是将"游览区之建设"，列为一项专门的规划，不仅划定城区宫殿、坛庙、公园及四郊名胜古迹为游览区，绕以园林道路；同时建设卢沟桥一带为民族复兴纪念公园，设置纪念建筑及忠烈祠，并"布置伟大之广场及园林"；恢复颐和园至北平之游览河道，两岸辟建园林道路；还计划在城区或西郊新市区内，建设"大规模之故都剧院，故都饭店，及故都商场，以供应中外游览人士之需"。②

国民政府的"北平市都市计划"具有承上启下的意义。一方面，对于北平作为游览区、文化城的总体定位，乃至"故都剧院""故都饭店"的具体设想等，基本上还是承接了袁良的思路。其对于公园绿

---

① 北平市工务局：《北平市都市计划设计资料第一集》，1947年，第53页。
② 同上书，第53—58页。

结语
公园的政治隐喻

地的执着,甚至比袁良更进一步,尤其是林荫大道和绿化带在规划中的比重,能看出奥斯曼巴黎的影响。而另一方面,"北平市都市计划"的一些思路,比如对于公园绿地的强调、城墙的再利用、西郊新市区的辟设等,又与新中国成立后梁思成、陈占祥改造北平的方案,构成某种呼应。

国共战争改变了中国的统治格局,新的执政党收复北平后,立即着手重建新都,勾画北京的新蓝图。1949年5月,中共中央在北海画舫斋成立北平都市计划委员会,聂荣臻任主任,薛子正、梁思成任副主任,委托梁思成组织程应铨、朱畅中、汪国瑜、胡允敬等清华营建系教师,对北平规划进行研究。梁思成受命后,与助手陈占祥及清华营建系师生等斟酌探讨,在"北平市都市计划"的基础上,提出保留北京旧城,在西郊另辟新城的思路。在梁思成、陈占祥看来,"北京为故都及历史文化名城,许多旧日的建筑已成为今日有纪念性的文物,不但它们的形体美丽,不允许伤毁,它们的位置部署上的秩序和整个文物环境,正是这名城壮美特点之一,也必须在保护之列,不允许随意掺杂不调和的形体,加以破坏"[1]。然而,梁思成、陈占祥的意见与政府请来的苏联专家发生了分歧,其矛盾主要集中于对待北京旧城的态度以及行政中心位置的设置上。在中共中央变北京由消费城市为生产城市的指导方针下,以苏联专家为代表的主流观点,对于北京的定位是以发展工业为中心,因此要以最经济的方法进行建设,将行政中心设于旧城区。耐人寻味的是,他们强调的原因也恰在于北京旧城"一切街道、园林、河道、宫殿等已经成为具有相当规模足以代表中国风格的国际有名城市",因此提倡充分利用,在

---

[1] 梁思成、陈占祥:《关于中央人民政府行政中心区位置的建议》,《梁思成全集》第五卷,北京:中国建筑工业出版社,2001年,第61页。

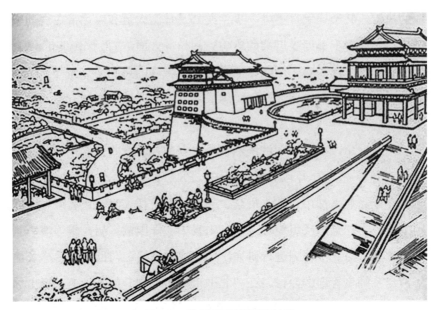

图 6-2　梁思成手绘城墙设计图

这基础上重建旧城。①

对于如何重建共和国首都，以梁思成为首的建筑专家与政府的意见相左，这段公案已广为人知。而我关心的是，二者的方案看似背道而驰，实际上有异曲同工处，公园在二者的乌托邦蓝图中都占据了核心的位置。"梁陈方案"借镜西方"花园城市"（Garden City）的城市规划理念，提议将旧城区作为"博物馆，公园，庆典中心"进行保存，"选出历代最优美的许多建筑单位，把它们的周围留出空地，植树铺草，使成为许多市内的人民公园"②；并且呼吁保留城墙，设想在城墙上面植树种花、安设公园椅，建成长达 39.75 公里、"全世界独一无二"

---

① 《曹言行、赵鹏飞对于北京市将来发展计划的意见》（1949 年 12 月 19 日），张敬淦：《建国以来的北京城市建设资料》第一卷，北京：北京建设史书编辑委员会编辑部，1987 年，第 107 页。

② 《关于中央人民政府行政中心区位置的建议》，《梁思成全集》第五卷，第 71、81 页。

结语
公园的政治隐喻

的环城立体公园,"夏季黄昏,可供数十万人的纳凉休息"(图6-2)。①梁思成的方案,是对于"花园城市"在中国语境下富有创造性的新诠释。同时,梁思成夫人林徽因还在《新观察》半月刊上连载《我们的首都》系列文章,详细介绍中山堂(即中央公园)、北京市劳动人民文化宫(即太庙)、故宫、北海公园、天坛、颐和园、什刹海、雍和宫等,强调公园古迹的审美与文化价值,呼吁政府重视修复保存。

可以看出,梁思成、林徽因等人对于公园的理解,主要还是延续了民国时期启蒙主义的思路。此前谈到1948年沈从文撰《苏格拉底谈北平所需》一文,即设想由其好友梁思成担任副市长,主持重建自己理想中公园式的美育乌托邦,且沈从文与梁思成之间很可能存在彼此影响的关系。梁陈方案虽然落选,但其"人民公园"的概念对于共产党政府有一定的启发。此前学界在谈论北京城市改造的问题时,对于"梁陈方案"一再"招魂"。对于"梁陈方案"与政府方案的是非功过,此处不作判断。然而我想指出的是,20世纪50年代政府推行的方案和政策,对于公园在新中国以及新首都所承担的功能,实际上同样很见想象力,有着令人耳目一新的理解和表达,可与民国北京的公园状况作一对比。

1958年9月《北京市总体规划说明》出台,提出对于北京作为新中国首都的建设目标是"把北京早日建成一个工业化的、园林化的、现代化的伟大社会主义首都"。在这个大方向下,"中央与政务院拟暂设于中南海周围,将来迁至天安门及广场右侧;靠近太庙,南海及中山公园等文物风景,为行政中心"②;同时,"把天安门广场、故宫、

---

① 《关于城墙存废问题的讨论》,《梁思成全集》第五卷,第86页。另外,他在《北京——都市计划中的无比杰作》一文中也有类似的论述,《梁思成全集》第五卷,第110—111页。

② 《朱兆雪、赵冬日对首都建设计划的意见》(1950年4月20日),《建国以来的北京城市建设资料》第一卷,第164页。

公园北京
文化生产与文学想象（1860—1937）

中山公园、文化宫、景山、北海、什刹海、积水潭、前三门护城河等地组织起来，拆除部分房屋，扩大绿地面积，使成为市中心的一个大花园，在节日作为百万群众尽情欢乐的地方"①。很明显，共和国政府对于北京的蓝图，也有一个北京大公园的方案。除了中南海被选择作为最高政权所在地以外，将曾经封建王朝的皇室空间打通连结，作为人民群众庆祝狂欢的场所，实现人民对于公园的占有和使用。这象征了人民群众当家做主的地位，同时表达了对于新政权和新生活的期许。公园寄托了强烈的政治性色彩和乌托邦意象。以公园为中心，作为共和国新首都的北京城市空间，在实质的物质和隐喻的象征双重层面，被重新书写，重新赋予意义。

从实质的层面上，前文述及，民国时期公园的消费、格调等限制了普通民众的进入，而共和国时期确实在一定意义上落实了"人民的公园"。以民国时期最"与世隔绝"的北海为例。根据资料统计的北海公园游人数目，在北海公园开放之后的民国至日伪时期，随时局变迁，人数浮动于年均17.9—102.5万人之间；而1949年后，年均人数自123.54万人起，呈逐年向上递增趋势，至1966年已达907.9万人。②如此鲜明的对比可见，民国时期"公"园的理想，到了共和国时期才真正得以实现，公园广泛地向平民百姓开放，成为人民大众休闲娱乐的公共空间。如仿膳、漪澜堂等从前的餐厅、茶座皆改为食堂。湖泊为北海最特出的景致，然而在民国时期，园内仅有少量小划船与摆渡船，其中多数为权贵私船及董事会用船，其他出租船只仅由私商经营。至1949年，园内仅六条渡船、十二条游艇、五十条小划船，其

---

① 《北京市总体规划说明》（草稿），《建国以来的北京城市建设资料》第一卷，第209页。
② 北海景山公园管理处：《北海景山公园志》，北京：中国林业出版社，2000年，第354—355页。又如颐和园1949年的游人数为266800人，1955年达到1787000人，参见沈从文：《春游颐和园》，《我热爱新北京》，北京市文联创作委员会编：《我热爱新北京》，北京：北京出版社，1957年，第85页。

结语
公园的政治隐喻

中多数船只陈旧不堪,不能下水。1950 年,北海公园管理处接管园内船只,进行修缮,同时又大量添置新船,至 1956 年,园内各种船只达三百条。① 泛舟北海,遂成备受人民群众欢迎的娱乐活动。

对于中央公园的使用也很有代表性。民国时期作为文化精英俱乐部的中央公园,在新中国成立后被复名为"中山公园",以彰显其革命纪念意义。由于中山公园得天独厚的地理位置——处于首都中心,且毗邻天安门广场和中南海,其政治性的一面在共和国初期被凸显放大。北京市人民代表大会每年定期在中山堂举行,人民群众的代表在此当家做主,商议国事,具有强烈的象征性。这里还成为党和政府举办大型展览和庆典的场所。展览不再是如民国时期陶冶性情的书画展之流,而是含有浓厚的革命宣传意味,如 1967 年在水榭举行的"毛主席是我们心中的红太阳"展览以及 1968 年在水榭展出的"无限忠于毛主席革命路线的好干部们和同志英雄事迹展览"。每逢重大纪念日或庆祝会,政府都会在中山公园举办规模盛大的游园会,如 1956 年 5 月 5 日,北京市举行全国先进生产者代表游园晚会,与会者多达 2.5 万人,从下午 4 时一直持续到深夜 11 时。此外,群众在天安门广场上的大型集会结束之后,也往往前往中山公园继续庆祝,中山公园与天安门广场构成一个整体,实现了"在节日作为百万群众尽情欢乐的地方"的理想。如 1956 年 1 月 15 日,北京市各界人民于下午 3 点在天安门广场庆祝社会主义改造胜利大会,会后,1.7 万余群众涌入公园参加联欢,直到晚 10 点才结束。每逢国庆,天安门前都会举行阅兵仪式和群众游行,中山公园亦作为庆祝会场,举行有组织的游园会;且利用公园自身丰富的花卉资源,供应天安门城楼及观礼台的摆花。中央领导人亦常来此与人民群众联欢,毛泽东、周恩来、刘少

---

① 参见云壑:《漫游太液话琼华——记北海公园》,《北京文艺》1957 年 7 月号,以及北海景山公园管理处:《北海景山公园志》,第 330 页。

图 6-3　1957 年毛主席在中山公园同群众一起欢度青年节

奇、朱德、陈毅等当时的党和国家领导人,时常到园中接见人民代表、参加游园会、观看文艺演出、与人民群众一同欢度节日等(如图6-3),甚至有时会在清晨赴距离中南海咫尺之遥的中央公园散步、赏花观鱼。

此外,与中山公园相对的和平公园(太庙)被改造为"劳动人民文化宫",由毛泽东亲自命名并题写匾额,作为劳动人民的文化活动场所,设有劳动剧场、文化园、图书馆、体育场等,太庙功能与命名的变更饶有意味。城南公园在 20 世纪 30 年代中期后改为"先农坛体育场",新中国后又对其进行多次大规模的扩建,可容纳数万人。1949 年 7 月 1 日,中国共产党成立二十八周年的纪念大会在先农坛体育场举行,全市有超过 3 万名党员和市民出席,场面盛大;1951 年,三十周年纪念大会同样在先农坛体育场举行。

结语
公园的政治隐喻

1957年，北京市文联出版了《我热爱新北京》一书，选录老舍、曹禺、沈从文、张恨水、冰心、杨朔、萧也牧、秦牧等多位名家的作品，从不同角度歌颂首都方方面面的变革。花朵般的公园意象，再次主导了作家对于北京的期待。如老舍在同名散文《我热爱新北京》中憧憬："我可以想像到，在十年八年以后，北京的全城会成为一座大的公园，处处美丽，处处清洁，处处有古迹，处处也有最新的卫生设备。"① 在曹禺《北京——昨日和今天》中，他谈到回母校清华与青年学生交流，发现他们充满了建设祖国的理想和激情，并摘录了学生的诗作——"我要带给工厂以新的血流，/ 我要带给城市以甘露，/ 我要使中国变成花园，/ 我要把污秽从地图上抹掉！"曹禺评价"他们是工程师，是建设者，又是诗人。爱和平，爱自由，爱真理的人就不能不爱这样的青年——人的花朵"。② 这种青年立志将北京乃至祖国建设成花朵的理想，与"到北海去"一章谈到王蒙《青春万岁》中的段落有惊人的呼应，洋溢着50年代独有的意气风发的气息。而这个北京大花园的意象，又与沈从文、梁思成的想象具有微妙的差异：

> 五年的工夫，巨大的钢铁厂、纱厂、水泥厂、煤矿，已一个一个地恢复、发展和建设起来。……新的房屋，公共建筑盖起来了，一座一座的高楼由平地升起：剧场、百货公司、旅馆、俱乐部、工人宿舍、工厂、医院、大学……像花朵似的在古代的建筑当中点缀起来。如果站在北海的白塔上往下一看，你就看见在那一望无际的绿树的海中，仿佛用了魔杖一点，绿色的海上四面升起无数的插着红旗、正在建筑中的高楼大厦。③

---

① 老舍：《我热爱新北京》，北京市文联创作委员会编：《我热爱新北京》，第3页。
② 曹禺：《北京——昨日和今天》，北京市文联创作委员会编：《我热爱新北京》，第11页。
③ 同上书，第6—7页。

公园北京
文化生产与文学想象（1860—1937）

被审美、被赞颂的新风景，是新兴的工厂和公共建筑，花朵般地点缀于古典建筑中，从北海白塔顶端远眺，如魔杖一点，绿树的海上升起无数插着红旗的建设中的高楼大厦，这是全新的社会主义城市美学。新中国成立之后，政府有组织、有意识地从象征的层面对以公园为代表的北京城市空间进行重写，赋予其新的意义，构成一种景观的政治学。《我热爱新北京》的编撰、出版即是一例。同时，《北京文艺》自1955年6月号起刊发金受申《美丽的北京》，此后逐渐固定为"美丽的北京"栏目，介绍北京的名胜风光。在《我热爱新北京》与《北京文艺》中，对于公园景观的书写和表现占据主导地位。① 而其遵循的逻辑，基本可以金受申《美丽的北京》的一段描写作为代表：

> 北京城市的建筑，是多少年劳动人民的血汗的结晶，是非常雄伟的。过去只为少数剥削阶级享受的地方，现在为人民所有了：那六百年来封建王朝的宫殿，现在做为人民的博物院；还有那红墙黄瓦的天安门，在一九四九年十月一日开国大典时，毛主席在这里向全世界宣告："中华人民共和国成立了！"这代表六亿人民意志的巨大声音，飞过了黄河、长江，飞过了高山、草原，飞过了近海、远洋，中国人民从此站起来了！天安门前从此成了人民广场。东边的封建王朝"太庙"，成了劳动人民文化宫；西边的中山公园，时常在这里举行国际性的联欢会。七八百年的老柏

---

① 如《我热爱新北京》中，曹禺写动物园、杨朔、碧野、张恨水写陶然亭，秦牧写社稷坛，沈从文写颐和园，王青写北海。《北京文艺》先后发表过李审言《北京的景山》《天坛》、萧离《北京动物园》、张恨水《春游颐和园》、孙福熙《游陶然亭》、寄水《一水相连的街头公园——记北京的什刹海、后海、积水潭》、碧野《北京礼赞》（此文同时发表于《我热爱新北京》一书）、艾青《景山古槐》（诗）、云壑《漫游太液话琼华——记北海公园》、孙福熙《化低地为公园——紫竹院和龙潭游记》、王主玉《北海短曲》（诗）、金受申《花光波影的紫竹院》等，且封面及插图多以北京各大公园风光的摄影、绘画为主，十分精美。

第三节 公园的政治隐喻

树,仍然苍翠的矗立着,供劳动人民憩息,供国际友人观赏。①

即通过今昔对比,强调这些公园已从封建统治阶级的禁地,面目一新,成为"人民的公园",这样的叙述成为惯例。除了在前朝皇家禁苑坛庙基础上开放的既有公园外,作家们关注的另一个重点是新中国成立后整修、开辟的一系列新公园,以陶然亭、龙潭湖、紫竹院等为代表。

陶然亭和龙潭湖在民国时期都曾是蚊虫孳生的臭水塘和乱坟堆,与周边百姓悲惨的生活相互呼应。新中国成立后,北京市政府组织工人和群众疏浚苇塘,进行大规模的整修,在短时间内,将陶然亭与龙潭湖改头换面,富有象征意义地表现了人民群众凭借自己的力量,在共产党的领导下,开创新的生活,与旧社会"苦难重重的回忆"(此系1958年版《陶然亭》民国部分的章节标题)形成鲜明对比。共和国早期的陶然亭,努力淡化士人文化的痕迹,凸显"革命胜地"的色彩,钩沉陶然亭与李大钊、毛泽东、周恩来、高君宇等共产党领导人的渊源,将他们活动过的场所作为革命遗址修复、保存;同时,将赛金花墓等名坟一律迁到南郊人民公墓(除了高石之墓在周恩来的指示下得以迁回),将张之洞的抱冰堂改为说唱茶馆,由"人民艺术家"老舍题写匾额。1958年出版的《陶然亭》如此评价"抱冰堂说唱茶馆":"抱冰堂,原是清朝官僚张之洞的别墅,但是到了今天,它终于随着时代一变而成为劳动人民的文娱场所。抱冰堂说唱茶馆!多通俗、多舒坦的名字呀!人们在这里欣赏着民间艺人们的各种精彩表演的时候,他们又怎能不想起过去那些艰苦的年代呢!饱经沧桑的陶然亭的土地,容纳过无数人眼泪的野凫潭,今天终于变得这样秀丽清新,成

---

① 金受申:《美丽的北京》,《北京文艺》1955年6月号。

了人民的乐园。"①

陶然亭遂成为作家们集中表现的对象，如杨朔借民众之口，将陶然亭不堪的过往和美好的现状进行对比，篇末升华主旨："我们大家辛辛苦苦的是为了什么？就为的一个心愿：要把死的变成活的；把臭的变成香的；把丑的变成美的；把痛苦变成欢乐；把生活变成座大花园。我们种的每棵草，每棵花，并不是单纯点缀风景，而是从人民生活着眼，要把生活建设得更美。"②张恨水同样强调陶然亭的今昔对比，追述当年到北京第一件事，就是去逛陶然亭，不料触目一片狼藉，"我心想，陶然亭就是这个样子吗？"与其早年小说《春明外史》中记述杨杏园慕名访窑台，结果大失所望的情节相互呼应。而今张恨水重访陶然亭，发现其焕然一新，以"这个面目一新的陶然亭，引起我不少深思"结尾，点到即止。③孙福熙则直言北京名胜中，从前他最不喜欢的是陶然亭，而今最喜欢的却是陶然亭。因其有两个特点，一是化腐朽为神奇，二是这里没有基础，是"人民解放军和劳动人民，以一百七十几天的辛勤劳动开出来的"，"完全是人民的心血经营出来的"。④

孙福熙此后又为紫竹院与龙潭湖撰文，称二者为"龙须沟以后的又一奇迹"。紫竹院原是一片洼地，苇草丛生，新中国成立后政府组织群众将低地挖掘成湖，以淤泥堆作岛山，成为一个幽美而别具风格的公园。孙福熙特别回忆道："1925 年，一位园艺学家从巴黎求学回国，我陪伴他看各处公园，听听他的批评意见。他当时被称为唯一的园艺专家；而现在，我们有了千百位优秀的园艺家，和别的一切行业

---

① 涵江：《陶然亭》，北京：北京出版社，1958 年，第 5 页。
② 杨朔：《京城漫记》，北京市文联创作委员会编：《我热爱新北京》，第 14—16 页。
③ 张恨水：《陶然亭》，北京市文联创作委员会编：《我热爱新北京》，第 93—97 页。
④ 孙福熙：《游陶然亭》，《北京文艺》1956 年 6 月号。

第三节
公园的政治隐喻

一样,是我们自己,在祖国自办的学校中和实际工作中培养出来的,我们园艺家能够建设这样美好的公园了。"[①] 本书在绪论部分曾摘录孙福熙当年转述友人的批评,该园艺学家认为当时北京在前朝园林坛庙基础上改建的各大公园不符合西方现代园艺美学的标准,"中国要有好的公园总应该从新开辟",与此文亦形成微妙回音。孙福熙描写龙潭湖的景致,壮丽的宫殿倒映在湖水中,如海市蜃楼般缥缈不定,"这不是神话,而是社会主义建设的一部分",是社会主义神话的新景观。[②]

这一时期的出版物,除了文字外,亦多以图像的形式表现人民群众尤其是少年儿童在公园中游憩的场景,以象征中国人美好的新生活。如《北京文艺》1950年代的封面、封底和插图往往描绘人民群众在公园中休闲娱乐的欢乐时光,以1956年7月号的封面为例,中山公园标志性的茶座上依然宾客满座,却已从长衫西装换成了身着中山装、军便装、读着《人民日报》的劳动人民(图6-4)。又如1954年由外文出版社印行的纪念新中国建立五周年的英文图册《北京》,以图像的方式向外语世界的读者展示新中国的面相,同样选取了多幅人民群众在中山公园、天坛、故宫、颐和园、先农坛、雍和宫、什刹海等公园中(或具有公园性质的博物馆、体育场)休闲、读书、锻炼的照片(如图6-5、图6-6)。画面和谐愉悦,色泽饱满明媚,象征着新中国朝气蓬勃的现状和光明的未来。

值得一提的是,新中国时期,尤为重视公园与少年儿童的换喻关系。本书在关于北海的专章中已有讨论,新中国成立后对于北海的定位,强化了其面向青少年儿童、养成新中国未来公民的功能。北海公园不仅举办各类园游会和展览等文娱活动,还专门开设儿童阅览

[①] 孙福熙:《化低地为公园——紫竹院和龙潭游记》,《北京文艺》1957年9月号。

[②] 同上。

公园北京
文化生产与文学想象（1860—1937）

图6-4　中山公园（套色木刻）

图6-5　中山公园的茶座

结语
公园的政治隐喻

图 6-6　颐和园的夏日

室、儿童运动场,并建立北京少年之家(后改为北京市少年科学技术馆,存有少年先锋号飞机和汽艇)和少年先锋队水电站,由少年儿童自己操控。实际上,不只北海公园,与其相邻的景山亦有相似定位,二者构成一个相得益彰的整体。1955年,作家李审言撰文《北京的景山》,反复强调景山真正成为"儿童的乐园",其免费向儿童开放,游览的儿童日均超过一万人。景山公园内辟设少年宫和附属图书馆,且修缮工作本身就由三千多名少先队员义务完成。少年宫由寿皇殿改建而成,设有群众文化部、科学技术部、艺术教育部、军体部、少先队工作方法部等,开展各式活动。如建军节时,有两千名儿童参加了"八一联欢晚会",听三位老红军讲述长征故事。少年宫图书馆基于观德殿改建,藏有文字书五千本,连环画五百本,儿童喜爱的书即预备多本副本,甚至高达五十本。除了三位管理员外,都是由少先队员志愿者们自行管理。①

---

① 李审言:《北京的景山》,《北京文艺》1955年10月号。

图 6-7　中山公园（水彩）

除了北海和景山这两个定位明确的公园外，文艺工作者们在表现北京公园时皆不约而同地侧重于少年儿童的意象。如《北京文艺》1955 年 6 月号刊发诗歌《欢乐的节日》："在欢乐的节日里，/孩子们歌唱，/'我们是祖国的花朵，/在太阳的微笑下开放。'/歌声随着六月的和风，/穿过了古柏和花丛，/歌声又从美丽的中山公园，/飘进了劳动人民文化宫……"配图为一群天真烂漫的儿童在中山公园中嬉戏（图 6-7）。同年的电影《祖国的花朵》，采取了极其相似的意象，电影一开场，即表现了一群少先队员在中山公园听志愿军讲革命故事的场景；而剧中的高潮部分，是孩子们在北海泛舟嬉戏，唱起脍炙人口的主题歌《让我们荡起双桨》，曲终点题："我问你亲爱的伙伴，谁给我们安排下幸福的生活？"共和国公园最根本的功能，在于生发人民群众尤其是祖国未来的公民的自豪感，唤起对于"给我们安排下幸福的生活"的共产党的感念。

作家们在描写各大公园的时候，都特别着墨于其间的少先队员和共青团员，如寄水谈到后海被改建为街头公园，儿童娱乐设备应有

公园的政治隐喻

尽有,"每到夕阳西下,那些系着红领巾的少年儿童,在那里尽情地歌唱,尽情地跳舞,它是一座名符其实的儿童乐园"。①孙福熙描写新建的紫竹院公园"新种的槐树都已成荫,少先队先锋中、小队,在树下,在草地上,在石桌边开会、作游戏,而学校和工厂的共青团员们,在红色的团旗飘扬下,唱歌、演奏,做各种文娱活动。这样活泼壮健的组织生活,对青少年的身心,对共产主义集体生活的培养,是有重大意义的"②。沈从文赞叹颐和园"满园子里各处都可见到红领巾,各处都可听到建设祖国接班人的健康快乐的笑语和歌声。配合充满生机一片新绿丛中的鸟语花香,颐和园本身,因此也显得更加美丽和年青!"③《北京文艺》1955年12月号的封面为"少年先锋队员在在陶然亭"(图6-8),陶然亭因高君宇、石评梅的渊源,在新中国时期成为青少年革命教育的基地。无论是中山公园、北海、景山、颐和园这样在前朝皇家禁苑基础上开放、风格各异的民国公园,还是陶然亭、后海这些曾与士大夫或市民关系密切的旧名胜,抑或是紫竹院这种新中国成立后全然新辟的公园,都因少年儿童的身影而重新焕发了生机。

可以看到,新中国早期对于少年儿童与公园的关系,有一种非常罗曼蒂克的乌托邦想象。即强调少年儿童当家作主的自主性,强调青少年作为祖国的接班人,建设花朵般的城市和国家的理想。正如电影《祖国的花朵》原题为《祖国的明天》,朝气蓬勃的少年儿童作为"祖国的花朵",与花朵般的公园城市,形成了一种换喻或同构的关系,应许了新中国光明美好的未来。对于公园的占据、使用和表现方式,

---

① 寄水:《一水相连的街头公园——记北京的什刹海、后海、积水潭》,《北京文艺》1956年7月号。
② 孙福熙:《化低地为公园——紫竹院和龙潭游记》,《北京文艺》1957年9月号。
③ 沈从文:《春游颐和园》,北京市文联创作委员会编:《我热爱新北京》,第86页。

323

图 6-8　少年先锋队员在陶然亭

所谋者大,在在渗透了新政权的意识形态和政治美学。北京的公园从来不止于娱乐小道,而是与统治政权对于设计和治理一个首都乃至国家的蓝图紧密挂钩。

到了 1961 年,《北京文艺》"美丽的北京"栏目刊发金受申《北京的新花朵——工人体育馆》一文。在文中,金受申沿用了城市——花朵的换喻意象,激情洋溢地将新建的工人体育馆比作"北京一个绚丽多彩的新花朵"、北京"东郊花园"系统中的"一朵奇花"。金受申把一幢又一幢拔地而起的新建筑比作首都的花朵,从农业展览馆,到工人体育场,再到工人体育馆,并始终依据花朵的意象对其进行具体描绘。① "美丽的北京"栏目始自金受申的同名散文,此前介绍的基本上是北京的各大公园,这篇文章标志性地象征了新中国城市乌托邦

---

① 金受申:《北京的新花朵——工人体育馆》,《北京文艺》1961 年 3 月号。

结语
公园的政治隐喻

美学的一个新的转向——北京引以为傲的风景不再是公园,而是工人体育馆式的体现社会主义工业美学的建筑。这种对于北京作为社会主义的工业花园城市的譬喻和想象,在曹禺《北京——昨日和今天》已初露征兆,至此彻底取代了沈从文、梁思成所曾经构想的那个启蒙主义的美育公园城市。

20世纪一二十年代,京都市政公所将皇家园林坛庙开放为现代公园;到30年代,北平市政府拟将北京打造为以公园古迹为中心、面向外国旅游者的"世界公园";乃至50年代,梁思成提议保存北京旧城,在城墙上建设全世界独一无二的环城立体公园;同时共产党政府借助对于旧有公园古迹的重新改造和使用,向世界宣传新中国朝气蓬勃的崭新形象。自民国初年至共和国成立,半个世纪以来北京的公园史变迁,体现了近代北京对于现代性富有创造性的诠释方式。

附录一

"世界人"的乡愁

——论康有为海外游记中的公园书写

本文旨在以康有为的海外经验为个案，考察晚清士大夫在遭遇西洋文明时，如何以"国人"与"世界人"的身份认同自处，又如何在这两种身份之间平衡。本文将探讨，康有为对西方都会的公园投射了一种乡愁，这种乡愁具有复杂的内涵。异域的都市、公园不仅能慰藉康有为的乡愁，甚或直接成为康有为的乡愁对象乃至终老的归宿。这种情怀迥别于传统羁旅谪宦文学中对于血缘、地缘的家国之思，超越了国族的畛域，体现了康有为世界主义者的眼界和胸怀。同时，面对强盛的西方文明，康有为毫无自惭形秽之感，而是以绝大气魄将异国公园纳为"我园""我圃"，在异域找到归属感，这也翻转了殖民时代的权力关系。另外，康有为的"乡愁"背后是"国人"与"世界人"两种身份之间的张力。从私人情感而言，"世界人"的心态使康有为在世界上其他国度亦能悠游自得，以之为归宿；但从历史使命而言，"国人"的责任又使他无法忘情于山水，时刻怀有一种隐忧。正是这种矛盾造成了康有为诗文内在情感的裂隙。由此可见，康有为的"乡愁"实际上与传统的乡愁不同，他的沉痛是为中国的前途和命运而发，而这种认知，恰是以对世界图景的整体把握为前提的，因此，其"国人"的自觉意识又与"世界人"的眼界息息相关。康有为的经历折射了晚清中国人在时间与空间的双重意义上与"他者"相遇时，所

附录一
"世界人"的乡愁

展现出的世界主义者(cosmopolitan)的文化自信及国际化、前瞻性的视野,这对于今天面临全球化时代新的机遇与挑战的我们,亦富有启示性。

一、乡人、国人与世界人

戊戌变法失败后,康有为、梁启超师徒流亡海外。1899年12月,梁启超于赴美途中写道:

> 余自先世数百年,栖于山谷,族之伯叔兄弟,且耕且读,不问世事,如桃源中人。余生九年,乃始游他县;生十七年,乃始游他省,犹了然无大志,梦梦然不知有天下事。余盖完全无缺不带杂质之乡人也。曾几何时,为十九世纪世界大风潮大势力所簸荡所冲击所驱遣,乃使我不得不为国人焉,浸假将使我不得不为世界人也。①

"乡人"—"国人"—"世界人",梁启超勾勒出晚清一代人遭遇的身份认同与眼界的剧变。在"十九世纪世界大风潮大势力"的簸荡、冲击、驱遣之下,以康梁师徒为代表的士大夫对于自我和世界都有了全新的认知。从乡土中国的子民,一跃而为"国人",更进而为"世界人",而实际上,"国人"与"世界人"的身份又是互为前提的。列文森、葛兆光等人的研究都谈到,近代中国对于自我和他者的认识,同时存在一个从"天下"到"国家"(对自我),与从"天下"到"世界"(对

---

① 梁启超:《夏威夷游记》,《饮冰室合集》第五册,专集之二十二,第185页。

他者）的过程。① 康有为就曾在《中华救国论》中指出，"吾中国向者非国而曰天下也"②；梁启超亦在《中国史叙论》中，将中国历史分为中国之中国、亚洲之中国和世界之中国三个阶段，他界定自己所处的"近世史"，就是"世界之中国"的阶段③。因此，"国人"是破除了"天朝上国"的天下观，具有民族国家（nation-state）意识的中国人，是置身于19世纪世界中的中国人。而"世界人"应是梁启超自创的，与"乡人""国人"相对应，"世界"在当时是一个新的概念。耐人寻味的是，英语中有一个相应的词叫cosmopolitan，意为"世界主义的人""四海为家的人"，即在全球化时代下，不囿于国族意识，具有国际化视野，胸怀天下，在世界上其他国度或城市能找到归属感的人。我认为，任公创造的"世界人"，与cosmopolitan的内在含义恰不谋而合，而康梁师徒，虽为19世纪末20世纪初从帝制时代走出来的中国人，却充分具备了"世界人"的质素。

　　自19世纪中期起，无论是民间自发游历，还是官方公派考察，一些晚清士人首次步出国门，游访欧美，这是在时间和空间双重意义上与他者的相遇，既是地理上漂洋过海，又是从前现代穿越到工业时代。在令人目眩神迷的现代都会中，很容易令人产生异化感，在这样的背景下，公园于晚清旅行者存在特殊的意义。一方面，公园（public park）在传统国人看来，是一种全新的现代经验。公园是19世纪中期伴随工业革命的发展，为应对欧美都市的公共卫生与安全隐患问题

---

① 列文森认为近代中国思想史的大部分时期，是一个使"天下"成为"国家"的过程，参见约瑟夫·R. 列文森：《儒教中国及其现代命运》，郑大华等译，北京：中国社会科学出版社，2000年，第87—89页。而葛兆光指出，从利玛窦时代到乾隆时代，古代中国对于异域（同样也是对于自我）的知识，从"想象的天下"进入"实际的万国"，参见葛兆光：《宅兹中国——重建有关"中国"的历史论述》，北京：中华书局，2015年，第90页。

② 康有为：《中华救国论》，《不忍》第一册，1913年2月，"政论"第4页。

③ 梁启超：《中国史叙论》，《饮冰室合集》第三册，文集之六，第471—472页。

附录一
"世界人"的乡愁

而兴起的一种现代市政设施,晚清中国并不存在"公园"一词所指代的社会现象及理念。而另一方面,中国素有园林传统,尤其与士大夫休戚相关,是他们习以为常的交游空间和生活方式。对于长期浸淫于园林文化的晚清旅行者而言,西方的公园虽与中式园林于性质、景观上都有差异,但相对于光怪陆离的都市景观,还是容易令人产生亲近慰藉之感,供给他们异域中一片暂且栖息的绿洲。因此,出游海外的晚清士大夫在面对公园之时,容易触景生情,滋生思乡之情。而这两个因素也恰决定了公园成为晚清海外游记中乡愁书写的承载对象。张治曾在《异域与新学——晚清海外旅行写作研究》中提出"游记新学"的概念,指出晚清士大夫的海外游记以输入新知为己任。[①] 鉴于此,晚清士人的海外游记多以新学见闻为主,较少表达私人情感。而公园正是作为"新学"的一种被晚清士人纳入书写框架的,但在实际操作中,主体的情感往往又会逸出笔墨,抒发由公园唤起的乡愁。

如1868年,王韬到苏格兰"伦伯灵囿"/"行雷桥"公园(Rumbling Bridge)游玩时,作长诗畅叙风景之美、游历之乐,如"四顾几忘身世贱,来往忽希逢飞仙"等句,到结语处却笔锋一转:"我乡岂无好山水,乃来远域穷搜研?昨日家书至海舶,沧波隔绝殊可怜,因涉名区念故国,何时归隐江南边?"异国他乡的园林风景反而勾起了浓重的乡愁,令诗人发出"何时归隐江南边"的感慨。诗后又附录绝句二首,其一曰:

> 一从客粤念江南,六载思乡泪未干。今日掷身沧海外,粤东转作故乡看。[②]

---

① 参见张治:《异域与新学——晚清海外旅行写作研究》,北京:北京大学出版社,2014年。
② 王韬:《漫游随录·畅游灵囿》,钟叔河编:《走向世界丛书》,第117—119页。

田晓菲分析此绝句化用唐诗《渡桑干》,"客舍并州已十霜,归心日夜忆咸阳。无端更渡桑干水,却望并州是故乡",认为虽然两诗都是渡水,然而王韬跨越的不再是"桑干水"而是大洋,这标志了王韬有别于中唐诗人的现代性。曾被认为是蛮夷之地的"粤东"于他是作为中国的一部分被思念的,他乡愁的对象因此具有民族国家的意义。田晓菲评论:"通过跨越'沧海',诗人失落了乡土意识,却获得了国族意识。"①

田晓菲的阐释道出了王韬从"乡人"到"国人"的转型。而本文尝试揭示,这种由异域公园景致引发的乡愁,在康有为的海外游记中存在更富现代意味的表达。康有为的乡愁,折射了晚清士大夫从"国人"到"世界人"身份的转换与眼界的蜕变。

戊戌事变后,康有为与弟子周游海外,正如其夫子自道,"出亡十六年,三周大地,游遍四洲,经三十一国,行四十万里"。②此乃传统国人前所未有的经历,康有为对这一点有高度的自觉,在《瑞典游记》中,他曾作如下论述:

> 逋人天幸,得以蒙难之余,穷极绝域之胜,放浪海噬山陬,以陶写其天。则吾华自古之羁人谪宦,足迹所未至,耳目所未闻者,皆吾为之先焉。每读灵运泛海、游山诸什,东坡黄、惠、琼、儋诸作,辄以万里贬谪,江海萧条,发其骚吟,写其身世。后人过其遗迹,为之想象,流连其艰远。以鄙人视之,则诸老犹

---

① Xiaofei Tian, *Visionary Journeys: Travel Writings from Early Mediaeval and Nineteenth-Century China*, pp. 237-238.

② 刘海粟:《忆康有为先生》,夏晓虹编:《追忆康有为》,北京:生活・读书・新知三联书店,2009年,第311页。

附录一
"世界人"的乡愁

未出户庭也,则吾虽放逐,岂非大幸耶?①

康有为清晰地将自我与前代羁旅贬谪的文人区隔开,指出自身的经验与谢灵运、苏东坡等"万里贬谪"的游记文学,具有质的不同,前辈诸人"犹未出户庭也"。之后他又赋诗二首,其一曰:

穷发投荒荡汽舟,赋诗横槊几人游。青天一发通中土,大海洪波又九洲。各有开天新世界,颇思故国旧风流。谢公山贼惊开凿,屐齿怜渠限一丘。②

这首诗与前文相互映照,康有为再次提及谢灵运的典故,谢灵运以好游历、山水诗而闻名,然而在康有为看来,谢的见闻是很有限的。"穷发投荒荡汽舟",漂洋过海的独特体验,使得康有为一代晚清士大夫切身体认到中国之外的世界、中国在世界中所处的位置,从而发出"各有开天新世界"的感叹。"中土""九洲"本来是传统中国对自我和世界不准确的认知意象,却被康有为用于表达一种现代的世界观和全新的越洋体验,造成了一种奇妙的效果。相较之下,谢灵运、苏东坡等前人的文字,书写的只是"怜渠限一丘"的经验。而这种新的眼界、格局,也使康有为的心境迥异于前代士人,虽然他在诗文中常以贬谪放逐的"逋人"自比。面对出亡海外的处境,康有为并不自艾自怜,反而庆幸自己"得以蒙难之余,穷极绝域之胜",见识"吾华自古之羁人谪宦,足迹所未至,耳目所未闻者"的新天地,较之王韬感

---

① 康有为:《瑞典游记》,康有为撰,姜义华、张荣华编校:《康有为全集》第七集,北京:中国人民大学出版社,2007年,第478页。
② 同上。

慨"我乡岂无好山水,乃来远域穷搜研",境界又一变。这种心境决定了康有为虽亦云"颇思故国旧风流",但他的故国之思,与传统羁旅谪宦文学抒发的乡愁,甚至与王韬等同为晚清海外旅行者的乡愁,皆有差异。

本文旨在论述,"国人"与"世界人"的身份认同,使康有为在海外游记中表现出来的乡愁,颠覆了"乡愁"的内涵。他被域外公园所唤起的乡愁,一方面出于"国人"对于祖国的自觉和道义,另一方面表现为"世界人"对于世界的依恋与归属,二者共同造就了康有为独特的乡愁形式。这种乡愁既有别于古人羁旅行役的乡愁,又是一种反殖民主义式的、无论在时间维度还是空间维度上都十分罕见的世界主义者的乡愁。

二、公园:从好奇到乡愁的对象

康有为将海外的公园作为寄寓自身乡愁和审美的对象,是建立在对其性质充分掌握的基础上。如前文谈及,公园对于晚清士大夫是一个全新的事物,对其的认识需要经历一个过程。唯有公园不再是猎奇的对象,而是日常生活中习见的必需品,祛除了异化感,乡愁才成为可能。康有为对于公园的认知与思考,既建立在前辈士大夫经验的基础上,又有超越前人的洞见。

晚清士人最初与公园相遇时,很自然地将其与自身熟悉的园林等同视之,称其为"花园""园林""园囿"等,不曾区分"公园"(park)与"花园"(garden)的差异,也尚未领会"公园"之为"公"(public)的现代意义。公园对于早期晚清旅行者的意义,还限于异域情调的花园层面,如自许"中土西来第一人"的斌椿就在在强调泰西"花园"

附录一
"世界人"的乡愁

鸟兽花木及建筑之"奇"。① 然而,认知和传播"新学"的强烈动力,促使晚清知识分子们在短暂的好奇之后,很快就尝试将 park 的概念译介为中文,并视公园为西方现代市政设施的重要成果,去理解其性质和功能。从郭嵩焘、李圭、黎庶昌、曾纪泽、王韬等人的记录可见,公园与其他新兴的现代市政建筑如图书馆、博物馆等一样,成为晚清旅行者参观的固定景点之一,对公园的认识也逐步深入。到了康有为、梁启超师徒,对公园的思考集晚清人之大成,公园于他们不再只是旅游观光的景点、娱乐消闲的小道,而是与如何建设现代都市、造就现代文明息息相关。尤其是康有为,对于公园的理解很到位,甚至富于创造性的新见。

首先,康有为从物质和精神的双重层面去把握公园的性质。他不仅提炼出公园具有"卫生"功能,还比前人更进一步,注意到公园对于市民文化的作用。康有为多次在游记中肯定欧洲公园对于市民"行乐卫生"的意义②,且颇欣赏欧洲的公园文化。如在丹麦"百戏园",他很享受公园中设"楼阁数十座,花木深曲,柳塘水榭、茶室、船舫临之,电灯万千,游人如蚁,百戏并陈。座落皆卖茶酒、架非,置几千百于树下",认为"盖欧土之通俗也"。③ 通过介绍欧洲公园的休闲习俗,康有为宣扬了一种有别于中国传统的休闲理念。

更重要的是,康有为对于公园的关注,背后有一个城市规划的整体视野,往往与街道、建筑、绿化等其他市政要素结合起来,加以综合考察。如康有为称许柏林,认为其最大的公园绿地"梯丫大公囿"(Tier Garden),与"德第一大道""嗹嗹道"相得益彰,同时街区"左

---

① 斌椿:《乘槎笔记》,钟叔河编:《走向世界丛书》,第 108—113 页。
② 参见康有为:《丹墨游记》,《康有为全集》第七集,第 461 页;及《英国游记》,《康有为全集》第八集,第 53 页。
③ 康有为:《丹墨游记》,《康有为全集》第七集,第 470 页。

右近市廛处亦种树，为人行路，铺以小石，砌成花样"，大道和街区亦承担了部分公园的功能，从而三位一体，共同营造柏林都城"整齐、新洁、严肃"的气象。①康有为对公园的兴趣，由此延伸至街道，即19世纪下半叶滥觞于巴黎、风行于欧洲的林荫大道（Boulevard）（如图7-1）。受其启发，康有为甚至别出心裁，创造出"街道公园"的发明，设想在林荫道中加添"汉堡之花""太湖之石""喷水之池"及长短亭，使街道"如一公园然"。②至1907年游葡萄牙，见到里斯本的拉彼得大街（自由大道，Avenida da Liberdade，图7-2），惊人地契合其理想中"街道公园"的样子，大为惊叹"他日合大道公园为一，必见法于全球矣"③。这种浪漫的乌托邦预言，展现了康有为"世界人"的开阔视野。半个世纪后，梁思成在著名的"梁陈方案"中建议保留北京的城墙，其上植树种花置几，打造"全世界独一无二的"环城立体公园；一个世纪后，纽约在纵贯城市的废置铁轨上，落成与城市景观相得益彰的高线公园（High Line Park，图7-3），都是对于"合大道公园为一"跨越时空的回应。

由此可见，康有为对于公园的认知，不但早已超越了异域风光的层面，洞察西方公园创设的本质；甚至还能有所创造，贡献诸如"街道公园"富于前瞻性的新理念。且康有为之所以对于公园青眼有加，不仅出于政教人心的考虑，也含有私人趣味的因素。游访欧洲期间，无论他在哪一个国度城市逗留，假有闲暇，即光顾当地的公园，且对欧洲各国公园的好处皆十分体贴：

> 欧人于公园，皆穷宏极丽，亦斗清胜。故湖溪、岛屿、泉

---

① 康有为：《德国游记》，《康有为全集》第七集，第408页。
② 康有为：《法兰西游记》，《康有为全集》第八集，第143页。
③ 康有为：《葡萄牙游记》，《康有为全集》第八集，第307页。

附录一
"世界人"的乡愁

图 7-1　巴黎香榭丽舍大道（1900 年，Antoine Blanchard 绘）

图 7-2　里斯本自由大道

图 7-3　纽约高线公园

石、丘陵、池馆、桥亭，莫不具备，欧美略同。虽小邦如丹、荷、比、匈，不遗余力，各擅胜场。苟非藉天然之湖山如瑞士者，乃能独出冠时。此外邦无大小，皆并驾齐驱，几难甲乙。至此邦既觉其秀美，游彼邦又觉其清胜。虽因地制宜，不能并论，然吾概而论之，皆得园林邱壑之美者矣。①

由于长期流亡海外，公园成为康有为日常生活的一部分，而不像出访考察的士大夫那样，只是观光景点之一。他日常多流连于旅居地的公园，如在伦敦时，他很喜欢"海圃"（海德公园，Hyde Park），"于日夕无事辄来一游，驱马倚阑，不知几十次矣"②；在奥地利时，"公园

---

① 康有为：《法兰西游记》，《康有为全集》第八集，第 154 页。
② 康有为：《英国游记》，《康有为全集》第八集，第 13 页。

附录一
"世界人"的乡愁

二三亦再游之,绿草芳林,自瑞中苦寒来,骤睹欣然"①。公园于康有为而言,不再是"好奇"的对象,也不再只是"新学"的知识,它并非外在于康有为的客体,而是内化于其主体的日常经验。这就为公园成为康有为投射乡愁的对象,奠定了基本前提。

本文将探讨,这种乡愁内部存在丰富的层次,超越了传统"乡愁"的范围。此处引入英文的"乡愁(nostalgia)"概念,其词源来自希腊语的 nostos(返乡)与 algia(怀想),因此乡愁意味着强烈的返乡渴望。Nostalgia 的概念最初由瑞士医生 Johannes Hofer 提出,以界定17世纪离乡去国的欧洲士兵所罹患的病痛之苦,后来泛化为广义的精神状态。尤其在全球化、大离散的时代下,nostalgia 的内涵进一步被丰富,成为移民群体普遍共享的情感特征,表现为在异国他乡渴望一种归属感,追寻"根"或曰"家"的感觉。②而本文将通过对康有为诗文的细读,指出康有为对于异国的公园及城市投射了一种归属感,也就是说,他不再抱有强烈的怀乡渴望,而是以异域为归宿,在异国他乡找到了一种"根"或"家"的感觉,从而翻转了乡愁的本义。

康有为对于异域的城市、公园的归属感,以瑞典最为典型。康有为对瑞典情有独钟,曾盛赞其首都斯德哥尔摩处处是大小公园,游之不尽,"城市山林,不可方物,可谓大地幽胜之第一者矣"③。因此,康有为曾于斯德哥尔摩购置小岛,在此居住四年,甚至有意终老于斯。2011 年香港导演陈耀成拍摄实验性电影《大同:康有为在瑞典》,即选择瑞典作为视角,穿梭往复于古今中西之间,中英粤三语交织,纵横捭阖,以"大同"为题眼,发掘了康有为"世界人"的面相。

前文谈到,本文使用的"世界人"的概念源自 1899 年梁启超"乡

---

① 康有为:《补奥游记》,《康有为全集》第八集,第 391 页。
② 参见 Svetlana Boym, *The Future of Nostalgia*, pp. 3-71。
③ 康有为:《瑞典游记》,《康有为全集》第七集,第 477 页。

人"—"国人"—"世界人"的定义。康有为定稿于1902年前后的《大同书》中，亦作过相似的表达："生于一家，受人之鞠育而后有其生，则有家人之荷担。……生于一国，受一国之文明而后有其知，则有国民之责任。……生于大地，则大地万国之人皆吾同胞之异体者也。"① 康有为既自觉承担"国民之责任"，又不为畛域所限，与"大地万国之人"有同理之心，认为"皆吾同胞之异体者"。他的"大同理想"更是以超越时代的惊人想象力，泯灭一切差异和界限，在"大同合国三世表"中，他提出其乌托邦理想中最高境界的"太平世"是"无国而为世界"，"人民皆为世界公民"，从而"无国界，无种界，人民平等"，天下大同。② "世界公民"的命名，恰对应于全球化时代盛行的global citizen概念，亦与梁启超的"世界人"相契合。萧公权曾指出康有为是一位"世界主义者"，他既不固守中国传统，也不盲目崇拜西方价值，而是致力于探索一种超越东西二元对立的普适性原则，"在他看来，'世界化'并不是一种方法上的设计，而是一种思想上的信念"③，是对康有为较贴切的理解。从其晚年所作的《诸天讲》也可以看出，康有为追求的是超越一国、一种文化或价值观的局限，乃至超乎大地一切束缚的"天人"的终极境界，这与《大同书》的理念一以贯之，且更甚一筹——不仅泯灭一切国族、种族之界，以"世界公民"的身份立于大地之上；甚至超越地球的界限，以"天人"的身份遨游于宇宙间。

"世界公民"的身份认同从根本上保证了康有为对于世界上的其他国度亦能一视同仁，建立归属感，甚至打破地缘、血缘的家国概

---

① 康有为:《大同书》,《康有为全集》第七集,第5页。
② 同上书,第118—153页。康有为在晚年发表的《诸天讲》中,将人生境界分为家人、乡人、邑人、国人、地人、天人六个层次,与梁启超的乡人、国人、世界人形成一定的呼应,参见《诸天讲》,《康有为全集》第十二集,第12页。
③ 参见萧公权:《康有为思想研究》,北京:中国人民大学出版社,2014年,第260、269页。

附录一
"世界人"的乡愁

念,视异域为归宿。关于这种"反认他乡是故乡"情感内在的复杂性,康有为曾对女儿康同璧自剖心迹:

> 天下山水之美,瑞典第一;瑞典山水之美,以梢士巴顿为第一,而吾得之。苟非中国忧亡,黄种危绝,则此间乐不思蜀,吾何求哉?可老于是矣。……惟若中国小康,略能自立,则吾种可存,亦何烦吾之劳心苦志、舍身以殉乎?吾其将择大地之湖山至佳处,徜徉终老,以息吾魂灵而乐吾余生,则欧洲之二瑞,其无以尚之。东坡曰我本无家更安往。临睨九州,回头禹域,则又凄怆伤怀。故乡其可思矣,亦何必怀此都也。①

康有为指出,对于他的私人情感而言,世界上"大地之湖山至佳处",皆可作为生命的归宿,"徜徉终老,以息吾魂灵而乐吾余生"。这是康有为作为一个"世界人"的格局使然。然而,康有为又谈道,"此间乐不思蜀,吾何求哉?可老于是矣"的前提是"苟非中国忧亡,黄种危绝"。对于他的历史使命而言,他需要承担作为一个"国人"的责任,无法忘情于山水,终老于异国。康有为在《欧洲十一国游记序》中曾自比为尝百草的神农:"天或其哀中国之病,而思有以药而寿之耶?其将令其揽万国之华实,考其性质色味,别其良楛,察其宜否,制以为方,采以为药,使中国服食之而不误于医耶?"② 这是康有为周游海外的初衷,其筹划戊戌变法、事变后流亡海外,所志所事皆为了建立理想中的"中国"。而这种对于"中国"的思考与想象,又是以"万国"为背景的。康有为旨在"揽万国之华实"为我所用,"大陈设以供养之,俾康有为肆其雄心,穷其目力,供其广长之舌,大饕餮而

---

① 康有为:《瑞典游记》,《康有为全集》第七集,第479页。
② 康有为:《欧洲十一国游记序》,《康有为全集》第七集,第344页。

吸引焉"①，以救中国之弊，显露了其世界主义者的胸襟和气魄。康有为所引东坡诗句"我本无家更安往"，出自苏轼谪居杭州时所作《六月二十七日望湖楼醉书》其五，"未成小隐聊中隐，可得长闲胜暂闲。我本无家更安往，故乡无此好湖山"②，表达了一种以他乡为故乡的自在洒脱。而此句后紧接"临睨九州，回头禹域，则又凄怆伤怀。故乡其可思矣，亦何必怀此都也"，却流露了对于故乡的怅惘；再接"相与叹咏，留连竟月而不能去（梢士巴顿）"，又重申对于异域的留恋，遂构成了一种循环往复的情感的撕裂。

我认为，这种张力恰是康有为"乡愁"的根源所在，即同时作为"国人"与"世界人"双重身份的内在紧张感。康有为"回头禹域"的乡愁，有别于传统的家国之思，而是一种"家国之痛"，即对于中国命运的担忧与焦虑。而他自身超越时代的眼界与胸怀，又对于家国之外更广泛的世界，怀有一种普遍的眷恋。这种"国人"与"世界人"之间的张力，是理解康有为对异域公园抒发的"乡愁"的关键。从《大同书》《诸天讲》的讨论都可以看出，在康有为的乌托邦中，国族的畛域是终究要被打破的，"国人"只是历史阶段的产物，而"世界人"（乃至"天人"）才是他的终极理想。③康有为在海外游记诗文中抒发的乡愁，恰体现了作为"世界人"的康有为对于"国人"眼界和心态的超越。

同王韬的情况相似，异域的公园景致，也会引发康有为对故国风

---

① 康有为：《欧洲十一国游记序》，《康有为全集》第七集，第 344 页。
② 苏轼：《六月二十七日望湖楼醉书五绝》其五，迟乃鹏选注：《苏轼诗词选》，成都：巴蜀书社，2008 年，第 12 页。
③ 康有为自身及梁启超都曾指出其"国民"意识较为薄弱。梁启超《南海康先生传》指出康有为重视"个人的精神"与"世界的理想"，缺乏"国家主义"及"操练国民，以战胜于竞争界"的自觉。康有为《物质救国论》亦承认"吾国民学之不知，无可言也"。我认为，康有为对于"国民"意识的淡漠，与其作为"国人"的承担，并不矛盾。对于康有为而言，"国民"或曰"国人"并非其身份认同，更多的是一种历史使命。

附录一
"世界人"的乡愁

物的联想,但二者的情感内核是不同的。如在罗马尼亚候船逗留二日时,其首都布加勒斯特的公园"大二里,回溪曲折,柳阴路曲,繁花甚盛,至水榭作纯绿色,度以长桥,风景似中国"。因此,即使在这样短时间内,康有为依然"昼夜坐食于水榭亭台间,观凫游舟戏而听乐",享受"旅人不得已之逍遥":"午到园榭中,无人迹,而但闻鸟声,致足乐也。"并赋诗一首:

>　　高柳垂垂路隔溪,微波绿榭鸟空啼。绝无人到忘身世,故国园亭梦似归。①

同样是由异国园林唤起了对于故国风物的联想,王韬的反应是"因涉名区念故国,何时归隐江南边",感叹何时才能回归故土。"归隐江南"用的是张翰"莼鲈之思"的典故——"张季鹰辟齐王东曹掾,在洛,见秋风起,因思吴中菰菜羹、鲈鱼脍,曰:'人生贵得适意尔,何能羁宦数千里以要名爵!'遂命驾便归"。②由此可见,王韬还是将自身比附为羁旅游宦之人,表达的仍是传统的思乡之情。只不过他的物理距离更遥远,身在异国而非异乡,乡愁的对象遂由故乡上升到作为整体的"故国"。与之相比,康有为的表述则是"故国园亭梦似归",同样是对于"故国"的乡愁,同用一个"归"字,意境迥别。"梦似归"传达了一种归属和安宁之感,将前引康有为的诗和文对读,也可见他的心境是十分闲适愉悦的,东欧小国的公园景致慰藉了他的乡愁。

这种境界有点类似苏轼所言"此心安处是吾乡"——康有为与苏轼确实颇多精神上的共鸣,但正如康有为指出的,苏东坡的"万里贬

---

① 康有为:《欧东阿连五国游记》,《康有为全集》第八集,第435页。
② 刘义庆著,杨牧之、胡友鸣选译:《世说新语·识鉴》,杭州:浙江古籍出版社,1986年,第187—188页。

谪"与自己相比"犹未出户庭也",二人所面临的时空格局都有所不同。苏轼的"此心安处是吾乡",缘于一种旷放的心态;而康有为在异国得以逍遥自适,"故国园亭梦似归",是因为他对于异国和异国的公园没有陌生感,究其根本原因,在于一种世界主义者的心态。康有为旅英时曾自道:"吾频年远游,道长为生,几以逆旅为家,习常而忘之矣。"① 如上文所述,戊戌变法后,康有为"三周大地,游遍四洲","几以逆旅为家",不仅是实写,也是一种隐喻。这种经验赋予了他"世界人"的心境和眼界。前引田晓菲分析王韬"失落了乡土意识,却获得了国族意识",与前人相比,王韬确实具有了民族国家的自觉,而终究为国族意识所限,其《畅游灵囿》一篇如此作结:"噫!余处境虽厄,而游览之奇,山水之胜、诗文之娱、朋友之缘亦足以豪,几忘其身之在海外也。"② 在长诗中,他亦于狂喜之际写下"四顾几忘身世贱"。"几忘",就是仍然不曾忘记,仍然时时刻刻保持着自觉的身份意识和格格不入的异域感。而康有为则不然,有别于王韬"四顾几忘身世贱",康有为却是"绝无人到忘身世",进入一种浑然忘我的境界,身处异域,如归故土。③

康有为游丹麦百戏园的例子亦可参差对照。据本文考证,百戏园应为蒂沃利公园(Tivoli Gardens),其位于哥本哈根市中心,建于1843年,是全世界第二个开放的游乐园,各花园以世界不同地区为主题,被誉为"童话之城",与康有为的叙述十分契合。园内有中国式

---

① 康有为:《英国游记》,《康有为全集》第八集,第4页。
② 王韬:《漫游随录·畅游灵囿》,钟叔河编:《走向世界丛书》,第119页。
③ 王韬、康有为在海外的具体境遇也需要考虑,二者虽同是流亡海外,然其身份位置、经济来源都大不相同,心态也很可能受到影响。王韬孑然一身、寄人篱下;而康有为身为保皇会领袖,所到处皆被奉为座上宾,在物质和精神上都很优渥,心境自然潇洒。现实因素虽不能完全排除,但本文认为,王韬与康有为的差异从根本而言,还是在于"国人"与"世界人"意识的不同。

附录一
"世界人"的乡愁

图 7-4　丹麦蒂沃利公园

样的宝塔和戏台,塔分四层,一面倚山,三边临水;戏台建于1874年,建制仿造北京故宫戏台(图7-4)。康有为记载当自己乘小舟至公园深处,携女同璧在花径中散步时,"遥望楼台、花径、松塘",觉得"甚似吾西樵山北之银塘故乡澹如楼风景",疑即见到中国宝塔、戏台。澹如楼系康有为家族藏书楼,其自十四岁至三十岁在此读书,"晨雨夕月,携册而吟,徙倚徘徊者久之",寄托了年少的记忆。在北欧异国见到熟悉的中国风物,康氏十分触动,"自蒙难以来,久无乡梦,岂意绝国有类乡园,恻怆感怀,为之歌啸。前度来游,今兹重到,益增相思也",遂作诗二首:

　　廿年读书处,忆我澹如楼。飞阁临波影,圆窗照道周。横塘堤树密,对岸画堂幽。岂意长漂泊,离乡已十秋。

> 丹墨公园水塘曲,依稀似我澹如楼。十年久绝乡园梦,万里来为波海游。花径同携歌旧曲,柳塘小棹泛新舟。电灯千亿游人万,泽畔行吟独起愁。①

"十年久绝乡园梦,万里来为波海游",同王韬一样,康有为也是跨越了"万里波海"来到异域,而异国山水却慰藉了他十年久绝的乡园梦。"岂意绝国有类乡园",这与王韬"粤东转作故乡看"不同。王韬因为去国渡海,将曾被士大夫视作蛮夷之地的粤东作为中国的一部分思念;而康有为跨越了大洋,身处远在士大夫传统认知之外的北欧"绝国",却找到了共鸣。在最末一联中,康有为表达了乡愁的情绪——"泽畔行吟独起愁"。康有为自比为被放逐的屈原,从他对于用典的选择可以读出其乡愁的真正内涵。屈原与王韬选择的张翰不同,他不是一般的游宦之人,而是被流放者,却始终对祖国念兹在兹。因此,这种"愁"不是普通的思乡情绪,而是对于祖国的忧虑和使命感。康有为对于祖国的深情和在异域的自适是不冲突的。因此,虽然"泽畔行吟独起愁"用的是传统的典故,却能与"电灯千亿游人万"这样现代的意象并举。尤其引"电灯"作为新名词入诗,形成鲜明反差,却毫不觉生硬,与全诗风格统一。

三、世界主义的乡愁

面对声光化电一应俱全的西方现代都会,康有为泰然处之,甚至生出一种独特的情愫。值得注意的是,康有为谈及丹麦百戏园时强调,"前度来游,今兹重到,益增相思也",可见,乡愁的对象已不限

---

① 康有为:《丹墨游记》,《康有为全集》第七集,第 470 页。

附录一
"世界人"的乡愁

于故国、故乡,异国他乡的公园也可以成为"相思"的承载者。在百戏园的叙述之前,康有为就提及此次自瑞典归返丹麦,到达首都哥本哈根时,"欣然如见故物,即游公园",并口占一诗:

> 电车驰骤电灯明,丹麦重游更有情。百万人家成乐国,公园游冶六街平。①

"丹麦重游更有情",康有为对异国的都会产生了依恋之情,且一抵达即赴公园,公园是他在这座城市中的坐标和归属,公园和城市于他而言都具有"如见故物"的意义。异域的公园不仅能慰藉康有为的思乡之情,甚至能直接成为他的乡愁对象。

1904年9月,康有为自伦敦乘车前往利物浦,这于他不是一段陌生的旅程,"吾于此道,凡三往复矣",沿途熟悉的风景令其联想起1899年第一次途经此地的情形,"道中原野弥绿,小麦青青,花牛满野,红墙楼阁弥望,与己亥四五月时经过风景依然",彼时正值戊戌事变后,流亡海外之初。因此康有为触景生情,忆及当年意气风发,壮志未酬,无限感慨:

> 但老夫忧国余生,须鬓班白,非复畴昔矣。数年以来,龙血元黄,几经桑海,行十万里,不意重来,感旧永怀,叹息弥襟。

于是康有为"五时到利物浦",不稍事休整,立即"乘车出游,重寻旧迹,访利物浦公园",甚至还叹惋"惟晚色昏黄,未能畅游而归",稍嫌不够尽兴,并赋诗抒怀:

---

① 康有为:《丹墨游记》,《康有为全集》第七集,第470页。

公园北京

文化生产与文学想象（1860—1937）

> 又别伦敦渡海行，汽车烟裊作雷轰。丘原弥绿牛羊牧，楼阁飞红市道平。风景依然吾老矣，海波历遍月将生。重游利物浦园囿，花径寻来眼更明。①

此公园应为世界第一个城市公园，利物浦的伯肯海德公园。"重游利物浦园囿，花径寻来眼更明"，公园已成为康有为在异国的一种认同，一种乡愁的对象。利物浦故地重游，某种意义上有如精神归乡之旅，引发他的怀旧之情。而康有为"感旧永怀，叹息弥襟"，怀的是什么"旧"呢？是戊戌事变后，流亡海外，为国事奔走的经历。乡愁与怀旧在英文中为同一个词 nostalgia，此处再次验证了，康有为的乡愁（或曰怀旧）是为中国而发，异域的公园则慰藉了他的乡愁。

综上所述，康有为的乡愁折射了一个晚清士大夫在与世界文明相遇的时刻，作为"国人"与"世界人"的阵痛与裂变。异域的公园唤起了康有为的乡愁，这种乡愁是他作为"国人"，对于国家难以割舍的情怀；而异域的公园又慰藉了康有为的乡愁，甚或可成为其乡愁对象乃至归宿，这种乡愁是他作为"世界人"，对于大地无所不在的深情。1905 年，康有为游巴黎"杯伦囿"（布洛涅森林公园，Bois de Boulogne），大发感慨，先是评点一番欧洲各国的公园，继而夫子自道"吾生爱风竹，卜必居林泉"，历数自十一岁起居住过的天南地北的园林——

> 吾生爱风竹，卜必居林泉，自十一龄从先祖述之公读书连州教官署，即跨拥二园。及还吾乡西樵之北银塘乡，读书家园澹如楼、七松轩之中，有林塘之胜。吾粤城则花埭大通寺之烟雨

---

① 康有为：《英国游记》，《康有为全集》第八集，第 25 页。

附录一
"世界人"的乡愁

楼、伍氏福荫园,皆假居焉。在京师南海馆,则居汗漫舫,老木巨石,供我逍遥。游桂林,居风洞七月。游西湖,遍住诸祠寺。自出亡,居域多利文岛之寥天室,则雪山照海波,日游一岛,备极幽胜。及出南洋,居邱氏之南华园,暨居丹江敦岛之灯楼,海波淼茫,山原相望。极移槟榔屿,居英督署,老树疏花,回廊敞地;登山顶,假寓英督、臬、辅政三别墅,及半山谢氏别墅,岩林幽胜,天风海涛,益极山林之乐。暨居印度大吉岭,门绕繁花,坐对须弥。游缅甸,居杨氏之园。入爪哇,居李氏之食瓜楼。游伦敦,居公爵仙挖住之园。天虽极困厄我,而故纵我以山海园林之乐。及筑素园于花埭,则我反未一见而被没矣。然大地各国之园林至胜,我乃得穷奇尽胜,而搜讨享受之。然则何者为我,而何者非我哉?于各国各园之中,吾享受至多者,印度大吉岭及槟榔屿暨美国罗省哈佛之公园,盖岁月枕藉于是。而法之杯伦囿,亦几日一游焉。踪迹较熟,情致弥深。吾昔名大吉园曰我园,此杯伦囿亦奚异我囿哉![1]

洋洋洒洒,公园、私园并举,包揽亚、欧、美各洲,正如康有为颇为得意的自诩:"……大地各国之园林至胜,我乃得穷奇尽胜,而搜讨享受之。"其中他最常流连的,是"印度大吉岭及槟榔屿暨美国罗省哈佛之公园,盖岁月枕藉于是";而在法国,于杯伦囿"亦几日一游焉。踪迹较熟,情致弥深";他甚至命名印度大吉园为"我园",巴黎杯伦囿为"我囿",这是何等的气魄!以"大地各国园林"皆为我所有,以四海为家,不知"何者为我,而何者非我哉",这句话颇有王国维《人间词话》"无我之境"的意味——"不知何者为我,何者为物"。[2]

---

[1] 康有为:《法兰西游记》,《康有为全集》第八集,第154页。
[2] 王国维:《人间词话》,北京:中华书局,2010年,第5页。

347

康有为不知何处是异乡，何处是故乡，此心安处，异国即是故土，他乡亦作故乡。康有为是一个海纳百川的"世界人"，世界人可以任何一个国度／城市为家，因此他的乡愁对象也可以是任何一个国度／城市，乡愁由此获得了一种全新的意义。

玛丽·路易斯·普拉特在《帝国之眼——旅行书写与文化互化》一书中指出，殖民扩张时代欧洲旅行者的书写，包括地图绘制、博物学一类看似客观的知识的建构，实际上是一种全球性的想象。[1]而阅读康有为的游记，面对占据压倒性优势的欧洲文明，他毫无自惭形秽之感，而是取其精华、为我所用，其使用的比喻如"大陈设以供养之""供其广长之舌，大饕餮而吸引焉"，乃至气魄恢宏地以命名的方式，将异国园林纳为己有，都呈现出一种对于欧洲文明象征性的占有，与玛丽·路易斯·普拉特的发现恰形成一种有趣的对照。因此我认为，康有为这种世界主义者的乡愁，是一种对于殖民权力关系的反转，向世人展现了晚清中国人富有自主性、创造力的一面。同时，康有为突破国族畛域、对于世界念兹在兹的归属感，也示范了在全球化的时代，如何不局限于本土的家国认同，在世界的其他地域重新建立身份认同。康有为以其超越时代的前瞻性，预示了全球化语境下"乡愁"的现代表达形式。

---

[1] 参见玛丽·路易斯·普拉特：《帝国之眼——旅行书写与文化互化》，方杰、方宸译，南京：译林出版社，2017年。

附录二

公园：民国西方旅行者的北京想象

随着民国成立，中外交流进一步放开，越来越多的西方旅行者来到中国，留下了不少指南、游记、小说，甚至是地图、摄影、绘画作品。[①] 本文旨在考察民国时期西方旅行者对于北京的认知和想象。综括言之，这种想象是以公园为中心的。如本书正文所述，北京的公园缘于民国政府成立后，为了重构现代首都，自1914年起，政府发起一系列"公园改造运动"，将清代皇家园林坛庙如社稷坛、先农坛、天坛、地坛、太庙、三海、景山、颐和园等，改建为公园向公众开放。公园作为西方都市文明的象征被引入中国，寄寓了国人对于现代生活的期许。民国时期北京的公园普遍设有图书馆、讲演厅、陈列所、博物馆、音乐堂、体育场、餐厅、茶座等现代设施，在休闲娱乐之外，还承载了启蒙教化的功能，是备受北京市民（尤其是中上知识阶层）青睐的公共空间。因此，民国北京的公园很特殊，它具有两面性，既是最新的公共空间，又是最旧的帝国遗迹。正是北京公园这种新旧并存的复杂特质，决定了西方旅行者对于它的理解。本文将重点考察，民国时期的西方旅行者是否会注意到北京新兴的公园，公园在他们的书写乃至镜头中，占据怎样的位置，被怎样表现；而公园，又是怎样作为西方旅行者认识北京的城市地标和意象，象征其对于北京、甚

[①] 为尊重原著，本文研究全部基于原文，因此尽管涉及的部分作品已有中译本，本篇所有引文由我直接翻译自原著。

公园北京
文化生产与文学想象（1860—1937）

至是中国的理解；对于公园的态度，体现了西人对于民国和清廷的复杂心态。

一、北京地图与公园意象

正如尼古拉斯·克利福德（Nicholas Clifford）在探讨1880—1949年英美旅行者的中国游记时指出：

> 中国，迄1914年还被视为深陷于顽固不化的保守主义的泥潭，只会向后看，到了1920年代却开始崭露更积极的面相，甚至可能成为西方学习的对象。而且，在世界趋向于乏味的同质化的现代性之时，中国过去的某些方面，曾经被视作至多不过是进化的障碍，现在却变得值得保存。①

一战的惨痛经验引发西方对于自身价值观的幻灭，导致一部分人开始转向东方。自20世纪20年代起，在一些西方旅行者眼中，中国的传统文明和政治模式，都值得西方借鉴。因此，当20世纪早期的西方旅行者来到中国时，他们自觉不自觉地有一种共同的倾向，即致力于寻找一个所谓"真的中国"。而中国愈发趋向于西方定义的"现代性"，导致"中国性"日渐岌岌可危，越来越多的城市变得面目模糊，比如"摩登"的上海、香港，显然不符合西方旅行者对于东方的想象。在这个层面上，北京相对于其他城市，显示出自身独特的意义。正如裴丽珠那句被频繁引用的名言，"北京的历史是中国历

---

① Nicholas Clifford, *"A Truthful Impression of the Country": British and American Travel Writing in China, 1880-1949*, University of Michigan, 2001, p. 3. 详见"Introduction"与第四章"The Search for the Authentic"、第五章"Journeys to the Past and Journeys to the Heartland"。

附录二
公园：民国西方旅行者的北京想象

史的缩影"①，在裴丽珠看来，北京最迷人之处在于其新旧交织的魅力。阿灵顿与威廉·路易森更直接将北京誉为"过去之城"（a city of the past）②，约翰·布洛菲尔德亦称之为"光辉永存的城市"（city of lingering splendour），认为它不像其他拥有金字塔、帕台农神庙或斗兽场的城市一样只剩文明消逝的空壳。③ 对于西方旅行者而言，北京最大的魅力还是在于它的"过去"。北京是一座活着的过去之城，它如同一个被反复涂抹的重写稿（palimpsest），其宫苑、坛庙、城墙上层层叠叠地刻写着历史。在这个意义上，北京成其为中国历史的缩影，符合了西方旅行者对于"真的中国"的期待。北京还常常被外来者视作一座大公园：

> 在夏天，当所有的树木——几乎每个小四合院都有一两株——都郁郁葱葱，北京给人的印象不是一座城市，而是一个大公园，居中的是天坛的蓝穹顶，它就像绿叶丛中一朵优雅的宝石花。④

---

① Juliet Bredon, *Peking: A Historical and Intimate Description of Its Chief Palaces of Interest*, Shanghai: Kelly & Walsh, 1922, p.2 此书有三个版本：1919 年由上海出版商别发洋行（Kelly and Walsh, Limited）出版；1922 年经修订和扩充后别发洋行再版，1925 年重印；1931 年别发洋行第三次修订并扩增出版。第一版如今难以找到，而且由于第一版出版于 1919 年，大部分公园还未开放，不满足本文的研究旨趣；本文主要依据哈佛燕京图书馆藏的 1922 年第二版；现在市面通行的版本是第三次修订版，经比较，第二版与第三版无论是在章节设置还是具体行文上均有较大出入。原文为：The history of Peking is the history of China in miniature.

② L. C. Arlington & William Lewisohn, *In Search of Old Peking*, New York: Paragon Book Reprint Corp, 1967, p.1. 此书最初由 Peking: H. Vetch 于 1935 年出版，本文使用版本系 1935 年的重印版。已有中译本，赵晓阳译：《古都旧景——65 年前外国人眼中的老北京》，北京：经济科学出版社，1999 年。

③ John Blofeld, *City of Lingering Splendour: A Frank Account of Old Peking's Exotic Pleasures*, Boston & Shaftesbury: Shambhala, 1989, p. 17.

④ Juliet Bredon, *Peking: A Historical and Intimate Description of Its Chief Palaces of Interest*, p. 29.

公园北京
文化生产与文学想象（1860—1937）

民国时期的中国作家在描述北京时，也常以公园作比，如谢冰莹评价："整个的北平市，就像一所大公园，遍地有树，处处有花。"[①] 但对于西方旅行者而言，北京作为公园的意义，与国人使用这个譬喻时的含义还不尽相同。在西方游客猎奇的目光看来，整个北京，如同一座异域风情的主题公园，一个折射了西方想象的客体。任何外来者在进入一个新的城市或国度时，都不是一张白纸，总是带着先验的预设，此前阅读的前人游记、耳闻的经验和传说，都会形成一定的印象。因此，大部分西方旅行者刚到北京时，已经知道自己该期待一个怎样的北京、该浏览哪些景点；而他们的游记，又影响到后人的观感和书写。我将借助民国时期西方人留下的旅行记录（包括指南、游记、回忆录、地图、绘画、摄影等），考察他们是怎样将整座北京城作为一个大公园，借助文字和图像，打造一幅立体的北京地图。

地图，是认识一座城市的起点；而绘制地图，体现了对一座城市的认知。几乎所有西方旅行者留下的指南、游记、绘画集、摄影集都会收录北京城市地图。这种地图显然不是巨细靡遗的，功能指向不同的地图会有不同的表达方式，譬如旅行者绘制的游览地图与侵略者绘制的军事地图侧重点显然有所差异。地图不单纯是对于一座城市的客观反映，一张地图绘制、标记出什么，体现了旅行者对于城市的主观认知，他关注什么，忽略什么；相应地，城市在其笔下变形，某些地方被凸显为重点，某些则被省略作空白，通过旅行者主观的行为，重构城市的面目。而这"纸上的城市"却并非纸上谈兵，而是将作为对于一座城市的印象，影响、塑造其西方同胞（其中很大一部分也许毕生都不会来到中国）对于北京的想象，使其作为记忆中的城市，长久地留存下去。

---

① 谢冰莹：《北平之恋》，姜德明编：《北京乎——现代作家笔下的北京（1919—1949）》，第755—756页。

附录二
公园：民国西方旅行者的北京想象

这些旅行者绘制的地图自然详略各异，但都延续了某种一致性。首选其中最简约也最别致的一幅，来自荷兰驻华大使夫人爱伦·凯特林（Ellen Catleen）驻京期间拍摄的北京风光、民俗照片，配以奥地利籍犹太漫画家费德里希·希夫（F. H. Schiff）绘制的漫画，以虚拟人物皮姆先生及其导游吴先生的游览，再

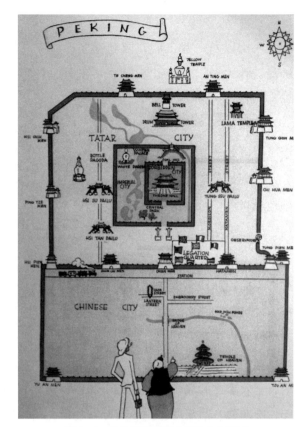

图 8-1　奥地利籍漫画家手绘北京地图

现作者眼中民国时期的旧京风情，于 1934 年在上海出版。之所以选择费德里希手绘的北京地图（图 8-1），除了其富于特色外，更在于愈是简略，愈能体现对其而言什么是最重要的。地图除了城门、牌楼及几条标志性的大道外，标识出的地点分别有紫禁城、景山、冬宫（即三海）、中央公园、钟楼、鼓楼、雍和宫、观象台、使馆区、天桥、金鱼池、天坛等，除此之外，摄影作品中还收有因地处西郊而无法显示于地图中的颐和园。

综观其他西方旅行者留下的地图，虽然各自有所增益，但紫禁城、三海、景山、中央公园、太庙、钟鼓楼、孔庙、雍和宫、天坛、

公园北京
文化生产与文学想象（1860—1937）

地坛、日坛、月坛、先农坛、观象台、天桥、琉璃厂、万牲园、颐和园、西山以及一些王府花园和寺庙（如黄寺、护国寺、隆福寺、大钟寺、卧佛寺、东岳庙等），无一例外是各版地图不可或缺的基本地标。（如图8-2）

1924年，天津出版社出版由斐士（Fei-Shi）编纂的英文版旅行指南《京师地志指南》（*Guide to Peking*），针对逗留时间不长的外国游客，策划如何利用有限的时间，一网打尽北京最为精华的部分。《京师地志指南》给出十则短途旅行建议，分别是：从使馆区出发，经前门，前往天坛、先农坛，归来逛前门大街集市；从水关门出使馆区，在城墙上漫步，至观象台；从使馆区经哈德门大街，至雍和宫、孔庙和国子监；从使馆区经马可波罗大街到钟鼓楼，然后穿后门大街入皇城，经过景山区域（包括三海），从东华门回使馆区；从使馆区，经马可波罗大街至安定门，参观地坛和黄寺；经长安街，进入总统府区域（即中南海一带），回来时经过北海、团城；乘汽车或轿子出西直门，至农事试验场（即万牲园）和植物园、万寿寺；游览西郊的颐和园、圆明园及清华园；出南口关至长城、明陵和小汤山温泉；参观卢沟桥、西山八大处、鹿苑、碧云寺、卧佛寺、玉泉寺等。①这种精华版的旅行路线，编者挑选出北京最值得观赏的景点，大致与旅行者标识的地图相重合。

由此可见，除了与自身关系最密切的使馆区外，西方旅行者关注的焦点，基本上是清朝遗留的皇家园林坛庙，它们大多是新近开放的公园，如中央公园、太庙（和平公园）、三海（北海公园、中南海公园）、景山、天坛、地坛（京兆公园）、先农坛（城南公园）、万牲园、颐和园，还包括作为博物馆开放的故宫等。著名城市规划学者凯

---

① Fei-Shi ed., *Guide to Peking and Its Environs Near and Far*, Tientisn: The Tientsin Press, 1924, pp. 9-11.

附录二
公园：民国西方旅行者的北京想象

文·A. 林奇（Kevin A. Lynch）曾于20世纪中期提出一个概念——"城市意象"（The Image of the City），他的理念是，不能仅仅将城市看作客观存在的事物，而应该将其理解为由它的市民感受到的城市。通过被访者描述对于所居城市的印象，绘制其脑海中的城市地图，那些影响人们对于城市空间记忆的标志物，即一座城市带给居民的公众意象。这种城市意象，是观察者与所处环境双向作用的结果，因此它不完全是本来的城市面目，而是有所侧重，甚至有所扭曲。一些著名的大道、公园、广场、绿地、水域、建筑物等，都可能成为城市意象。[①]而对于民国时期的西方旅行者而言，北京的城市意象，则主要由皇家园林坛庙改建的公园构成。公园是其最感兴味的所在，也是其最常流连的去处，因此成为他们在认知北京城市空间时，印象最深刻、形象也最分明的意象，以这些公园为节点，建构他们脑海中的北京地图。

不唯如此，20世纪20—30年代西方旅行者有关北京的文学书写，也呈现以公园为城市意象的地图式建构，这一时期西人写作的游记，通常以皇家园林寺庙结构章节。以英国作家裴丽珠的《北京》与美国作家阿灵顿和威廉·路易森合著的《寻找老北京》为例，这两部游记在英文世界中有很大的影响，甚至及于中文世界，林语堂于1961年出版的英文著作《大城北京》（Imperial Peking）介绍有代表性的西人北京游记，即重点推荐此二者。裴丽珠《北京》首章简笔勾勒北京的历史；第二章描述北京的城墙；第三章介绍使馆区和现代北京；第四章题为"如画的过去"，为总领全书余下部分的题眼；以下各章，遂带领读者领略旧京"过去的"风情，分别介绍三海和景山，故宫，天坛及先农坛，礼拜寺、雍和宫和孔庙，皇城、内城、外城以及城外的各种坛庙和陵墓，颐和园、圆明园和玉泉山，西山等，并冠以相应

---

① 参见凯文·林奇：《城市意象》，方益萍、何晓军译。

的标题。《寻找老北京》的格局受《北京》的影响,既有一定延续又有所发挥,分章开列如下:使馆区;紫禁城的南部和中部;紫禁城的北部和东部;紫禁城的西部;太庙和中央公园;北海;南海和中海;天坛和先农坛;东皇城和景山;西皇城;内城的东南部;内城的西南部;内城的东北部和孔庙、雍和宫;内城的西北部;外城的西北部;外城的东部;北郊;西郊;东郊;酒、音乐和女人;颐和园;玉泉山;西山其他寺庙;其他寺庙;十三陵、长城和汤山温泉。这种章节设置,基本就是以文字——再现作者在地图中标注出的景点,以文字的形式重构一幅北京地图。而这些由皇家禁苑改建而成的公园,即结构章节的核心,虽然在西方旅行者的命名中,它们大多仍沿以旧称,而非以公园的形式体现。

公园甚至深刻介入文学创作,成为文学作品中生动的城市意象。以约翰·布洛菲尔德《光辉永存的城市》为例,公园在这部半虚构性质的回忆录中,起到带入核心人物、推进关键情节的作用。如第三章在中央公园认识神秘的俄国友人,又在北海偶遇幽灵般的老太监;第五章与友人观赏天坛雪景;第六章清明时节与友人踏青颐和园,携妓吟诗饮宴,并引入歌妓春香的故事;第十章在太庙遥想先帝的鬼魂;第十一章战后在景山上与故人杨道士重逢,感慨万千,最后归国前友人于北海为其饯行,结束全篇。在全书叙事中,公园绝不仅仅提供情节展开的场景,而是贯串全书,如有灵魂一般,作为参与叙事的重要角色而存在。

不仅作家自身的思路在地图与文字之间有同构性,作家与摄影师之间也可能相互影响,如德国摄影师赫达·莫里逊(Hedda Morrison)于1933—1946年在北京拍摄大量照片,后结集为《洋镜头里的老北京》(*A Photographer in Old Peking*)出版,在前言中她曾感谢阿灵顿对她拍摄选景的建议。该书主体分六章,第一章即题为"城

附录二
公园：民国西方旅行者的北京想象

墙，宫殿及公园"（"Walls, Palaces and Parks"），聚焦于故宫、景山、太庙、北海、南海等，而第二章"寺庙与牌楼"（"Temples and P'ai-lou"）和第六章"郊区"（"Further Afield"）中实际上也包含了许多公园的照片，如天坛、先农坛、颐和园等。赫达在北京共计拍摄一万多张

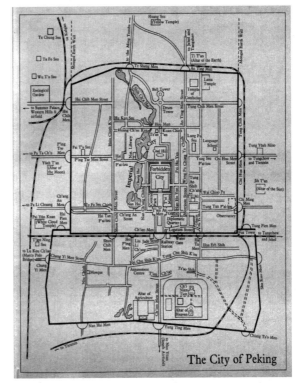

图 8-2　赫达·莫里逊《洋镜头里的老北京》所附北京地图

底片，冲印出六千多张，一并捐给哈佛燕京图书馆，这些照片被分门别类地整理成集，其中，紫禁城（2册）、北海（2册）、中海（1册）、南海（1册）、颐和园（3册）、太庙（1册）、天坛（2册）都单独成册，可见摄影师对于公园情有独钟。而这绝非个例，同作家一样，公园同样成为民国时期西方摄影师最钟爱的主题。另一位德国摄影师汉茨·冯·佩克哈默（Heinz von Perckhammer）亦在京拍摄一系列照片，1928年由柏林阿尔贝图斯出版社（Albertus）印行，后由意大利出版人阿勒都·卡戴里诺（Aldo Caterino）收藏，交付中国国家图书馆以《逝去的风韵——德国摄影师镜头下的老北京》为题结集出版。全书分四章，第一章即"宫阙园林"（"Imperial Palace"），紫禁城、北海、

公园北京
文化生产与文学想象（1860—1937）

颐和园、圆明园、香山等皆是镜头的焦点。更有甚者，如瑞典学者喜龙仁（Osvald Siren，又译作喜仁龙，似误），拍摄了三大卷《中国北京皇城写真全图》(*Imperial Palaces of Peking*)，以详尽文字介绍配合大量珍贵图片，展现了北京20世纪20年代紫禁城（包括社稷坛、太庙、景山）、三海、颐和园等皇家园林的风情。这些图像，不仅记录了摄影师自身对于北京的印象，也建构了读者对于北京的想象。图像是最直接、最具象的表达方式，往往能获得比文字更强烈的效果，在未曾去到中国的西方人心中，"北京"这个词很容易唤起直观的形象，如紫禁城巍峨的宫阙、天坛的穹顶、北海的白塔、颐和园的长廊、角楼和城墙等。而一旦到达北京，他们又会下意识地寻找这些北京的标志，作为到此一游的证明。

如此，地图、照片、文字，以多种媒介构筑一幅立体的北京地图，整座北京如同一座大公园，供给满足西方旅行者东方风韵和帝国想象的景点；而公园则构成民国时期西方旅行者认知北京的城市地标和意象。首先，这是由北京公园的特殊性决定的。如前文所述，它们不是另起炉灶新建的西式公园，而是将前清遗留的皇室禁苑改建、开放为公园。这些公园因此蕴含了丰富的意义，每一个角落都覆盖着前朝的记忆，在这个意义上，公园最为具象地体现了"重写稿"（palimpsest）的内涵。如裴丽珠所说"北京的历史是中国历史的缩影"，那么可以说，公园的历史即北京的缩影，它具体而微地辐射了京城乃至整个帝国的社会历史变迁。因此，从寻找"真的中国"的角度而言，北京的公园对于西方旅行者具有独特的意义。

而另一方面，由于西方旅行者大多是浮光掠影，走马观花，受语言、文化乃至时间、精力等诸多因素的限制，不可能深层次地体味、融入中国/北京的幽微之处。譬如本土作者谈北京，可以从方方面面、声色气味来追忆、玩味，如四季风情、岁时纪胜，乃至秋天糖

附录二
公园：民国西方旅行者的北京想象

炒栗子的香气、深夜胡同里的叫卖声，这些微妙不可言喻的佳处，需要长期浸淫于此文化中才可以欣赏体会。① 此外，本土的北京居民，因为长期生活于斯，他们所熟悉、感兴趣的，对他们而言有意义的，可能只是局部的一块区域，若是令他们描绘心中的北京地图和城市意象，很可能全然不同，也许会是城南的会馆、天桥或者琉璃厂，甚至只是某些不起眼的小胡同。因此，西方旅行者认知中北京地图的空白处，也许恰是本土居民的地图上密密麻麻布满意象的地方。② 而外来的旅行者，一般只能抓住标志性的旅游景点。在这个意义上，公园对于旅行者而言，成为北京最具代表性的城市意象，正如尼古拉斯·克利福德略带讽刺的评论："假如亨利·詹姆斯（Henry James）晚二三十年生，他可能会像哈罗德·阿克顿（Harold Acton）一样去中国，而他的主人公伊莎贝尔·阿切尔（Isabel Archer），一个穿着超短裙、留着波波头的摩登女郎，将在紫禁城金碧辉煌的宫殿间漫步，而非乌菲齐冬日肃杀的美术馆。"③

二、帝国主义的怀旧

确切地说，西方旅行者对于皇家园林坛庙的迷恋，绝非始于民国

---

① 如陈平原编选《北京读本》，将辑录的现代作家有关北京的散文归类为不同主题：北平印象、四季晨昏、岁时纪胜、日常感受、饮食风尚、寺观香火、郊野游踪、宫阙园囿、街道胡同、市井院落、书肆与学堂、京腔与京韵、非常时刻、眷恋与怀念等。陈平原、郑勇主编：《北京读本》，上海：华东师范大学出版社，2010年。

② 我曾撰文讨论台湾作家林海音北京叙事中的地图建构，她熟悉的空间主要是自小生长的城南一带，如城南各会馆、天桥、虎坊桥、琉璃厂、海王村公园、珠市口、椿树上二条、新帘子胡同、西交民巷、梁家园、南柳巷、永光寺街、南长街等。参见林峥：《从〈旧京琐记〉到〈城南旧事〉——两代"遗／移民"的北京叙事》，《中国现代文学研究丛刊》2012年第1期。

③ Nicholas Clifford, *A Truthful Impression of the Country*, p.94. 亨利·詹姆斯著有《一位女士的画像》（*The Portrait of a Lady*），伊莎贝尔·阿切尔即主人公；哈罗德·阿克顿，《一位唯美者的回忆录》（*Memoirs of an Aesthete*）作者。

公园北京
文化生产与文学想象（1860—1937）

时期，但在帝国时期，除非一些特殊身份的高级使臣或宫廷技师等，外国公民很难踏足皇家禁地。如立德夫人（Mrs. Archibald Little）写于1905年的《我的北京花园》（*Round about My Peking Garden*）一书中谈道："要不是以现在这种征服的方式，没人能相信一个欧洲人可以在紫禁城里自由行走。当我第一次到北京时，我是多么向往地望着午门熠熠发光的屋顶啊！我是多么热切地希望能化装成一个中国男人，扎条辫子，穿蓝色长袍，戴一副大圆眼镜，配上其他行头，大摇大摆地走进去！这好像并非不可能。据说一旦被发现，惩罚就是死刑。可这难以让人相信。似乎更可能的是向使臣求情，外交交涉，冗长的公文往来；而与此同时，会被警告哪些宫廷秘密是不可为外人所知的！"①在立德夫人的年代，天坛、北海等尚未被开放为公园，但就像早期的晚清旅行者会将西方的公园辨识为自身所熟悉的园林一样，立德夫人也自然地将这些东方的皇家园林比附为西方文化语境中的公园，她多次以"公园一样的"（park-like）修饰语来形容。

民国时期，原先作为皇室禁地的园林坛庙开放为公园，西方旅行者才如愿以偿，登堂入室；但吊诡之处在于，当他们真正进入公园时，却又不视其为公园，而依旧将它们视作清室的宫苑。前文谈到，在西方旅行者眼中，北京是一座"过去之城"，这种城市观，决定了其理解北京、书写北京的方式。他们对于这些新兴的公园大多不以公园的名称表现，而是沿用前朝旧称。晚清时期，出访欧美的中国士大夫在认知欧美的公园时，从"花园"到"公园"，一字之别，对于公园（public park）的认知经历了漫长的过程；而在对公园概念十分熟悉的西方旅行者笔下，却极少出现park这个词，与晚清旅行者无意识的混淆不同，这不能不说是一种有意识的选择。民国开放的一系列前

---

① Ms. Archibald Little, *Round about my Peking Garden*, 北京：外语教学与研究出版社，2008，p.5. 已有中译本：《我的北京花园》，李国庆、陆谨译，北京：北京图书馆出版社，2004年。

附录二
公园：民国西方旅行者的北京想象

清园林坛庙，不仅纷纷改称公园，有不少甚至换了名字，譬如社稷坛改作中央公园，太庙改称和平公园，地坛改为京兆公园，后又改名为市民公园，先农坛更名为城南公园，诸如此类。民国政府的改名，系有明确意识的政治行为，取消皇室宫苑的原有名称，是想抹除帝国的痕迹，代之以民主共和寓意的新名称。而西方旅行者却又将它们一一还原，包括紫禁城，依旧是 Forbidden City，而非故宫，仿佛它们还是神圣不可侵的皇家禁地。唯一的例外是中央公园（Central Park），也许因为这是最早开放的公园，已在时人心中根深蒂固，且美国都会多设中央公园，是西方人耳熟能详的名词。① 对于一个地点的命名，实际上不是简单的名称，而是对一个空间的重新占有和书写。命名作为权力的地理学，可以重构整个城市的面目。如此，在西方旅行者的笔下，整座北京，仍是一座过去之城，延续着前朝的名称，以及这名称上负载的全部内涵。

西方旅行者对于民国公园，抱有相当复杂的态度。一方面，他们内心很清楚自己能见到这些慕名已久的古迹，得益于民国的开放。譬如裴丽珠的《北京》虽与大多数西方旅行者一样叹息民国后北京历史古迹的凋敝失修，但还是不失中肯地指出："我们有些人希望能生活于这行将消逝的东方文明的全盛时期。但是我们不要忘了，彼时那些最值得一顾的景点，是对外来者严格封闭的。北京，就像拉萨一样，数世纪以来作为一个神秘的存在，大门紧闭，城墙高耸。"② 裴丽珠高度肯定公园的开放，在她看来，皇室禁地向公众敞开，"象征着这座城市，就像这个国家一样，现在属于人民"。对于公园的态度，背后其实是如何看待民国的新变。裴丽珠在"使馆区与现代北京"一章中，

---

① 相应地，清遗老对于中央公园一般称作"稷园"，因其原为社稷坛，亦是一种政治态度的反映。

② Juliet Bredon, *Peking: A Historical and Intimate Description of Its Chief Palaces of Interest*, p. 14.

正面评价民国北京的市政改革:"尽管当旅行者突然步入一个剧变的时代——尤其是从封建时期进入民主时期——很可能叹息旧事物的美好和新事物的丑陋,但他必须承认一些现代的革新确实带来了难以估量的便捷。新铺设的道路改变了整个城市的面貌,乃至,极大地改变了城市生活。"① 她在这一章中赞美民国的种种革新,包括现代的医院、监狱、高校、图书馆、印钞厂、自来水、消防队、农事试验场、商品陈列所等,这在西方旅行者中实属难得。

然而即便如此,对于皇室空间的开放,裴丽珠的心态依然十分矛盾。譬如当她谈到承光殿迄今仍对公众关闭时,说道:"没关系。谁不情愿去读马可波罗和鄂多立克对于伟大可汗宫殿的描述——那'全世界最美丽的皇宫'——而非亲眼看到它辉煌不再呢?"② 在为故宫博物院展览的文物惊叹时,她又笔锋一转:"这些过去岁月的辉煌使我们这些看惯了礼服和软领的现代人目眩神迷,然而我们还是要像龚古尔在凡尔赛时发出感慨:'多么遗憾呐,现在这些艺术品被交付给博物馆冰冷的墓穴,并且屈尊于那些愚蠢的过客漫不经心的一瞥!'"③ 乃至庆幸并非所有的皇室禁地都开放为公共空间:"让我们不要惋惜被拒之门外——而是尽可能地欣赏并珍惜那所剩无几的禁地;它们是如此有限,然而当所有的禁地都自由地向大众敞开时,这个世界应许我们的迷人之处就减少了许多。那年少时偷尝禁果的魅惑力即便在成长之后依然不减当年;而到头来,那些我们没有可能看到的景象会在我们的梦中萦回不去。"④

这种复杂的心态,缘于裴丽珠对于现代的民国和逝去的帝国之间

---

① Juliet Bredon, *Peking: A Historical and Intimate Description of Its Chief Palaces of Interest*, p. 51.
② Ibid. p. 94, 鄂多立克(Friar Odoric),著有《鄂多立克东游录》。
③ Ibid. p. 109.
④ Ibid. p. 128.

附录二
公园：民国西方旅行者的北京想象

摇摆不定的情绪，她坦言："无论我们是多么好的民国公民，无论我们多么赞赏充满了各种繁荣与友善的可能性的现代北京（就像波士顿或者马赛），我们不得不承认，而且是悲伤地承认，失去了宫廷的奢靡和刺激，死亡，乃至生活，都变得如此乏味单调。……我们的心依然留恋着过去，它是如此英雄主义又如此执迷不悟，如此踌躇满志又如此血腥无情。"① 徘徊于现在与过去之间，裴丽珠祈祷"不要让进步的飓风来得太迅疾太猛烈，将那旧礼仪、旧传统的纤雅的氛围吹得烟消云散"。"进步的飓风"（the winds of progress）令人联想到本雅明的"历史天使"。② 裴丽珠，以及她的西方同道，某种程度上也与"历史的天使"保持相似的姿态，他们面朝过去，无可奈何地被推向未来，却留恋眼前的历史残骸，哀悼中国的古老文明在现代性的飓风前不堪一击。然而，他们实质上又与本雅明的天使有所不同，在中国的问题上，他们表现出的对于过去的迷恋和对于现代的抗拒，与其说是对现代性的反思，毋宁说是一种帝国主义的怀旧（imperialist nostalgia）。

"帝国主义的怀旧"指的是当一种生活方式被改变时，那些始作俑者反而感叹它为何不维持原样，是殖民者对被殖民文化表达的一种怀旧之情。其吊诡之处在于，"当所谓的文明进程动摇了传统生活方式，这种改变的始作俑者却对异族文化转型的损失感同身受"③。当今"民国热"甚嚣尘上，对"老北京"的怀旧成为时尚，而实际上，早在民国时期，西方旅行者已经在"寻找老北京"："由于这本书是关于'老北京'的，它不仅描写了今天可见的建筑，也有那些完全消失了的。读者也许会觉得作者混淆了两个北京，因为当他们在北京城

---

① Juliet Bredon, *Peking: A Historical and Intimate Description of Its Chief Palaces of Interest*, p. 79.
② 汉娜·阿伦特编：《启迪》，张旭东、王斑译，第 270 页。
③ 关于 Imperialist Nostalgia 的论述，参见 *A Truthful Impression of the Country*, Chapter 5。

公园北京
文化生产与文学想象（1860—1937）

漫步时，将找不到书中描述的建筑或纪念物。很遗憾这不是作者的错——若果真如此他们将十分高兴——而是由于中国人自身的淡漠，尤其是他们的当权者，对待北京如此丰富的历史古迹的态度。这种破坏和忽视的行为如此严重，以至于时常当作者还在记录它们的时候，那些古建筑和历史文物实际上已经消失了。"①

因此，当民国公民热烈欢迎并享受公园空间的开放时，西方旅行者却强烈抵触和否定这类变革——虽然他们自身亦受惠于此。20 世纪 20 年代前期，瑞典汉学家喜龙仁游历北京，对于北京古建文物的颓败现状十分叹息感慨：

> 北京的雄奇壮丽和图画般的美景还能维持多少年？每年有多少金饰雕刻的店面牌楼被毁坏无存？有多少设有前廊和巨大花园（里面设置着充满奇趣的假山和亭阁）的古老住宅被夷为平地，而让位于半新式的三、四层的砖造建筑？有多少古老的街道被展宽，多少皇城周围华丽的粉红色宫墙为了铺设电车轨道而被拆毁？古老的北京城正被迅速地破坏，它已失去昔日皇城的面目，但却没有一届政府去设法保护它那些最值得骄傲、最珍贵的古迹。既然中国已经成为一个"民国"，人们又有什么必要去关心昔日的美呢？②

在西方旅行者看来，民国政府疏于对清室遗迹进行修复和保存，导致古迹日渐倾颓；皇家禁地向公众开放，大为削减了曾经的神圣性和神秘感；而现代化的革新和实用性的要素，更是有损古迹本身的历史感和美感；甚至是一些人为的占用和破坏，尤其令西方旅行者难以

---

① L. C. Arlington & William Lewisohn, *In Search of Old Peking*, Foreword.
② 喜仁龙：《北京的城墙和城门》，许全勇译，北京：北京燕山出版社，1985 年，第 29 页。

附录二
公园：民国西方旅行者的北京想象

忍受。对公园的意义和功能所在，西方旅行者的认识与同时代的民国人有所不同，这点可从他们对待公园茶馆饭店的态度管窥。公园茶座、餐厅是民国北京公园最为独特的一道风景，作为新兴的公共文化空间，在市民的精神生活中占据不可或缺的位置，深受文化人的赞许。而尽管西人自身有与公园茶座十分相似的公共空间——咖啡馆文化，他们对于北京公园的这种新变，却表达了强烈的不满。

《寻找老北京》罗列对于公园古迹相对轻微的破坏，首推"将历史悠久的宫殿改造为现代的餐厅和茶馆"，并将其与坛庙沦为兵营和警察局、古柏被用作木柴以及城墙和牌楼为政治标语所污染等并举。[①] 更多时候，对于园林被改造为餐厅茶室的态度是从字里行间流露的。如最以茶座闻名的中央公园，阿灵顿与威廉·路易森是这样描述的：

> 离开金鱼池沿游廊向西，经过荷塘上的小桥来到一家饭店。荷塘、桥和饭店都建于中国民国时期，一部分建于1921年，一部分建于1928年。荷塘的西北角是一个小餐厅，清朝时曾是老爷庙，神像被移走了，否则他大概会对这里日以继夜的吃喝玩乐十分反感。[②]

此外，对于同样深受民国时人喜爱的北海公园的餐厅和茶座，作者也颇有微词："许多雕廊画栋，及穿梭其间的二层回廊，过去曾是整个公园里最美的景致；现在却被改成了饭店。"[③] 实际上，作者对整个北海的开放和改造都十分不满。

相应地，裴丽珠在《北京》中记述颐和园之行，亦是耐人寻味。

---
① L. C. Arlington & William Lewisohn, *In Search of Old Peking*, Foreword.
② Ibid., p. 76.
③ Ibid., p. 83.

公园北京
文化生产与文学想象（1860—1937）

裴丽珠一行先是被一个导游纠缠，在发现游说无果后，这位导游转向了一个外国旅行团。由此可见，当时往来颐和园的外国游客已不少，存在这种专门针对外国游客的生意。在登万寿山时，裴丽珠与那个旅行团再度相遇，并与其中一对来自美国阿肯色州的父女结伴而行。此时正值20世纪美国黄金的"爵士时代"，恰如尼古拉斯·克利福德设想的那样，"穿着超短裙、留着波波头"的摩登少女遭遇古老东方的皇家园林，会发生许多有趣的碰撞。与其他熟悉并仰慕中国文化的成年旅行者——如作者及少女的学者父亲，他们大多是"中国通"——不同，天真烂漫的少女时常将万寿山与美国最繁华的大都会如纽约、芝加哥，及其相应的现代设施作对比。在登万寿山时，她抱怨"任何文明的国度"都应该安装电梯，下山时她再次质疑如此的辛苦是否值得，因为纽约的摩天大楼有万寿山两倍高，"是的，夫人，"她说，"两倍高，而且有电梯送你上下楼。现在，我猜想这儿也没有冰水喝吧？"

> 那儿没有冰水，但我们说你可以在石舫上喝到微温的柠檬汁。于是我们走到那儿，看到了"一个新奇玩意儿，但一点也不美"——颐和园中唯一令人幻灭的打击！正如某位智者的评论："中国想要一支海军，但最后她得到的是一艘石舫，上面有一座丑陋的木屋，刷成石头的颜色，游客在那儿可以买到啤酒和软饮。"①

作者对石舫及其茶座进行了辛辣的暗讽。公园茶座为民国北京的中国公众提供了休闲娱乐、公共社交的空间，是对于传统生活方式具有颠

---

① Juliet Bredon, *Peking: A Historical and Intimate Description of Its Chief Palaces of Interest*, p. 277-279.

附录二
公园：民国西方旅行者的北京想象

覆意义的公共场域；而在西方旅行者眼中，这却是破坏园林本色之美的功利行为。对于公园茶座的不同态度，尤有代表性地体现了西方旅行者对于公园空间功能的理解。

这种观念背后，其实是对民国和清室的政治立场在起作用，仔细玩味西方旅行者对公园空间新变的书写，可以体会到其中微妙的深意。如对于天坛的开放，裴丽珠评论道，"这里已开放了许多年，曾经的浪漫气质也被大大削减"，"第一次，大众可以在这片神圣之地自由走动，并且中国妇女也可以登上天坛"。这种变革是为中国新文化人所激赏的，庐隐、陈学昭等女作家特别为新时代的女性能够踏足社稷坛、北海等皇家禁地而倍感自豪。如女作家石评梅如此描述其好友庐隐登上社稷坛的情形，"提着裙子昂然踏上那白玉台阶时，脸上轻浮着女王似的骄傲尊贵"，并有意识地将目光投向"一角静悄悄重锁的宫殿"，即一墙之隔的故宫。① 然而，即使在对民国怀有好感的裴丽珠看来，这却是"亵渎神灵"的行为。裴丽珠肯定民国之后对于天坛进行的一些修复工作，但同时又不满"那成排的兵营和竖立的无线电杆，是实用性如何驱逐了神圣性的耻辱的证明！"②《寻找老北京》也历数天坛"经历了不可思议的变迁"，最后预言："毫无疑问，这里将整个夷为平地，或改造为游泳池、体育场或其它什么实用性机构，只不过是时间问题。"③ 可以看到，西方旅行者们一致视"实用性"为大忌。

在介绍天坛的祭天仪式时，阿灵顿与威廉·路易森指出：

当清朝覆灭后，这个举行了几百年、从没有间断过的重要仪

---

① 石评梅：《心海——寄几个朋友的信（三）露沙》，《妇女周刊》第 5 号，1925 年 1 月 7 日。
② Juliet Bredon, *Peking: A Historical and Intimate Description of Its Chief Palaces of Interest*, p. 139.
③ L. C. Arlington & William Lewisohn, *In Search of Old Peking*, p. 111.

公园北京
文化生产与文学想象（1860—1937）

式突然结束了，袁世凯当总统期间曾试图恢复，但没有成功，现代中国希望与过去一刀两断。然而，值得注意的是，当国民党掌权后，他们发现有必要建立一种新的国家宗教，于是开始祭拜孙中山。对这位现代圣人的生日、祭日的官方祭拜，可以说代替了古代在天坛的祭拜。①

将对于孙中山的纪念视为中华民国新兴的国家宗教，与天坛的祭天仪式相提并论。作者对孙中山的问题颇为关注，在介绍中央公园的时候，谈到中央公园的改名："现在的'中山'是为了纪念在日本流亡时取名中山樵的孙中山先生。在这个名字下，他被神化了，许多道路、公园、建筑物，甚至他喜欢的半欧式服装都以'中山'命名。"②在阿灵顿等看来，有关"中山"的一系列纪念手段，并非民主共和战胜了封建帝制的象征，而只不过是对于祭天仪式换汤不换药的一种新宗教，作者对于民国的态度，由此可见一斑。

天坛而外，阿灵顿等对于民国时期天安门的使用也颇有微词："自民国成立后，天安门前的广场被用作政治集会，常导致小骚乱，以至与'天安'之名十分不符。这类场合中发表的激进民主的演讲，在过去大明朝和大清朝的皇帝们听来一定非常惊异！"③同样针对前皇室空间被应用作新兴的公共空间，晚清士大夫郭嵩焘曾赞许海德公园提供"人民非议朝政"、集会演说的平台④；而阿灵顿与威廉·路易森则批评天安门广场的集会和演讲有违"天安"之名，更有趣的是，他们突兀地搬出了"大明朝和大清朝的皇帝们"，设想先帝们的感受以进行

---

① L. C. Arlington & William Lewisohn, *In Search of Old Peking*, p. 111.
② Ibid., p. 70.
③ Ibid., p. 31.
④ 郭嵩焘：《伦敦与巴黎日记》，钟叔河编：《走向世界丛书》，第 502 页。

附录二
公园：民国西方旅行者的北京想象

褒贬。正如林语堂在面向美国读者的文章中对于北平的形容，"北平正像一个帝王的梦"①，先朝皇帝（的鬼魂们），在作者对民国的变革作价值判断时，如幽灵般萦回不去。阿灵顿与威廉·路易森对故宫变为博物馆的态度亦很微妙，他们这样描述故宫博物院的匾额："神武门北面白色的石墙，被一行丑陋的、风格十分现代的大字破坏了：'故宫博物院'。"②其对民国的态度比裴丽珠激烈得多，当叙述宣统被冯玉祥赶出故宫时，作者评论道：

> 这是冯玉祥将军的杰作，为了表示其共和国原则的纯粹性，不仅纵容他的手下掠夺宫殿，甚至试图杀死宣统，后者逃往天津的日租界。然而，命运轮回，在我写作这本书之时，冯玉祥耻辱地退隐于山东泰山，而溥仪现在是（伪）满洲国的皇帝，那是清王朝最初的发源地。③

这种"风水轮流转"的庆幸，旗帜鲜明地彰示作者对于民国和清朝/伪满洲国的立场，有别于大部分民国人，更近于遗老的态度。与之相应的，是他们对于北海公园成立松坡图书馆的评价：

> 松坡图书馆是为了纪念推翻袁世凯的革命家蔡锷而建立的图书馆。1916年蔡锷起义，粉碎了袁世凯的皇帝梦，维护了共和制。由于在许多中国人眼里，袁世凯两次背叛清朝，在乾隆最喜欢的地方之一建立松坡图书馆，也许会被认定是缘于他的荫蔽而

---

① 林语堂：《迷人的北平》，转引自姜德明编：《北京乎——现代作家笔下的北京（1919—1949）》，第509—510页。
② L. C. Arlington & William Lewisohn, *In Search of Old Peking*, p. 42.
③ Ibid. p. 61.

公园北京
文化生产与文学想象（1860—1937）

非其他原因。①

松坡图书馆是梁启超为纪念学生蔡锷而发起促成的，是民国北京现代图书馆的先声。这是作者难得不排斥的现代建筑，然而有趣的是，对于松坡图书馆的好感，不是基于蔡锷维护了共和制，而是因为他推翻的袁世凯是背叛清朝的叛徒，并且作者认为这是托乾隆的荫蔽。在西方旅行者眼中，皇家禁苑改建而成的公园，一檐一瓦、一草一木之间，前朝皇帝们始终阴魂不散，左右着他们对于公园的审美趣味和价值判断。

  对于公园性质和功能的理解，还体现在西方旅行者对其图像的表达上。公园是民国时期西方摄影师偏爱的主题，而如何表现公园，其实透露了他们如何看待公园。总结民国时期西方摄影师的作品，基本有两大主题——园林宫观和风土民情，后者以市井百姓为对象，但这两个部分是很难重叠的。对于皇室宫阙坛庙的表现，大部分是远景拍摄，这确实特别符合皇家建筑气势恢宏的特征，即使是近景，也主要聚焦于建筑物的细部，如中式建筑特有的飞檐斗拱等，而人物基本不在取景中。实际上，如前文所述，民国时期大部分皇家禁苑已向公众开放，茶座、餐厅、体育场、图书馆等所在多见，公园空间被积极有效地利用起来，此间应不乏游客的身影，而西方旅行者拍摄的画面却空无一人。对比同时期中国报刊上刊载的公园照片，虽然亦有以建筑或花木为题材，但大部分多以人物作为画面表现的中心，展现了民国北京市民对于公园空间多元化的使用方式。譬如泛舟、溜冰（特别是北海独具特色的化妆溜冰）、写生、赏花、漫步、阅读、喝茶等，女学生尤其是摄影师关注的焦点；甚至有西方旅行团游览中

---

  ① L. C. Arlington & William Lewisohn, *In Search of Old Peking*, p. 89.

附录二
公园：民国西方旅行者的北京想象

央公园的主题，有一期画报还做了孙中山逝世在中央公园出殡和纪念的专辑。

兹以赫达·莫里逊的北海摄影为例，选择取景角度相似的民国画报作为参照。图8-3、图8-4是莫里逊的摄影作品，皆为远景拍摄，以北海经典的白塔、湖水作为主景。二图湖面上除了荷叶外皆空空如也，图8-4对岸沿湖的一排亭子系五龙亭，实际上是民国北京最负盛名的公园茶座之一，宾客满座，而在莫里逊的镜头下只突出其"亭台楼阁"的身份。与之形成鲜明对比的是，图8-5《沙漠画报》同样取景白塔，却成为几位风姿绰约的新女性的陪衬，标题"暮夏北海的小姐们"开宗明义谁是图像

图8-3　赫达·莫里逊摄影作品《雄伟的北海白塔》

图8-4　赫达·莫里逊摄影作品《北海北端的亭台楼阁》

的主角。图8-6《图画时报》与图8-3拍摄角度一致，皆取景金鳌玉蛛桥，且与图8-4同以北海标志性的湖面为背景，但占据画面中心的则是泛舟湖上的少女。值得一提的是，二图中皆为剪发女性，穿着

图 8-5 《暮夏北海的小姐们》(《沙漠画报》1940年第 3 卷第 41 期)

图 8-6 《北平北海中之划船者》(《图画时报》1934年第 1006 期)

改良版的旗袍,是新式女学生的标准造型。

从中西摄影师对同时期同一公园主题的表现来看,二者对于空间的理解判然有别。在中国摄影师镜头下,这是现代的公园,活生生的城市空间,城市居民可以在其间休闲、娱乐、举行文化活动甚至政治集会,公园空间与人的存在相得益彰,因人的行动而获得意义。而西方摄影师则不视其为可居住的城市空间,在他们的镜头下,公园仿佛被还原为帝国时代的宫殿、坛庙,却又像是被废弃的空城,庄严肃穆,杳无人迹,似乎即使有,也只可能是前朝皇帝妃嫔抑或太监宫女的鬼影幢幢。如西方摄影师拍摄的唯一北海溜冰的特写,不是为表现市民愉快的休闲生活,而是因为图中老人年轻时曾在北海为慈禧表演。摄影并非对于对象的客观再现,如何取景,如何构图,是一种有意识的选择，是摄影师依照自身对于城市空间的理解重塑空间，并赋予该空间他们试图表达的意义。①

三、怀旧的现代性

从本文的讨论可见，西方旅行者对于民国北京公园的认知，和同时期的中国人不同。对于北京市民而言，公园意味着现代性，承载了他们对于现代都市文化的期待；而对于西方旅行者而言，公园意味着过去，投射了他们对于帝国传统的怀旧和想象。

相较之下，民国人对于空间的理解更开放、更富创造性，将旧物化为新用，正契合北京独特的魅力所在——兼收并蓄、新旧共存；而西方旅行者对于空间的理解，反而更趋保守，一切现代设施和实用功能的添设，都可能破坏他们理解的原汁原味的"老北京"。换句话说，民国人的公园是活的，是有人在其间活动的，公园因为人利用空间的方式而获得了新的意义；而西方旅行者的公园是死的，他们看到的是过去帝国的遗迹，伴随前朝君主的幽灵出没其间。

即使是在中国有意识地以西方旅行者为预设对象而将北平打造为"世界公园"的20世纪30年代，同样是对于公园传统面向的强调，西方旅行者期待的是对传统一成不变的博物馆式的保存；而以袁良、梁思成为代表的北平市政府和建筑师们则实现了传统的创造性转化，传统得以另一种面目重现于现代经验中，实际上是延续了国人对于公园古迹一以贯之的思路。二者对于传统与现代的理解，有着本质上的不同。试想由中南海改造而成的"东方园林饭店"若真实现，西方旅行者大概会比看到公园中的餐厅更感痛心疾首吧。

---

① 同样可以作为参照的是，20世纪50年代，新中国的摄影师以人民群众特别是青少年在公园中活动的形象，表现新中国美好的生活和光明的前景。

公园北京
文化生产与文学想象（1860—1937）

博伊姆在《怀旧的未来》一书中曾区分两种怀旧的形式：修复型怀旧（restorative nostalgia）和反思型怀旧（reflective nostalgia），二者对于历史遗迹的态度不同：前者强调"怀旧"中的"旧"，即原封不动地重建过去的纪念物；而后者注重"怀旧"中的"怀"，即对于遗迹的怀想、反思乃至创造性地再利用。博伊姆批评修复型怀旧保守的态度，实际上反而失却了历史本来的灵晕，她提出一种"居住城市"（inhabit the city）的方式，即将历史遗迹重新化入日常生活，以创造性的日常行为，重新赋予纪念物以新的生机和意义。① 我认为，西方旅行者对于公园抱持的"帝国主义的怀旧"，相对凝滞和狭隘，近于博伊姆定义的"修复型怀旧"；反而是国人对于公园空间的利用，暗合博伊姆"居住城市"的理念，焕发出现代性的光彩。

---

① Svetlana Boym, *The Future of Nostalgia*, Chapter 4, 5 & 9.

参考文献

基本文献

《北京孔德学校旬刊》《孔德校刊》

《北平图书馆协会会刊》

《北京大学日刊》

《北京文艺》

《长虹周刊》

《晨报》《晨报副刊·诗镌》《晨报副刊·剧刊》《晨报副刊·文学旬刊》《晨报·星期画报》

《晨钟报》

《崇实季刊》

《大公报》《大公报·文学副刊》《大公报·文艺副刊》《大公报·小公园》

《大亚画报》

《东方杂志》

《风月画报》

《妇女周刊》

《京报副刊》

《觉悟》

《良友》

《启蒙画报》

《三六九画报》

《世界晚报》

《少年中国》

《申报》

《时事画报》

《时事汇报》

《时事新报》

《诗刊》

《市政公报》

《市政评论》

《市政通告》

《顺天时报》

《图画时报》

《小说月报》

《新青年》

《新潮》

《新民报》

《新文学史料》

《星期画报》

《雅言》

《燕都时事画报》

《益世报·文学周刊》

《庸言》

《湖社半月刊》

《浙江体育半月刊》

《中华》

《北海公园事务所关于在园内建体育场事与京都市政公所二处体育研究社的来往函及园内仿膳茶点社等商号关于修缮事宜的呈等》，北京档案馆，第 J077-001-00019 号。

《京师警察厅外右五区分区表送方沈氏喊告覃泽环在新世界替伊付茶钱迹近拆白一案卷》，北京市档案馆，J181-019-35161，1922 年 2 月 1 日。

《刘汉超关于近有拆白党八九各由上海来京专在新世界游艺园引诱妇女，又各游艺场所发现便衣稽查实系匪人冒充的报告》，北京市档案馆，J181-018-16385，1924 年 1 月 1 日。

《女生刘淑贞等在先农坛雩坛野合一案卷》，北京市档案馆资料，J181-019-50413。

参考文录

中文论著

《北京图书馆馆史资料汇编（1909—1949）》，北京：书目文献出版社，1992年。

《北平市游览区建设计划》，北平：北平市政府，1934年。

《北平指南》，北平：民社，1929年。

《胡适来往书信选》，北京：中华书局，1979年。

《梁思成先生诞辰八十五周年纪念文集》，北京：清华大学出版社，1986年。

《清代竹枝词十三种》，北京：北京古籍出版社，1982年。

《少年中国学会周年纪念册》，出版地与时间不详。

埃里克·巴拉泰：《动物园的历史》，乔江涛译，北京：中信出版社，2006年。

埃里克·霍布斯鲍姆、特伦斯·兰杰编：《传统的发明》，顾杭、庞冠群译，南京：译林出版社，2004年。

白幡洋三郎：《近代都市公园史：欧化的源流》，李伟、南城译，北京：新星出版社，2014年。

包天笑：《钏影楼回忆录》，北京：中国大百科全书出版社，2008年。

北海公园编：《北海公园规章汇览》，1927年。

北海公园事务所编：《北海公园景物略》，北京：北京公园事务所，年月不详。

北海景山公园管理处：《北海景山公园志》，北京：中国林业出版社，2000年。

北京动物园管理处：《北京动物园志》，北京：中国林业出版社，2002年。

北京市档案馆编：《北京的名园名山》，北京：新华出版社，2013年。

北京市文联创作委员会编：《我热爱新北京》，北京：北京出版社，1957年。

北京市政协文史资料委员会选编：《艺林沧桑》，北京：北京出版社，2000年。

北平市工务局：《北平市都市计划设计资料第一集》，1947年。

本田和子：『女学生の系譜・増補版』，东京：青土社，1990年。

本雅明：《巴黎，19世纪的首都》，刘北成译，上海：上海人民出版社，2006年。

本雅明著，汉娜·阿伦特编：《启迪》，张旭东、王斑译，北京：生活·读书·新知三联书店，2008年。

彼得·霍尔：《明日之城：一部关于20世纪城市规划与设计的思想史》，童明译，上海：同济大学出版社，2009年。

柄谷行人：《日本现代文学的起源》，赵京华译，北京：中央编译出版社，2013年。

377

蔡东藩：《慈禧演义》，沈阳：辽沈书社，1994年。

蔡元培：《蔡元培美育论集》，高平叔编，长沙：湖南教育出版社，1987年。

蔡元培编：《最近三十五年之中国教育》，上海：商务印书馆，1931年。

陈从周：《徐志摩年谱》，上海：上海书店，1981年。

陈晶晶：《近代广州城市活动的公共场所——公园》，《中山大学学报论丛》（社会科学版）2000年第3期。

陈平原、王德威编：《北京：都市想像与文化记忆》，北京：北京大学出版社，2005年。

陈平原、夏晓虹编：《北大旧事》，北京：北京大学出版社，2009年。

陈平原、郑勇主编：《北京读本》，上海：华东师范大学出版社，2010年。

陈平原：《"五方杂处"说北京》，《书城》2002年第3期。

陈平原：《北京记忆与记忆北京》，北京：生活·读书·新知三联出版社，2008年。

陈平原：《触摸历史与进入五四》，北京：北京大学出版社，2005年。

陈平原：《二十世纪中国小说史 第一卷》，北京：北京大学出版社，1989年。

陈平原：《左图右史与西学东渐：晚清画报研究》，香港：三联书店，2008年。

陈平原：《作为"北京文学地图"的张恨水小说》，《文史知识》2014年第10期。

陈晴：《清末民初新式体育的传入与嬗变》，武汉：华中师范大学出版社，2007年。

陈旭主编：《北京先农坛史料选编》，北京：学苑出版社，2007年。

陈学勇：《林徽因寻真：林徽因生平创作丛考》，北京：中华书局，2004年。

陈学勇：《林徽因文存》，成都：四川文艺出版社，2005年。

陈义风：《当代北京公园史话》，北京：当代中国出版社，2010年。

陈蕴茜：《空间维度下的中国城市史研究》，《史林》2009年第10期。

陈蕴茜：《空间重组与孙中山崇拜——以民国时期中山公园为中心的考察》，《史林》2006年第1期。

陈蕴茜：《论清末民国旅游娱乐空间的变化——以公园为中心的考察》，《史林》2004年第5期。

陈蕴茜：《日常生活中殖民主义与民族主义的冲突——以中国近代公园为中心的考察》，《南京大学学报》2005年第5期。

陈正茂编：《曾琦先生文集》，台北："中研院"近代史研究所，1993年。

陈植：《都市与公园论》，上海：商务印书馆，1930年。

陈子善编：《回忆知堂》，杭州：浙江文艺出版社，1996年。

参考文献

成善卿：《天桥史话》，北京：生活·读书·新知三联书店，1990年。

崔勇、杨永生选编：《营造论：暨朱启钤纪念文选》，天津：天津大学出版社，2009年。

崔志海：《近代公园理论与中国近代公园研究——读〈都市与公园论〉》，《史林》2009年第2期。

大卫·哈维：《巴黎城记：现代性之都的诞生》，黄煜文译，桂林：广西师范大学出版社，2010年。

戴海滨：《中央公园与民初北京社会》，《北京社会科学》2005年第5期。

戴璐：《藤荫杂记》，北京：北京古籍出版社，1982年。

邓云乡：《鲁迅与北京风土》，北京：文史资料出版社，1982年。

邓云乡：《文化古城旧事》，北京：中华书局，1995年。

邓云乡：《燕京乡土记》，石家庄：河北教育出版社，2004年。

丁文江、赵丰田编，欧阳哲生整理：《梁任公先生年谱长编（初稿）》，北京：中华书局，2010年。

Ellen Catleen 著，F. H. Schiff 绘：《我的老北京印象：荷兰大使夫人之民国见闻》，张春颖译，北京：中央编译出版社，2011年。

董玥：《民国北京城：历史与怀旧》，北京：生活·读书·新知三联书店，2014年。

杜惠荣、王鸿儒：《蹇先艾评传》，贵阳：贵州人民出版社，1986年。

樊增祥编：《乙丑江亭修禊分韵诗存》，铅印本，1925年。

冯沅君：《卷葹》，北京：人民文学出版社，1998年。

甘博：《北京的社会调查》，陈愉秉等译，北京：中国书店，2010年。

高君宇：《高君宇文集》，北京：人民出版社，2011年。

高兴：《北京中央公园与民国文人的文化心态》，《北京社会科学》2012年第3期。

耿云志编：《胡适遗稿及秘藏书信》，合肥：黄山书社，1994年。

郭希汾：《中国体育史》，上海：上海文艺出版社，1993年。

郭英：《梁启超与松坡图书馆》，《河南图书馆学刊》第26卷第2期，2006年4月。

涵江：《陶然亭》，北京：北京出版社，1958年。

洪长泰：《地标：北京的空间政治》，牛津大学出版社，2011年。

侯仁之：《北京城市历史地理》，北京：北京燕山出版社，2000年。

胡其舫：《江苏近代公园概貌及其意义和影响》，《中国园林》1999年第6期。

胡琦：《近代北京公园与市民生活关系研究》，首都师范大学硕士论文，2009年。

胡适：《胡适全集》，合肥：安徽教育出版社，2007 年。

黄爵滋编：《仙屏书屋初集文录》，《中华文史丛书》影印清道光二十九年（1849 年）刻本。

黄湘金：《"恶之花"：清末民初上海夜花园与女学生的"黑幕叙事"》，《中山大学学报（社会科学版）》2016 年第 1 期。

吉首大学沈从文研究室编：《长河不尽流——怀念沈从文先生》，长沙：湖南文艺出版社，1989 年。

季剑青：《过眼繁华：张恨水的北京叙事——从〈春明外史〉到〈啼笑因缘〉》，《文艺争鸣》2014 年第 8 期。

季剑青：《重写旧京：民国北京书写中的历史与记忆》，北京：生活·读书·新知三联书店，2017 年。

简·雅各布斯：《美国大城市的生与死》，金衡山译，南京：译林出版社，2006 年。

蹇先艾：《蹇先艾文集》，贵阳：贵州人民出版社，2003 年。

姜德明编：《北京乎——现代作家笔下的北京（1919—1949）》，北京：生活·读书·新知三联书店，1992 年。

姜德明编：《如梦令——名人笔下的旧京》，北京：北京出版社，1996 年。

姜涛：《"公寓空间"与沈从文早期作品的经验结构》，《中文自学指导》2007 年第 2 期。

姜涛：《从会馆到公寓——空间转移中的文学认同》，《中国现代文学研究丛刊》2008 年第 3 期。

姜涛：《公寓里的塔：1920 年代中国的文学与青年》，北京：北京大学出版社，2015 年。

姜涛：《沈从文与 20 世纪 20 年代北京的文化消费空间》，《都市文化研究》2012 年 12 月。

京都市政公所编纂：《京都市政汇览》，北京：京华印书局，1919 年。

卡尔·休斯克：《世纪末的维也纳》，李锋译，南京：江苏人民出版社，2007 年。

凯文·林奇：《城市意象》，方益萍、何晓军译，北京：华夏出版社，2012 年。

康白情：《草儿在前集 第 4 版》，上海：亚东图书馆，1929 年。

康有为撰，姜义华、张荣华编校：《康有为全集》，北京：中国人民大学出版社，2007 年。

阔普通武：《万生园百咏》，铅印本，1911 年。

老舍：《骆驼祥子》，北京：人民文学出版社，2000 年。

老舍：《四世同堂》，北京：百花文艺出版社，1985 年。

李德英：《城市公共空间与城市社会：以近代城市公园为例》，《城市史研究》第 19—20 合辑，2000 年 12 月。

李德英：《公园里的社会冲突——以近代成都城市公园为例》，《史林》2003 年第 1 期。

李浩：《唐代园林别业考论》，上海：上海古籍出版社，2005 年。

李璜：《学钝室回忆录》，香港：明报出版中心，1979 年。

李欧梵：《上海摩登：一种新都市文化在中国 1930—1945》，毛尖译，北京：北京大学出版社，2001 年。

理查德·利罕：《文学中的城市：知识与文化的历史》，吴子枫译，上海：上海人民出版社，2009 年。

梁启超：《〈饮冰室合集〉集外文》，夏晓虹辑，北京：北京大学出版社，2005 年。

梁启超：《新大陆游记》，《新民丛报》临时增刊，1904 年。

梁启超：《饮冰室合集》，北京：中华书局，1989 年。

梁启超编：《癸丑修禊集》，铅印本。

梁思成：《梁思成全集》，北京：中国建筑工业出版社，2001 年。

林海音：《城南旧事》，北京：北京出版社，1984 年。

林海音：《婚姻的故事》，台北：纯文学出版社，1981 年。

林海音：《家住书坊边：我的京味儿回忆录》，台北：纯文学出版社，1987 年。

林海音：《两地》，北京：北京出版社，1988 年。

林海音：《林海音文集》，杭州：浙江文艺出版社，1997 年。

林洙：《中国营造学社史略》，天津：百花文艺出版社，2008 年

刘成禺：《洪宪纪事诗本事簿注》，宁志荣点校，太原：山西古籍出版社，1997 年。

刘剑梅：《革命与情爱：20 世纪中国小说史中的女性身体与主题著述》，郭冰茹译，上海：上海三联书店，2009 年。

刘珊：《万牲园史考》，《文物春秋》2003 年第 3 期。

刘少文：《大众媒体打造的神话》，北京：中国社会科学出版社，2006 年。

刘志琴主编：《近代中国社会文化变迁录》，杭州：浙江人民出版社，1998 年。

庐隐：《庐隐集外集》，北京：书目文献出版社，1989 年。

庐隐：《庐隐选集》，肖凤、孙可编，天津：百花文艺出版社，1983 年。

庐隐:《象牙戒指》,哈尔滨:北方文艺出版社,1986年。

鲁迅:《鲁迅全集》,北京:人民文学出版社,2005年。

鲁迅:《鲁迅译文集》,北京:人民文学出版社,1958年。

陆晶清:《素笺》,北京:北京广播学院出版社,1994年。

陆胤:《民国二年的"癸丑修禊"——兼论梁启超与旧文人的离合》,《现代中文学刊》2010年第4期。

罗芙芸:《卫生的现代性:中国通商口岸卫生与疾病的含义》,向磊译,南京:江苏人民出版社,2007年。

罗志田:《权势转移:近代中国的思想、社会与学术》,武汉:湖北人民出版社,1999年。

马泰·卡林内斯库:《现代性的五副面孔:现代主义、先锋派、颓废、媚俗艺术、后现代主义》,顾爱彬、李瑞华译,北京:商务印书馆,2002年。

马歇尔·伯曼:《一切坚固的东西都烟消云散了:现代性体验》,徐大建、张辑译,北京:商务印书馆,2004年。

马歇尔·麦克卢汉:《理解媒介:论人的延伸》,何道宽译,南京:译林出版社,2011年。

马芷庠:《北平旅行指南》,张恨水审定,北平:经济新闻社,1936年。

玛丽·路易斯·普拉特:《帝国之眼——旅行书写与文化互化》,方杰、方宸译,南京:译林出版社,2017年。

孟天培、甘博:《二十五年来北京之物价工资及生活程度》,李景汉译,北京:国立北京大学出版部,1926年。

宁威:《从〈世界晚报〉到〈立报〉》——平民性、商业性与民国报人成舍我的探索》,《新闻爱好者》2014年第2期。

农工商部编:《农工商部农事试验场章程》,铅印本,1909—1911年。

欧阳光:《宋元诗社研究丛稿》,广州:广东高等教育出版社,1996年。

欧阳兆雄、金安清:《水窗春呓》,谢光尧点校,北京:中华书局,1984年。

潘静如:《从太庙到和平公园:清遗民的太庙记忆及书写》,《天津师范大学学报(社会科学版)》2019年第6期。

潘静如:《赛金花之墓的成与坏——从卜葬、立碑到毁墓的三十年众生相》,《粤海风》2016年第6期。

潘静如:《身份认同与位置调适:历史图景里的清遗民》,北京大学中文系博士论文,2016 年。

钱理群:《1948:天地玄黄》,济南:山东教育出版社,1998 年。

钱穆:《师友杂忆》,北京:生活·读书·新知三联书店,1998 年。

钱仲联校注:《沈曾植集校注》,北京:中华书局,2001 年。

瞿兑之:《杶庐所闻录 养和室随笔》,沈阳:辽宁教育出版社,1997 年。

沈从文:《沈从文全集》,太原:北岳文艺出版社,2002 年。

石继昌:《春明旧事》,北京:北京出版社,1996 年;

石评梅:《石评梅作品集》,杨扬编,北京:书目文献出版社,1983 年。

史明正:《走向近代化的北京城:城市建设与社会变革》,王业龙、周卫红译,北京:北京大学出版社,1995 年。

宋伟杰:《老灵魂/新青年,与张恨水的北京罗曼史》,《中国现代文学研究丛刊》2010 年第 3 期。

宋益民、吴景熙:《松坡图书馆始末》,《北图通讯》第 3 期,1982 年 7 月。

苏雪林:《关于庐隐的回忆》,《当代》第 6 期,2000 年 11 月。

孙明丽:《论新闻对美国现实主义文学的影响》,《文艺争鸣》2018 年第 5 期。

孙逊、杨剑龙主编:《阅读城市:作为一种生活方式的都市生活》,上海:上海三联书店,2007 年。

汤用彬等编著:《旧都文物略》,北京:书目文献出版社,1986 年。

陶然亭公园志编纂委员会编:《陶然亭公园志》,北京:中国林业出版社,1999 年。

藤井省三:《北京、上海——近代中国文学的双城故事》,王中忱译,《清华汉学研究》第二辑,北京:清华大学出版社,1997 年。

王笛:《茶馆:成都的公共生活和微观世界 1900—1950》,北京:社会科学文献出版社,2010 年。

王光祈先生纪念委员会编印:《王光祈先生纪念册》,1936 年。

王蒙:《青春万岁》,北京:人民文学出版社,1979 年。

王敏、魏兵兵、江文君、邵建:《近代上海城市公共空间(1843-1949)》,上海:上海辞书出版社,2011 年。

王琴:《公共空间与社会差异——民国北京公园研究》,《北京档案史料》2005 年第 2 期。

王世仁主编:《宣南鸿雪图志》,北京:中国建筑工业出版社,1997 年。

王炜、闫虹:《老北京公园开放记》,北京:学苑出版社,2008 年。

卫建民编选：《魂归陶然亭——石评梅》，北京：人民文学出版社，2002年。

未明（茅盾）：《庐隐论》，1934年7月1日《文学》第3卷第1号。

魏泉：《"交游"与"纪念"："宣南诗社"之"题图诗卷"读解》，《文艺研究》2015年第9期。

魏泉：《士林交游与风气变迁：19世纪宣南的文人群体研究》，北京：北京大学出版社，2008年。

温迪·J.达比：《风景与认同：英国民族与阶级地理》，张箭飞、赵红英译，南京：译林出版社，2011年。

闻黎明编：《闻一多年谱长编》，武汉：湖北人民出版社，1994年。

闻一多：《闻一多书信选集》，北京：人民文学出版社，1986年。

吴建雍等：《北京城市生活史》，北京：开明出版社，1997年。

吴世勇编：《沈从文年谱》，天津：天津人民出版社，2006年。

西德尼·D.甘博：《北京的社会调查》，陈愉秉等译，北京：中国书店，2010年。

喜仁龙：《北京的城墙和城门》，许全勇译，北京：北京燕山出版社，1985年。

夏仁虎：《国学家夏仁虎》，王景山编，杭州：浙江文艺出版社，2009年。

夏仁虎：《枝巢编年诗稿》，民国庚申至甲戌年家刻本。

夏仁虎：《枝巢四述 旧京琐记》，沈阳：辽宁教育出版社，1998年。

夏晓虹、吴令华编：《清华同学与学术薪传》，北京：生活·读书·新知三联书店，2009年。

夏晓虹：《梁启超与〈中国图书大辞典〉》，《清华大学学报（哲学社会科学版）》第1期，2011年1月。

夏晓虹：《书生从政：梁启超与伍庄》，《中国文化》第36期，2012年10月。

夏晓虹编：《追忆康有为》，北京：生活·读书·新知三联书店，2009年。

夏晓虹主编：《晚清北京的文化空间》，北京：北京大学出版社，2021年。

萧公权：《康有为思想研究》，北京：中国人民大学出版社，2014年。

萧红：《回忆鲁迅先生》，上海：生活书店，1946年。

萧乾：《萧乾全集》，武汉：湖北人民出版社，2015年。

萧乾：《一代才女林徽因》，《读书》1984年第10期。

谢国桢：《明清之际党社运动考》，上海：商务印书馆，1934年。

谢兴尧整理：《荣庆日记——一个晚清忠臣的生活实录》，西安：西北大学出版社，1986年。

熊树华：《塞先艾与松坡图书馆》，《贵图学刊》2006年第3期。
熊月之：《关于上海外滩公园的历史记忆》，首届"晚清国家与社会"国际学术讨论会，2006年8月。
熊月之：《近代上海公园与社会生活》，《社会科学》2013年第5期。
熊月之：《近代上海公园与社会生活》，《社会科学》2013年第5期。
熊月之：《晚清上海私园开放与公共空间的拓展》，《学术月刊》1998年第8期；
熊月之：《异质文化交织下的上海都市生活》，上海：上海辞书出版社，2008年。
熊月之主编：《都市空间、社群与市民生活》，上海：上海社会科学院出版社，2008年。
徐志摩：《徐志摩全集》，梁实秋、蒋复璁编，北京：中央编译出版社，2014年。
许纪霖等：《近代中国知识分子的公共交往（1895—1949）》，上海：上海人民出版社，2008年。
薛笃弼：《京兆公园记实》，1925年，手稿，藏于北大图书馆。
严蓉仙：《冯沅君传》，北京：人民文学出版社，2008年。
颜浩：《北京的舆论环境与文人团体：1920—1928》，北京：北京大学出版社，2008年。
燕报馆编：《燕尘杂记》，铅印本，宣统二年（1910年）正月初九日。
杨乐：《浅析中国近代租界花园——以津沪两地为例》，《北京林业大学学报》（社会科学版）2003年第1期。
杨晓山：《私人领域的变形：唐宋诗歌中的园林与玩好》，文韬译，南京：江苏人民出版社，2008年。
杨振声：《杨振声选集》，北京：人民文学出版社，1987年。
叶晓青：《上海早期的城市化与城市文化》，《东方》1996年第4期。
叶中强：《上海社会与文人生活（1843—1945）》，上海：上海辞书出版社，2008年。
于敏中编纂：《日下旧闻考》，北京：北京古籍出版社，1981年。
鱼跃：《北京城市近代化过程中的香厂新市区研究》，首都师范大学硕士论文，2009年。
郁慕侠：《上海鳞爪》，上海：上海书店出版社，1997年。
袁一丹：《别有所指的故国之悲——延秋词社〈换巢鸾凤〉考释》，《中国诗歌研究》2014年4月。

张次溪编：《天桥一览》，出版地不详，1936 年。

张次溪编著：《天桥丛谈》，北京：中国人民大学出版社，2006 年。

张恨水：《春明外史》，北京：中国新闻出版社，1985 年。

张恨水：《金粉世家》，太原：北岳文艺出版社，2002 年。

张恨水：《啼笑因缘》，杭州：浙江人民出版社，1980 年。

张洁宇：《荒原上的丁香：20 世纪 30 年代北平"前线诗人"研究》，北京：中国人民大学出版社，2003 年

张敬淦：《建国以来的北京城市建设资料》，北京：北京建设史书编辑委员会编辑部，1987 年。

张菊香、张铁荣等：《周作人年谱》，天津：天津人民出版社，1999 年。

张亮：《近代城市公共空间的官民互动——以近代成都城市公园为例》，《中华文化论坛》2007 年第 2 期。

张清宏：《唐代的曲江游宴》，《华夏文化》1998 年第 2 期。

张英进：《中国现代文学与电影中的城市：空间、时间与性别构形》，秦立彦译，南京：江苏人民出版社，2007 年。

张英主编：《本国新游记》，上海：商务印书馆，1923 年。

张允侯、殷叙彝、洪清祥、王云开：《五四时期的社团》，北京：生活·读书·新知三联书店，1979 年。

张占国、魏守忠编：《张恨水研究资料》，北京：知识产权出版社，2009 年。

张治：《异域与新学：晚清海外写作旅行研究》，北京：北京大学出版社，2014 年。

赵军：《从自囿走向开放——清末至民国时期中国公园建设研究》，南京农业大学硕士论文，2008 年。

赵可：《少城公园的辟设与近代成都》，《成都大学学报》（社会科学版）1999 年第 2 期；

赵省伟主编，吴志远编：《洋镜头：1909，北京动物园》，广州：广东旅游出版社，2020 年。

赵晓阳编译：《北京研究外文文献题录》，北京：北京图书馆出版社，2007 年。

赵元任：《赵元任早年自传》，台北：传记文学出版社，1984 年。

赵园：《北京：城与人》，北京：北京大学出版社，2002 年。

震钧：《天咫偶闻》，北京：北京古籍出版社，1982 年。

正江、丁山编：《陶然亭》，北京：北京旅游出版社，1983 年。

郑望芝:《"西方文明"随携而生的"万牲园"》,《北京园林》2001年第17卷。

中国革命博物馆、湖南省博物馆编:《新民学会资料》,北京:人民出版社,1980年。

中国社会科学院近代史研究所编:《五四运动回忆录》,北京:中国社会科学出版社,1979年,第563页。

中山公园管理处:《中山公园志》,北京:中国林业出版社,2001年。

中央公园事务所:《中央公园二十五周年纪念册》,1939年。

钟叔河编:《走向世界丛书》,长沙:岳麓书社,1985年。

周成荫:《城市制图:新闻,张恨水,与二十年代的北京》,《书城》2003年第12期。

周作人:《周作人日记》,郑州:大象出版社,1998年。

朱彭寿:《安乐康平室随笔》,北京:中华书局,1982年。

朱自清:《朱自清全集》,南京:江苏教育出版社,1998年。

竹内好:《近代的超克》,孙歌等译,北京:生活·读书·新知三联书店,2005年。

英文文献

Audrey David Field, *Shanghai's Dancing World: Cabaret Culture and Urban Politics, 1919-1954*, Hong Kong: The Chinese University Press, 2010.

Craig Clunas, *Fruitful Sites: Garden Culture in Ming Dynasty China,* Durham: Duke University Press, 1996.

David Strand, *Rickshaw Beijing: City People and Politics in the 1920s*, London: University of California Press, 1989.

Ebenezer, *Garden Cities of To-Morrow*, London: Swan Sonnenschein & Co., Ltd, 1902.

Fei-Shi ed., *Guide to Peking and its Environs Near and Far*, Tientisn: The Tientsin Press, 1924.

Frederick Law Olmsted, *Civilizing American Cities: A Selection of Frederick Law Olmsted's Writings on City Landscapes*, Cambridge: The MIT Press, 1979.

Galen Granz, *The Politics of Park Design: A History of Urban Parks in America*, Cambridge: The MIT Press, 1989.

Harold B. Segel, *The Vienna Coffeehouse Wits, 1890-1938*, Purdue Research Foundation, 1993.

Harriet Monroe: *"In Peking", Poetry: A Magazine of Verse*, Volume XLVI, April-September, 1935.

Hedda Morrison, *A Photographer in Old Peking,* Hong Kong/New York: Oxford University Press, 1985.

Henry Lefebvre, *The Production of Space,* Blackwell Publishing, 1991.

Juliet Bredon, *Peking: A Historical and Intimate Description of Its Chief Places of Interest*, Shanghai: Kelly & Walsh, 1922.

John Blofeld, *City of Lingering Splendour: A Frank Account of Old Peking's Exotic Pleasures*, Boston & Shaftesbury: Shambhala, 1989.

Joseph R. Allen, *Taipei: City of Displacements*, University of Washington Press: University of Washington Press, 2012.

Kenneth J. Hammond, "Urban Gardens in Ming Jiangnan: Insights from the Essays of Wang Shizhen", Michel Conan and Wangsheng Chen, *Gardens, City Life and Culture*, Dumbarton Oaks, 2008, pp. 41-52.

L. C. Arlington & William Lewisohn, *In Search of Old Peking*, New York: Paragon Book Reprint Corp, 1967.

Le Corbusier: *The City of To-Morrow and Its Planning*, New York: Dover Publications, 1987.

Leo Ou-fan Lee, *The Romantic Generation of Chinese Writer*, Cambridge: Harvard University Press, 1973.

Michel de Certeau, *The Practice of Everyday Life*, California: University of California Press, 1984.

Ms. Archibald Little, *Round about my Peking Garden*, 北京：外语教学与研究出版社，2008.

Nicholas Clifford, *"A Truthful Impression of the Country": British and American Travel Writing in China, 1880-1949*, University of Michigan, 2001.

Richard Davenport-Hines, *A Night at the Majestic: Proust and the Great Modernist Dinner Party of 1922*, England: BookMarque, 2006.

Richard T. LeGates and Frederic Stout ed., *The City Reader*, New York: Routledge, 2003.

Robert A. Bickers & Jeffrey N. Wasserstrom, "Shanghai's 'Dogs and Chinese Not Admitted' Sign: Legend, History and Contemporary Symbol", *The China Quarterly*, No.142 (Jun., 1995), pp.444-466.

Roy Rosenweig & Elizabeth Blackmar, *The Park and the People: A History of Central Park*, Ithaca: Cornell University Press, 1992.

Rudolf G. Wagner, "Ritual, Architecture, Politics, and Publicity during the Republic Enshrining Sun Yat-sen", *Chinese Architecture and Beaux-Arts*, Honolulu: University of Hawai'i Press, 2011, pp. 223-278.

Song Weijie, *Mapping Modern Beijing: Space, Emotion, Literary Topography*, New York: Oxford University Press, 2017.

Svetlana Boym, *The Future of Nostalgia*, New York: Basic Books, 2001.

Svetlana Boym, *Architecture of the Off-Modern*, New York and Princeton: The Trustees of Columbia University.

The Times.

Thomas R.H. Hvavens, *Parkscapes: Green Spaces in Modern Japan*, Honolulu: University of Hawai'i Press, 2011.

Walter Benjamin, *The Arcades Project,* Cambridge: Harvard University Press, 2002.

Wu Hung, *Remaking Beijing: Tiananmen Square and the Creation of a Political Space*, Chicago: The University of Chicago Press, 2005.

Xiaofei Tian, *Visionary Journeys: Travel Writings from Early Mediaeval and Nineteenth-Century China*, Cambridge: Harvard University Asia Center, 2012.

后 记

十年前，作为一个博士研究生，我赴哈佛大学访学，着手北京公园的研究，起手写的就是"世界人的乡愁"，这部分最后成为本书的附录。在我当时的笔下，康有为、梁启超等第一代走向世界的中国人以"大地各国园林"皆为我所有、四海为家的气魄，不能不说某种程度上投射了个人意气风发的心态。十年后，我再赴哈佛访学，为即将出版的书稿撰写后记。当我翻看自身多年前所论述的康有为在"国人"与"世界人"的身份认同之间往返挣扎，尤其是康有为自剖心迹的"临睨九州，回头禹域，则又凄怆伤怀。故乡其可思矣，亦何必怀此都矣"等语，不由心有戚戚，感慨万千。十年一觉，大梦初醒，恰好为我的第一本学术著作画上一个圈。

我们这一代中国"80后"大多有儿时学校组织赴公园春秋游的经历，列队去福州小西湖改建的"西湖公园"，归来还要统一写作文，是福州小学生每年的例行公事。而我自小长大的家毗邻福州的"温泉公园"，迄今假期归家，我依然会保持饭后与母亲赴公园散步的习惯，"红歌大家唱"和广场集体舞更是母亲每晚的保留节目。当时的我尚不明了这种习以为常的生活空间背后所蕴含的深意，但私人的感性经验，却使我对于公园始终怀有天然的敏感和亲切。现在想来，这两个公园其实分别代表了现代中国两种典型的公园模式：前者是将既有的中式传统园林开放，后者则是另起炉灶的西式绿地公园。同时，

后记

上述对于公园的两种使用方式——青少年的春秋游，与中老年的广场舞，实际上都与共和国时期对于公园作为"人民的公园"之蓝图息息相关。作为一个文学研究者，我常遇到同行学者或关心或怀疑地问我：为什么要做公园研究呢？也许正是这些切身的经验，令我深刻地体认到，这种不为宏大叙事所关注、看似微不足道的日常空间与生活的实践，却在人们实际的生命中发挥不可替代的重要作用。而我尝试做的，恰是打捞这些历史缝隙日常生活的碎片，复原历史的丰润和幽微之处，追问物质空间对于精神世界的意义。

当最初的思考沉淀为博士论文选题的设想时，导师陈平原教授极力赞成，并慷慨地一挥手，神采飞扬地说：我曾经打算退休以后，写一本书，叫作《来今雨轩的过客》，现在这个题目送给你了！其实，北京公园空间的背后，是城市研究、北京研究的视野，我对此的兴趣，就起源于陈老师的启蒙。陈老师是最早倡导北京研究的学者，当2004年我入读北大中文系本科时，陈老师与王德威老师主持的"北京：都市想像与文化记忆"盛会刚于一年多前闭幕。有一堂现代文学史课上，陈老师给我们讲老舍，将北京会议的大幅海报带到课堂上给我们展示，背景是一帧著名的老北京照片：黄昏城墙下的骆驼队。陈老师声情并茂地讲述自己青年时初下火车对于北京的第一印象，那冬日清晨混合着豆浆油条和煤炉气味的凛冽气息，深深地触动了我。

公园题目有趣，但材料细碎，如何架构，以小见大，殊为不易。如今的章节结构，是经与北大中文系诸位师长陈平原、夏晓虹、王风、高远东、吴晓东、孔庆东、姜涛等反复讨论而成形，选取几个最具代表性的公园，以点带面，辐射不同的人群和功能。尤其是夏晓虹教授，她与陈老师是学界公认的神仙眷侣，二人指导学生的方式也是珠联璧合。我最开始试写了两版陶然亭的样章，陈老师都觉得公园的

公园北京
文化生产与文学想象（1860—1937）

面目没有出来，在夏老师的建议下，我没有立即修改陶然亭，而是另起炉灶，新写万牲园一章，这也是夏老师主持的"晚清北京的文化空间"项目的一部分，近期已由北大出版社出版。成文之后，夏老师评价挺好的，而陈老师没有再说什么，只张罗帮我投稿发表，我明白，这就意味着我终于找对方向了，可以这么做下去。接着又一鼓作气写了北海一章，同样是夏老师先帮我把关，陈老师只管拍板发表。就这样，在两位恩师配合默契的"保驾护航"之下，我的博士论文终于"上道"了。

我深知公园这个题目在文学领域颇显异类，但历次开题与答辩，先生们皆以博大的胸怀、开阔的眼界包容并鼓励我的创新，感谢钱理群、陆建德、孙郁、解志熙、李今等诸位学者。我很感激在我年少的时候，遇到的前辈学者都是如此光明纯粹的人，他们向我敞开了学术界最理想主义的一面。当我将博士论文修改成书时，感谢董玥、宋伟杰、季剑青三位学者对于书稿的审阅和指正，他们对于北京研究都有代表性的著述，我自身的研究也受他们启发颇多。感谢王芳师妹为我悉心绘制藏书票，以及"河出图"智慧文博数据库提供的图片。在这里，我还特别想致谢几位学者，他们对我的公园研究有特殊的意义。

李欧梵教授的《上海摩登》是中国城市文化研究的典范之作，也是我城市研究的入门书，我因他来北大客座而结识，此后我任教香港中文大学（深圳）期间，两地互动，又有了更深的交往。因我能小酌一杯，又都是性情中人，李老师笑言我是他的"小酒友"。有时去香港看他们夫妇，我和李老师就先在其家附近的餐厅碰头，喝一杯李老师钟爱的 scotch，畅聊学术，李师母再出门与我们会合，共进晚餐。因疫情等种种原因，我已三年不曾到香港，每每念及一老一小纵饮畅谈，至精彩处抚掌大笑的快乐，不知何日可再得？

瓦格纳与叶凯蒂学术伉俪，两位都是整个生命与学术血脉相连、

后记

满怀赤子之心的学者,在城市研究方面卓有建树。在我尚未确定题目之前,瓦格纳先生即已提示并鼓励我从事公园研究,从北京到波士顿,他们一见到我,总是热忱地询问我研究的最新进展,并向我推荐相关的材料和研究成果。我永远记得瓦格纳先生客座北大期间,我陪他与叶老师去食堂吃饭,在喧嚷的北大食堂里,瓦格纳先生穿着笔挺的毛呢西装、一丝不苟地打着领结,津津有味地谈论学术,与周围的环境形成某种反差。突然,一个小饭粒掉在了他的西装领子上,瓦格纳先生丝毫没有停顿,一边继续投入地谈着研究,一边自如地捻起饭粒放入口中。在一个德国学者的身上,我看到了魏晋风流。瓦格纳先生在我的记忆中,始终是那么专注和生机勃勃的模样,以至于当我听到他辞世的消息时,极其震惊。犹记得那天恰逢我回北京开会,下了飞机,坐在开往北大方向的出租车上,突然看到这个消息,我把头抵住车窗,望着窗外北京特有的蓝天,默默地流泪。

我自本科起就认识王德威老师,先后两度赴哈佛访学,端赖其不遗余力的支持。当年他与陈平原老师主编的《北京:都市想像与文化记忆》指引我初窥"北京学"的堂奥,因缘际会,后来二人都成为我的导师。2007年在王老师有关抒情传统与现代性的北大系列讲座上,许子东做过一个很妙的比喻,说陈平原治学,如在一块领域内深耕一棵树,枝繁叶茂;王德威则如将几朵天南地北的花插在一处,花团锦簇。十年前在哈佛时与王老师对谈论文,他眼中常闪烁着光芒,提示我灵光一现的洞见。王老师曾戏言,到时候你最终做出的博士论文,人家一看,一半像陈平原,一半像王德威。

这当然是玩笑话,我曾很长一段时间都担心自己糟蹋了《来今雨轩的过客》这个好题目,后来又渐渐释然——一代人有一代人之"都市想象与文化记忆",我的书稿同样带入了自身对于北京的理解和感受。认识我的人都知道,我的个人气质是偏于"现代"的,这大概也

公园北京
文化生产与文学想象（1860—1937）

奠定了我看待北京的眼光。在台湾访学时的指导教授刘人鹏老师曾对我说，她对北京最失望的是什刹海一带，惋惜商业因素的引入破坏了南锣鼓巷、烟袋斜街这些老胡同原汁原味的北京风情。而我的看法恰恰相反。所谓"原汁原味"的老北京何尝不是我们一厢情愿的想象？读书时我曾选修陈平原老师的城市研究课程，最后一堂课要求我们借一张图、一首歌或一个小物件之类诠释自己对于北京的印象。我选了一张照片，是烟袋斜街对面一条不知名的小胡同。很不起眼的破败小巷，深处却张挂着许多朋克风格的招牌，上书英文字母 Tattoo（即刺青），衣着入时的摇滚青年与推着代步车的老大爷，相映成趣。非常奇妙的拼贴，却又那么自然而然，毫不生硬。我认为，这正是北京的神奇之处，它不是一个单纯的老古董，我们也不应把它作为一个静止的博物馆；它既不是完全旧的，也不是完全新的，而是充满了包容与张力，其老躯壳里很可能流淌着最新鲜的血液。本土的与外来的，传统的与现代的，彼此相安无事，各得其所。这也是我理解近代北京公园的起点。

做北京公园研究，很长一段时间都处在一种无人关注也无人对话的状态下，是陈、夏二位老师一直笃定地支持我在城市研究的路子上走下去。十年过去，倏忽之间，"公园"这个议题在疫情的语境下又被赋予了时代的意义，引发公众媒体的关注，人们开始意识到公共空间之于城市、之于生活的意义。今年五月，在广州"一席"的讲台上，我应邀讲述北京的公园故事，我从"让我们荡起双桨"这首以北海公园为主题的歌谈起，最终又归结到北海，谈到公园象征着一种日常生活的秩序，城市空间因人而被赋予意义，希望我们的城市能早日恢复日常秩序，我能再去北海上荡起双桨。当时疫情正盛，据说，许多观众当场潸然泪下。而我在七月底按计划赴美访学之前，也确实暂时没再能实现回京探访师友以及泛舟北海的小心愿。

后记

而今，我远在波士顿，重新审定我的书稿，在想象中重游北京，才更深切地体会到了"世界人"的乡愁。当康有为日夜坐于异国的公园之中，写下"故国园亭梦似归"的时候，他在想什么？当梁启超提出"一日不到公园，则精神浑浊，理想污下"的时候，公园对于他现代国民、现代国家的理想又意味着什么？学术研究始终是与生命体验紧密相连的，对于学术的接受与理解亦然。学术从来不只是纸上的、客观冷静的文字，它折射了过去的人们的生活，也投射了现在和未来的人们的生活。

2022 年 9 月于波士顿